HERZLICHEN GLÜCKWUNSCH

Und Dankeschön für den Kauf
dieses Buches. Als besonderes
Schmankerl* finden Sie unten
Ihren persönlichen Code, mit dem
Sie das Buch exklusiv und
kostenlos als eBook erhalten.

Beachten Sie bitte die Systemvoraussetzungen
auf der letzten Umschlagseite!

4ziv6-p56r0-
18500-22i32

Registrieren Sie sich einfach
in nur zwei Schritten unter
www.hanser.de/ciando und
laden Sie Ihr eBook direkt auf
Ihren Rechner.

KOMPETENZ · HANSER · GEWINNT

*Bayrisch für eine leckere Kleinigkeit; ein Leckerbissen

Gloger

Scrum

Boris Gloger

Scrum

Produkte zuverlässig und schnell entwickeln

HANSER

Boris Gloger, Gründer der bor!sgloger consulting, Baden-Baden
Kontakt: boris.gloger@borisgloger.com

Bibliografische Information der Deutschen Nationalbibliothek:

Die Deutsche Nationalbibliothek verzeichnet diese Publikation in der Deutschen Nationalbibliografie; detaillierte bibliografische Daten sind im Internet über http://dnb.d-nb.de abrufbar.

© 2009 Carl Hanser Verlag München, www.hanser.de
Lektorat: Margarete Metzger
Copy editing: Manfred Sommer, München
Cartoons und Umschlagbild: Jo Legat, Wien, cartoons.jolegat.com
Herstellung: Irene Weilhart
Umschlagdesign: Marc Müller-Bremer, www.rebranding.de, München
Umschlagrealisation: Stephan Rönigk
Datenbelichtung, Druck und Bindung: Kösel, Krugzell
Ausstattung patentrechtlich geschützt. Kösel FD 351, Patent-Nr. 0748702
Printed in Germany

ISBN 978-3-446-41913-1

Inhalt

Geleitwort von Ken Schwaber

Scrum ist inzwischen häufig in Entwicklungsorganisationen anzutreffen. Manchmal findet die Einführung von Scrum bei kritischen Projekten im Verborgenen statt. Ich bezeichne dies als „Bottom-up"-Scrum. Es geschieht aber immer häufiger, dass auch die Geschäftsleitung die Steigerung bei Kundenzufriedenheit, Qualität und Produktivität bemerkt und deshalb beschließt, Scrum im „Top-down"-Verfahren in ihrem Unternehmen einzuführen.

Die Ergebnisse unternehmensweiter Einführungen von Scrum sind gemischt. Ein Manager in solch einem Unternehmen fragte mich einmal, was meiner Meinung nach auf Scrum folgen werde. Man hatte RUP, DSDM und eine Reihe anderer Methodologien vor Scrum eingesetzt. Was kommt danach? Ich erklärte ihm freundlich, dass Scrum keine Methodologie sei, sondern ein Framework zur Risikosteuerung und Wertoptimierung durch häufige Neuplanung. Der entscheidende Vorteil, den Scrum bietet, ist die Tatsache, dass Hindernisse und Dysfunktionalitäten sichtbar werden, die gegen die Erstellung optimaler Produkte stehen, so dass sie sich auf systematische Weise beheben lassen. Das Entscheidende ist, dass die Funktionsstörungen behoben werden. Wenn ein Unternehmen Scrum nicht dazu einsetzt, sich selbst zu analysieren und zu optimieren, spielt es keine Rolle, was als Nächstes „eingeführt" wird – die Probleme sind nicht beseitigt, und es fehlt weiterhin der Wille, es besser zu machen.

Viele Unternehmen versuchten, die Vorteile einer schlanken Denkweise, „Lean Thinking", in die alltäglichen Prozesse zu integrieren. Einige, wie Toyota, gewannen dadurch einen riesigen Wettbewerbsvorteil. Andere wiederum erzielten in einigen bestimmten Geschäftsfunktionen Vorteile. Die meisten versuchten es und scheiterten. Der Umstieg von einem vorausplanenden zu einem anpassenden Arbeitsstil war zu mühevoll und stellte eine zu große Veränderung dar.

Ich erlebte dasselbe in Unternehmen, die Scrum im „Top down"-Verfahren einführten. Einige schaffen es sehr gut, überwältigende Wettbewerbsvorteile zu erzielen. So ist zum Beispiel ein Unternehmen nun in der Lage, seine gesamte Produktsuite täglich zu releasen. Davon profitieren die Kunden enorm, die in jedem Release zeitkritische Informationen benötigen. Und der Wettbewerb, der seine Releases nur einmal im Monat liefern kann, verliert schnell Marktanteile.

Viele jedoch geraten in Schwierigkeiten, wenn sie Scrum als Methodologie behandeln, der sie beim Schreiben von Code in der gewohnten Manier folgen. Scrum setzt auf reife Individuen, die das Framework, ihre professionelle Erfahrung und den gesunden Menschenverstand einsetzen. Sie verwalten sich selbst in kleinen Teams, die ihre Arbeit kontinuierlich integrieren. Sie planen jede Iteration neu, um den Wert zu optimieren, das Risiko zu senken und ihre Kreativität optimal zu nutzen. Das ist harte Arbeit und ein ziemlicher Umstieg von den traditionelleren, vorausplanenden Methodologien. Es ist einfach, die Informationen zu ignorieren, die mit Scrum transparent werden, und schwer, die harte Arbeit anzugehen, die Organisation zu verbessern und den Produktwert zu optimieren.

Unternehmen, die versuchen, Scrum einzusetzen, ohne sich zu verändern, sich intelligent zu analysieren und sich anzupassen, stehen schlechter da als zuvor. Die Produktqualität sinkt schneller. Der „Death March" am Ende herkömmlicher Projekte wird ein „Death March", der in jeder Iteration auftritt.

Ich wünsche allen, die mit Scrum die Produktentwicklungspraktiken im Unternehmen verbessern, das Beste und fürchte um diejenigen, die mit Scrum einfach die Tyrannei des Wasserfall- und vorausplanenden Managements über Bord werfen – sie sind frei, dies zu tun, doch wird es nicht ohne Konsequenzen bleiben.

Boston im Februar 2008   *Ken Schwaber*

Vorwort zur 1. Auflage

Warum nutze ich Scrum, bin Scrum Trainer, habe eine Consulting-Firma, die Kunden hilft, Scrum zu nutzen, und wieso versuche ich selbst, die Prinzipien, die hinter Scrum stecken zu verwirklichen? Vielleicht ist es der gleiche Grund, der Sie bewegt, dieses Buch in die Hand zu nehmen: Ich bin unzufrieden.

Ich sehe jeden Tag, wie intelligente und gut ausgebildete Menschen zur Arbeit gehen und an ihrer Arbeit keine Freude mehr empfinden. Menschen wechseln den Job und hoffen, dass dieser Job die erhoffte Befriedigung bringt. Und am Ende sind sie wieder gelangweilt, schalten ab und wollen am liebsten zu Hause bleiben.

Ich habe gesehen, dass Software-Entwicklungsprojekte scheiterten, weil sich niemand verantwortlich gefühlt hatte. Es ist absurd. Projekte, an denen Dutzende Menschen hart und lange gearbeitet hatten, scheiterten, weil am Ende alle allen die Schuld gegeben hatten und nur noch jeder daran interessiert war, seinen eigenen Bereich zu verteidigen. Obwohl jeder Beteiligte früh sah, dass sich das Projekt auf dem Holzweg befand, wurde es fortgeführt, man ging mit offenen Augen auf den Abgrund zu.

Ich sehe Menschen, die ihr Leben im privaten Alltag meistern. Aber wenn sie morgens in ihre Firma gehen, werden sie dort zu ängstlichen Wesen. Menschen, die genau wissen, was sie können, trauen sich nicht, ihren Chefs zu sagen, dass die Anweisungen, die sie erhalten, sinnlos und unproduktiv sind. Sie bekommen in Besprechungen Schweißausbrüche, wenn sie etwas sagen sollen, oder sie sind froh, wenn sie den ganzen Tag nicht von ihrem Chef wahrgenommen werden.

Ich sehe Chefs von Software-Entwicklungsabteilungen resignieren, weil ihre Mitarbeiter nicht motiviert sind, nicht tun, was getan werden müsste und abends lieber fluchtartig nach Hause gehen, als fünf Minuten länger in der Firma zu sitzen. Das Resultat sind Chefs, die in ihrer Verzweiflung beginnen, Kontrollmechanismen aufzubauen, die die begonnene „Abwärtsspirale" verstärken.

Das machte mich unzufrieden und ich wollte das ändern. Ich dachte am Anfang, es läge an der falschen Art und Weise, Software-Entwicklung zu betreiben, an den falschen Methoden und Tools. Ich dachte, es läge an den falschen Managementmethoden oder daran, dass an den entscheidenden Stellen die falschen Leute sitzen. In der Rolle des Business-Analysten eines Entwicklungsteams vermutete ich zuerst, dass es am unterschiedlichen Sprachgebrauch von Software-Entwicklern und Fachabteilungen liegen musste und dass es doch einen Weg geben müsste, das babylonische Sprachgewirr aufzulösen. Kurz: ich war auf der Suche nach der Methode, mit der man es richtig machen kann.

Dann, Jahre später, fand ich die Methode: Scrum. Auf den ersten Blick schien es so, als wäre Scrum die Antwort auf all die Fragen, die ich so hatte. Schnell stellte sich heraus, dass Scrum diese Antworten nicht liefern konnte. Scrum zeigte mir aber einen Weg, wie man die Antworten finden konnte, und machte klar, wohin man schauen musste, wenn man Probleme in der Software-Entwicklung lösen wollte. Scrum zeigte nicht, wie ich es richtig machen sollte. Scrum zeigte mir nur ständig, wo ich noch etwas tun musste. Ich musste meine Managementskills verbessern, Mitarbeiter kündigen, neue Entwicklungsmethoden einführen, mich mit meinen Chefs anlegen – einmal zog ich die Konsequenzen selbst. Also alles in allem Dinge, die unbequem sind, die man nicht unbedingt gerne tut und die viel harte Arbeit erfordern. Scrum machte es mir und vielen meiner Mitarbeitern also nicht leichter, sondern es schien, als würde es sogar schwerer werden. Aber uns fiel auf, dass sich diese Schwierigkeiten mit dem Erlernen und Trainieren einer neuen Sportart vergleichen ließ. Es machte Spaß und war befriedigend. Zwar ging es nicht ohne Aufwand und Mühe, ohne hartes Training, ständiges Wiederholen von bestimmten Übungen und ständiges Überprüfen und Evaluieren unseres Fortschrittes. Aber wir wurden belohnt. Unsere Produktivität stieg, wir hatten mehr Freude an der Arbeit und unsere Chefs wurden mit jeder Woche zufriedener mit uns.

In diesem Buch möchte ich Ihnen zeigen, wie auch Sie diese Erfolge erzielen können. Scrum wird Ihnen einfach erscheinen und doch werden Sie ständig die Frage im Kopf haben: „Und wie funktioniert das bei mir?" Sie werden sich fragen, ob Scrum für Sie anwendbar ist und ob es funktioniert.

Ich kann Ihnen diese Frage beantworten. Scrum und seine Praktiken sind erfolgreich. Hunderte von Firmen und Tausende von Projekt-Teams nutzen Scrum und sind im Entwickeln von Software erfolgreicher geworden. Haben diese Teams noch Probleme? Ja, viele! Sie finden sogar ständig neue Probleme. Aber sie haben sich auf den Weg gemacht. Daher wissen sie, wie viel noch zu tun ist. Denn erst wenn man auf dem Weg ist, bemerkt man, wie viel Wegstrecke vor einem liegt. Wenn Sie für einen Marathon trainieren, bemerken Sie auch erst nach dem Beginn des Trainings, wie hart der Weg wirklich ist.

Dieses Buch enthält die Ideen von unzähligen Personen, denen ich zutiefst dankbar bin. An erster Stelle Ken Schwaber und Jeff Sutherland, die uns allen gezeigt haben, wie einfach es ist, das Chaos zu kontrollieren. Norman Kerth, der mir das Wesen der Projekt-Retrospektive gezeigt hat. Jean Tabaka, Stacia Broderick, Hubert Smith, Jens Østergard und vielen anderen aus der Scrum Community, die einerseits den Weg mit mir gemeinsam gegangen sind und mir andererseits durch viele Gespräche geholfen haben, Scrum besser zu verstehen.

Ich möchte meinem ersten Scrum Team danken: Gillian, Sven, Graig, Jakob, Niki und Marc sind mit mir damals auf die Reise gegangen. Und ich danke meinem damaligen Chef Michael Schindelar, der uns einfach ausprobieren ließ, wie Scrum funktioniert.

Mein besonderer Dank gilt meinen Freunden und Mitarbeitern, die heute mit mir Scrum in der Form, wie ich es verstehe und wie es in diesem Buch beschrieben ist, leben. Nicht zu vergessen die Teilnehmer der Trainings aus vier Jahren, die alle ihren Beitrag dazu geleistet haben, dass dieses Buch, so wie es vor Ihnen liegt, geschrieben werden konnte.

Scrum ist eine Reise mit dem Ziel, seine Fähigkeiten zu erkennen, Erfahrungen zu sammeln, dabei Teamgeist entstehen zu lassen und zu erfahren, Höhen und Tiefen zu erleben, um am Ende ein Produkt zu liefern, das uns selbst und unsere Kunden begeistert, auf das wir stolz sind, weil wir uns einbringen konnten, und das als Ergebnis ein Teil von uns ist.

Viel Spaß beim Lesen!

Vorwort zur 2. Auflage

Die erste Auflage fand innerhalb eines Jahres bereits so viel Anklang, dass wir uns zu einer zweiten Auflage entschlossen. Das ist ein weiteres Indiz dafür, dass Scrum unaufhaltsam seinen Weg geht. Vor allem in Deutschland ist Scrum seit 2008 in die Unternehmenspitzen eingezogen. Ich arbeite heute mit CEOs und CTOs daran, ganze Unternehmensbereiche umzubauen. Wir haben in vielen Unternehmen geschafft, was ich immer wieder verpreche: Sehr deutliche Produktivitätssteigerungen in nur sechs Wochen und die Veränderung der Kultur der Unternehmen innerhalb von nur wenigen Monaten.

Scrum war dabei immer nur das Werkzeug der Veränderung. Scrum wird nur durch die Menschen, die es als ihre Haltung und ihre Handlungsweise einsetzen, in die Unternehmen getragen. Menschen und Teams mit Hilfe von Scrum erfolgreich machen, hat 2008 und 2009 besonders gut funktioniert – gerade wegen der Wirtschaftskrise wird Scrum in deutschen, österreichischen und schweizer Unternehmen 2010 seinen Siegeszug weiterführen. Davon bin ich überzeugt. Machen Sie mit und werden Sie Teil einer weltweiten Bewegung, deren Ziel es ist, den gesunden Menschenverstand wieder in die Unternehmen zu bringen.

Diese zweite Auflage ist verbessert und korrigiert. Mein ganz besonderer Dank geht dabei an Katrin Dietze, die in unermüdlicher Kleinarbeit die Bilder und das Design dieses Buches verbessert hat.

Danken möchte ich auch Jo Legat[1], der mit den Scrumlies eine neue Repräsentanz der Rollen in Scrum geschaffen hat. Die Scrumlies werden uns in Zukunft immer wieder begegnen.

---

[1] www.jolegat.com/cartoons.html

Mein Dank gilt auch Frau Metzger und Frau Weilhart vom Hanser Verlag, die so sehr an diese zweite Auflage geglaubt haben, dass sie mich immer unterstützt haben, obwohl ich meine Deadlines nicht ein einziges Mal gehalten habe.

Vor allem aber möchte ich allen Menschen weltweit danken, die mit ihrem täglichen Einsatz Scrum erst ermöglichen. Sie sind es, die Scrum weitertragen und die täglich den harten Weg gehen, die Realität ihrer Teams zu verändern.

Roschwoog im Juli 2009   *Boris Gloger*

1 Einleitung

1.1 Scrum – Veränderungsmanagement

Die Veränderung der Arbeit hat bereits begonnen. Erfolgreiche Firmen wie Google, Gore, 3M, Semco und Toyota machen vor, wie man das Potenzial seiner Mitarbeiter nutzt und sie nicht nur als Ressourcen sieht. Diese Firmen sind erfolgreich, weil sie Wege gefunden haben, die Innovationskraft ihrer Mitarbeiter zu wecken, zu erhalten und zu nutzen. Sie setzen ebenso auf das Individuum wie auf das Team und dezentralisieren Entscheidungen, schaffen Motivation, die Menschen bewegt, für sie zu arbeiten. So erreichen sie nicht nur den Verstand ihrer Mitarbeiter, sondern auch deren Herz und Leidenschaft.

Führungskräfte auf der ganzen Welt suchen nach einer Methode, wie sie den Anforderungen der Globalisierung und der Beschleunigung begegnen können. Dabei reicht es nicht aus zu kopieren, was Google vorgemacht hat. Jede Firma, jede Führungskraft muss ihren eigenen Weg finden. Es gibt jedoch eine Technologie, ein Bündel von Regeln, die weltweit, in allen Kulturkreisen dazu führt, dass Firmen ihre Antwort auf die Anforderungen der heutigen Zeit finden: Scrum.

Scrum ist vor allem ein Change-Management-Ansatz und ein Weg für das Team-, Abteilungs- und Organisationsmanagement. Die Regeln und Elemente von Scrum kann man nutzen, um Projekte zu steuern und Abteilungen und Firmen zum Erfolg zu führen. Das macht aus Scrum aber keine Methode und kein Prozessmodell. Scrum ist eine Einstellung dazu, wie man mit Menschen und Mitarbeitern, Kunden und Managern umgeht. Scrum ist eine innere Haltung, die sich durch Disziplin und Verantwortungsbewusstsein auszeichnet.

In „Snow Crash" entwirft Neal Stephenson ein Bild der Zukunft, in der die US-Regierung zum weltgrößten und gleichzeitig ineffizientesten Produzenten von Software geworden ist. Mit Hilfe der besten Software-Engineering-Techniken, die zwar grausam, aber extrem ausgeklügelt sind, wird durch den Einsatz von Tausenden von Programmierern, die nicht mehr wissen, warum sie ein Stück Software schreiben, sehr viel Software entwickelt. Architekten und Projekt-Manager entwerfen die einzelnen Komponenten, zerteilen sie in immer kleinere Stücke und geben sie dann, zusammen mit extrem viel Dokumentation, wie dieses Stück Code zu schreiben ist, an die Programmierer, die exakt nur diesen einen Job zu erledigen haben. Oft genug wird die Arbeit von Wochen durch neue Anweisungen zunichte gemacht. Mehr als 50 Prozent ihres Arbeitstages verbringen diese Programmierer damit zu lesen, was von ihnen erwartet wird. Alles, was sie tun, wird exakt vermessen und beobachtet. Aus Hackern sind Fließbandarbeiter geworden [Stephenson 2003].

Stephenson hat 1992 eine Entwicklung vorausgesehen, die – von Übertreibungen abgesehen –, in vielen Firmen Realität geworden ist. Software-Entwicklung soll keine Geheimwissenschaft mehr sein, sondern nach definierten Prozessen ablaufen und mit Hilfe ingenieurwissenschaftlicher Methoden funktionieren.[1] Die Forderung, wonach für den Projekterfolg alle Mitarbeiter austauschbar und keine Helden mehr nötig sein sollen, hat zu vielen neuen Ideen geführt, wie Software-Entwicklungsprozesse zu gestalten seien. Der Höhepunkt dieser Entwicklung war Capability Maturity Model Integration (CMMI) und die europäische Antwort SPICE. Diese Modelle haben ihre Berechtigung, und viele der darin enthaltenen Ideen sind nicht nur exzellent, sondern befinden sich sogar mit Scrum im Einklang, führten jedoch zu einer Tendenz in der Industrie, die stark an die von Stephenson beschriebene Arbeitsweise erinnert.

Scrum ist die folgerichtige Antwort auf die Herausforderungen der modernen Produktentwicklung. Bei Scrum geht es nicht um austauschbare Mitarbeiter. Das Bild des prototypischen Arbeiters der industriellen Revolution, wie es Charlie Chaplin in „Moderne Zeiten" karikierte, wird in Scrum durch das Bild eines teleologisch arbeitenden Menschen ersetzt, den Tom Peters als „Talent" beschreibt [Peters 2005b]: ein Mensch, der Herr seiner eigenen Fähigkeiten ist, der sich und seine Potenziale kennt und sie entsprechend vermarktet. Ein Talent, das von Scrum-Team zu Scrum-Team zieht. Scrum-Teams sind mit einem Set von Meetings, Regeln und Prinzipien versehen, die sie effektiv arbeiten lassen, die den „Talenten" der Teams die Chance geben, den Heldenstatus [Bach 1996] zu erlangen, und es ihnen ermöglichen, schnell qualitativ hochwertige Produkte zu entwickeln.

Scrum dient dazu, den Teams Freiräume zu verschaffen, damit die Talente ihrer Mitglieder zur Entfaltung kommen und der Spaß am produktiven Schaffen entstehen kann. Scrum in meiner Interpretation gibt dem Einzelnen im Team die Kompetenzen zurück, die er benötigt, um Verantwortung zu übernehmen.

Scrum als „Framework", wie es Ken Schwaber bezeichnet, funktioniert nicht von selbst. Scrum benötigt eine Person, die die Rolle des ScrumMasters, des Veränderers, übernimmt. Scrum lebt nicht ohne die Energie und den Einsatz jener, die die Werte, Regeln und Haltungen verwirklichen wollen. Der ScrumMaster ist die entscheidende Person im Prozess. Er muss wissen, was Scrum ist und wie es funktioniert. Für seine Aufgabe benötigt er die Fähigkeit zu führen, Begeisterung für sein Tun und Kreativität.

---

[1] http://www.stevemcconnell.com/psd/04-senotcs.htm

1.2 Der Fahrplan des Buches

Mit diesem Buch möchte ich Ihnen die Informationen geben, die Sie benötigen, um Scrum in der Praxis durchzuführen. Sie sollen dieses Buch immer wieder in die Hand nehmen können und jedes Mal neue Ideen finden. Vielleicht einen neuen Aspekt oder etwas Bekanntes, das genau dann für Sie wertvoll ist. Deshalb enthält es eine Fülle von Metaphern, Szenen, Denkanstößen, Beispielen, theoretischen Hintergründen, ungewöhnlichen Literaturangaben, Querverweisen, klaren prozeduralen Anweisungen und Fragen, die Ihnen helfen sollen, Scrum besser zu verstehen.

Mit diesen Themen werden wir uns beschäftigen:

- In *Kapitel 2 „Grundlagen"* erfahren Sie, worum es bei Scrum geht. Sie lernen die Wurzeln von Scrum im Wissensmanagement und seine theoretischen Grundlagen aus dem Toyota Production System kennen.

- In *Kapitel 3 „Die Motivation für Scrum"* beschreibe ich, wann und weshalb Scrum benötigt wird. Sie werden sehen, dass Scrum unsere Arbeitsweise so verändert, dass wir mit mehr Freude und produktiver arbeiten. Außerdem sehen Sie, dass sich mit Scrum die Zusammenarbeit im Team verbessert.

- In *Kapitel 4 „Die Rollen – klare Verantwortlichkeiten"* stelle ich die „drei plus drei Rollen" in Scrum vor. Richtig – es gibt, entgegen den meisten Darstellungen, die sie im Internet über Scrum finden, mehr als drei Rollen. Dieses Kapitel erläutert auch, wie die Rollen im Umfeld eines großen Projektes oder in Abteilungen gelebt werden.

- In *Kapitel 5 „Planen in Scrum"* zeige ich, was Planen ist, worin der Unterschied zum traditionellen Planen besteht, wie Sie Ihre Projekte schätzen und Ihren Projektplan erstellen. Sie erfahren, dass Planen eine Dialog ist und dass dieser Dialog für das Planen wesentlich ist.

- *Kapitel 6 „Der Sprint – Das Produkt entsteht"* erklärt die Meetings in Scrum und wie sie durchgeführt werden. Sie erfahren, welche Bedeutung und welchen Zweck die Meetings haben und welche Resultate sie liefern.

- Kein empirisches Vorgehen ohne Feedback-Kreislauf. Dafür benotigt man aber Daten. In *Kapitel 7 „Reporting – wissen, wo wir stehen"* sehen wir, wie einfach das Berichtswesen von Scrum aufgebaut ist.

- *Kapitel 8 „Professionalität – Test, Integration, Release"* zeigt kurz, über welche Entwicklungspraktiken agile Entwicklungsteams verfügen müssen, damit die versprochenen Resultate entstehen.

- In *Kapitel 9 „Einführung von Scrum in großen Projekten und Organisationen"* stelle ich dar, wie man Scrum in großen Projekten einsetzt, wie Multi-Projekte gesteuert und Abteilungen gemanagt werden und wie Sie Scrum in einer ganzen Organisation einführen.

- Ein kurzes, aber dennoch wichtiges Kapitel, auf das ich Ihre Aufmerksamkeit lenken möchte, ist Kapitel *10 „Leadership, Emotion, Kreativität"*. Hier beschreibe ich, was

Sie als ScrumMaster verstehen und tun müssen, damit Scrum funktioniert. Die Regeln befolgen und Meetings durchführen allein reicht nicht. Sie müssen Ihr Team führen, seine Emotionen wecken und nutzen, es durch Höhen und Tiefen begleiten und brauchen seinen Glauben an die eigene Kreativität, um die Ziele zu erreichen.

■ Hilfsmittel für Scrum Teams gibt es wie Sand am Meer. In *Kapitel 11 „Scrum-Tools – in aller Kürze"* schildere ich Ihnen kurz meine Meinung dazu.

An einigen Stellen im Buch finden Sie Drehbuchszenen, die typische Situationen beschreiben, um bestimmte Ideen anschaulich darzustellen. Die Beispiele aus der Praxis illustrieren wichtige Aspekte. Sie entstammen alle meinen praktischen Erfahrungen der letzten sechs Jahre – Projekten, die ich selbst oder meine Mitarbeiter durchgeführt haben. Manchmal spitze ich die Kernaussagen zu, doch wurde nichts erfunden.

1.3 Scrum-Zertifizierung

Die Scrum Alliance zertifiziert das Erreichen von bestimmten Stadien in der Erfahrung mit Scrum. Wie diese Stadien genau aussehen und was getan werden muss, um diese Zertifizierungen zu erwerben, entnehmen Sie bitte der Website der Scrum Alliance.[2] An dieser Stelle möchte ich zu diesen Zertifizierungen kurz kritisch Stellung nehmen.

Der Certified ScrumMaster (CSM)

Der Certified ScrumMaster war ein Marketingtrick von Ken Schwaber! Der Titel ist so gut gewählt, dass er dazu führte, dass die Scrum Alliance das meines Wissens einzige von der Industrie anerkannte Training im Bereich der agilen Software-Entwicklung anbietet. Aber es ist wie mit jeder Verpackung – wenn der Inhalt nicht hält, was die Verpackung verspricht, dann nützt die Verpackung dem Produkt nicht lange. Im Falle des Trainings für den Certified ScrumMaster ist offensichtlich ein Produkt entstanden, das hält, was es verspricht: In fünf Jahren hat eine Gruppe von Certfied Scrum Trainern (CST), die alle von Ken Schwaber persönlich ausgesucht wurden, weltweit Certified ScrumMaster-Trainings durchgeführt und dabei mehr als 40 000 ScrumMasters ausgebildet.

Die Zertifizierung zum Certified ScrumMaster ist zu einer sinnvollen Ergänzung im Lebenslauf von Projektmanagern und Teamleitern, Abteilungsleitern und Projekt-Coaches geworden. Immer mehr Firmen setzen bei neuen Mitarbeitern diese Ausbildung voraus. Die Anzahl der Stellenangebote für Entwickler mit Ausbildung zum Certified ScrumMaster in Deutschland, aber vor allem in Skandinavien, Großbritannien, USA und selbst in Südamerika (hier vor allem Brasilien) belegt dies.

Das Training wurde mit den Jahren anspruchsvoller, und wir CSTs sammelten immer mehr Erkenntnisse und Erfahrungen, die wir mit unseren Studenten teilen können und wollen.

---

[2] http://www.scrumalliance.org

Die Zertifizierung zum Certified ScrumMaster ist und bleibt aber die Zertifizierung einer Trainingsteilnahme. Nicht mehr und nicht weniger. Wir zertifizieren, dass sie anwesend waren und mitgearbeitet haben. Wie bei jedem Training gibt es Studenten, die aktiv mitarbeiten, und solche, die hingehen, weil ein Training mehr Spaß macht, als im Büro zu sitzen. Die erste Gruppe wird sich mit Scrum beschäftigen, es ausprobieren und erste Erfahrungen machen. Die zweite wird darauf warten, dass jemand für sie Scrum einführt. Das Training selbst sagt darüber nichts aus.

Die Scrum Alliance hat beschlossen, ab 1.10.2009 dem Training einen internetbasierten „open-book"-Test anzuschließen. Das Zertifikat „Certified ScrumMaster" erhält dann nur noch, wer diesen Test besteht.

Der Certified Scrum Practitioner (CSP)

Die Zertifizierung zum Certified Scrum Practitioner bestätigt, dass Sie Scrum im vergangenen Jahr eingesetzt haben. Diesen Beleg müssen Sie einmal pro Jahr erneuern, wenn Sie CSP bleiben wollen (Details dazu bei der Scrum Alliance). Das Zertifikat ist das erste in der Reihe der Zertifikate mit dem Anspruch, nachzuweisen, dass der Empfänger dieses Zertifikates tatsächlich Scrum-Erfahrung hat. Certified Scrum Trainer, Scrum Practitioners und Scrum Coaches reviewen die Bewerbungen zum CSP, und auf der Basis dieses Reviews wird der Status gewährt.

Der Certified Scrum Trainer (CST)

Bis Mitte 2006 ernannte nur Ken Schwaber neue Certified Scrum Trainer. Er sah sich an, wer man war, wie man arbeitete und wie gut man Scrum verbreitete. Gefiel ihm, was er sah, so „berief" er jemanden zum Scrum Trainer. Ab Frühjahr 2006 wurde dieser „Ritterschlag" durch ein Scrum Trainer Assessment abgelöst. Seit dieser Zeit wird zwei- bis viermal im Jahr ein Assessment von Kandidaten durchgeführt, und diese können dann, nach gründlicher Prüfung, Certified Scrum Trainer werden. Ein Großteil der Vorbereitung auf dieses Assessment basiert darauf, dass Sie lange genug mit einem Certified Scrum Trainer gemeinsam arbeiten und dieser eine Empfehlung für Sie ausspricht.

Der Certified Scrum Coach (CSC)

Das Zertifizierungsprogramm der Scrum Alliance wurde 2007 um einen weiteren Zertifizierungspfad erweitert: den Certified Scrum Coach. Aufgabe des Scrum Coaches soll es sein, Organisationen bei der Einführung von Scrum zu unterstützen.[3]

Ein Wort zur Zertifizierung

Ich mag Zeugnisse nicht. Sie sagen meiner Meinung nach nicht viel aus. Die Zertifizierung ist ein Zeugnis, das nur eines belegt: der Zertifizierte war tatsächlich in einem Training

---

[3] Wie man sich für die Zertifizierung zum Certified ScrumCoach qualifiziert, entnehmen Sie am besten der Scrum Alliance Website: www.scrumalliance.org.

und/oder hat tatsächlich ein Scrum-Projekt geführt und/oder veranstaltet tatsächlich erlaubterweise ein Certified ScrumTraining. Mehr sagen diese Zeugnisse nicht aus.

Wenn Sie einen ScrumMaster einstellen wollen, einen Coach engagieren, ein Training besuchen, dann informieren Sie sich vorher bitte genau. Wir befinden uns in einem jungen, sehr schnell wachsenden Markt. Im agilen Lager herrscht Goldgräberstimmung, und viele wollen auf den Zug aufspringen. Diese Märkte sind Nährboden für Scharlatane, gute Verkäufer und das Versprechen schneller Lösungen. Wenn Sie sichergehen wollen, dass Sie einen Coach bekommen, der weiß, wovon er spricht, gibt es nur zwei Möglichkeiten: Sie vertrauen einem Namen, der für Qualität steht. Beispielsweise könnten Sie Ken Schwaber anrufen und fragen, ob die Person X tatsächlich empfehlenswert ist, oder Sie können es Schritt für Schritt mit einer Person ausprobieren. Im ersten Schritt schauen Sie sich ein Training der Person an und gehen vielleicht sogar in das gleiche Training eines anderen Trainers. Dann ein kurzes Coaching Engagement, und danach erst der große Auftrag.

Die Zertifizierung ist keine Garantie, einen ScrumMaster, Coach oder Trainer zu engagieren, der wirklich etwas kann. So wie Ärzte nicht alle gleich sind, ist ScrumMaster nicht gleich ScrumMaster. Fragen Sie nach Empfehlungen, zufriedenen Kunden und Erfolgen in der Vergangenheit. Wichtiger als diese sind meiner Meinung auch seine Misserfolge: Wo hat die Einführung von Scrum aus welchem Grund nicht funktioniert?

Denken Sie daran, dass Sie Ihre Organisation jemandem anvertrauen. Wenn es schiefgeht, haben Sie mehr Schaden angerichtet, als wenn Sie gar nichts getan hätten.

2 Grundlagen

Hab den Mut, Nein zu sagen.
Hab den Mut, der Wahrheit ins Gesicht zu blicken.
Tu das Richtige, weil es das Richtige ist.
Das sind die magischen Schlüssel, dein Leben mit Integrität zu leben.

– Clement Stone

2.1   Scrum – ein Prozess?

■ Ein großer hell erleuchteter Besprechungsraum. Niko tritt ein. Seine Gedanken kreisen um die neue digitale Spiegelreflexkamera. Sie hat in den letzten Monaten bei den Profifotografen wichtige Marktanteile verloren, seitdem der Hauptkonkurrent seine neue Kamera herausgebracht hat. Seine Manager haben ihm versichert, dass die Leute, die er jetzt in diesem Raum antreffen wird, die besten Spezialisten der Firma sind. Er stellt sich in die Mitte des Raumes, seine Assistentin startet den Projektor, und im Hintergrund ist ein Bild der neuen Kamera zu sehen.

„Guten Morgen, meine Damen und Herren." Niko schaut in die Gesichter der fünf Männer und drei Frauen. Sie kommen aus allen Fachbereichen: Software-Entwicklung, Produktion, Gehäusebau und Hardware, Linsenspezialisten und natürlich ein Profifotograf. Sie sitzen ein wenig angespannt da. Das ist verständlich, denn sie wissen nicht, wieso sie eingeladen wurden. Sie haben erst vor 30 Minuten die Aufforderung erhalten, sofort in diesen Besprechungsraum zu kommen.

„Sie werden sich fragen, wieso Sie hier sind. Die Antwort ist: Wir brauchen genau Sie für unser neues Projekt." Er deutet auf die Präsentation: „Hier sehen Sie das Flaggschiff unseres Mitbewerbers. Wir verlieren Marktanteile. Alle Prognosen zeigen, dass wir hohe Verluste haben werden, wenn wir den Profifotografen keine Alternative bieten."

Niko macht eine Pause. Er beobachtet die Frauen und Männer. Ihre Augen sind weit geöffnet, einige beugen sich zum Tisch, andere richten sich leicht auf. Niko schaut in die Runde und sagt dann: „Sie alle wissen, wie man eine bessere, schnellere und attraktivere Kamera bauen kann als die, die unser Mitbewerber auf dem Markt hat. Das ist Ihre neue Aufgabe in den nächsten neun Monaten."

Die Frauen und Männer tauschen Blicke untereinander aus. Niko fährt fort: „Vor der Tür steht der Bus, der Sie in Ihr neues Büro und Ihre neuen Laboratorien bringen wird. Wir haben, damit niemand Sie stören kann, entschieden, dass Sie neue Arbeitsplätze bekommen, wo Sie gemeinsam arbeiten können."

Wieder macht er eine Pause und setzt dann fort: „Wir zählen auf Sie, und wir erwarten von Ihnen in neun Monaten ein Produkt. Kein Positionspapier, keine Studie und keinen Prototyp, sondern wir wollen in neun Monaten eine neue Kamera vorstellen, die einen Tag später an die Händler ausgeliefert werden soll."

„Noch etwas – Sie haben volle Handlungsfreiheit. Wir werden Sie, so gut wir können, unterstützen, Ihnen aber zu keinem Zeitpunkt sagen, was Sie zu tun haben. Wir zählen auf Sie. Viel Glück!"

Ein Lächeln breitet sich auf Nikos Gesicht aus, er dreht sich um und verlässt den Raum. ∎

2.1.1 Ein Begriff – mehr als ein Vorgehensmodell

Die hier dargestellte Szene beschreibt die Ausgangslage von Scrum. Ein Team zieht aus, um eine Mission zu erfüllen. Ein Team aus Spezialisten, von einer Vision geleitet, arbeitet sich diszipliniert und hoch professionell von einem Teilprodukt zum nächsten, bis es das Endprodukt abliefern kann. Scrum ist eine Grundüberzeugung, eine Philosophie und eine Arbeitsweise mit klar definierten Rollen, einem sehr einfachen Prozessmodell und einem klaren und einfachen Regelwerk, das es diesem Missionsteam ermöglicht, seine Ziele äußerst effektiv zu erreichen.

Sie werden in diesem ersten Kapitel verstehen lernen, dass Scrum weit mehr ist als das Prozessmodell, das Sie möglicherweise bereits von Abbildungen oder Kurzversionen über Scrum her kennen. Sie erfahren, dass Scrum, ursprünglich für Produkt-Entwicklungsteams geschaffen, sich ebenso für die Steuerung großer Projekte und für das Managen ganzer Organisationen eignet. Der Begriff Scrum, zu Deutsch „Gedränge", ist jedem bekannt, der einmal ein Rugbyspiel gesehen hat. Zwei Mannschaften stehen sich in einem kreisförmigen Gebilde, dem Gedränge, gegenüber und versuchen gemeinschaftlich den Gegner daran zu hindern, Raum zu gewinnen (siehe Abbildung 2.1).

Es ist nicht ganz klar, wieso Jeff Sutherland und Ken Schwaber gerade den Begriff „Scrum" verwenden. Sie schreiben, sie hätten ihn von Nonaka und Takeuchi übernommen [Nonaka and Takeuchi 1986]. Nonaka und Takeuchi nutzen das Wort Scrum, um zu beschreiben, dass es in der Produktentwicklung um die Zusammenarbeit mehrerer Fachdisziplinen geht. Auf Scrum übertragen, steht dieses Bild für den Zusammenhalt, den ein Scrum-Team entwickeln kann, und für das Einhalten weniger Regeln. Rugby ist ein sehr diszipliniertes Spiel, es geht zwar rauh zu, aber die Regeln werden rigide befolgt. Wir werden sehen, dass Scrum nur wenige Regeln hat, dass diese jedoch sehr genau umgesetzt werden.

Abbildung 2.1 Scrum – Stormers gegen Bulls, Cape Town, 16.02.2008; Foto: Boris Gloger

2.1.2 Scrum als Prozessmodell

Das Prozessmodell von Scrum steckt den Rahmen ab, in dem alle Aktivitäten der Produkt-entwicklung ablaufen (siehe Abbildung 2.2). Der Scrum-Prozess besteht aus sechs Rollen, sechs Meetings und neun Artefakten.

Am Anfang steht die Person mit einer Produktidee: der *Product Owner*. Er bearbeitet seine Idee so lange, bis er eine *Produkt-Vision* hat. Die Produkt-Vision enthält die grundlegende Idee für das Projekt. Der Product Owner erarbeitet – entweder alleine oder mit Hilfe der Teammitglieder – die Produkt-Funktionalitäten, die *Product Backlog Items*. Alle Product Backlog Items werden in eine Liste eingetragen, das *Product Backlog*. Der Product Owner bringt die Product Backlog Items in dieser Liste in eine Reihenfolge, die sich aus dem zu erwartenden finanziellen Gewinn der jeweiligen Funktionalität ergibt.

Als Nächstes muss jedes Product Backlog Item auf seine *Größe* geschätzt werden. Die Schätzung wird von den Teammitgliedern durchgeführt. Ein *Scrum-Team* besteht aus all den Personen, die notwendig sind, um die Backlog Items in Software zu verwandeln, die ausgeliefert werden kann. Die Teammitglieder schätzen also den Umfang jedes zu liefern-den Product Backlog Items und teilen das Ergebnis dem Product Owner mit. Diese initiale Schätzung und das initiale Erarbeiten des Product Backlogs geschieht in der *strategischen Planungsphase*, d.h., bevor das Team die Arbeit an der Produkt-Entwicklung aufnimmt.

Das Product Backlog ist nun geschätzt. Alle Teammitglieder haben eine Vorstellung da-von, wie das gewünschte Produkt aussehen soll, und der Product Owner hat eine erste Vor-stellung davon, welche Kosten auf ihn zukommen. Oft schließt sich nun in Organisationen eine Genehmigungsphase an, die aber nichts mit dem Scrum-Prozess zu tun hat. Scrum-Master versuchen, diese Phase möglichst kurz zu halten.

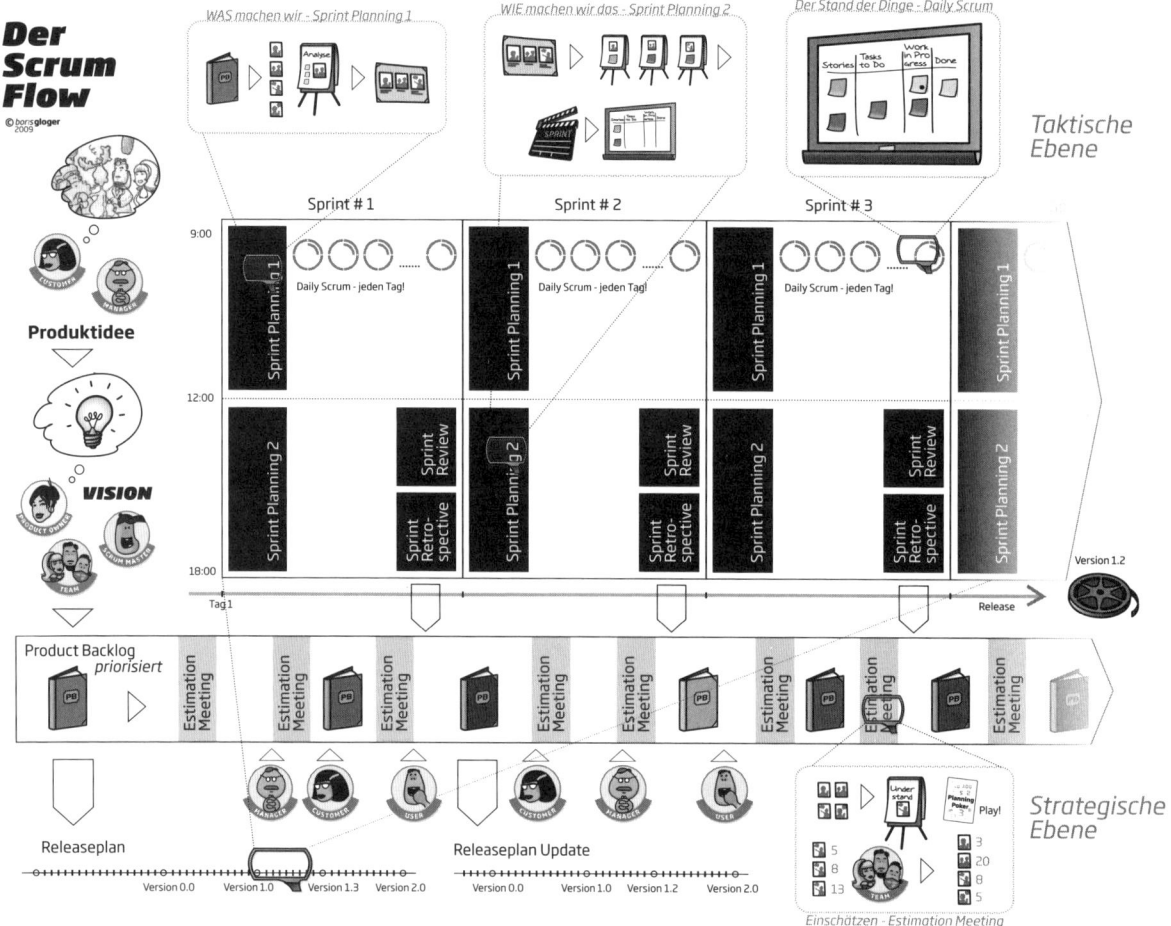

Abbildung 2.2 Der Scrum-Prozess

Wenn das Projekt genehmigt ist, nimmt das Projektteam die Arbeit auf. In Scrum wird in klar abgegrenzten zeitlichen Intervallen, den *Sprints*, gearbeitet. Am Ende eines Sprints muss das Team Software liefern, die in einem Zustand ist, der ausgeliefert werden könnte. Die Scrum-Terminologie nennt dieses entstandene Produkt-Inkrement entweder *potential shippable business functionality, potential shippable code* oder, seit neuestem, *usable software*.

Am Anfang eines Sprints wird basierend auf dem Plan, der in der strategischen Planungsphase entstanden ist, die *taktische* Umsetzung besprochen. Auf der Basis von groben Überlegungen darüber, welche Funktionalitäten (Backlog Items) im jeweiligen Sprint geliefert werden sollen, wird nun entschieden, was tatsächlich in diesem Sprint geliefert werden kann.

Jeder Sprint beginnt mit der *taktischen Planung*. Wir teilen diese Planung in zwei Teile auf. Das erste Planungsmeeting ist das *Sprint Planning Meeting 1*. Hier besprechen der

Product Owner, das *Team*, das *Management* und die *Anwender* des Produktes die Ziele des Sprints, das *Sprint Goal*. Sie legen gemeinsam fest, wie viele und welche Product Backlog Items das Team in diesem Sprint liefern wird. Dieses Meeting ist mit einem Briefing und einem Anforderungsworkshop vergleichbar. Alle Beteiligten sollten nach diesem Meeting eine klare Vorstellung davon haben, was in diesem Sprint geschehen und geliefert werden soll. Dazu werden die *Anforderungen* an die einzelnen Funktionalitäten detailliert zwischen Team, Product Owner und Anwendern besprochen. Die Summe der vereinbarten Product Backlog Items nennen wir in Scrum das *Selected Product Backlog*. Wenn allen Beteiligten klar ist, was das Selected Product Backlog umfasst und sich das Team und der Product Owner darauf geeinigt haben, halten wir das als gemeinsames *Commitment* (Versprechen) des Product Owners und des Teams fest.

Das darauf folgende Meeting, das *Sprint Planning Meeting 2*, gibt dem Team die Gelegenheit, darüber zu diskutieren, wie sie die Anforderungen an die Backlog Items aus dem Sprint Planning 1 umsetzen wollen. Es ist vergleichbar mit einem Design-Workshop. Das Team entwickelt erste Vorstellungen davon, wie es die Anforderungen umsetzen will. Die Teammitglieder erstellen erste Designskizzen und legen die Architektur fest. Allen Beteiligten wird klar, was zu tun ist, und so entsteht eine Liste aus Aufgaben, das *Sprint Backlog*. Das Sprint Backlog ist also eine Liste aller Aufgaben, die das Team ausführen muss, um die geforderten Backlog Items umzusetzen. Beide Meetings sind Arbeitssitzungen, in denen die ersten konkreten Schritte zur Umsetzung des Sprints durchgeführt werden.

Nun beginnt die Umsetzung, also das Entwickeln des Produktes. Die Teammitglieder stimmen im so genannten *Daily Scrum* ihre Aufgaben täglich untereinander ab. Das Daily Scrum ist das Meeting, in dem alle Teammitglieder bekannt geben:

- Was habe ich seit dem letzten Daily Scrum erreicht?
- Was will ich bis zum nächsten Daily Scrum erreichen?
- Welche *Impediments* (Hindernisse) stehen mir dabei im Weg?

In diesem Meeting bestimmen die Teammitglieder selbst, welche Aufgaben aus dem Sprint Backlog sie abarbeiten wollen.

Während des Sprints bereiten die Teammitglieder gemeinsam mit dem Product Owner die nächsten Sprints vor. Das Product Backlog wird aktualisiert, für neue Backlog Items werden Schätzungen erstellt und frühere Schätzungen gegebenenfalls aktualisiert. Formal finden diese Arbeiten im *Estimation Meeting* statt, das den Input für den *Releaseplan* des Projektes liefert. Am Ende des Sprints präsentiert das Team die fertiggestellte Funktionalität in einem weiteren Meeting, dem *Sprint Review*. Hier wird der Fortschritt des Projektes anhand von „usable Software" demonstriert. Diese Demonstration zeigt deutlich, wo die Produkt-Entwicklung steht und führt in der Regel zu neuen Ideen. Sollte genug Funktionalität für die Freigabe des Produktes an die Produktion vorhanden sein, so werden im Anschluss die entsprechenden Maßnahmen durchgeführt. Nach dem Sprint Review führen die Teammitglieder untereinander die *Sprint Retrospektive* durch. In diesem Meeting optimiert das Team die eigenen Arbeitsprozesse, indem es sie konsequent hinterfragt.

Dieser Scrum-Prozess wird durch den ScrumMaster initiiert und am Leben erhalten. Der ScrumMaster steht sozusagen außerhalb des Prozesses. Aber dazu später mehr.

Diesen ersten Eindruck vom Scrum-Prozess werden wir in den folgenden Kapiteln vertiefen: In Kapitel 4 geht es um „Die Rollen – Klare Verantwortlichkeiten", in Kapitel 5 werden wir sehen, wie man in Scrum plant und schätzt. Kapitel 6 „Der Sprint – Das Produkt entsteht" zeigt, wie die einzelnen Meetings und Artefakte zusammenspielen.

2.1.3 Rollen, Meetings, Artefakte

Wir unterscheiden in Scrum sechs Rollen, sechs Meetings und neun Artefakte. Ihr Zusammenspiel ermöglicht es, hochproduktive Projektteams zu erschaffen. Damit wir in der Folge ein gemeinsames Bild davon haben, hier die Rollen, Meetings und Artefakte im Überblick.

Die Rollen – Verantwortung leben

Der Product Owner – Der Visionär
Der Product Owner plant und lenkt die Produktentwicklung. Er ist verantwortlich dafür, dass das Team die gewünschten Funktionalitäten in der richtigen Reihenfolge erstellt. Er sorgt dafür, dass die Projektergebnisse den finanziellen Aufwand für das Projekt rechtfertigen. Er arbeitet auf täglicher Basis mit dem Team, trifft zeitnah die notwendigen Entscheidungen und arbeitet kontinuierlich am Product Backlog und dem Releaseplan.

Das Team – Die Lieferanten
Das Team liefert das Produkt. Ein Scrum-Team besteht im Idealfall aus den Personen, die für die Lieferung des Produktes erforderlich sind. Ein Scrum-Team managt seine Angelegenheiten selbst. Es ist autorisiert, alles Zielführende zu tun, um das angestrebte Ergebnis zu erreichen. Gleichzeitig ist es gehalten, die Standards und Prozesse der Organisation einzuhalten. Das Team steuert die Arbeitsmenge, die es bewältigen kann, selbst. Dafür trägt es die Verantwortung für die Qualität der Lieferung.

Der ScrumMaster – Der Change Agent
Der ScrumMaster hilft dem Team, seine Ziele zu erreichen. Er arbeitet daran, dass alle Schwierigkeiten, Blockaden und Probleme, die das Team aufhalten, gelöst werden. Er ist nicht weisungsbefugt, sorgt jedoch dafür, dass der Scrum-Prozess eingehalten wird. Eine seiner Hauptaufgaben besteht darin, alle am Projekt beteiligten Personen zu schulen, so dass sie ihre Rolle verstehen und ausüben können.

Der Kunde – Der Finanzierer

Der Kunde ist Anforderer des Projektes, er kauft es oder hat es in Auftrag gegeben. Typischerweise sind das Executive Manager in Organisationen, die Softwareentwicklung bei externen Firmen einkaufen. In einem internen Projektentwicklungsteam ist der Budgetverantwortliche in der Rolle des Kunden.

Der Anwender – Der Nutzer

Der Anwender des Produktes ist eine wesentliche Informationsquelle für das Scrum-Team. Er ist es, der später die „usable Software" benutzen wird. Daher bezieht das Scrum-Team den Anwender in die Produkt-Entwicklung mit ein. Beim Sprint Planning definiert er gemeinsam mit dem Product Owner die Anforderungen. Später wird er als Anwender mit dem Team daran arbeiten, die Anwendung nutzbar zu machen.

Der Manager – Die Bereitsteller

Das Management stellt die Ressourcen und die Richtlinien innerhalb einer Organisation bereit. Es schafft den Rahmen, in dem sich das Team, der Product Owner und der ScrumMaster bewegen. Oft löst es die vom ScrumMaster identifizierten Probleme.

Die Meetings

■ **Sprint Planning Meeting 1 – Anforderungen klären**

In diesem ersten Meeting eines Sprints sind der Product Owner, das Team, das Management, der Anwender und der ScrumMaster anwesend. Der Product Owner erläutert die Product Backlog Items und definiert gemeinsam mit den Teammitgliedern und dem Management das Ziel für den anstehenden Sprint. Dann werden die Backlog Items ausgewählt, die zu diesem Ziel passen und die das Team schaffen kann. So entsteht das Selected Product Backlog. Wichtig: Das Team alleine bestimmt, wie viele Backlog Items es auswählt.

■ **Sprint Planning Meeting 2 – Design und Planung**

Im Sprint Planning Meeting 2 planen die Teammitglieder, wie sie das im Sprint Planning Meeting 1 vereinbarte Ziel erreichen wollen. Dazu beraten sie untereinander, wie die Applikation aufgebaut sein soll, welche Architektur gewählt werden muss, welche Interfaces geschrieben werden sollen, ob bereits Test Cases erstellt und geschrieben werden sollen, kurz: sie besprechen detailliert, was getan werden muss. Am Ende dieses Meetings liegt eine Liste aller notwendigen Aufgaben vor: das Sprint Backlog.

■ **Daily Scrum – Koordinieren und Feedback**

Jeden Tag treffen sich die Teammitglieder zur gleichen Zeit am selben Ort für 15 Minuten zu einem vom ScrumMaster moderierten Meeting. In diesem Meeting sprechen die Teammitglieder ab, wer an diesem Tag welche Aufgabe übernimmt. Dabei wählen die Teammitglieder selbst die Aufgabe aus, die sie als Nächstes übernehmen wollen. Die Teammitglieder informieren den ScrumMaster über Blockaden und Probleme, damit dieser sie so schnell wie möglich zur Lösung bringen kann.

■ **Estimation Meeting – Vorausplanen und Schätzen**

Product Owner und Teammitglieder aktualisieren mindestens einmal im Sprint das Product Backlog. Dabei werden Backlog Items mit neuen Schätzungen versehen und neue Backlog Items in das Product Backlog aufgenommen. Gleichzeitig wird die Reihenfolge der Backlog Items unter Berücksichtigung der neuen Informationen angepasst. Dieses Meeting dient auch dazu, den Releaseplan des Projektes zu aktualisieren und zu vervollständigen.

■ **Sprint Review – Resultate präsentieren**

Am Ende des Sprints präsentiert das Team die erarbeiteten Funktionalitäten. Das Team zeigt nur die Funktionalitäten, die so weit sind, dass sie sofort produktiv gesetzt werden könnten. Nicht getestete oder instabile Funktionalitäten werden nicht gezeigt und gelten als nicht geliefert.

■ **Sprint-Retrospektive – sich ständig verbessern**

Die Sprint-Retrospektive ermöglicht das systematische Lernen des Teams. Hier wird analysiert, welche Arbeitsprozesse verbessert werden müssen, damit das Team effektiver arbeiten kann. Die Resultate aus der Retrospektive werden im Impediment Backlog festgehalten und lassen sich so als Verbesserungsvorschläge in das Sprint Planning einbringen.

Die Artefakte – Resultate des Scrum-Prozesses

■ **Vision**

Eine Vision ist ein klares, deutliches, attraktives und emotionalisierendes Bild des angestrebten Produktes.

■ **Product Backlog Item**

In Scrum bezeichnen wir die zu liefernden Funktionalitäten, die in einem Product Backlog aufgelistet sind, als Product Backlog Items.

■ **Product Backlog**

Das Product Backlog ist eine Liste von Product Backlog Items, die vom Product Owner nach ihrer Bedeutung für den Projekterfolg priorisiert werden.

■ **Sprint Goal**

Der Product Owner legt gemeinsam mit dem Team das Sprint Goal, das Ziel des Sprints fest. Es fokussiert alle Anstrengungen des Scrum-Teams und des Product Owners hinsichtlich dieses miteinander vereinbarten Punkts.

■ **Selected Product Backlog**

Das Selected Product Backlog entsteht im Sprint Planning Meeting 1. Es enthält die Backlog Items, die das Team bis zum Ende des Sprints liefern kann. Das Selected Product Backlog orientiert sich am Sprint Goal.

■ **Die Aufgaben**

Mit Aufgaben bezeichnen wir alles, was getan werden muss, um das Ziel des Sprints zu erreichen und die geforderten Funktionalitäten zu entwickeln.

■ **Sprint Backlog**

Im Sprint Planning Meeting 2 entsteht die Liste der Aufgaben, die das Team abarbeiten muss, um das Sprint Goal zu erreichen. Diese Liste nennen wir in Scrum ein Sprint Backlog. Sie wird täglich überarbeitet und aktualisiert. Das Team fügt neue Aufgaben hinzu und hakt die abgeschlossenen Aufgaben täglich ab. Das Team nützt das Sprint Backlog dazu, um alle anstehenden Aufgaben zu überblicken und um sich zu orientieren, wer gerade was tut und was noch getan werden muss.

■ **Der Releaseplan**

Der Releaseplan zeigt an, in welchem Sprint welches Backlog Item vom Team geliefert werden kann. Er ist kein Instrument, um einem Team zu sagen, was es wann zu liefern hat, sondern er zeigt nur an, wann das entsprechende Backlog Item vom Team zu erwarten ist. Er ist also ein Informationsinstrument und kein Planungsinstrument im klassischen Sinn.

■ **Das Impediment Backlog**

Das Impediment Backlog ist die Liste aller Blockaden, die einem Team aus dem Weg geräumt werden müssen, damit es produktiver werden kann.

■ **Das Produkt-Inkrement – usable Software**

Das Team strebt an, am Ende eines Sprints etwas zu liefern, das man präsentieren kann. Die Funktionalitäten, die am Ende des Sprints präsentiert werden, müssen tatsächlich in einem Zustand sein, in dem sie ausgeliefert werden könnten.

2.2   Scrum – eine Bewegung entsteht

■ Juli 2003, Salt Lake City. Es ist Sonntagabend, und ich gehe einen langen Gang hinunter. Musik ist zu hören. Erwartungsvoll betrete ich den Saal, in dem die „Ice-Breaker-Party" stattfindet. Etwa 100 Menschen sind bereits da und schauen sich suchend um. Alle sind gekommen, um die erste „Agile Development Conference" zu besuchen. Alistair Cockburn, der Begründer der Agile Alliance, hatte eingeladen. Aus Japan, Brasilien, den USA, England, Deutschland, Österreich, Frankreich und vielen anderen Ländern waren wir angereist, um mehr über agile Software Entwicklung zu erfahren.

Ich stand ein wenig verloren da, bis mich eine junge Frau ansprach. Sie trug ein T-Shirt mit der Aufschrift „Agile Development Conference" und erzählte, sie sei eine der vielen Studentinnen, die Alistair engagiert hatte, um die Besucher der Party in Gespräche miteinander zu verwickeln. Ich war auf der besten Ice-Breaker-Party gelandet, die ich jemals besucht hatte. Die Idee, Verbindungen und Beziehungen innerhalb der agilen Gemeinschaft aufzubauen, ist das, was mir von dieser Konferenz am deutlichsten in Erinnerung geblieben ist. Jeder unterhielt sich mit jedem, weil jeder jeden miteinander bekannt machte. Alle Teilnehmer dieser Konferenz kannten sich am Ende. Jeder hatte einmal mit Ken Schwaber, Alistair Cockburn, Ron Jeffries oder Tim Lister geredet. Diese Konferenz zeigte eindrücklich, worum es bei agiler Software-Entwicklung geht: um das Miteinander-Arbeiten, um innovative Resultate zu erzielen. Wir alle gehörten damals zu einer Gruppe von Menschen, die gerade dabei waren, einen „leisen" Aufstand zu planen und durchzuführen.

Heute, vier Jahre später, Europa. Die Gruppe hat ihr Vorhaben sehr erfolgreich umgesetzt. Agile Software-Entwicklung und agiles Projektmanagement setzen immer mehr Firmen und

Software-Entwicklungsteams ein. In Europa sind die Ideen der agilen Bewegung in den Software-Entwicklungsabteilungen angekommen. Die Menschen, die damals auf dieser Konferenz gewesen sind, Ken Schwaber, Alistair Cockburn, Jim Highsmith, Robert C Martin, Ron Jeffries, Luke Hohmann, Diana Larsen, Ester Derby, Rachel Davis, Mary Lyn Mans und viele andere, sind heute bekannte Gesichter in der „Agile Community". ■

Dabei war diese Bewegung erst zwei Jahre zuvor sichtbar geworden. Alistair Cockburn hatte damals die Begründer von agilen Software-Entwicklungsmethoden nach Snowbird, Utah, eingeladen. Dort war das Agile Manifesto entstanden.

Das Manifest ist für viele Menschen, die agile Software-Entwicklung betreiben, zum Gradmesser ihrer Aktivitäten geworden, und die 14 darauf aufbauenden Prinzipien waren nur der vorläufige Endpunkt einer Entwicklung, die etwa zehn Jahre zuvor begonnen hatte und im Falle von Scrum durch Jeff Sutherland und Ken Schwaber geprägt war.

> **Manifest für agile Software-Entwicklung**
>
> *Wir enthüllen bessere Wege, Software zu entwickeln,*
> *indem wir genau das tun und anderen dabei helfen, es auch zu tun.*
> *Durch unsere Arbeit haben wir folgende Werte für uns entdeckt:*
>
> ***Individuen und Interaktionen*** *stehen vor Prozessen und Werkzeugen.*
> ***Funktionierende Software*** *steht über umfangreicher Dokumentation.*
> ***Die Zusammenarbeit mit dem Kunden*** *über der Verhandlung von Verträgen.*
> ***Das Reagieren auf Veränderungen*** *steht über dem Befolgen eines Planes.*
>
> *Dies bedeutet: Obwohl die Dinge auf der rechten Seite ihren Wert haben,*
> *messen wir den Dingen auf der linken Seite größeren Wert bei.[1]*

Die Geschichte Scrums ist einerseits die Geschichte des Scheiterns traditioneller Software-Entwicklungsmodelle. Die Industrialisierung der Software-Entwicklung, der Versuch, den Taylorismus auch in Disziplinen einzuführen, die vollkommen andere Arbeitsbedingungen benötigen, ist gescheitert. Das Festhalten an einem Software-Entwicklungskonzept, das uns Winston W. Royce durch seinen Artikel „Managing the Development of Large Software Systems: Concepts and Techniques" beschert hat und das von ihm so nie gemeint war, war zu kostspielig [Royce 1987]. Es hatte zur Entwicklung von Fachdisziplinen innerhalb der Software-Entwicklung geführt, unter denen sich fatalerweise eine Rangordnung herausbildete. Am unteren Ende stehen die Tester, darüber die Entwickler, darüber wiederum die Software-Architekten, dann die Software-System-Architekten und so weiter. Diese Rangordnung wird durch das starre Festhalten an Software-Entwicklungs- und Produktentwicklungsmodellen, die aus der Automobilindustrie stammen, verfestigt. Je näher man dabei dem Business kommt, desto höher steht man in der Rangordnung und desto

---

[1] Übersetzt vom Verfasser, Original unter: http://agilemanifesto.org

mehr Geld verdienen die Teammitglieder. Dieses Modell führte zu Strukturen, die die Software-Entwicklung träge und unproduktiv machten.

Die Geschichte von Scrum ist eine Erfolgsgeschichte. Scrum gewann immer dort an Boden, wo die Basis, also die Projektteams, ein wenig Freiraum hatten, um etwas Neues auszuprobieren. Scrum-Einführungen hatten meist dann Erfolg, wenn der Druck auf ein Projektteam groß war und man dem Team gestattete, die Regeln zu brechen, die die Organisation normalerweise vorgab. Diese Erfahrungen machten Firmen wie Yahoo, die BBC, Ebay, Google, ONE und Web.de. Teams begannen dort zu scrummen, weil die Lage beinahe aussichtslos war. Das laufende Projekt war von Anfang an zu riskant und zu wichtig, um es mit den traditionellen Methoden erfolgreich durchführen zu können. In der Geschichte der ersten Scrum-Teams geht es immer um solche Projekte: „hochgradig wichtig", „sehr riskant" und „unter hohem Druck". Dennoch lieferten die Teams mit Hilfe von Scrum die richtigen Ergebnisse.

Die Scrum-Historie ist auch die Geschichte eines Aufstandes. 2003 stieß ich in Salt Lake City auf eine kleine Gruppe von Menschen, die die Industrie verändern wollten. Diese kleine Schar , die verglichen mit der Gesamtzahl an Software-Entwicklern, Projektmanagern, Fachbereichsleitern und Testern verschwindend klein war, bewirkte viele kleine Aufstände in vielen Firmen. Jedes Mal wurden bestehende Regeln gebrochen, jedes Mal hatte ein Team bekannte Pfade verlassen und die Umgebung davon überzeugt, dass der neue Weg effektiver und gewinnbringender war.

Jetzt (Mitte 2009) gibt es nach sechs Jahren Scrum-Training bereits ca. 60 000 Certified ScrumMaster. Scrum ist kein Geheimtipp mehr, sondern schon fast State of the Art.

2.3 Ein paar Daten zur Geschichte Scrums

1990 hatte Jeff Sutherland in einem Projekt für die Guinness Peat Aviation[2] herausgefunden, dass Gantt Charts für sie nicht funktionierten. Er schaffte diese Form der Projektkontrolle ab und schuf eine neue Rolle für die damaligen Projektleiter. Er machte sie zu Teammitgliedern und gab ihnen eine eher moderierende als managende Rolle. Das erste Scrum-Team entsteht, als Sutherland Jeff McKenna und John Scumniotales als erste ScrumMaster engagiert. 1994 wird das erste Release des Easel Object Studios nach sechs Sprints und das zweite Release nach weiteren sechs Sprints geliefert.

Jeff Sutherland erklärt Kent Beck 1995, wie ein Projekt mit Scrum gemanagt wird. Diese Informationen fließen dann in eXtreme Programming ein. Ken Schwaber veröffentlicht auf der OOPSLA'96 den ersten Konferenzbeitrag über Scrum. Die Grundthese dieses Beitrags: „Scrum akzeptiert, dass der Entwicklungsprozess nicht vorherzusehen ist. Das Produkt ist die bestmögliche Software, die Kosten, die Funktionalität, die Zeit und die Qualität einbeziehend" [Schwaber 1996].

---

[2] http://en.wikipedia.org/wiki/Guinness_Peat_Aviation

Zu diesen Ergebnissen waren Sutherland und Schwaber gekommen, nachdem sie mit Wissenschaftlern von der DuPont Chemical's Advanced Research Facility gesprochen hatten. Dort erklärte man ihnen, dass Chemiker zwei Prozessarten unterscheiden: definierte Prozesse und empirische Prozesse. Sind chemische Prozesse vollständig erforscht, kann man einen Produktionsprozess ausbauen, der vollständig definiert ist. Solange das aber nicht möglich ist, muss man mit dem empirischen Kontrollprozess arbeiten.

Bei IDX erproben Sutherland und Schwaber, wie man Scrum für die Steuerung einer gesamten Fima einsetzt, die mehr als 4000 Kunden hat und in der mehrere Hundert Entwickler arbeiten. Ihr Hauptproblem war, die Qualität des Scrum-Prozesses bei vielen Teams, die Scrum erst erlernen mussten, zu gewährleisten [Schwaber et al. 2001].

Sutherland wechselt zu PatientKeeper als Chief Technology Officer. Dort startet er in den nächsten fünf Jahren das wohl ehrgeizigste Projekt . Nach einigen Jahren arbeiten dort ca. 10 Scrum-Teams in sich überlappenden Sprints. Die Backlogs verändern sich wöchentlich, und es werden mehr und mehr Ideen aus dem Toyota Production System übernommen.

Sutherland, Schwaber und Beedle präsentieren Scrum auf dem Treffen in Snowbird 2001 und schreiben am Agile Manifesto mit. Bei diesem Treffen wird per Abstimmung „entschieden", dass sich diese Software-Entwicklungsmethoden „agil" nennen, und die ersten Schritte zur Gründung der „Agile Alliance" werden durchgeführt.[3] Zu den Gründungsmitgliedern gehörten u.a. Ken Schwaber und Alistair Cockburn.

Kurze Zeit später erschien das Buch „Agile Software Development mit Scrum", in dem Schwaber, Sutherland und Beedle Scrum in allen Einzelheiten beschreiben [Schwaber et al. 2001]. Dieses Buch legte die Grundlage für den Erfolg von Scrum. Nun war Scrum eine Methode, für die es auch ein Buch gab, das man seinem Chef auf den Schreibtisch legen konnte. Scrum wurde beachtet.

Im Frühling des Jahres 2003 beginnt Ken Schwaber mit den Trainings für „Certified ScrumMaster". Das Training wird sehr schnell sehr erfolgreich, weil es von den Agile User Groups weltweit „vermarktet" wird. Schon nach einem Jahr haben etwa 1000 Teilnehmer das Training absolviert. 2008 sind es bereits ca. 40 000.

2003 erscheint das nächste Buch von Ken Schwaber: „Agile Project Management with Scrum" [Schwaber 2003]. War das erste Buch noch geprägt von dem Versuch, die Frage zu beantworten, *wieso* Scrum funktioniert, so hatten nun bereits etliche Firmen und Scrum-Entwicklungsteams Scrum erfolgreich eingeführt. In der Scrum Community wurde immer wieder von den „Wunderimplementationen" bei Firmen wie eCards oder Bentley erzählt. Schwaber konnte jetzt zeigen, *wie* Scrum funktioniert.

Durch die ersten beiden Scrum Gatherings, im Frühjahr 2004 in Wien und im Herbst 2004 in Boston entsteht langsam die Scrum Alliance als Organisation. Es war faszinierend. Wir fühlten uns wie eine verschworene Gemeinschaft und waren sicher, dass wir etwas verändern würden. Die Scrum Alliance wurde auf dem Gathering in Boston gegründet, und Ken

---

[3] Alistair Cockburn erzählte mir 2006, dass das Wort *agile* gegenüber *adaptive* mit nur einer Stimme Mehrheit gewann.

Schwaber, Mike Cohn und Ester Derby wurden Mitglieder des Boards der damals als Firma gegründeten Scrum Alliance.

Ende 2004 markiert auch den Beginn des Rennens um das beste Scrum-Tool. Seit 2004 gibt es drei Tools, die den Markt beherrschen: Scrumworks, Version One und Rally. 2007 kamen viele weitere Scrum-Tools hinzu.[4] Für die Geschichte von Scrum sind diese Tools wichtig, denn sie halfen, Scrum zu verbreiten. Erst die Scrum-Tools überzeugten viele Manager davon, dass sie mit Scrum erfolgreich arbeiten konnten.

2007 erschien das lang erwartete dritte Buch Ken Schwabers über Scrum: „The Enterprise and Scrum" [Schwaber 2007]. Hier beschreibt Schwaber, wie man Scrum unternehmensweit einführt. Zunächst ermahnt er seine Leser, sich unbedingt an die Grundregeln von Scrum zu halten. Jede Veränderung der Regeln sei schädlich für den Prozess. Dann führt er aus, dass man zur Implementierung von Scrum als Organisationssteuerung Scrum selbst benutzen muss.

Anfang 2007 wird die Scrum Alliance aus einer For-Profit-Organisation zu einer Non-Profit-Organisation.

Das Modell Schwabers, eine Zertifizierung anzubieten, ist so attraktiv, dass es andere Anbieter kopieren. Die Gründe sind dabei rein finanzieller Natur. Ken Schwaber hatte vor 2003 mit der Zertifizierung und dem Ausrichten eines ersten Kurses das Ziel verfolgt, Scrum zu verbreiten, und das finanzielle Interesse hintangestellt. Doch die Gesetze des Marktes holten Scrum ein. 2009 ist Scrum ein zweistelliges Millionen-Dollar-Business. Die agile Community kritisiert die Scrum-Zertifizierung, und sogar Scrum seit ca. 2 Jahren mit zunehmender Lautstärke. Meines Erachtens besteht der Hauptgrund für diese Kritik darin, dass Scrum für die Scrum-Trainer und Scrum Coaches zur Grundlage eines erfolgreichen Geschäfts geworden ist. Es besteht tatsächlich die Gefahr, dass man immer mehr des Geldes wegen auf Scrum setzt. Dieser Kritik müssen sich alle Certified ScrumTrainer, auch ich, stellen. Allerdings gibt es eine Organisation, die versichert, dass „Scrum drin ist, wo Scrum drauf steht": die Scrum Alliance. Die Scrum Alliance hat seit 2008 unter Leitung von Jim Cundiff Maßnahmen zur Sicherung des Qualitätsstandards der Zertifizierung ergriffen. So wird aus einem Teilnahme-Zertifikat ab April 2009 ein Zertifikat, das nur nach einem bestandenen Test erworben werden kann. Je ambivalenter also der Gedanke einer Zertifizierung von Scrum-Praktikern ist, desto klarer müssen die ökonomischen Interessen transparent gemacht werden – und jeder Scrum-Interessierte muss heute wie in jedem anderen Markt genauer hinschauen, an welchen Anbieter er sich wendet.

Wohin sich Scrum entwickelt, ist nicht absehbar. Scrum ist ein Framework, eine Idee, die noch viel Potenzial hat. Wir, die wir Scrum implementieren und mit Hilfe dieses Mindsets Menschen helfen, kreativer und ökonomischer zusammenzuarbeiten, wollen, dass diese Vision Wirklichkeit wird:

Wir professionalisieren die Software-Industrie und gestatten Scrum-Teams, höchst produktiv zu arbeiten.

---

[4] Eine kommentierte Übersicht finden Sie auf www.scrum4you.com.

Eines ist jetzt schon Realität: die Botschaft von Scrum. Menschen auf der ganzen Welt arbeiten mittlerweile nach diesem System, und täglich werden es mehr.

Frage an den Certified ScrumMaster

- Wie lautet das Agile Manifesto?
- Wer hat Scrum ursprünglich entwickelt, und wer hat es verbreitet?
- Nenne die drei Hauptvertreter der Projekt-Retrospektiven.
- Welche Organisationsform hat die Scrum Alliance heute?

3 Hintergründe und Motivation

3.1 Das Wesentliche im Überblick

Mit der Einführung von Scrum will ein ScrumMaster vier Prinzipien immer und immer wieder zur Anwendung bringen:

- **Selbstorganisation**
  Wir haben durch die Arbeiten von Nonaka und Takeuchi gelernt, dass es keinen besseren Weg gibt, ein Produkt zu entwickeln, als eine handverlesene Schar der besten Mitarbeiter auf ein herausforderndes Ziel anzusetzen. Diese Gruppe von Spezialisten ist es, die wir so arbeiten lassen wollen, wie sie es für richtig halten. Wir wissen, dass dieses Vorgehensmodell immer funktioniert (Siehe dazu Abschnitt 3.2.ff.)

- **Pull-Prinzip – Kontrolliere den Input**
  Es gibt nur eine Instanz, die bestimmen kann, wie viel Arbeit oder Produktteile sie liefern kann: Das Team und damit die Personen, die die Lieferungen durchführen. Sie sind es, die die Kontrolle darüber haben, was sie zu tun bekommen.

- **Timebox – Grenzen**
  Wir setzen diesem Spezialistenteam, unserer Task-Force, klare Grenzen. Wir geben ihnen eine zeitliche Vorgabe und wir setzen herausfordernde Ziele. In Scrum konkretisieren wir das zu Intervallen mit klaren zeitlichen Vorgaben. Alle Aktionen innerhalb von Scrum werden zeitlich beschränkt und es wird ein Ergebnis verlangt. Das erzeugt klare Rahmenbedingungen und ermöglicht es Aussagen über die Zukunft zu treffen, da so wiederholbare Bedingungen entstehen.

- **Nutzbare Business-Funktionalität – Potential Shippable Code**
  Am Ende jeder Timebox muss das Team eine Lieferung erbringen, die den Standards, den Richtlinien und den Vorgaben des Projektes genügt. Diese Vorgaben müssen von den Teammitgliedern erfüllt werden.

Meiner Meinung nach gilt der einfache Satz: *Ist eines der oben genannten Prinzipien verletzt, dann benutzt diese Organisation nicht mehr Scrum.*

Im Kapitel 3 werden diese Prinzipien erklärt und mit den notwendigen Hintergrund-Informationen hinterlegt. ScrumMaster, sollten dieses Kapitel aufmerksam lesen, denn es enthält die Argumente, die sie brauchen, um Scrum erfolgreich in ihren Organisationen einsetzen zu können.

3.2 Hintergründe

3.2.1 Der ScrumMaster – ein *machtloser* Change Manager

Robin Hood ist der berühmteste Gesetzlose der Geschichte. Er trat für die Armen und Wehrlosen ein. Er kämpfte darum, Richard Löwenherz, den rechtmäßigen König, wieder einzusetzen. Er war der Anführer einer kleinen Schar verwegener Männer, die an seine Ideale glaubten. Robin Hood hat sich um seine Leute gesorgt, war aber immer außerhalb des Teams. Robin Hood hatte eine klare Vision davon, was er erreichen wollte, und lenkte seine gesamte Energie auf genau dieses eine Ziel. Robin Hood stand dabei außerhalb des Gesetzes, denn er wollte genau dieses ändern. Er brach die Gesetze, um höhere Ideale zu verwirklichen. Robin Hood war unzufrieden, er wollte den Status quo verändern und griff zu illegalen, aber moralisch korrekten Mitteln.

Die Story von Robin Hood lässt uns das Wesen eines ScrumMasters in der Rolle eines „Veränderers" verstehen. ScrumMaster sind Change Agents, die überall auf der Welt das gleiche Anliegen wie Robin Hood haben: sie wollen den Status quo ändern. Wer den Status quo ändern will, steht außerhalb des Gesetzes.

In der westlichen Geschichte gibt es einige berühmte Veränderer. Sokrates zum Beispiel war mit seinen Ideen eine Gefahr für die herrschende Kaste Athens. Wegen dieser Ideen musste er den Schierlingsbecher leeren. Er tat es freiwillig, weil er das Recht des Staates zur Bestrafung anerkannte. Nelson Mandela verschwand von 1964 bis 1990 im Gefängnis. 24 Jahre lang wirkte er aus dem Gefängnis für seine Ideen. Dabei rief er nie zum bewaffneten Widerstand auf. Gandhi war etliche Male im Gefängnis, wurde verfolgt und bestraft und nutzte die Regeln und die Moralvorstellungen der Engländer gegen sie selbst. Martin Luther King wurde wegen seines Kampfes für die Rechte der Schwarzen am 4. April 1968, fünf Jahre nach seiner berühmten Rede „I have a dream", erschossen.

Sie alle hatten den Wunsch, die gegebenen Verhältnisse zu ändern, und zeichneten sich durch ihre Fähigkeit, andere Menschen von ihren neuen Ideen zu überzeugen, als Führungspersönlichkeiten und Veränderer aus. Entscheidend aber ist, dass sie Menschen führten, ohne ein Amt oder einen offiziellen Rang zu bekleiden. Sie waren nicht von Organisationen oder Chefs darum gebeten worden, diese Ideen durchzusetzen. Norman Kerth nennt diese Art der Führung in seinem Buch „Project Retrospectives" [Kerth 2001]: „Leading from the Position of No-Power". Sie bezogen die Rechtfertigung ihres Handelns aus den Gesetzen, an die ihre „Gegner" selbst glaubten. Daher wurde ihnen von den Menschen, die ihnen folgten, die Macht gegeben, sie zu führen.

Am Beispiel Martin Luther Kings kann man das sehr gut sehen. Er verankerte seinen „Traum" im „American Dream". In der Gleichberechtigung aller Männer und Frauen. In seiner berühmten Rede am 28. August 1963 in Washington sagte er:[1]

> *"I say to you today, my friends, so even though we face the difficulties of today and tomorrow, I still have a dream. It is a dream deeply rooted in the American dream.*
>
> *I have a dream that one day this nation will rise up and live out the true meaning of its creed: 'We hold these truths to be self-evident: that all men are created equal.'"*

„I have a dream" – mit diesen Worten drückte ein Mann seine Überzeugung in einer Form aus, die Millionen von Menschen berührte und bewegte. Nicht weil er einen Traum hatte, der mit dem Traum der übrigen, weißen Amerikaner nichts zu tun hatte. Nein, weil er die Emotionen ansprach, die jeder Amerikaner mit diesem Traum verbindet. Seine Überzeugung, verwurzelt im Traum aller US-Amerikaner, trug ihn und die Menschen, die an ihn glaubten, zu neuen Ufern und änderten den Status quo.

Natürlich vergleiche ich den ScrumMaster, der ein Team führt, nicht mit Martin Luther King oder Nelson Mandela. Ich will aber an dieser Stelle ein Bild erzeugen, das eindringlich zeigt, was ein ScrumMaster ist:

> *Er ist eine Führungspersönlichkeit, die verändern will. Er ist ein Change Agent, der die Macht, die Gegebenheiten zu ändern, nicht aus seiner Position bezieht, sondern aus seiner Überzeugung und aus dem Rückhalt, den er von Menschen bekommt, für die er sich einsetzt.*

Dazu benötigt er, wie King oder Gandhi, den Glauben an die Richtigkeit seiner Handlungen. Der ScrumMaster wird sich so oft gegen den Status quo seiner Firma auflehnen, dass er bald als Querulant und Unruhestifter gelten wird. Gleichzeitig kann er auf diese Weise allerdings Verbesserungen erreichen, die viele andere vor ihm nicht erreichten und vielleicht nie erreichen werden. Jeder ScrumMaster muss aber ständig damit rechnen, dass er die Konsequenzen seines Handelns zu tragen hat.

■ Ein ScrumMaster wurde mit der Anforderung konfrontiert, wonach das Team Test-getrieben entwickeln sollte. In der Organisation gab es ein sehr teures Tool, mit dem man die notwendigen Tests schreiben und durchführen konnte, aber leider hatte in dem Team keiner den entsprechenden Zugang. Das Team entschied daraufhin, ein anderes Tool einzusetzen. Die Entscheidung des ScrumMasters, diesen Weg zu unterstützen, war völlig korrekt. Oberstes Ziel war, getesteten und fehlerfreien Code nach der Iteration bereitzustellen. Die Vorgabe, dafür ein Tool aus der Organisation zu nutzen, war zu diesem Zeitpunkt nicht zu erfüllen. Das Team eskalierte sein Problem und blieb bis zur Lösung nicht stehen, sondern implementierte parallel dazu die notwendigen Tests in dem alternativen Tool. Das erzeugte einerseits den nötigen Druck auf die Organisation, andererseits wurde auf diese Weise das Sprint-Ziel erreicht. Der ScrumMaster wählte diese „Schlacht", weil er sie nur gewinnen konnte. Er demonstrierte die Performance und den Willen seines Teams, die Vorgabe zu erfüllen, Test-getrieben zu implementieren, und zeigte, dass die Organisation nicht in der Lage war, das Team entsprechend zu

---

[1] Siehe: www.usconstitution.net/dream.html

unterstützen. Er hatte das Richtige gegen die Regeln der Organisation getan. Dennoch mussten wir uns anhören, dass so etwas auf keinen Fall wieder vorkommen dürfe. ■

Eines muss der ScrumMaster daher bedenken: er steht immer mit einem Bein auf der Straße! Natürlich schwebt er nicht wie Gandhi oder Mandela in Lebensgefahr, aber ein ScrumMaster ändert den Status quo und riskiert ständig, seinen Auftrag oder seinen Job zu verlieren.[2]

Ken Schwaber sagt seit 2003 in seinen Trainings:

„A dead ScrumMaster is a useless ScrumMaster!"

Er unterstreicht damit, dass ein ScrumMaster einerseits die Organisation ändern muss, wenn er sein Team produktiver machen will. Andererseits muss er aber seine Schlachten sehr bewusst und überlegt führen. Geschieht es dennoch, dass er „gehen muss", dann beglückwünschen wir diesen ScrumMaster, der in Ausübung seiner Pflicht „fällt" – in der Scrum Community. Doch es gibt auch Hoffnung für ScrumMaster: Sind sie erfolgreich, werden sie von den Organisationen entlohnt. ScrumMaster, die funktionierende Scrum-Teams kreierten, haben in der Regel gute Chancen, befördert zu werden.

Akzeptieren wir die Vorstellung, wonach ein ScrumMaster ein Change Agent ohne Machtbefugnis ist, wird klar, was Scrum auch ist: eine *Change Management-Methode*. Scrum einführen heißt immer auch die Organisation ändern. Scrum selbst wird dem ScrumMaster helfen, den Fokus zu behalten, und liefert ein Vorgehensmodell, wie man die Veränderung in der Organisation managt. Die Idee ist, alle notwendigen Änderungen transparent zu machen und sich die notwendigen Konflikte sehr genau zu überlegen. Der ScrumMaster benutzt sein Hauptwerkzeug, das Impediment Backlog, um notwendige Änderungen systematisch einzubringen und sie zu verfolgen. Scrum als Change-Management-Methode gibt nicht vor, wie welcher Prozess zu implementieren ist, sondern nur, was man erreichen kann. Scrum zeigt den Weg zur Veränderung auf. Aus diesem Grund adaptiert ein Scrum-Master nicht Scrum an die Organisation, indem er zum Beispiel akzeptiert, dass das Daily Scrum nicht stattfindet, sondern er arbeitet mit Hilfe des Frameworks Scrum daran, die Situation zu verbessern, und ändert so die organisationalen Strukturen.

Scrum verändert die Organisation „on-the-fly", denn es liefert nicht die Antworten darauf, wie spezielle Aspekte einer Organisation mit Scrum umgesetzt werden sollen, sondern hinterfragt, ob diese Aspekte einer Organisation sinnvoll und produktiv sind. Aus dem Anspruch, nach jedem Sprint an die Organisation ein „Stück Produkt" zu liefern, resultiert das moralische Recht für die Veränderung. Es werden alle Arbeitsprozesse eines Teams und eines Projektes hinterfragt und die Elemente des Prozesses identifiziert, die *nicht* wertschöpfend sind. Diese gilt es dann abzuschaffen und den Arbeitsprozess zu verbessern.

Von vielen Seminarteilnehmern, denen ich erklärt habe, was Scrum wirklich ist, höre ich: „Aha, dann kann man Scrum nur machen, wenn die Organisation entsprechend aufgestellt

---

[2] Steve Greene und Chris Frey sagten in ihrer Präsentation: A Year of Living Dangerously, Scrum Gathering, Stockholm, 2008, sie seien die beiden „most hated persons" in dem Jahr der Scrum-Einführung gewesen. Die Präsentation finden Sie auf www.slideshare.net.

ist." Dahinter steckt die Erkenntnis, dass die Organisation verändert wird, und ein Ohnmachtsgefühl. Das Gegenteil ist der Fall. Scrum erzeugt die Veränderung, während Software geliefert wird, nebenbei. Scrum verfolgt nicht das Ziel, Organisationen zu verändern. Scrum verändert Organisationen durch das permanente Liefern von Software, durch einen anderen Umgang mit Menschen und durch das Einführen von Disziplin und klaren Rollenverteilungen.

Ein Mensch, der die Rolle des ScrumMasters, also die Rolle des Robin Hoods, wählt, weiß das und erkennt seine Rolle als Change Manager. Er erkennt, dass es sich bei den meisten Problemen, die er mit Scrum aufdeckt, um Probleme handelt, die bereits vorher bekannt waren, nun aber offensichtlich und transparent sind. Das gibt ihm die Chance, die Probleme offen anzugehen.

3.2.2 Scrums Wurzeln im Wissensmanagement – die Rolle der Spezialisten

Viele rätseln, wie wir die Erfordernisse der Gegenwart, die Informationsflut, die Globalisierung und das Miteinander-Arbeiten über Kontinente hinweg bewerkstelligen sollen. Scrum gibt uns hierauf eine Antwort. Es ermöglicht, einen Wissensprozess zu managen, der in Teams beginnt und über Teams in die Organisationen getragen wird. Dass Scrum zuerst in der Software-Industrie beginnt, wird uns verständlich, wenn wir erkennen, woraus das Wesen des Arbeitens in der Software-Industrie besteht: dem Managen von Wissen. Das Generieren von Text, die sprachliche Abbildung von Prozessen und Arbeitsabläufen ist nichts anderes als das Abbilden von Wissen in Software. Software-Entwickler exemplifizieren das Wissen einer Gruppe von Menschen, indem sie „aufschreiben", was andere Leute über gewisse Sachverhalte wissen. Nonaka und Takeuchi beschreiben, dass Wissen immer von *tacit knowledge*, also implizitem Wissen einzelner Personen, in *explicit knowledge*, also explizites und damit aufschreibbares Wissen, umgewandelt werden muss [Nonaka 1998]. Software-Entwickler verwandeln Wissen in *explicit knowledge*. Scrum managt, basierend auf den Grundideen von Nonaka und Takeuchi, den Wissensentwicklungsprozess eines Teams und darüber hinaus einer Organisation. Scrum ist daher eine Variante des Wissensmanagements.

Scrum ist für die Software-Entwicklung, was die „Renaissance" für die Wissenschaft nach dem Mittelalter war: die Rückbesinnung auf die Werte und Ideen des Altertums bei gleichzeitiger Anpassung an die neuen Gegebenheiten. In den 1950er- und 1960er-Jahren, dem „Altertum der Software-Entwicklung" waren die entsprechenden Verfahren der Software-Entwicklung nur einer kleinen Gruppe von Spezialisten bekannt, die in kleinen Teams schnell und hocheffektiv Software entwickelten und auf diese Weise Wissen sehr effektiv managten. So wie Im Mittelalter das Wissen in den Klöstern zwar bewahrt, aber nicht mehr an der Realität gemessen wurde, so wurde im „Mittelalter der Software-Entwicklung", in den 1970er- und 1980er-Jahren, in den großen Institutionen die Software-Entwicklung mit starren und zum Teil barocken Prozessen versehen. Es entstand schließlich Mitte der 1990er-Jahre so etwas wie eine „industrielle Revolution", in der der Software-Entwickler den Stellenwert eines Fließbandarbeiters erhielt.

Von der traditionelle Organisation zur modernen Wissensorganisation

Die industrielle Revolution Ende des 19. Jahrhunderts war geprägt von dem Wunsch, Arbeit industriell auszuüben.[3] Ford und Taylor legten mit dem Scientific Management die Grundlagen dafür, dass aus komplexen Arbeitsabläufen, die von Handwerkern auszuführen waren, Arbeitsabläufe wurden, die Laien und angelernte Arbeiter bewältigen konnten [Womack et al. 1991]. Die Reduktion der Arbeitsabläufe in so kleine Einheiten, dass Ungelernte in der Lage waren, sie durchzuführen, war das Ziel Fords.

Am Beginn der Informationsrevolution, im „Altertum der Software-Entwicklung" also, war es nicht anders. Es gab einige wenige, die imstande waren, die neuen Technologien zu bedienen. Diese Spezialisten hatten in der Regel völlige Handlungsfreiheit. Befragt man sie heute, dann erfährt man, dass diese Teams vollkommen autonom und „unkontrolliert" arbeiteten. Hört man weiter zu, erfährt man, dass diese Entwickler mit Bleistift und Papier „fehlerfreie" Programme schrieben, die dann in Maschinen-Code umgesetzt wurden. Viele dieser Systeme laufen noch heute.

Diese Menschen waren Fachleute. Es waren die ersten, die sich mit diesen neuen Technologien auseinandersetzten. Wir sprechen hier von Ausnahmetalenten – den Besten der Besten. Sie waren Spezialisten, gut ausgebildet und kenntnisreich. Sie erzeugten das Fachgebiet, ja eine ganze Industrie. Damals gab es den Begriff des Knowledge Workers nicht, und niemand hätte gedacht, dass man diesen Begriff einmal gebrauchen würde. Schaut man sich aber genauer an, was diese Menschen in ihren Teams damals schafften, dann wird deutlich, dass diese Software-Pioniere Wissen erzeugten und managten.

Diesen Prozess wollte man von außen managen und ihn auf diese Weise beherrschbar machen. In den 1970er-Jahren waren zunächst nur die Ideen der produzierenden Industrie bekannt, wie man Prozesse betreibt. Der Begriff *Software Engineering* wurde 1968 in Garmisch-Partenkirchen auf der NATO-Konferenz „geboren". Damit war der Weg vorgezeichnet. Man hielt sich an die Ingenieurwissenschaften und berücksichtigte nicht die Disziplinen, die Texte produzieren: Schriftsteller, Werbetexter oder andere kreative Berufe. Rosenberg vergleicht in seinem Buch „Dreaming in Code" die Software-Entwicklung mit dem Bauen einer Brücke [Rosenberg 2007]. Mit diesem Bild im Kopf wurden alte Modelle der industriellen Revolution auf die neuen Inhalte angewendet: Spezialisierte Berufe entstanden. Nun gab es Software-Ingenieure, Business Analysts, Test-Ingenieure, Datenbank-Ingenieure, Software-Architekten, Test-Automateure und viele andere. Gleichzeitig wurden in der Regel von Nicht-Software-Entwicklern Arbeitsprozesse erschaffen, die, angelehnt an Produktionsmethoden, die Arbeitsabläufe zwischen diesen Berufsspezialisten erklären sollten und die Prozesse verfestigten. In den 1980er-Jahren entsteht die Idee des Wissensmanagements. In ihren Artikeln und Büchern dazu sprechen Drucker und Nonaka nicht von Wissensdatenbanken oder Knowledge-Management-Tools, sondern davon, wie Organisationen ihren Mitarbeitern helfen können, Wissen zu managen.

---

[3] Siehe zum Beispiel: http://de.wikipedia.org/wiki/Industrielle_Revolution

Heute wissen Praktiker: Das Bild der Software-Entwicklung als Ingenieurwissenschaft ist gescheitert. Dieses Paradigma des „Mittelalters der Software-Entwicklung", welches an Universitäten und in internationalen Software-Entwicklungsorganisationen immer noch tradiert wird, ist am Ende. Das Einrichten von „Software Factories" hat nicht funktioniert. Modellgetriebene Software-Entwicklung ist der nächste logische Schritt in die falsche Richtung: der immer gleiche Gedanke, wonach wir den Code „sich selbst schreiben" lassen können, wenn wir nur das Modell richtig spezifizieren und bauen. Diese Weiterentwicklung der Case-Tools aus den 1980er-Jahren, die damals aus prinzipiellen Gründen nicht funktionierten, kann auch heute nicht der richtige Weg sein, weil die Grundidee, auf der sie aufsetzen, falsch ist. Wissen lässt sich nicht eindeutig aufschreiben.

In anderen Industriezweigen hat man längst erkannt, dass sich Wissen nicht so einfach in definierte Prozesse und Prozeduren gießen lässt. Hier hat man verstanden, dass Wissensmanagement nicht über Wissensdatenbanken und Workflow-Tools funktioniert, sondern dass es darum geht zu managen, wie Menschen in wissensbasierten Berufen miteinander arbeiten. Die Vordenker dieser Entwicklung, allen voran Peter Drucker, hatten erkannt, dass Organisationen andere, nicht an der Arbeitsteilung ausgerichtete Modelle des Zusammenarbeitens, kreieren müssen, wenn sie das Wissen ihrer Mitarbeiter und ihrer Spezialisten nutzbar machen wollen. Peter Drucker schrieb schon 1988: „Jetzt betreten wir die dritte Phase der Veränderung: Der Wechsel von der Befehls-und-Kontroll-Organisation, der Organisation von Abteilungen und Geschäftsbereichen, bis hin zur informationsbasierten Organisation, die Organisation der Wissensspezialisten"[4] [Drucker 1988]. Drucker schreibt also bereits vor 20 Jahren über einen Organisationstyp, der es Spezialisten erlauben wird, ihre Kreativität zu entfalten und diese Spezialisten in einen organisationalen Rahmen einbindet, der für Qualität, Standards und Weiterbildung sorgt. Er erkannte damals, dass es nicht möglich ist, das Wissen „aus den Köpfen der Spezialisten zu extrahieren" und an der Spitze der Organisation zu sammeln. Drucker weiter: „Organisationen werden in 20 Jahren, von jetzt an gerechnet, eher einem Krankenhaus oder einem Symphonieorchester ähneln als einem typischen Produktionsbetrieb." Er kommt zu diesem Schluss, weil die Organisationsformen in der Lage seien, hochspezialisierte Menschen effektiv in flachen Hierarchien zusammenarbeiten zu lassen.

Natürlich gibt es in diesen Organisationen spezielle Berufe, in einigen Bereichen sogar strenge Hierarchien. Aber haben Sie einmal erlebt, wie diese Menschen in Teams fachübergreifend zusammenarbeiten, wenn es darauf ankommt? In einem Krankenhaus weiß jeder, basierend auf der Diagnose, was sein Beitrag ist, und jeder Beteiligte tut hier sein Bestes. Drucker erkannte, dass diese hochspezialisierten, gut ausgebildeten Menschen ihren Beruf verantwortlich, engagiert und autonom ausüben, ohne jemanden zu benötigen, der vorgibt, was sie zu tun haben. Er sah vorher, wie die informationsbasierten Organisationen strukturiert sein müssen: sie müssen ermöglichen, dass Entscheidungen von den Menschen, die die Probleme vor Ort sofort lösen müssen, getroffen werden können. In der

---

[4] Die Zitate von Drucker, Nonaka und Takeuchi in diesem Kapitel wurden, wenn nicht anders angegeben, vom Verfasser aus dem Englischen übersetzt.

Medizin wird beispielsweise bei Katastrophen nach dem Verfahren der Triage vom Arzt vor Ort die Entscheidung getroffen, ob und wie ein Patient weiterzubehandeln ist. Er hat die volle Autorität. Er stellt die Diagnose, und dann wird auf dieser Basis gehandelt. Alle wissen von diesem Moment an, was zu tun ist. Drucker dazu: „In der informationsbasierten Organisation wird das Wissen hauptsächlich an der Basis, in der Einschätzung der Spezialisten, die ihre unterschiedlichen Arbeiten zu tun haben und die sich selbst steuern, liegen."

Teams aus solchen Spezialisten werden keine Manager mehr benötigen, die ihnen Anweisungen geben. Vielmehr werden diese Spezialisten zusammenarbeiten, um ein gemeinsames Arbeitsergebnis zu erzielen. Wie ein Orchester werden sie Rahmenbedingungen benötigen, die ihnen helfen, ihre Kreativität und ihr Können unter Beweis zu stellen. Möglicherweise werden sie durch eine Vision und eine klare Zielvorgabe koordiniert, ähnlich wie ein Orchester durch das Notenblatt.

Produkt-Entwicklung neu definiert

Nonaka und Takeuchi beschreiben, wie Honda ein neues Fahrzeug für Japan bauen ließ [Nonaka 1998]. Die einzige Vorgabe des Managements war: *„(…) erstens, mit einem Produktkonzept aufzuwarten, das fundamental anders ist als das, was die Firma jemals vorher gemacht hatte; und zweitens, ein Fahrzeug zu bauen, das nicht teuer, aber keineswegs billig sein darf."* Ich befragte die Teilnehmer meiner Seminare, wie sie auf diese Vorgabe reagieren würden. Die Antwort lautete immer: sie würden einen solchen Auftrag nicht annehmen. Er sei viel zu ungenau. Statt mit Interesse diese Chance zu ergreifen und loszulegen, wird nach konkreteren Anweisungen gefragt. Viele, vor allem unerfahrenere Software-Entwicklungs-Teams, reagieren geradezu panisch auf eine solche Situation. Aber auch die Führungskräfte der Teams verstehen den Ansatz nicht. Ihnen stellt sich die Frage, welche Funktion sie noch haben, wenn sie ihren Mitarbeitern nicht mehr sagen, worin ihre Aufgabe besteht; wenn sie ihnen nicht mehr erklären sollen, wie die Software auszusehen hat oder sie für ihre Teams nicht mehr zu den Meetings mit anderen Abteilungen gehen sollen und dort für das Team Entscheidungen treffen dürfen.

■ Wir waren bei einem Kunden mit 900 Mitarbeitern und 500 Entwicklern. Der Leiter der Software-Entwicklung hatte uns damit beauftragt, in einigen Teams Scrum einzuführen. Alle Teamleiter beteuerten, wie toll Scrum sei und wie schön es wäre, wenn diese Ideen hier funktionieren würden. Als wir dann mit einem Team anfangen wollten, hielt uns der Teamleiter eines der zentralen Entwicklungsteams auf: er hätte noch eine Menge Fragen, die wir erst klären müssten. Er meine, in seinem Team sei es nicht möglich, Scrum einzuführen, weil die Situation – auch mit Scrum – völlig aus dem Ruder geraten sei. In vielen langen Diskussionen stellte sich einerseits heraus, dass sein Team tatsächlich in einer sehr verfahrenen organisationalen Struktur steckte (wir glaubten aber, dass Scrum dieses Problem entwirren könnte), und andererseits, dass all diese vermeintlichen Probleme nur vorgeschobene Argumente waren. Dieser Manager hatte verstanden, dass ein Team einen Fokus und einen klaren Handlungsspielraum braucht. Seine Befürchtung war, dass er dadurch die „Macht" über dieses Team verlieren würde. Er wolle den Fokus vorgeben und weiterhin zu Meetings gehen, um die Entscheidungen für sein Team zu treffen, und er wolle weiterhin die Richtung der Entwicklung durch Architekturvorgaben bestimmen. Wir brachen die Arbeit mit diesem Teamleiter sofort ab. Er war nicht bereit, sich auf die Grundlagen von Scrum einzulassen. Die Schulung, auf der er gewesen war, hatte ihm zwar gezeigt, wie Scrum funktioniert, und er war auch mit den Ideen einverstanden, dennoch wollte er alles beim Alten lassen. Diese Situation zeigte sehr schön, dass sich viele Manager mit der Idee, das Team autark werden zu lassen, nicht anfreunden können. ▪

Dabei wissen die Teammitglieder in den meisten Fällen am besten über die Sachlage Bescheid. Sie sind es, die die Applikation geschrieben haben, die jeden Winkel ihres Codes kennen. Sie kennen in der Regel die Probleme, die im Arbeitsablauf stecken, besser als die Anwender der Applikationen, denn sie mussten sich Generalisierungen überlegen und somit das Wesen der Applikation erfassen. Das wird sich laut Drucker durch alle Bereiche ziehen. „Die informationsbasierte Organisation wird weit mehr Spezialisten benötigen als die Befehls-und-Kontroll-Organisation, an die wir uns gewöhnt haben" [Drucker 1988]. Der Spezialist in der Software-Entwicklung ist Teil eines Teams. Seine Arbeit ist so hochgradig spezialisiert und erfordert so viel Detailwissen, dass ein außenstehender Manager keine reale Chance mehr hat, sich produktiv einzubringen. Die von Drucker beschriebene Umgebung, die informationsbasierte Organisation, ist in Software-Entwicklungsfirmen inhaltliche, aber oft nicht organisatorische Realität. Denn hier sind alle Teammitglieder Spezialisten, beherrschen ihre Entwicklungsumgebung, ihre Tools und müssen ständig Entscheidungen treffen. Aus diesem Grund nennt James Bach Entwickler „Heros". Er bedient sich der Definition Joseph Campells [Campbell 1993], der unter einem Helden eine „Software Factories"-Person versteht, die Initiative zeigt, um ein nicht eindeutiges Problem zu lösen. Nach diesem Verständnis sei jeder Entwickler ein „Held", weil er jeden Tag mit jeder Zeile Code Entscheidungen treffen müsse [Bach 1996]. Wir können diese Definition für Scrum erweitern. Das gesamte Scrum-Team besteht aus Helden. Sie haben die Aufgabe, täglich Entscheidungen zu treffen. Sie müssen tun, was nötig ist, um ein Ziel zu erreichen, und das erfordert Courage.

Scrum als neue Produktentwicklungs-Methode

Jeff Sutherland entwickelte mit Scrum für die Software-Entwicklung etwas, das sich in anderen Branchen bereits bewährt hatte: die Neuausrichtung der Produktentwicklung. Hatte man in der Produktentwicklung zunächst ein klassisches Modell des sequentiellen Durchlaufens eines Produktentwicklungszyklus angedacht, wiesen die Beobachtungen von Nonaka und Takeuchi bereits Ende der 1980er-Jahre in eine andere Richtung: die des synchronisierten Entwickelns neuer Produkte. „In dem alten Ansatz bewegt sich der Produktentwicklungsprozess wie bei einem Staffelrennen, der Stab wird von einer Gruppe fachlicher Spezialisten zur nächsten übergeben." Mit dem Rugby-Ansatz bildet sich aus der konstanten Interaktion eines handverlesenen, multidisziplinären Teams, dessen Mitglieder vom Start bis zum Ziel zusammenarbeiten, der Produktentwicklungsprozess (von selbst) heraus. Neben Nonaka und Takeuchi hatte auch Drucker die gleichen Schlussfolgerungen gezogen: „In der Pharmaindustrie, der Telekommunikationsindustrie und der Papierindustrie wird die traditionelle Sequenz aus Forschung, Entwicklung, Produktion und Marketing durch die Gleichzeitigkeit ersetzt: Alle Spezialisten dieser Bereiche arbeiten als Team zusammen, vom Beginn der Forschung bis zur Etablierung des Produktes am Markt."

Hatte Drucker beobachtet und beschrieben, dass immer mehr Firmen zu einer „Gleichzeitigkeit" in der Produktentwicklung gekommen waren, so hatten Nonaka und Takeuchi erkannt, dass die „neuen" Produktentwicklungsteams aus Spezialisten verschiedener Disziplinen bestanden, die, „handverlesen" und sorgfältig ausgewählt, gemeinsam an einem Produkt arbeiten. Jeder einzelne Mitarbeiter beherrscht sein Fach und ist in der Lage, produktiv in seiner Disziplin am Produkterfolg beizutragen. Man kann jedes einzelne Teammitglied als „Künstler seines Faches" bezeichnen.

Scrum nimmt diese Beobachtungen ernst und setzt sie in Scrum-Teams um. Ein Scrum-Team besteht aus den Menschen, die notwendig sind, um ein bestimmtes Produktinkrement herzustellen. Jeder Einzelne sollte dabei ein „Meister seines Faches" sein, und jedes Teammitglied kann daher einen Beitrag leisten. Damit unterscheidet sich Scrum nicht von den *neueren* Ideen, die sich in modellbasierten Ansätzen, wie dem Capability Maturity Model Integration for Development, finden [Chrissis et al. 2006]. Dort liest man, dass die Mitglieder eines Software Development-Teams, die relevanten Stakeholder also, Personen sein sollten, die etwas zur Lösung der Probleme beitragen können. Sie werden sagen, dass es sich hier um eine nette Anforderung handelt, die nicht zu erfüllen ist. Natürlich geht es um ein Idealbild. Wie jede andere Disziplin muss aber auch die Software-Entwicklung den Weg gehen, seine Teammitglieder zu professionalisieren, und es wird einige Zeit dauern, bis Software-Entwicklungsteams tatsächlich diesen Reifegrad erreicht haben.

Betrachten wir noch einmal einen anderen Aspekt. Alle Teammitglieder arbeiten zusammen – an einem Projekt, im Idealfall nur an einer kleinen Teillieferung des Produktes. Dies bedeutet, dass sich alle Teammitglieder, zwangsläufig, bezüglich vieler Aspekte des Projektes informieren. Sie werden durch Gespräche und Diskussionen das Wissen der einzelnen Person auf viele Teammitglieder verteilen. Scrum zwingt dazu, miteinander zu arbeiten. Wird dieser Aspekt durch geeignete Entwicklungsmethoden, zum Beispiel Pair Programming oder Test Driven Development, unterstützt, findet das Lernen innerhalb des Teams und damit zwischen den Teammitgliedern untereinander von selbst statt. Das erklärt, wie Teams den Wissenstransfer innerhalb des Teams bewerkstelligen, es erklärt aber noch nicht, wie der Wissenstransfer nach außen, also in die Organisation, stattfinden kann.

3.2.3   Wie Teams ihr Wissen nach außen tragen

Interessanterweise ist das Weitergeben von Wissen aus den Teams in die Organisation völlig unproblematisch. Nonaka und Takeuchi hatten beobachtet, dass multidisziplinäre Teams ihr Wissen fast von selbst zu ihren Kollegen tragen. Spätestens, wenn sich neue Projektteams formen, wird das Wissen des Teams an die anderen Teammitglieder weitergegeben und „beeinflusst" so weitere Teile der Organisation. *Cross-team*-Lernen muss also nicht gemanagt oder von außen geführt werden, sondern geschieht von selbst.

Takeuchi und Nonaka propagieren, dass zur Umsetzung der lernenden Organisation, also zum Erreichen einer informationsbasierten Organisation, auch die Veränderung des Managementstils notwendig sei. Sie schreiben: „Firmen müssen einen Management-Stil annehmen, der den Wissensmanagement-Prozess unterstützt. Firmenvorstände müssen erkennen, dass Produktentwicklung äußerst selten in einer linearen Weise geschieht. Vielmehr durch-läuft es einen Prozess von Versuch und Irrtum. Um diesen Prozess zu managen, müssen Firmen einen hoch adaptiven Managementstil (adaptive style) pflegen." [Nonaka 1998]

Adaptive ist ein anderes Wort für „agile", nicht identisch damit, aber doch sehr nahe ver-wandt. Nonaka und Takeuchi nutzen diesen Ausdruck, um zu beschreiben, was für agile Software-Entwicklung vollkommen klar ist: Der Prozess der Software-Entwicklung ist hoch-dynamisch und sollte iterativ erfolgen. Sie beschreiben den Entwicklungsprozess, der für die Produktentwicklung in einer wissensbasierten Organisation erforderlich ist, so: Der Prozess soll eine eingebaute Instabilität haben. Das ist vergleichbar mit der gewollten Instabilität von Kampfflugzeugen, die ihre Wendigkeit der Tatsache verdanken, dass sie ohne ständiges Korrigieren nicht stabil fliegen können. Instabilität vermittelt Wendigkeit oder Agilität [Abzug and Larrabee 2002]. Instabilität fordert aber auch ständige Aufmerk-samkeit und ständige Anstrengung, den Kurs zu bestimmen, ihn zu halten und nötigenfalls zu korrigieren.

Das Top-Management startet die Produktentwicklung durch das Ausrufen eines groben Ziels oder einer generellen strategischen Richtung. Die Entwicklung eines Produkts werde also durch ein umfassendes Ziel oder eine generelle Strategie geleitet, so Nonaka [Nonaka 1998]. Das steht in Widerspruch zu den meisten Produktentwicklungskonzepten, die am Anfang der Produktentwicklung bereits klare Kostentransparenz und detaillierte Aussagen verlangen.

Einer unserer Kunden hatte das Problem, dass seine Software-Entwicklungsabteilung mit jedem Quartal unproduktiver wurde. Mit immer mehr Aufwand wurde immer weniger Funktionalität geliefert. Die Konsequenz war, dass man sich einen Produktentwicklungs-prozess überlegt hatte, der schon vor dem eigentlichen Start des Projektes den groben Rahmen definierte.

Nonaka und Takeuchi sagen, dass dies der falsche Weg sei und einem Projektteam alle Möglichkeiten eingeräumt werden sollten, um das Ziel innerhalb klarer Rahmenbedingun-gen zu erreichen. Das Top-Management müsse mit der groben Vorgabe dessen, was man haben möchte, auch feste Rahmenbedingungen festlegen. Das Top-Management habe die Aufgabe, durch klare, „sehr herausfordernde" Anforderungen bei gleichzeitiger Übergabe der Handlungsfreiheit an das Projektteam Spannung zu erzeugen. „Herausfordernde An-forderungen" seien der Schlüssel zu erfolgreichen Projekten. Auf eine einfache Formel gebracht, bedeutet dies: Projektteams brauchen Budgetvorgaben, Visionen und einen defi-nierten Liefertermin. Innerhalb dieses Rahmens haben die Projektteams volle Handlungs-kompetenz.

Eines der erfolgreichsten Projekte, das Elemente eines Scrum-Prozesses nutzte und bei dem ich ein Teilprojekt managen durfte, funktionierte genau nach diesem Prinzip. Das Management der Firma hatte eine sehr deutliche Deadline gesetzt: es sollte eine völlig neuartige Applikation für ein Mobile Device erzeugt werden. Das Projektteam hatte nur sechs Monate Zeit und musste nicht nur die Applikation schreiben, sondern sich auch um Marketing und Website der Firma kümmern. Alle Projektteilnehmer sagten zu Beginn: *Irrsinn, nicht zu schaffen.* Wir haben es geschafft! Die Hauptprojektteams bekamen fast völlige Handlungsfreiheit. Sicher, es gab auch in diesem Projekt Prozesse, die eingehalten werden mussten, zum Beispiel das Vertragsmanagement. Die Verträge mit externen Dienstleistern mussten durch einen Reviewprozess. Der Einkauf beschleunigte diesen aber so sehr, dass Verträge in zwei Tagen statt erst nach sechs Wochen genehmigt werden konnten. Die ganze Firma war an diesem Projekt in Teilen beteiligt, und die einzelnen Teams lieferten.

In diesem Beispiel geschah, was Nonaka und Takeuchi mit dem Phänomen der *„Self-organizing Project Teams"* bezeichnen. Projektteams, die sich selbst finden, die ihre Arbeit selbst managen und die Herausforderungen eigenständig lösen. Das beschriebene Projektteam benötigt für das Erreichen des Selbst-Organisierens einige Zeit. Nonaka und Takeuchi beschreiben, was in einem solchen Projekt geschieht: „Ein Projektteam nimmt einen selbstorganisierenden Charakter an, wenn es in den Zustand der ‚Null-Information' getrieben wird, dort wo vorher erworbenes Wissen nicht mehr angewendet werden kann" [Nonaka und Takeuchi 1986]. Dieser Zustand fühlt sich wie großes Chaos an. Im obigen Projekt war dieser Zustand unbequem. Zum Glück glaubte das Management an dieses Team und gab ihm die Zeit und den Raum, um sich zu formieren. Eines der Hilfsmittel war die Einrichtung eines Projektraums, in dem alle, die an diesem Projekt arbeiteten, sitzen mussten.

3.2.4 Wie sich Teams organisieren

„Das Team im eigenen Saft schmoren zu lassen, gibt dem Prozess seine eigene Dynamik. Das Projektteam beginnt sich wie ein Start-up Unternehmen zu verhalten – es übernimmt Risiken und es entwickelt eine eigene, unabhängige Agenda. An einem gewissen Punkt fängt das Team an, sein eigenes Konzept zu entwickeln." [Nonaka and Takeuchi 1986]. In unserem Fall geschah genau das, was die beiden Autoren beschreiben. Etwa drei Wochen nach Start des Projektes ergriffen einzelne Key Player die Initiative und änderten das Projektgeschehen. Das Team war so gut wie autonom und nahm sich das Recht heraus, die Vorgehensweise des Projektes zu verändern. Nonaka und Takeuchi weiter: „Der Einfluss der Zentrale ist reduziert darauf, Anleitung, Geld und zu Anfang moralische Unterstützung zu liefern." Bei unserem Projekt war keineswegs vollkommen klar, was zu tun war, und es wurde auch nicht völlig autonom entschieden, aber dem Team wurde so weit vertraut, dass die Entscheidungen, die nur das Team treffen konnte, auch vom Team getroffen wurden. Die Abteilungsleiter hatten erkannt, dass nur die Teammitglieder über die notwendigen Fähigkeiten verfügten, die richtigen Entscheidungen zu treffen.

Es ist doch immer das Projektteam, das tatsächlich beurteilen kann, was das Beste für das Projekt ist. Nur die Teammitglieder haben die nötigen Informationen, um dies zu beurteilen. Wenn wir erfolgreiche Projekte durchgeführt haben, dann war es immer so, dass wir mehr wollten und uns mehr vorgenommen hatten, als die puren Anforderungen verlangten. Wir erzeugten unsere eigenen Ziele. Dieser Wunsch nach mehr, als eigentlich verlangt wird, nennen Nonaka und Takeuchi „Self-transcendence – Das Projektteam geht in einer nicht endenden Suche nach dem Limit auf. [...] Angefangen mit den Richtlinien, die das Top Management ausgegeben hatte, beginnen sie ihre eigenen Ziele zu etablieren, und sie evaluieren die Erreichung ihrer Ziele während des Entwicklungsprozesses." Was dort entsteht, kann wesentlich innovativer sein als das, was sich das Top-Management anfangs überlegt hatte.

Scrum will genau diesen Zustand erzeugen, in dem wir immer wieder betonen, dass das Team die volle Autorität darüber hat, was im Sprint geschieht. Im Rahmen seiner Möglichkeiten und innerhalb der Richtlinien des Top-Managements soll das Team den Projekterfolg erreichen. Dabei werden Scrum-Teams Ziele mit dem Produkt Owner erarbeiten, die so vorher nicht vorstellbar waren.

Scrum spricht u.a. davon, dass Teams „cross-functional" sein und die Teammitglieder ungeachtet ihrer Spezialisierung gemeinsam arbeiten sollen: ein Entwickler testet, ein Tester entwickelt, ein Business Analyst schreibt Testfälle und vielleicht sogar einige Zeilen Code, und der technische Redakteur schreibt nicht nur das Handbuch, sondern auch an der Spezifikation mit. Auch hier folgt Scrum den Beobachtungen von Nonaka und Takeuchi, die diese Idee als *cross-fertilization* bezeichneten. Wir werden noch sehen, dass genau dieser Aspekt von Scrum am meisten diskutiert wird. Er bricht die Arbeitsteilung in der Software-Industrie auf und erzeugt ganzheitlich arbeitende Projektteams.

Entscheidend aber ist, dass die von Nonaka und Takeuchi beobachteten Teams keineswegs chaotisch oder ad-hoc gearbeitet haben. Obwohl alle Teammitglieder unterschiedliche Profile und Wissensstände haben, arbeiten sie in einem Rahmen, der durch Prozesse und Verhaltensanweisungen vorgegeben ist.

3.2.5 Wie Teams lernen

Die von Nonaka und Takeuchi beschriebene Form der Produktentwicklung bedeutet vor allem Lernen. Lernen auf allen Gebieten, in alle Richtungen und in allen Organisationsebenen. Schauen wir uns die von den beiden Forschern unterschiedenen organisationalen Lernebenen an:

1. Die Teammitglieder teilen und entwickeln ihre unterschiedlichen Fähigkeiten.
2. Die Teammitglieder tragen ihr Wissen auch nach außen zu anderen Teams.
3. Die Teammitglieder lernen durch äußere Einflüsse.
4. Die Teammitglieder und die Organisation lernen fachübergreifend.

Das Lernen *durch äußere Einflüsse* geschieht durch den simplen, aber sowohl in der Wissenschaft als auch in der Produktentwicklung gut funktionierenden Ansatz des „Trial and Error". Ideen müssen ausprobiert werden und benötigen das Feedback vom Markt. Die beiden Autoren zeigen, dass die Teammitglieder in engem Kontakt mit dem Markt stehen, entweder indem sie mit den Kunden direkt arbeiten, oder indem sie andere Informationsquellen nutzen. Ein Scrum-Team erfüllt diese Forderung durch das Sprint Review und durch das direkte Arbeiten mit dem Anwender. Das Feedback ist unmittelbar, und weil das Team zum Zeitpunkt des Reviews keine offenen Arbeitspakete mehr hat, kann es sich sofort auf neue Anforderungen einstellen.

Nonaka und Takeuchi stellen fest, dass die Teammitglieder in cross-funktionalen Teams durch ihre unterschiedlichen Disziplinen gezwungen sind, *fachübergreifend* zu lernen. Sie nennen das *„multifunctional learning"*. Experten sind dazu angehalten und werden ermutigt, neue Fähigkeiten in Wissensgebieten zu erwerben, die nicht ihre ursprünglichen sind.

In traditionell aufgestellten Organisationen das fachübergreifende Arbeiten zurückzubringen, ist eine der Hauptschwierigkeiten beim Einführen von Scrum. Für viele Entwickler, Tester, Architekten ist es oft „schwierig", dass sie nun Aufgaben der „anderen" Rolle übernehmen sollen. Entwickler halten es nicht für nötig zu testen, oder Testern wird nicht gestattet zu entwickeln.

Sie werden vielleicht sagen, dass das doch unproduktiv ist, wenn Nicht-Experten die Arbeit von Experten durchführen. Wieso sollte zum Beispiel ein Entwickler testen? Er ist doch viel sinnvoller eingesetzt, wenn er sich nur ums Entwickeln kümmert. Dieser Argumentationsstrang basiert auf der Ansicht, dass Menschen in Teams am besten nur das tun, was sie am besten können.

Bei diesem Ansatz werden die Fähigkeiten von Menschen mit den Ressourcen in Fabriken, den Maschinen, gleichgesetzt. Menschen sind aber keine Maschinen. Menschen empfinden es als langweilig, wenn sie immer das Gleiche tun müssen [Semler 1995]. Tom DeMarco hat vor Jahren gezeigt, dass der Begriff der Auslastung für kreative Entwicklungsteams keinen Sinn ergibt [DeMarco 2002]. Gleichzeitig verhindert die Vorstellung, Mitarbeiter auslasten zu müssen, eine Sicht des Teams als Einheit. Dabei geht es darum, die Gesamtleistung des Teams zu würdigen und das einzelne Teammitglied als Teil eines Organismus zu verstehen, der nur als Gesamtheit aller Organe funktionieren kann.

Dieses andere Denken, wonach das Team eine Gesamtheit ist, führt zu neuen Ideen und höherer Produktivität. Nonaka schreibt: „Unter dem neuen Ansatz (dem Rugby-Ansatz, Anm. des Verfassers) unternehmen Nicht-Experten die Produkt-Entwicklung. Sie sind aufgefordert, das notwendige Wissen und die notwendigen Fähigkeiten zu erwerben. Im Gegensatz zu Experten, die Fehler sehr schlecht tolerieren, sind Nicht-Experten bereit, den Status quo herauszufordern. Aber um das tun zu können, müssen sie Wissen aus allen Gebieten des Managements, über unterschiedliche Ebenen der Organisationen, über fachliche Spezialisierungen und sogar über organisationale Grenzen hinweg erwerben. Diese Art des Lernens in die Breite dient als notwendige Voraussetzung, um die geteilte Arbeit im Fachbereich effektiv werden zu lassen." [Nonaka 1998]

> *Fachspezifische Teams (z.B. reine Test-, Entwickler-, Datenbank-Teams) sind also unproduktiver als cross-funktionale.*

Diese Erkenntnis bezüglich Organisationen und Team sollten wir unbedingt im Hinterkopf behalten, wenn wir produktive Teams schaffen wollen.

3.2.6 Das Management in der wissensbasierten Organisation

Die Lösung eines Dilemmas

Wie löst man das Problem, dass eine Organisation Menschen benötigt, die einerseits ihre Pflicht tun, Anweisungen und Prozessen folgen, und gleichzeitig zu kreativen, innovativen Impulsen und Aktionen bereit sind, an die vorher niemand dachte?

Am 18. Juni 1757 fand das österreichische Militär die ebenso einfache wie simple Lösung: Es erschuf eine Auszeichnung, die ein Offizier nur erhalten konnte, wenn er *erfolgreich* gegen die Regeln verstoßen hatte: den Maria-Theresia-Orden. Diese Auszeichnung wurde verliehen *„für aus eigener Initiative unternommene, erfolgreiche und einen Feldzug wesentlich beeinflussende Waffentaten, die ein Offizier von Ehre hätte ohne Tadel auch unterlassen können“*.[5] Im Klartext: Dieser Offizier hatte seine *Befehle* verweigert, wurde dabei nicht erwischt und war gleichzeitig erfolgreich, hatte also einen Vorteil erkämpft. Diesen Offizier konnte man nicht mehr für seine Befehlsverweigerung bestrafen.

Das Management einer Organisation in der Informationsgesellschaft, also in einer Organisation, die sich adaptiv verhalten muss, hat das gleiche Problem. Einerseits müssen die Mitarbeiter die Regeln einhalten, andererseits verändern sich die Umweltfaktoren rasend schnell. Das Dilemma jeder Führungskraft besteht hier darin, den ständigen Wandel zu managen, ohne die Strukturen der Organisation zu gefährden und ins Chaos zu stürzen. Wie lässt sich kontrolliert Instabilität erzeugen, um stabil zu fliegen? Laut Nonaka ist die Lösung sehr einfach: Jedes Projektteam hat auch die Aufgabe, in einer neuen Art und Weise vorzugehen und damit die Organisation ein Stück mehr an die Realität anzupassen. Das Top-Management kann das oben beschriebene Dilemma also dadurch lösen, dass es den Wandel, also die Suche nach neuen Wegen, ebenfalls zum Missionsziel erklärt. Die in Scrum inhärente Veränderungsbereitschaft, das ständige Arbeiten am Abbau von Hindernissen, zeigt, wie diese Mission erfüllt werden kann: Der ScrumMaster betrachtet ein Impediment (Blockade) als Anzeichen einer Störung des Systems. Anders ausgedrückt: Das System bekommt den Impuls, sich zu verändern, etwas zu lernen. Die Teammitglieder und die Organisation um das Team herum müssen sich autopoetisch, durch Lernen, mit dieser Störung auseinandersetzen und ihre Arbeitsweisen verändern oder anpassen. Das ist Lernen auf organisationaler Ebene. Nicht jede Organisation ist dazu in der Lage und nicht jede Managementriege dazu bereit.

Nonaka und Takeuchi schreiben: „Änderungen, die die gesamte Organisation betreffen, sind, noch dazu wenn es sich um ausdifferenzierte und strukturierte Firmen handelt, sehr schwer umzusetzen. Vor allem dann, wenn es sich um Firmen handelt, die sehr auf die Seniorität ihrer Führung zählen, wie man es in Japan findet." Aber, so Nonaka und Takeuchi weiter, „unkonventionelle Schritte, die schwierig in Zeiten des Friedens umzusetzen sind, können durch Kriegszeiten legitimiert werden." Dann könne die Führung einen kompetenten Manager entwurzeln und an anderer Stelle einsetzen oder einen sehr jungen Ingenieur zu einem Projekt hinzuziehen, ohne auf große Widerstände zu stoßen. Die beiden

---

[5] http://de.wikipedia.org/wiki/Militär-Maria-Theresien-Orden

Autoren beschreiben hier den Weg, den das österreichische Militär mit Hilfe des Maria-Theresia-Ordens gefunden hatte: Opfere einen jungen, mutigen Offizier. Wenn er erfolgreich ist, belohne ihn. Wenn er nicht erfolgreich ist, haben die ranghöheren Offiziere keinen Schaden ihres Ansehens erlitten.

Ein ScrumMaster ist genau dieser Offizier. Er hat die Aufgabe, den Status quo zu ändern und sein Team dabei zu unterstützen, diese Veränderungen vorzunehmen.

Das Team als Kern der Veränderung

Nonaka und Takeuchi beobachten weiter:

> *„Ist das Projektteam einmal geformt, beginnt es, an Stärke zu gewinnen, weil es (das Team) sichtbar ist (wir sind handverlesen), wegen seiner legitimierten Autorität (wir haben ungewöhnliche Unterstützung von oben, um etwas Neues zu erschaffen) und wegen ihres Bewusstseins, auf einer Mission zu sein (wir arbeiten, um eine Krise zu bewältigen). All dies dient als Motor für unternehmensweite Veränderungen, weil Projektmitglieder aus verschiedenen fachlichen Gebieten anfangen, strategische Initiative zu zeigen, die manchmal sogar über den angestammten Wirkungsbereich der Firma hinausreicht."* [Nonaka 1998]

Ein gut funktionierendes Team muss Nonaka und Takeuchi zufolge aus handverlesenen Mitarbeitern bestehen, die die nötige Aufmerksamkeit von der Organisation bekommen und die Macht erhalten haben, ihre Ideen umzusetzen.

Ein Scrum-Team ist die Verkörperung dieses Ideals. Die Aufgabe, die Zielrichtung der Aktivitäten der *sich selbst-organisierenden* Projektteams festzulegen, übernimmt auf der Projektebene der Product Owner, indem er die Projektvision vorgibt. Auf der Ebene der Organisation muss die Unternehmensführung eine klare Unternehmensvision formulieren. Diese Vision bettet die Teams in einen Kontext, der ihnen die Anhaltspunkte dafür liefert, welche Ausrichtung sie in ihrem Projekt anstreben sollten. Sie benötigen diesen Rahmen für die Entscheidungen auf der Team-Ebene.

Das Management und das Team

In Scrum gibt es keine klare Rolle für das Management. Nach den Büchern von Schwaber und nach meinen eigenen Erfahrungen deckt sich die Rolle, die das Management in einem Scrum-Prozess spielt, mit den Ideen von Nonaka und Takeuchi. „(...) das beste, was das Top-Management machen kann, ist, dem Team alle Hindernisse aus dem Weg zu räumen und gleichzeitig die Grundlage für das Selbstorganisieren des Teams zu legen" [Nonaka 1998]. Es ist also *nicht* Aufgabe des Managements, Anweisungen zu geben und dafür zu sorgen, dass diese Anweisungen getreu umgesetzt werden, sondern es muss dem Top-Management darum gehen, die Visionen und Missionen vorzugeben und es den *task-focused Teams* (Drucker) zu überlassen, wie die Aufgaben zu erfüllen sind.

Die Verbindung zwischen dem Top-Management und dem Team ist das mittlere Management. Aufgabe des mittleren Managements ist es, die Ideen des Top-Managements in die Teams zu tragen. Team-Führung, so verstanden, bedeutet für das mittlere Management, mit den Teams daran zu arbeiten, die Vorgaben des Top-Managements umzusetzen, ohne dabei vorzuschreiben, wie die Vorgaben umzusetzen sind. Gleichzeitig muss das mittlere Management dafür sorgen, dass das Team die Vorgaben versteht, und ihm Hindernisse aus dem Weg räumen (siehe dazu [Nonaka 1998]).

Damit sind die Aufgaben, die das Management in einer wissens- oder informationsbasierten Organisation hat, klar umrissen. Die Aufgabe der Führungskräfte wird darin bestehen, Teams zu coachen und Rahmenbedingungen zu setzen. Management wird zum Coaching, zum *Dienen am Team* [Blanchard and Miller 2004].

3.2.7 Kontrollierbarkeit des Unkontrollierbaren

■ Physikunterricht, 5. Klasse – Frau Schmidt, unsere Physiklehrerin hat ein Experiment aufgebaut. Sie hat an einem Gestell, das am Labortisch befestigt war, eine Schnur angebunden. Am unteren Ende der Schnur war ein kugelförmiges Gebilde befestigt. Sie erklärte uns, dass dies ein Pendel sei. Ob wir wüssten, was passieren würde, wenn sie es anstoßen würde. Einige meldeten sich und Klaus antwortete, dass es hin und her schwingen würde. Frau Schmidt stieß das Pendel an und es schwang hin und her. Am Ende der Stunde hatten wir erfahren, dass man exakt berechnen kann, wo dieses Pendel zu welchem Zeitpunkt sein würde. ■

Dieses Experiment (siehe Abbildung 2.3) aus der Mechanik zeigte uns, dass die Welt beherrschbar war. Es war plötzlich möglich, die Welt ein wenig vorherzusagen, oder?

■ Technische Universität Darmstadt, 12 Jahre später – Unser Professor stand am Labortisch und zeigte eine einfache Variante des Versuches aus der Schule. Er hängte an ein Pendel unten ein zweites Pendel an. Plötzlich war das simple Ein-Körper-Problem des Pendels, das alles so berechenbar erscheinen ließ, keineswegs mehr so simpel. Dieses Pendel verhielt sich nun auf den ersten Blick völlig unkontrollierbar. ■

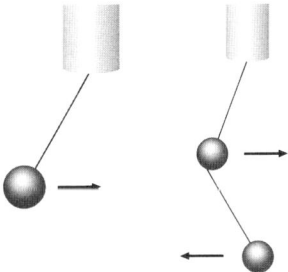

Abbildung 3.1
Pendel und Doppelpendel – Vorhersagbarkeit und Nicht-Vorhersagbarkeit

Selbstorganisation

Es war sogar so kompliziert, dass die Physiker einen neuen Namen dafür finden mussten: *chaotische Systeme*. Dieses so einfach aussehende System aus zwei Pendeln verhält sich chaotisch. Die Konsequenz: Es gibt zwar auch hier eine mathematische Möglichkeit vorherzusagen, wie sich das Pendel verhalten wird, doch es ist wesentlich schwieriger.

Offenbar war die Natur doch nicht berechenbar. Die Quantenmechanik war zu der Erkenntnis gelangt, dass die Beobachtung eines Experiments das Resultat des Experiments beeinflusst. Das berühmte Doppelspalt-Experiment zeigte uns den Welle-Teilchen-Dualismus des Lichts. Dieser Versuch veranschaulichte, dass es auf das Experiment, und damit auf das Interesse des Experimentators ankommt. Die Art und Weise der Durchführung des Experiments lässt den Experimentator unterschiedliche Eigenschaften des Lichtes beobachten. Will der Experimentator wissen, wo das Lichtteilchen ist, so weiß er nicht mehr, wohin es fliegt; will er wissen, in welche Richtung es fliegt, weiß er nicht mehr, wo es sich befindet. Die Beobachtung selbst verändert also das Resultat des Experiments.

Die philosophischen Implikationen dieses Experiments gehen noch weiter. Die Annahmen eines Menschen, resultierend aus seiner Art, die Welt zu sehen, konstruieren seine Wirklichkeit. Sein Wissen beeinflusst, was er erkennen und akzeptieren kann. Das ist übrigens der Grund dafür, dass Laien zu neuen Erkenntnissen in einem Spezialgebiet gelangen können. Sie sind nicht durch das eingeschränkt, was sie zu wissen glauben, sondern aufnahmebereit für neue Erkenntnisse.

Die Konsequenzen für das Zusammenarbeiten von Menschen sind dramatisch und werden immer wieder übersehen. Wenn zwei Menschen zusammenkommen, werden sie die gleichen Fakten unterschiedlich interpretieren und ihre gemeinsame Welt für sich unterschiedlich konstruieren. Das heißt auch, dass ein Mensch zunächst einmal nicht erkennen kann, was neu ist. Oder anders gesagt: Die Beschäftigung mit einem Gegenstand wird zu neuen, zunächst unbekannten Erkenntnissen über den Gegenstand führen. Allerdings nur, wenn diese neuen Erfahrungen als valider Einfluss auf das eigene Erkenntnisvermögen gesehen werden.

Das ist für viele Geschäftsprozesse nicht akzeptabel. Wir wollen wissen, was wir bekommen, wenn wir etwas kaufen. Wenn wir einen Vertrag mit jemandem schließen, sollte klar sein, was am Ende des Projektes geliefert wird. Dieser Wunsch widerspricht aber der Erkenntnis, dass wir zu Beginn eines Projekts nicht wissen können, wie es laufen wird. Wir wissen nicht einmal mit Sicherheit, was wir erzeugen können, denn wir haben es noch nie vorher gemacht. Sind dies noch eher theoretische Überlegungen, so wird es bei näherem Hinschauen sogar komplizierter statt einfacher:

- Meistens arbeiten Teammitglieder zum ersten Mal zusammen. Oft kennen sie sich noch nicht, vertrauen sich noch nicht und kennen die Fähigkeiten des anderen nicht.

- Oft soll bei einem Software-Entwicklungsprojekt etwas erzeugt werden, das man vorher so noch nie versucht hat. Die Kenntnisse dessen, was man da erschaffen soll, sind nur vage. Schätzungen können bei diesen Voraussetzungen nur auf reinen Vermutungen basieren.

- Oft wird dem Team bereits die Technologie vorgeschrieben. Diese ist häufig völlig unbekannt.

Für Projektteams noch entscheidender: Die Beschäftigung mit der Aufgabe selbst führt dazu, dass wir zu neuen, vorher nicht sichtbaren Erkenntnissen, Ideen und Wünschen bezüglich des Projekts oder Produkts kommen. Die Beschäftigung mit der Sache selbst erzeugt neue Aspekte, verstärkt also gewissermaßen die Projektanforderungen, was mit unserem chaotischen Pendel vergleichbar ist. Die Projektsituation verstärkt sich selbst, wird also komplex und somit unvorhersagbar.

Heinz von Foerster, Ernst von Glasersfeld [Glasersfeld 1997], Humberto R. Maturana und Francisco J. Varela begannen zu erforschen, wie ein komplexes System sich selbst managt. Ihre Frage war: Wie kann sich ein System strukturiert verhalten, wenn es doch offensichtlich komplex ist? Maturana, ein Neurobiologe, hatte die entscheidende Idee: Es gibt eine Kraft in jedem System, die sich selbst an die äußeren Umstände anpasst: Diesen Mechanismus nannte er „Autopoesis", Selbsterschaffung [Maturana and Varela 1991].

Niklas Luhmann übernahm das Konzept der Autopoesis für soziale Systeme, und daher haben wir heute einen Begriffsapparat, der uns zeigt, wie Strukturen in sozialen Systemen entstehen, ohne dass diese Strukturen von außen erzeugt werden. Strukturen in sozialen Systemen entstehen nach Luhmann durch die Verbindung aus Regeln oder Grenzen und der Kraft eines Systems, sich selbst an die äußeren Umstände durch Versuch und Irrtum anzupassen. Das ist im Wesentlichen die Bedeutung des Begriffes Autopoesis: Ein System passt sich den äußeren Umständen an und versucht ein optimales Gleichgewicht herzustellen [Luhmann 2006].

In der Software-Entwicklung, wie in jedem anderen Business, haben wir es bei Projekten mit sehr vielen Faktoren zu tun, die zusammenspielen. Diese Systeme sind komplex und somit nicht vorhersagbar. Es sei denn, sie bilden eine Struktur aus, die es ermöglicht, Aussagen über ihr Verhalten und somit über die von ihnen erzeugten Resultate zu treffen. Entscheidend ist, dass diese Systeme ihre Strukturen durch Selbstorganisation erzeugen und dass die Strukturen einzigartig für jedes Team sind.

Selbstorganisation ist andererseits darauf angewiesen, klare Rahmenbedingungen zu haben. Anders ausgedrückt: Das System benötigt einen Kontext, der Grenzen definiert, in denen es sich bewegen und an denen es sich ausrichten kann. Wenn es diese Rahmenbedingungen gibt, kann das System sich darin einrichten und Ergebnisse produzieren.

Ändern sich die Rahmenbedingungen eines Systems chaotisch, gewissermaßen ad hoc, ist das System nicht in der Lage, sich einzuschwingen. Es erkennt nicht mehr, woran es sich orientieren soll, kann keine Struktur bilden. Für Projektteams bedeutet dies, dass keine verinnerlichten Arbeitsabläufe entstehen. Ob sich Ihr Team gerade in diesem Zustand befindet, erkennen Sie daran, wenn der Ruf laut wird, jemand solle doch endlich sagen, was zu tun sei. Das ist ein Anzeichen für den Wunsch der Teammitglieder nach Orientierungspunkten. Die entsprechende Ausrichtung kann das Management über Führung sowie durch Verdeutlichen der Vision und Regeln vermitteln. Geschieht dies nicht, fühlen sich Mitarbeiter verunsichert und sind nicht in der Lage, performant zu arbeiten.

Das Team und Selbstorganisation

Wir haben gesehen, dass Projektteams einen Rahmen benötigen, innerhalb dessen sie sich selbst-organisierend verhalten können. Scrum schafft diesen Rahmen durch klare Regeln und Prinzipien sowie durch das Einführen der Timebox, die unter allen Umständen einzuhalten ist. Die Timebox ist die stärkste Rahmenbedingung in Scrum. Doch auch sie muss strikt durchgesetzt werden. Jedes Team wird immer wieder versuchen, seine Grenzen auszudehnen und nicht regelkonform zu arbeiten. Grenzen sind lästig und behindern auf den ersten Blick. Schnell hört man: „Sind denn die Grenzen von Scrum nicht zu hart und zu bürokratisch? Was ist schon dabei, wenn wir den Sprint um einen Tag verlängern?"

Wer sich zum ersten Mal mit Scrum beschäftigt, kann leicht dem Missverständnis erliegen, Scrum sei ein Prozess mit festen Strukturen. Doch Scrum kreiert keine Struktur. Das Prozessmodell Scrums, seine Struktur, ist ein Resultat von Regeln und Prinzipien. Scrum erzeugt keine Ablauforganisation und zeigt auch nicht, wie Software-Entwicklung durchzuführen sei, indem es Strukturen bestimmt, die Menschen einzuhalten haben. Der geniale Zugang Scrums besteht darin, dass nur ein Rahmen, ein Satz von Regeln vorgegeben wird, innerhalb dessen Teams selbst passende Strukturen ausbilden können. Strukturen, die in dieser Situation und zu diesem Zeitpunkt für dieses Team richtig und effektiv sind und die später, wenn sich die Situation ändert, wieder angepasst werden können.

Hat ein System, also ein Projektteam, herausgefunden, wie es miteinander arbeiten will, welche Regeln herrschen sollen und wie die internen Abläufe sein sollen, wird dieses Team performant sein und beständig Software ausliefern.[6] Das Team wird in der Lage sein, basierend auf den ersten Erfahrungen, die es gemacht hat, zukünftige Aufgaben einzuschätzen. Es wird zunehmend sinnvollere Aussagen treffen können darüber, was bis zu welchem Zeitpunkt geliefert wird. Es wird sagen können, was zu verbessern ist und vieles andere mehr. All das jedoch benötigt Zeit und ist nicht von heute auf morgen in einem Projektteam erreichbar.

Kurz: *Selbstorganisation braucht Zeit.* Teams müssen diese Zeit bekommen, um sich selbst zu finden und Schwierigkeiten und Probleme gemeinsam anzugehen und zu lösen. Sie werden ihre Erfahrungen machen und basierend auf ihren Erfahrungen lernen. Sie werden herausfinden, an welchen Stellen sie noch dazulernen müssen. Sollten Teams offensichtliche Wissenslücken haben, kann der ScrumMaster natürlich vorschlagen, das ein oder andere zu bedenken.

Was aber, wenn ein Team offensichtlich nicht die richtigen Fähigkeiten hat, um seine Aufgaben zu meistern? Soll es dann der ScrumMaster richten? Zunächst: Warum hat denn das Team nicht die richtigen Fähigkeiten? Wieso hat denn das Management ein Team beauftragt oder zusammengestellt, das seiner Aufgabe nicht gewachsen sein kann? Hier, an der Schnittstelle von Team und Organisation, kommt es zur Reibung, wie wir oben bei Nonaka und Takeuchi gelesen haben. Oft sind Führungskräfte daran gebunden, die Strukturen der Organisation weiterzuführen. Sie haben also beispielsweise ein Team, das nicht optimal einsetzbar ist, müssen es aber dennoch einsetzen. Hier ist es die Aufgabe des mittleren Managements, die Standards und Strukturen gegebenenfalls einzuhalten und sie gegenüber dem Team zu vertreten, aber auch das Team dann nicht für ein Versagen zu tadeln, wenn es falsch zusammengesetzt wurde.

Wie passt das zu Scrum, bei dem wir auf die Selbstorganisation des Teams vertrauen? Peter Drucker hat den Konflikt erkannt, der zwischen der Organisation und den Teams entstehen muss, und eine Antwort darauf gegeben. Die Teams sollen versuchen, ihren Weg zu

---

[6] Siehe dazu auch den Abschnitt 4.3.5 über Tuckmanns Vier-Phasen-Modell.

gehen, und die Entscheidungen möglichst autark treffen. Gleichzeitig muss die Organisation dafür sorgen, dass die Teams das Rad nicht immer wieder neu erfinden. Das Management einer Organisation muss folglich einen Weg finden, autarken, selbstverantwortlichen Teams zu zeigen, wie gute, bereits erfolgreiche Lösungen aussehen. Die Lösung, die Drucker beschreibt, ist sehr einfach und einleuchtend. „Traditionelle Abteilungen werden als Wächter der Standards dienen, als Zentren für Training und für das Zuteilen der Spezialisten; sie werden nicht die Orte sein, an denen die Arbeit getan wird." [Drucker 1988]

Organisationen sollen die Teams also nicht durch Anweisungen leiten, sondern indem sie den Teammitgliedern, den Profis, als Serviceeinheiten zu Verfügung stehen. Diesen Serviceeinheiten, in denen die Teammitglieder erlernen, warum es bestimmte Standards gibt, entstammen die Teammitglieder für die „task-focused"-Teams. Drucker löst mit seinem Modell elegant die Frage, wie man die Einhaltung der Standards in den Teams sicherstellt: durch Teammitglieder, die sich an Standards und Richtlinien halten, weil sie sie durch Training und Einsicht als wertvoll und nützlich erachten. Die Organisationseinheiten erzeugen auf diese Weise institutionalisierte Regeln, die es einem Scrum-Team ermöglichen, sinnvolle Strukturen auszubilden, und nicht alles neu erfinden zu müssen [Drucker 1988].

3.2.8   Kontinuierliche Verbesserung – Feedback

■ Das Monster dieses Levels ist übermächtig. Meine Waffen scheinen nichts auszurichten. Ich renne auf es zu, ducke mich, schlage drei Saltos und weiche seinen Schüssen aus. Das Monster feuert aus allen Rohren und trifft mich trotz meiner akrobatischen Kunststücke ständig. Da, ein Vorsprung im Fels, ich gehe in Deckung, zu spät, geschlagen. Das Videospiel gibt mir die Chance, beim Kontrollpunkt erneut zu beginnen. Ich starte erneut, diesmal laufe ich gerade, ohne Zickzack, auf das Monster zu … von rechts kommt ein anderes Monster … wieder geschlagen. Der Kontrollpunkt wird erneut geladen. In der Ecke des Käfigs ist eine besondere Waffe, eine Kanone, ich renne darauf zu … Etliche Versuche später, und ich habe den letzten Gegner dieses Levels besiegt. ■

So ist es immer, beim ersten Mal verliere ich und werde geschlagen. Ich versuche es immer wieder, bis ich alle Tricks dieses Levels kenne und weiß, wie ich diese Situation meistere. Dieses Beispiel aus der Videospielwelt veranschaulicht sehr schön, wie das Prinzip „Hinschauen und Verbessern" funktioniert. In einem Videospiel kommt man nur durch ständiges Planen, Ausführen, Kontrollieren und Verbessern weiter. Da es sich immer um wenige Sekunden bis Minuten handelt, die dort gespielt werden, sind die „Iterationen" sehr kurz und Feedback daher sehr unmittelbar. Im wirklichen Leben muss man in der Regel deutlich länger auf Feedback warten, was dazu führt, dass wir die Folgen unserer Handlungen oft nicht unmittelbar erleben. Die Resultate unserer Handlungen im Projekt werden oft erst irgendwann in der Zukunft sichtbar, häufig sogar gar nicht, weil wir das Projektteam bereits lange vor dem Endtermin verlassen haben.

Scrum erzeugt ständiges Feedback. Es wird ständig geplant, ausgeführt, kontrolliert und verbessert. Scrum ermöglicht, dass die Folgen der Entscheidungen und Handlungen im und außerhalb des Sprints innerhalb von maximal vier Wochen sichtbar werden. So wird das Feedback wieder zu einer relevanten Information und kann sofort genutzt werden, um die weitere Produktentwicklung zu beeinflussen.[7]

Abbildung 3.2:
Der Deming-Cycle

Scrum nutzt hier die Struktur des sog. Deming-Cycles, den William Edwards Deming in den Kreisen des Qualitätsmanagements populär gemacht hat (siehe Abbildung 3.2). Der Scrum-Flow bildet die vier Schritte des Deming-Cycles ab:

- **Plan (Planen):**
  In *Sprint Planning Meetings* wird geplant, man legt die Ziele fest.

- **Do (Ausführen):**
  Der *Sprint* dient allen dazu, die gesteckten Ziele zu erreichen.

- **Check (Kontrollieren)**:
  Im *Sprint Review* überprüfen wir anhand der Ergebnisse, ob die Ziele erreicht wurden.

- **Act (Verbessern)**:
  In der *Sprint Retrospektive* werden Verbesserungsnotwendigkeiten identifiziert, so dass wir sie im nächsten Planning berücksichtigen können.

So einfach der Deming Cycle auf den ersten Blick scheint, so schwer ist es, ihn konsequent umzusetzen. Das ständige Wiederholen dieser vier Phasen, das Gewinnen von harten Daten durch die Datenerhebung der Phase *Check* und die darauf folgende Verbesserung (*Act*) des Prozesses ist nur möglich, wenn man diszipliniert immer wieder diese Phasen durchführt.

Vor allem das Management glaubt oft, diese Phase sei verlorene Zeit. Auch Scrum-Teams erliegen in der Hektik des Alltags häufig der Versuchung, die Retrospektiven wegzulassen. Allerdings führt diese Form der Undiszipliniertheit sofort dazu, dass die Produktivität eines Teams sichtbar schlechter wird.

Demings ursprünglicher Cycle hatte keine festen Iterationen. Vielmehr war Deming davon ausgegangen, dass dieser Kreislauf am Anfang länger dauern und dann immer kürzer werden würde. Sein Überlegung war auch richtig. Er war davon ausgegangen, dass zu Beginn

---

[7] Siehe dazu Abschnitt 6.7 *„Kontinuierliches Verbessern – Die sechs Schritte der Retrospektive"*.

das Planen und Abarbeiten länger dauern und das Tempo sich beschleunigen würde, je öfter der Kreis durchlaufen werde.

Hinter dem Deming Cycle steckt, wie auch hinter Scrum, die Idee, dass man durch ständiges „Hinschauen und Verbessern" seinen Prozess und somit seine Arbeit verbessern kann. Diese Grundlage haben beide Prozesse gemeinsam, deshalb ist der Scrum-Flow nichts anderes als eine Implementierung des Deming-Cycles.

Die Bedeutung des Prinzips „Hinschauen und Verbessern" (Inspect and Adapt) kann nicht genügend betont werden. Es ist die Grundlage für den Erfolg von Scrum. Das Grundprinzip lautet „Wir müssen lernen, Daten sammeln und herausfinden, was funktioniert und was nicht". Wenn neue Projekte mit neuen Technologien durchgeführt werden, dann haben die meisten Beteiligten nicht genügend Erfahrung, um genau zu sagen, wie das Endergebnis aussehen wird. Das macht ein Projekt aus. Es betritt immer Neuland.

In Scrum beginnen wir mit der Arbeit und dem Erstellen des Produktes in dem Moment, in dem wir genug Informationen haben, um den ersten Schritt zu tun. Diese ersten Schritte, die ersten Sprint-Ziele und damit der erste Sprint mögen falsch sein. Das erfahren wir schon am Ende des Sprints. Hier liegt die Stärke von Scrum. Wir warten nicht, bis wir meinen zu wissen, wie es funktionieren wird, und implementieren dann, sondern wir starten sofort. Wir wollen sofort harte Fakten erhalten. Nur was tatsächlich vorhanden ist, gibt uns die notwendigen Informationen.

■ Eines der Teams, die wir begleiteten, hatte das Projekt mit klaren Vorgaben begonnen. Projektumfang und Abgabetermin standen fest, die Ziele waren klar vorgegeben. Doch war dieses Team soeben „frisch" zusammengestellt worden. Es konnte auf die ursprünglichen Schätzungen keinen Einfluss nehmen, die Spezialisten des Auftraggebers erstellt hatten. Also erstellten wir mit diesem neuen Team gemeinsam ein erstes Product Backlog aus den vorgegebenen Anforderungen. Diese hatten sich inzwischen gegenüber den ursprünglichen Anforderungen schon geändert. Wäre ich ein klassischer Projektmanager gewesen, hätte ich das Projekt sofort abgebrochen und wäre mit meinem Anliegen notfalls bis zur Geschäftsleitung gegangen. Das war nichts anderes als ein Himmelfahrtskommando – ohne jede Chance. Mit Scrum jedoch sah die Lage anders aus. Wir konnten das Product Backlog in einigen Stunden neu schätzen und gaben den Managern in der Organisation die Information, wie viele Funktionalitäten bis zum angestrebten Enddatum geliefert werden könnten. Es war weniger, als nach den ursprünglichen Schätzungen erwartet worden war. Das gefiel den Managern ganz und gar nicht. Wir fingen mit mit dem ersten Sprint an. Wir nahmen in den Sprint viel hinein, vielleicht sogar zu viel, aber das Team nahm an, dass es zu schaffen sei. Am Ende des ersten Sprints hatte das Team etwas geliefert, es kannte nun seine Kapazität, hatte Erfahrung mit der neuen Umgebung und konnte das erste Mal sinnvolle Aussagen über das Projekt und seinen Umfang machen. Wir hatten harte Fakten, über die gesprochen werden konnte. Auf der Basis dieser Fakten und der Erfahrungen konnte das Team herausarbeiten, was verbessert werden musste, wollte man noch mehr Fahrt aufnehmen. All diese Überlegungen basierten zu diesem Zeitpunkt auf konkret erlebten Erfahrungen und Erlebnissen und nicht auf Meinungen oder Befindlichkeiten der Teammitglieder. Dies wiederum erzeugte die Basis für eine offene Kommunikation mit dem Management, das so erlebte, was tatsächlich in diesem Projekt möglich ist und wo unrealistische Forderungen nur kontraproduktiv gewesen wären. ■

3.2.9 Das Toyota Production System und Scrum

Die These dieses Abschnittes lautet: Software wird weltweit nach dem Prinzip der Massenfertigung Henry Fords entwickelt. Daher ist Scrum für die Software-Entwicklung, was das Toyota Production System für die Automobilindustrie war: *ein radikales Umgestalten aller Entwicklungsprozesse, hin zu Team-Orientierung, multidisziplinärem Arbeiten und Just-in-time-Fertigung mit hohen Qualitätsansprüchen.*

Ford und Sloane – Der Ursprung der Prozessmodelle

Henry Ford und Alfred P. Sloane sind die beiden Männer, die den größten Einfluss auf die westliche Industrie im 20. Jahrhundert hatten. Sie änderten nicht nur die Produktions- und Managementmethoden gegenüber dem 19. Jahrhundert, sondern erschufen durch ihre bahnbrechenden Methoden eine vollkommen neue Betrachtungsweise darüber, wie miteinander gearbeitet werden kann. Sie erschufen die industrielle Arbeitsteilung und fanden die Lösung dafür, wie man große Organisationen, die weltweit verteilt sind, steuert. Sie erfanden Berufe, deren Aufgabe es nicht war, etwas zu produzieren, sondern dafür zu sorgen, dass andere produzieren. Sloane ging so weit, dass seine Manager nicht mehr wussten, wie die eigentliche Arbeit durchgeführt wurde.

Ford war der Erfinder der Massenproduktion. Das Neue war nicht die Erfindung des Fließbands. Seine Idee war, Teile so exakt vorzufertigen, dass sie sich passgenau ineinanderfügten. Die Fertigung identischer Teile war erst möglich geworden, als es Stahl gab, der sich durch Pressen in Form bringen ließ. Diese gepressten Teile waren so identisch, dass sich die Vision Fords, die Autos nur noch zusammenzusetzen, umsetzen ließ. Das Resultat waren identische Fahrzeuge. Darin unterschied sich die Autoproduktion bei Ford von den Automanufakturen seiner Zeit. Dort wurden die Fahrzeuge auch aus vorproduzierten Teilen hergestellt. Der Unterschied war, dass diese Teile nicht passgenau waren und deshalb mühsam von Hand zusammengebaut werden mussten. Diese Autos waren zwar auch „gleich", aber nicht identisch. Ähnlich wie die Automanufakturen arbeiten die meisten Software-Entwickler. Sie setzen Software aus Bestandteilen anderer Programme zusammen – doch passen nie hundertprozentig, und daher müssen die Programmierer den Code ständig umschreiben.

Ford erkannte, dass die Produktionsweise in den Automanufakturen kostspielig und aufwendig war, vor allem aber: dass sie verhinderte, hohe Stückzahlen zu produzieren.

Seine Idee bestand darin, die Arbeitsschritte des Zusammenbaus der Fahrzeuge zu optimieren, indem jeder Arbeiter immer den gleichen Arbeitsschritt durchführte. Der Arbeiter wird dann zum Experten eines kleinen Arbeitsschritts und wird weniger Fehler machen. Wichtiger war außerdem die Tatsache, dass dieser Arbeitsschritt so einfach ist, dass ihn jeder Arbeiter nach kurzer Zeit beherrscht. Die Erfindung des Fließbands war nur noch die logische Konsequenz. Anstatt den Arbeiter zu den einzelnen Komponenten gehen zu lassen, bringt das Fließband das Auto zum Handwerker, der schraubt noch etwas an, und das Band liefert den Wagen eine Station weiter [Womack et al. 1991].

Fords Produktionssystem war erfolgreich: Es konnte etwa jede Minute ein Ford-T-Modell vom Band laufen lassen. Jeder Automobilbauer, ob in Europa oder Asien, übernahm es. Diese Fabrikbetriebe schufen so die moderne Arbeiterschicht: Menschen, die ungelernt am Band standen. Diese Menschen verrichteten eine Arbeit, die langweilig und sinnentleert war und keine Erfüllung mehr brachte. Das System funktionierte nur, weil gleichzeitig ein neuer Beruf entstand: der des Ingenieurs. Jemand musste die Arbeitsschritte planen, sich also überlegen, wie die Fabrik als Ganzes am Ende ein Auto ausliefern sollte. Jemand, der das Auto selbst nicht mehr baute, aber die Grundlagen dafür lieferte, dass andere das Auto nur noch zusammenstecken mussten.

Die zweite bahnbrechende Idee des beginnenden 20. Jahrhunderts nahm wiederum in der Automobilindustrie ihren Anfang. General Motors hatte die Massenproduktion von Ford übernommen. Bei GM wollte man aber, im Gegensatz zu Ford, mehr als ein einziges Fahrzeugmodell bauen. Die Idee war, für jeden Geldbeutel und für jedes Lebensalter des Kunden das richtige Fahrzeug anbieten zu können. GM hatte viele Werke mit unterschiedlichen Modellen und wollte dennoch als Gesamtkonzern erscheinen.

Alfred P. Sloane, von 1923 bis 1946 CEO von General Motors, hatte bereits 1919 die entscheidende Idee: das Führen der einzelnen Unternehmensbereiche durch Kennzahlen. Er erfand das kennzahlenbasierte Management und Berichtswesen und schuf damit das moderne Management, das Firmen durch das Erfüllen von Zielvorgaben, ausgedrückt in Zahlen und Berichten über diese Zahlen, steuert. Diese Entwicklung erzeugte Spezialisten für das Management im Bereich Finanzen, Marketing, Forschung und für alle anderen Unternehmensbereiche. Also wieder Spezialdisziplinen. Wieder wurde jeder einzelne Bereich optimiert, und der Einzelne verlor den Überblick über das ganze Unternehmen. Man war nur für seinen Bereich verantwortlich und sicherte sich durch das Berichten der erwarteten Zahlen ab.

Sloane und Ford waren bahnbrechend, wir verdanken ihnen die gigantische Wirtschaftskraft der westlichen Welt im 20. Jahrhundert. Ihre Art, Produkte zu produzieren, wurde in fast allen anderen Industriezweigen übernommen, und die Idee der Skalierung der Produktion regierte die Industrie.

Doch diese Art zu produzieren und zu arbeiten erzeugte ein Problem: sinnentleerte Arbeit. Sie erforderte einerseits untrainierte und ungelernte Arbeiter und andererseits Spezialisten, Manager und Ingenieure, die das Gesamte nicht mehr kannten. Die Qualität der gefertigten Autos wurde immer schlechter. Als Gegenmaßnahme wurde die Position des Qualitätsmanagers geschaffen, der die Wagen aufwändigen Testverfahren in den sogenannten Endkontrollen unterzog. Die besten Kfz-Handwerker wurden dann ans Ende des Bandes gestellt, beulten die Karosserien aus oder korrigierten Fehler, die bei der Produktion meist durch Unachtsamkeit entstanden. Im Englischen nennt man diese Arbeit „Rework". Circa 25 Prozent des gesamten Arbeitsaufwandes einer westlichen Massenfertigungsfabrik entsteht durch „Nacharbeiten" [Womack et al. 1991].

Dem Einzelnen am Fließband ist es nun gleichgültig, ob ein gutes Produkt entsteht. Er wird für seinen kleinen Handgriff bezahlt. Wieso soll er sich über etwas anderes als diesen Handgriff Gedanken machen? Die Verantwortung für das Produkt liegt nicht bei ihm, er kann und darf nur das tun, was ihm gesagt wird. Andere Stellen sind dafür verantwortlich, zu testen und die Qualität des Produktes zu gewährleisten.

Das Phänomen der Nacharbeit lässt sich auch in Software-Entwicklungsprojekten sehr gut beobachten. Die Nacharbeit, das „Bugfixing" also, übersteigt in der Regel die Aufwendungen für das Entwickeln bei weitem. Selbst wenn der einzelne Entwickler seinen eigenen Code gewissenhaft mit Unit-Tests prüft, zeigen sich bei der Integration der einzelnen Programmteile immer wieder große Probleme.

Das Scheitern des traditionellen Fertigungsprozesses in der Software-Entwicklung

In meinen Trainings befrage ich die Teilnehmer immer, wo die Probleme in der Entwicklung liegen. Die Antwort lautet stets: beim Testen. Für einen japanischen Automobilbauer ist dieser Zustand unhaltbar. Diese Form von Nacharbeit wird im Japanischen mit dem Begriff „Muda" bezeichnet, was Abfall bedeutet. Im Gegensatz zur westlichen Haltung, wonach man mit Software-Fehlern leben müsse, wurde das Problem in Japan angegangen. Taiichi Ohno, Toyotas Chefingenieur in den 1950er-Jahren und Erfinder der Ursprünge des Toyota Production-Systems[8], wollte das nicht akzeptieren. Wenn diese Probleme identifiziert waren, wurde die Ursache dafür gesucht und beseitigt.

In den meisten Software-Entwicklungsabteilungen weltweit ist ein derartiges Vorgehen undenkbar. Wenn ich dort den Vorschlag unterbreite, die Entwicklung fürs Erste einzustellen und zunächst die Ursache für das Entstehen von Fehlern zu erforschen, würde man nur den Kopf schütteln. Der Druck von außen wäre zu groß. Trotzdem gilt, dass über das von Ohno praktizierte Vorgehen, jedes Problem an seiner Ursache zu bekämpfen, auch Software-Entwicklungsabteilungen immens produktiv werden können. Jeff Sutherland hat es uns vorgemacht. Er geht bei PatientKeeper genau diesen Weg. Wenn ein Problem auftritt, wird es gelöst, und zwar ein für alle mal.

Scrum versucht, die Art und Weise, wie Software entwickelt wird, zu ändern und die Auswüchse der „Software-Massenproduktion" zu beheben. Wir erleben jeden Tag bei Kunden, dass Arbeitsteilung Realität ist. Es gibt dort Spezialisten:

- für die Anforderungserhebung – Business-Analysten
- für die Erstellung der Architektur – Architekten
- für die Erstellung der Tests – Testingenieure
- für das Schreiben der automatisierten Tests – Test Developer
- für das Warten der Datenbanken – Datenbankadministratoren
- für ...

Für jede kleine Aufgabe, die beim Erstellen einer Applikation getan werden muss, gibt es einen Spezialisten. Die gegenwärtige Weise, Software-Entwicklung zu betreiben, ahmt das Modell der Automobilproduktion der 20er- und 30er-Jahre nach. Alle definierten Soft-

---

[8] Siehe http://en.wikipedia.org/wiki/Taiichi_Ohno

ware-Entwicklungsprozesse, wie zum Beispiel das V-Modell, basieren auf dem Massenfertigungsprinzip. Begonnen hatte das gegen 1968, als in Garmisch-Partenkirchen die NATO-Konferenz zum Software Engineering stattfand. Diese Konferenz trug den provokanten Titel „Software Engineering". Die Ausrichter der Konferenz wollten damit zum Ausdruck bringen, dass Software-Entwicklung ähnlich theoretisch fundiert sein sollte, wie es in anderen Bereichen des Ingenieurswesen schon lange der Fall war [Randell and Naur 1969].

Seit dieser Zeit versucht die Software-Entwicklung mit aufwändigen, aus der Automobilproduktion stammenden Prozessen und Methoden den Entwicklungsprozess in den Griff zu bekommen – und scheitert. Je größer das Software-Entwicklungsprojekt, desto wahrscheinlicher sein Scheitern. Je aufwändiger der Planungsprozess und je größer die Investition in die Architektur, umso größer ist die Wahrscheinlichkeit, dass am Ende gar nichts erzeugt wird [Group 1995].

Das Toyota Production System

Dabei hat die Automobilindustrie längst erkannt, dass ihre Produktionsweisen überholt sind. Die Folgen wirken sich in allen Teilen der produzierenden Industrie aus. Die Grundideen der Lean Production, des Toyota Production Systems, werden dort seit Jahren eingesetzt. Ich war bereits 1985 mit meinem Physikleistungskurs bei Opel in Rüsselsheim. Dort zeigte man uns die Idee der Arbeitsgruppe. Die Idee eines autonomen Teams, in dem nicht mehr ein Arbeiter einen speziellen Handgriff durchführt, sondern das gesamte Team für eine Reihe von Arbeiten verantwortlich ist. Es gab in den 1990er-Jahren im Fernsehen Dutzende von Reports über Total Quality Management und Bücher wie „The Machine that Change the World" [Womack et al. 1991]. Sie beschreiben, wie dieses Toyota Production-System dem westlichen Modell an Produktivität weit überlegen ist.

Das Toyota Production System, der Ursprung der Lean-Production-Bewegung, entstand aus einigen Beobachtungen, die Sakichi Toyoda und sein Chef-Ingenieur Taiichi Ohno machten. Sie reisten in den 40er- und 50er-Jahren in die USA, um dort zu lernen, wie Fahrzeuge produziert werden. Toyoda und Ohno sahen, dass die Massenproduktion Fords nur deshalb funktionierte, weil sehr viele einzelne Teile produziert wurden und daher jede Maschine, jede Presse ausgelastet werden konnte. Sie sahen auch, dass hohe Lagerbestände erzeugt wurden. Die Ursache dafür war die Tatsache, dass eine Presse nur dann produktiv war, wenn sie ununterbrochen Teile presste.

Ohno hatte fünf bahnbrechende Ideen, um den Produktionsprozess nicht von der Maschine, die ausgelastet werden sollte, abhängig zu machen:

- **Pull-Prinzip:**
  Die erste übernahm er aus den Supermärkten, die Ohno in den USA sah. Dort wurden Lager immer nur dann aufgefüllt, wenn sie vorne entleert wurden. Das Steuerungsmittel war der Einkaufswagen, denn die Hausfrauen füllten in ihren Einkaufswagen nur so viel Ware, wie sie benötigten. Die Idee zum Lean Management, dem Kanban-System, war geboren: immer nur genau so viel zu produzieren, wie angefordert wird. Es soll also nicht mehr die Maschine bestimmen, wie viel geliefert wird, sondern der Empfän-

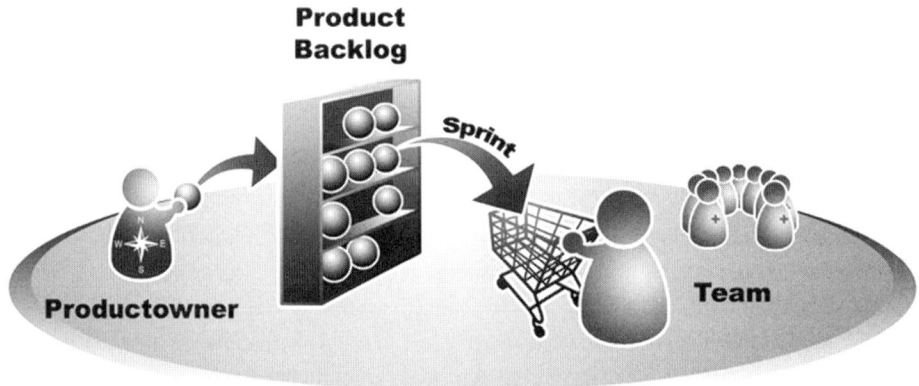

Abbildung 3.3: Das Pull-Prinzip in Scrum

ger.[9] Dieses Prinzip nennt man das Pull-Prinzip. Ein Prinzip, das sich auch in Scrum wiederfindet. *Das Team kontrolliert die Menge an Arbeit, die es in seinen Sprint aufnehmen kann* (siehe Abbildung 3.3.).

■ **Just-in-Time-Produktion:**

Das kostspieligste Problem bei Produktionsbetrieben war der Zeitraum, in dem an der Maschine ein Werkzeugwechsel vorgenommen wurde – dann stand die Maschine und war unproduktiv. Das dauerte oft lange, da der Werkzeugwechsel nur von speziell geschulten Arbeitern ausgeführt werden konnte, auf die die Mannschaft, die die Maschine bediente, warten musste. Ohno entwickelte Wege, den Werkzeugwechsel zu beschleunigen, und erreichte, dass man Änderungen an der Produktionsstraße innerhalb weniger Minuten durchführen konnte. Ohno hat das Toyota Production System über 20 Jahre hinweg schließlich so weit perfektioniert, dass durch eine Produktionsstraße gleichzeitig völlig verschiedene Fahrzeugarten laufen und gebaut werden können. Er erreichte etwas für die Massenproduktion Fords Undenkbares – eine weitreichende Flexibilität der Produktion. Fordistisch geprägte Produktionsbetriebe sind darauf angewiesen, immer ganze Produktionsstraßen oder sogar ganze Fabriken zu bauen, wollen sie ein neues Produkt auf den Markt bringen.

Ein unerwarteter Nebeneffekt entstand: Es war kostengünstiger, kleine Mengen eines Teiles herzustellen als große. Wieso? Einerseits verursachten kleine Stückzahlen geringere Lagerkosten, und andererseits fielen beim Einbau der frisch produzierten Teile Produktionsfehler sofort auf. Das Konzept der Just-in-time-Production war entstanden. Das Feedback aus dem Einbau der Teile zwang das Team, das die Teile erzeugte, dazu, sorgfältiger zu arbeiten. Wenn es nicht exakt arbeitete, erfolgte die Antwort postwendend. Ein sich selbst regulierendes System war entstanden. Qualität wurde somit zum Thema jedes einzelnen Teams. Jedes Team war verantwortlich dafür, etwas zu liefern, das von der nächsten Arbeitsstation genutzt werden konnte. In der Software-Entwick-

---

[9] http://www.toyota.co.jp/en/vision/traditions/mar_apr_04.html; siehe auch [Liker 2003].

lung ist etwas Ähnliches erreichbar, wenn Teams beginnen, kontinuierlich zu integrieren. So werden Fehler sofort sichtbar und können sofort korrigiert werden.

- **Verantwortung übertragen:**

  Logischerweise bestand die nächste Idee darin, dem Arbeiter am Band zu vertrauen und ihm das Recht zu geben, den Produktionsprozess sofort anzuhalten, wenn er erkannte, dass etwas nicht stimmte. Nur so konnte man unmittelbar reagieren. Die Überlegung dahinter: Wer sonst, wenn nicht der Arbeiter am Band kannte den Produktionsprozess genau und bemerkte als Erster, wenn etwas nicht optimal lief? Obwohl dieses Prinzip zu Beginn eines neuen Produktionsprozesses äußerst demotivierend wirkte – das Band stand immer wieder still –, wurden die Fehler auf diese Weise erkannt. Weil sich das Band nicht weiterbewegte, hatte man Zeit, die Gründe für den Fehler zu identifizieren. Und erst wenn die Ursache bekannt und der Fehler behoben war, nahm man den Produktionsbetrieb wieder auf. Der Erfolg blieb nicht aus. Die Anzahl der Fehler ging dramatisch zurück. Die Produktionsstraßen in einem nach dem Toyota Production System arbeitenden Werk stehen in Wahrheit kaum, obwohl es zu ständigen Verbesserungsvorschlägen kommt.

- **Autonome Teams:**

  Ohno stellte (autonome) Teams zusammen, indem er die Arbeiter zu Teams gruppierte und ihnen einen Team-Leiter gab. Dieser hatte nicht die Aufgabe, die Arbeit des Teams zu managen, sondern dafür zu sorgen, dass sich das Team koordinieren konnte und gegebenenfalls für ein Teammitglied einsprang. Ohno gab dem Team nicht nur die Verantwortung dafür, die Produktteile selbstständig zu produzieren, sondern auch die Verantwortung, dafür zu sorgen, dass der Arbeitsbereich sauber war und dass sie ihre Werkzeuge selbst instand hielten. Damit waren sie für die Qualität des Produktes verantwortlich.

- **Kontinuierliche Verbesserung:**

  Ohno ließ die Produktionsteams untereinander und zusammen mit den Fertigungsingenieuren über Verbesserungen im Arbeits- und Produktionsprozess nachdenken. Nicht irgendwann, sondern periodisch, immer wieder. Dieser, wie man ihn später nannte, *kontinuierliche Verbesserungsprozess* wurde zum Herzstück des Toyota Production Systems.

Verlassen wir jetzt die Automobilindustrie und das Lean Production System, und wenden wir uns wieder Scrum zu. Ken Schwaber betont ständig, dass Scrum seinen Ursprung nicht in der *Lean Production* hat. So richtig das ist – der Ursprung liegt im Wissensmanagement –, kann jedoch nicht übersehen werden, dass man Scrum besser versteht, wenn man weiß, worin sich das Toyota Production System von der westlichen Massenfertigung unterscheidet. Tabelle 2.1 auf der nächsten Seite zeigt die Unterschiede auf einen Blick.

Tabelle 2.1: Vergleich des Toyota Production Systems mit der Massenfertigung nach Ford

Toyota Production System	Ford
Die Arbeit ist anspruchsvoll und die Teammitglieder sind angehalten mitzudenken.	Die Arbeit ist nicht anspruchsvoll und eintönig.
Arbeiter verrichten mehrere Arbeitsschritte und auch die Randarbeiten.	Der Arbeiter verrichtet nur einen kleinen Ausschnitt und nur diese eine bestimme Aufgabe.
Verbesserungsmöglichkeiten werden vom Team entdeckt, denn sie sind die Spezialisten.	Der Arbeiter ist ungelernt und braucht keinerlei Erfahrung. Er führt nur aus.
Keine oder nur wenig Reparaturen am Ende der Fertigungsstraße	Hohe Aufwände für Reparaturen am Ende der Fertigung
Qualitätskontrolle im Team	Qualitätskontrolle außerhalb des Teams
Die Veränderungen werden durch das Team bestimmt.	Veränderungen kommen von außen und der Arbeiter hat darauf keinen Einfluss.
Der Teamleader ist Teil des Teams und hilft dem Team.	Der Vorarbeiter dirigiert die Arbeiter, arbeitet nicht mit. Seine Aufgabe ist die Anweisung.

Scrum folgt in der Aufteilung der Arbeit dem Modell Ohnos. Dadurch unterscheidet es sich von der traditionellen Software-Entwicklung fundamental, genauso wie sich das Toyota Production System fundamental von der Massenproduktion Fords und Sloanes unterscheidet. In Scrum ist ein Team für die Herstellung eines Produktes vollständig verantwortlich. Es ist für die Qualitätssicherung zuständig. Die Teammitglieder arbeiten zusammen und sind autark. Teams bestehen aus gut ausgebildeten Menschen, die alle notwendigen Arbeiten selbst erledigen. Sie kontrollieren und synchronisieren sich selbst. Das Team verbessert seinen Arbeitsprozess eigenständig und kontinuierlich. Tritt ein Fehler, also ein Impediment, auf, wird innegehalten, der Fehler identifiziert, und der ScrumMaster sorgt dafür, dass dieser Fehler ausgemerzt wird. Scrum fordert und erwartet die Anwendung derselben Prinzipien wie das Toyota Production System, allerdings nicht in der Produktion, sondern in der Produktentwicklung.[10]

Veränderungen in Organisationen durch die Einführung von Scrum

Große Organisationen, die Scrum einführen, werden mit radikalen kulturellen Veränderungen konfrontiert. Führungskräfte von Software-Entwicklungsabteilungen sehen sich nicht nur mit dem Problem konfrontiert, dass ihre Mitarbeiter selbst noch nicht verstehen, wie dieses andersartige Zusammenarbeiten funktionieren soll. Sie sehen sich auch mit dem Problem konfrontiert, dass in der weiteren Organisation noch nicht nachvollziehbar ist, wie man alle an einem Software-Produktentwicklungsprojekt Beteiligten zusammenführt. Das von Sloane eingeführte Spezialistentum inklusive der Idee, dass jeder Mitarbeiter ausgelastet sein müsse, führt hier u.a. dazu, dass die Mitarbeiter in den Fachabteilungen nicht über die nötige Zeit verfügen, um mit den Software-Entwicklern gemeinsam am Produkt zu arbeiten.

---

[10] Liker stellt 14 Prinzipien des Toyota Production Systems vor. Sie sind alle durch und mit Scrum erfüllt [Gloger 2006].

Genau daran scheitern Projekte immer wieder. Wir sprachen einmal mit einem Entwicklungsleiter, der behauptete, dass die Fachabteilungen gar keine Zeit hätten, mit den Scrum-Teams zu arbeiten, ihre Arbeitszeit sei viel zu kostbar. Daher hätten die Teams sich danach zu richten, wann die Fachabteilung Zeit habe. In anderen Organisationen gibt es das strukturelle Problem, dass die Mitarbeiter aus den Fachabteilungen gar nicht wissen, wohin sie ihre Zeit verbuchen sollten. Es ist nicht vorgesehen, dass sie Zeit mit den Entwicklern verbringen. Die Software-Industrie hat noch einen langen Weg vor sich, wenn sie den Ideen Ohnos folgen will.

Die Automobilindustrie hat uns bereits vorgezeichnet, wie der Weg aussieht. Ein eindrucksvolles Beispiel für die Umsetzung dieser neuen Art, miteinander zu arbeiten, ist das neue Zentralgebäude des BMW-Werks in Leipzig (siehe Abbildung 3.4). Die Architektin Zaha Hadid hat hier die Ideen von Ohno manifestiert:

> *„Schon vom Foyer aus kann man sehen, wie die Karosserien offen sichtbar durch das Zentralgebäude transportiert werden. Durch dieses bewusste Gestaltungsmerkmal wird das Produktionsgeschehen für Mitarbeiter und Besucher jederzeit erlebbar und transparent. Die Rohkarosserien und die lackierten Karosserien werden auf speziell konstruierten, insgesamt 600 Meter langen Förderstrecken mehrfach durch das Zentralgebäude transportiert. Denn im BMW-Werk Leipzig sind Produktions- und Verwaltungsbereiche nicht strukturell getrennt, sondern eng miteinander verzahnt."* [11]

Abbildung 3.4: Das BMW-Werk in Leipzig; Foto: BMW AG/Fotograf: Martin Klindtworth

---

[11] http://www.bmw-werk-leipzig.de/leipzig/deutsch/lowband/com/de/index.html

Dort wird für alle transparent, wenn die Produktion, also das Herz der Firma, steht. Dann bewegen sich die Fahrzeuge nicht mehr durch das Gebäude. Das ist eine Rückmeldung, die niemand unbeeinflusst lassen kann. Die Verantwortung eines jeden Mitarbeiters für das Ganze wird hier sichtbar.

3.2.10 Planung – ein kommunikativer Prozess

„Planning is everything, the plan nothing."

– Dwight Eisenhower

Am Anfang steht der Projektplan – oder?

„Ich will wissen, was es genau kostet. Was bekomme ich für mein Geld?" Diese Frage beschreibt ein Kernproblem in der Software-Entwicklung. Manager, Kunden und die Mitglieder des Projektteams wollen wissen, was am Ende des Projektes tatsächlich entstanden sein wird und was sie dafür investieren müssen. Man will die Kosten für etwas kennen, das in Wahrheit zu diesem Zeitpunkt gar nicht ausreichend spezifiziert werden kann.

Auf den ersten Blick ist das eine berechtigte Frage. Sie wird gestellt, weil man in einem Produkt-Entwicklungsumfeld Sicherheit erlangen will. Die Frage hat aber zu Fehlentwicklungen in vielen Bereichen der Software-Entwicklung geführt, denn in der Regel fehlen die Grundlagen, um sie zu beantworten. Um sie doch irgendwie vor dem Start des Projektes zu beantworten, wird der Aufwand erhöht und erhöht und erhöht ...

Es ist immer das Gleiche: Meist sind nicht alle Anforderungen bekannt, und oft ist noch nicht klar, wer an dem Projekt mitarbeiten wird. Dennoch macht man sich sofort daran zu planen, was zu tun ist, um die Frage nach den Kosten und den Aufwänden zu beantworten. Dann ist der erste Projektplan da, und das Budget wird freigegeben. Nach der Hälfte der Projektlaufzeit, wenn von dem neuen Produkt noch nichts zu sehen ist, fragen die Entwicklungsabteilungen an, ob sie mehr Zeit oder mehr Ressourcen bekommen. Auch die Begründung ist immer die gleiche: Es hätte so viele Änderungen gegeben und man sei sich sicher, nur mit größeren Anstrengungen die Ziele zu erreichen. Kurz vor Ende der veranschlagten Projektlaufzeit wird dann klar: Alle Termine platzen, und es wird noch einmal teurer. Dieser Ablauf ist in (fast) allen Projekten auf der ganzen Welt anzutreffen. Der Grund dafür ist ebenfalls bekannt: Es gibt viel zu viele Variablen und Abhängigkeiten, um im Voraus genau sagen zu können, wie das Projekt laufen wird.

Jede Projektmanagementmethode wird daher daran gemessen, ob sie die Frage „Wie garantiert die Methode den Erfolg, die Übereinstimmung mit dem Plan" beantwortet. Immer wieder keimt die Hoffnung auf, endlich ein Projekt richtig planen zu können. Alle Projektmanagementsysteme, ob sie nun auf den Ideen der Internationalen Gesellschaft für Projektmanagement IPMA oder des Projekt Management Institutes PMI basieren, behaupten, sie könnten eine Antwort auf diese Frage geben. Sie alle sagen, dass Projekte planbar seien, wenn man die jeweilige Projektmanagementmethode nur richtig anwende.

Scrum als Planungsmethode

Scrum-Anwender können tatsächlich mit größerer Sicherheit sagen, was am Ende des Projektes vorhanden sein wird. Es ist auch tatsächlich so, dass Scrum-Projekte zuverlässiger liefern und ihre Budgets nicht in dem Maß überschreiten wie traditionelle Projekte. Das liegt jedoch nicht daran, dass sie eine bessere Methode haben, sondern in einem vollkommen anderen Verständnis von Planen.

Wenn ich das Certified ScrumMaster Training durchführe, frage ich meine Teilnehmer: „Was ist Planen?" Die Teilnehmer antworten dann meist: „Das Erzeugen eines Plans." Selbstverständlich hat Planen ein Resultat: einen Plan. Aber Planen kann nicht durch das Resultat erklärt werden. Planen ist ein Prozess, der zwei Handlungen erfordert:

Kommunikation und Denken.

Wie plant man?

Planen ist nicht mehr und nicht weniger als ein Kommunikationsprozess zwischen Menschen, die ein gemeinsames Ziel verfolgen und sich über dieses Ziel und den Weg der Zielerreichung verständigen wollen.

Entscheidend für erfolgreiches Planen ist dann das Gelingen der Kommunikationsanstrengung der am Planen beteiligten Menschen. Wie lässt sich dieser Kommunikationsprozess nun sinnvoll und effektiv managen? Scrum selbst gibt uns keinen Anhaltspunkt, wie dieser Kommunikationsprozess gemanagt wird. Scrum sagt uns, wann der Planungsprozess stattfindet und was die Resultate dieses Planungsprozesses zu sein haben. Der Planungsprozess findet

- in der Planungsphase und
- im Sprint Planning Meeting statt.

Die Resultate dieser Planungsprozesse sind

- das Product Backlog,
- das Release-Backlog und
- das Sprint Backlog.

Das war lange Zeit die einzige Information, die wir, die Scrum Community, von Ken Schwaber und Jeff Sutherland zum Planen erhielten. Wir ScrumTrainer probierten vieles aus. Wir nutzten die Ideen von Kent Beck und Jim Highsmith oder suchten Hilfe bei Alistair Cockburn. Vieles blieb dennoch unklar, und viele Fragen wurden individuell, von Fall zu Fall, von den Teams selbstständig gelöst.

Erst das Buch von Mike Cohn „Agile Estimation and Planning" war für viele von uns der lange benötigte Werkzeugkasten, der die Methoden und Hilfsmittel zusammenfasste und nutzbar machte [Cohn 2005]. Cohn trug systematisch Informationen zusammen, wie agile Projektplanung durchzuführen sei. Er lieferte Antworten zum Wie der Planung, zeigt Tools und Tricks, wie man ein Backlog besser priorisiert, Puffer in den Zeitplan einbaut und Backlog Items sehr einfach schätzen kann.

Aber Cohn hatte die Frage, was Planung eigentlich ist und wieso solche Tools so gut funktionieren, nicht ausreichend erklärt. Diese Frage ist wichtig, denn wenn wir in der agilen Softwareentwicklung prinzipiell anders vorgehen, muss auch das Planen selbst eine andere Funktion haben als in der traditionellen Software-Entwicklung. Erst als ich mein eigenes Agile Planning and Estimation Training vorbereitete, wurde mir klar, warum Cohns Tools so gut funktionieren. Sie unterstützen den Kommunikationsprozess einer Gruppe während der Planung und helfen ihr zum Beispiel beim Priorisieren des Product Backlogs mit Hilfe der Kano-Methode oder mit der Relative Benefit/Penalty-Methode. Damit, dass Cohn dann noch das Planning Poker populär machte, wird endlich auch der Prozess des Schätzens vereinfacht und handhabbar.

Planen basiert auf Schätzungen

Hinzu kommt die wichtige Erkenntnis, dass der agile Planungsprozess zweigeteilt ist: in die *strategische Planung* und die *taktische Planung*.

Die strategische Planung kommt ohne das Planen von Aktivitäten aus; das taktische Planen beschäftigte sich nur mit dem Planen von Aktivitäten. Diese Unterscheidung macht tatsächlich einen Unterschied für das Verständnis von Planung. Fragen Sie zum Beispiel Stacia Broderick, Co-Autorin des Buches „The Software Projects Managers Bridge to Agility", was die Planungsgrundlage eines traditionellen Projektmanagers ist, wird sie ohne zu zögern sagen: die „work breakdown structure"[12], die nach der Definition des Projekt Management Instituts (PMI) alle Arbeiten und Arbeitspakete umfasst, die notwendig sind, um das Projektziel zu erreichen. Die gesamte Planung bei traditionellen Projektplanungsansätzen basiert also auf den *Aktivitäten* eines Projektes. Diese Aktivitäten mögen zu Beginn grob umrissene Arbeitspakete beschreiben, was aber nichts daran ändert, dass die Grundlage der Planung die Aktivität ist.

Schätzen ohne Aufgaben

Agile Projektplanung basiert dagegen nicht auf Aktivitäten, sondern auf der Größe der zu liefernden Backlog Items und der Kapazität, also der Umsetzungsgeschwindigkeit eines Projektteams. Beide Größen muss das Team bestimmen und schätzen. Das heißt, vereinfacht ausgedrückt: Die Projektplanung, in Scrum Release-Planung genannt, basiert einzig auf der Größe der zu liefernden Einheiten. Ebenfalls anders als in anderen Methoden wird in Scrum dem Team die vollkommene Autorität über das Schätzen überlassen. Es gibt keine Vorgaben von außen, wie zu schätzen ist oder wann ein Projekt fertig sein soll. Ein Team wird vielmehr darlegen, wie viel Einheiten es pro Iteration bearbeiten kann, und daraus ergibt sich der Liefertermin.

Hier liegt eines der grundsätzlich unterschiedlichen Vorgehensprinzipien. Einem Projektteam wird nicht mehr vorgeschrieben, was es zu leisten hat, sondern es werden gemeinsame Ziele festgelegt, und das Team versucht, diese Ziele zu erreichen.

---

[12] der Projekt-Struktur-Plan (PSP)

Planen ist für Scrum wesentlich, auf verschiedenen Ebenen wird ständig geplant: auf der Basis von drei bis vier Monaten, auf Monatsbasis, und natürlich auf Tagesbasis. Denn: *Planen ist in Scrum alles, der Plan nichts.*

3.3 Die Motivation für Scrum

3.3.1 Freude am Tun

> ▪ Sonntag, 06:00 Uhr – Am Strand, die Sonne geht auf, plötzlich höre ich das Sirren eines Motors am Himmel, etwas kommt immer näher, und neben mir schlägt ein Flugzeug ungespitzt in den Boden ... ich wache auf, aus dem Kinderzimmer dröhnen die Einschläge von Holzfiguren in die Ritterburg. Lucas, mein siebenjähriger Sohn, ist wach. Er hat gute Laune, spielt und ist ausgelassen.
>
> Montag, 07:00 – Ich gehe zum Zimmer von Lucas und wecke ihn leise, er dreht sich um, er mag nicht aufstehen. ▪

Wo ist die Lebensfreude des kleinen Jungen hin? Wo die Energie, die ihn gestern Morgen aus dem Bett trieb? Was hat sich verändert? Er ist doch der gleiche aktive kleine Kerl, der am Abend rechtzeitig ins Bett gegangen ist. Meine Vermutung: die Aussicht darauf, in die Schule gehen zu müssen, lähmt seine Motivation. Es ist jeden Tag das Gleiche: Schule ist immer gleich, Langeweile, die gleichen Leute, das gleiche Gebäude, der gleiche Sitzplatz, der scheinbar gleiche Schulstoff, der gleiche Lehrer. Das kann nicht motivieren.

> ▪ Montag, Rush-Hour, U4, zwischen Karlsplatz und Wien Mitte – Müde und gelangweilte Gesichter um mich herum, ausdruckslos schauen die meisten Menschen aus dem Fenster der U-Bahn. Am Arbeitsplatz angekommen, sehe ich, wie die meisten Mitarbeiter erst einmal in der Kaffeeküche verschwinden, dort ihren Plausch halten und dann, so langsam wie möglich, ihre Arbeit aufnehmen. Von Energie, Freude am Arbeiten oder gar Motivation keine Spur. ▪

Aus den meisten motivierten kleinen Kerlchen und lebensfreudigen Mädchen sind Erwachsene geworden, die morgens unmotiviert zur Arbeit fahren, weil der Job sie nicht fordert, sie nicht motiviert und ihnen keine Freude bringt.

> ▪ Montag, mein Scrum-Team, Daily Scrum – Den Kaffeebecher in der Hand, schaue ich in lachende, vergnügte Gesichter. Sven erzählt gerade einen Witz. Wir legen los. Das gesamte Team ist fokussiert, in zehn Tagen ist Roll-Out, und wir haben eine Menge zu tun. ▪

Fragt man die Mitarbeiter eines Scrum-Teams, was an Scrum anders ist, hört man die Antwort: „Es fühlt sich anders an!" In diesem „Sich-anders-Anfühlen" liegt der Grund, weshalb Scrum-Teams motivierter sind als die meisten anderen Entwicklungsmannschaften. Es fühlt sich anders an: Freude, Spaß, Motivation, der unbändige Drang, die Aufgabe zu erledigen, die Fokussierung auf eine Aufgabe, das Gefühl, gebraucht zu werden, einen Platz in diesem Team zu haben, das Glücksgefühl, den Job zu erledigen. Peter Senge schreibt in „Die fünfte Disziplin", dass Menschen, die ein solches Team einmal erlebt haben, immer wieder auf der Suche nach derartigen Teams sind [Senge 1998].

Schwaber nannte in seinen Trainings als einen der Gründe für seinen Elan, Scrum zu verbreiten, er wolle erreichen, dass wir es nicht abwarten können, morgens zur Arbeit zu *rennen*. Er will erreichen, dass Firmen, die solche Mitarbeiter haben, dadurch über alle Maßen produktiv sind und dass die Konkurrenten sich vor diesen Firmen fürchten.

Wähle einen Beruf, den Du liebst,
und Du brauchst keinen einzigen Tag in Deinem Leben zu arbeiten!

– Verfasser unbekannt

Meine Motivation für Scrum folgt der Erkenntnis, dass Scrum Teamgeist, das Gefühl, sich auf einer Mission zu befinden, sowie das Gefühl, etwas erfolgreich erledigt zu haben, bewirkt. Meine Teams kamen gerne zur Arbeit. Schon vor Scrum arbeitete ich mit Teams, doch nur manchmal gelang es, Teamgeist und unbedingten Erfolgswillen herzustellen. Erst als ich Scrum ausprobierte, wusste ich, wie ein Team zu führen ist, damit das von Csikszentmihalyi beschriebene Glücksgefühl des *Flows* [Csikszentmihalyi 2005] entsteht. So dass wir am Arbeitsplatz wieder wie kleine Jungs vollkommen davon erfüllt sind, einen Turm zu bauen. Fokussiert und mit dem Gefühl, sich „im Fluss" zu befinden, im genau richtigen Rhythmus, in der genau richtigen Anspannung und mit der genau richtigen Anstrengung (siehe dazu auch Abschnitt 10.3).

Tom Peters fügt einen wichtigen Aspekt hinzu, der auch in „Creativity Under the Gun" [Amabile et al. 2002] beschrieben ist: Die Projekte, die wir durchführen, müssen für uns einen Sinn ergeben. Der Flow-Effekt wird sich nur einstellen, wenn wir in unserem Handeln einen Sinn entdecken. Peters nennt diese Projekte: „WOW-Projekte" [Peters 2005b]. WOW-Projekte sind:

- Projekte, die sich von anderen unterscheiden
- Projekte, die einem den Atem nehmen
- Projekte, die den Wert, den der Einzelne beisteuert, hervorheben.

Nur diese WOW-Projekte wollen wir mit ganzem Einsatz durchführen, nur in diese Projekte wollen wir investieren. Diese Freude am Tun ist es, die zu ungeahnter Produktivitätssteigerung und, was viel wichtiger ist, zu höherer Lebensqualität führt.

3.3.2 Produktivitätssteigerung

James Coplien beschreibt in „Borland Software Craftmanship: A New Look at Process, Quality and Productivity" [Coplien 1994], wie ein Software-Entwicklungsteam, zu dem nie mehr als acht Personen zählten, 1.000.000 Zeilen in C++-Code in 31 Monaten lauffähig und auslieferbar lieferte. Die Leistung dieses Teams entspricht einer Codegenerierung von 1.000 Zeilen pro Woche pro Person. Dabei lieferte das Team 70 Function Points pro Monat und Person. Das entspricht einer Produktivität, die 37-mal höher ist als üblich. Dieses Team entwickelte aber nicht irgendein Produkt, sondern lieferte ein Konkurrenzprodukt zu Microsoft Excel und war damit erfolgreich. Die Fachpresse und die Anwender zeigten sich von diesem Produkt, das offensichtlich leistungsfähiger als sein Rivale war, beeindruckt.

Wie war das möglich? Wie konnten acht Software-Entwickler dieses kleine Wunder zustande bringen? James Coplien befragte das Team. Er analysierte die Kommunikationsbeziehungen innerhalb des Teams und die Kommunikationsbeziehungen des Teams in Richtung Organisation. Er schreibt: „Der QPW-Entwicklungsprozess hat eine höhere Kommunikationssättigung als 89 Prozent der Entwicklungsprozesse, die wir angeschaut haben. Das Adjacency Diagram zeigt, dass alle Team-Rollen mindestens zwei starke Kommunikationsbeziehungen zur Gesamt-Organisation haben. Das Interaktionsmuster des Projektes ist dicht. [...] Dieses Team ist eine kleine, intensiv interaktive Organisation."
[Coplien 1994]

Dieses Team hatte also sowohl eine intakte Kommunikationskultur innerhalb des Teams als auch nach außen. Sie führten ständig Meetings durch, die oft mehrere Stunden dauerten, in denen alle notwendigen Entscheidungen getroffen wurden, um anschließend wieder an die Arbeit gehen zu können.

Ich habe James Coplien im September 2006 getroffen und ihn nach diesem Team befragt. Er erzählte, dass das Team jeden Morgen etwa zwei Stunden zusammensaß und die aktuelle Situation besprach. Es wurde besprochen, was am Tag zuvor entwickelt worden war, und es wurde über Fehler und Probleme gesprochen. Maßnahmen, die notwendig waren, um voranzukommen, wurden entschieden, und es wurde wieder programmiert. Am Abend checkten alle Entwickler ihren Code ein, es lief ein Nightly Build und eine Nightly Integration. Am nächsten Tag wurde der gleiche Prozess wieder durchgeführt.

Jeff Sutherland fand sich mit diesem Artikel bestärkt in seiner Vision, hyperproduktive Teams zu schaffen, die mehr als 10-mal so effektiv sind wie das durchschnittliche Software-Entwicklungsteam. Er selbst sagte 2006 auf der Konferenz „Øresund Agile" in Schweden, dass es für Scrum-Teams unproblematisch sei, die Produktivität um das 2- bis 4-Fache zu steigern. Die 10-fache Produktivitätssteigerung sei das eigentliche Ziel. Als CTO der Firma PatientKeeper gelang ihm, was er sich vorgenommen hatte. Dort arbeiten ca. 60 Entwickler und sind so extrem produktiv, dass der Revenue der Firma mittlerweile alle Erwartungen übersteigt und PatientKeeper den Umsatzanstieg bremsen muss. Sutherland, der sich immer über die Zahlen Gedanken macht, berichtete 2006 auch von einem Multi-Level-Scrum-Team der Firma Ping, das alle Rekorde bei der Erzeugung von Code gebrochen habe, und das, obwohl es sich um ein Offshore-Entwicklungsteam handelte. Die Produkt-Owner und ScrumMaster waren in den USA und das Team selbst in Russland [Leffingwell 2007, Sutherland 2005].

Meine eigenen Erfahrungen bestätigen diese Zahlen. Nicht so plakativ und nicht so gut abgesichert wie die Werte von Sutherland, aber jedes Team, das mit Scrum angefangen hat und sich durch die Schwierigkeiten hindurchkämpft, wird mit höherer Produktivität belohnt. Christian Schmidtkonz von SAP berichtete auf den XP Days in Hamburg 2006, dass jedes Team, das mit Scrum angefangen hatte, wesentlich schneller Software zu produzieren begann. Ein Teilnehmer eines Trainings in Portland, Oregon, berichtete 2006, dass sie ein Projekt beginnen wollten, das in den letzten fünf Jahren bereits zweimal versucht worden und zweimal komplett gescheitert sei. Ein Jahr später berichtete er beim Scrum Gathering in Portland 2007, dass sie dieses Projekt mittlerweile abgeschlossen hatten und es erfolgreich verlaufen war.

Diese Berichte dokumentieren, was das Ziel von Scrum ist: eine hochproduktive Arbeitsumgebung. Bevor Teams mit Scrum arbeiten, berichten sie häufig, dass trotz aller Arbeit nichts fertig wird, weil sie immer wieder gestört werden. Oder sie erzählen, dass sie Code abliefern, der noch nicht getestet ist. Darauf antwortet Scrum mit der Aufforderung: „Liefere am Ende einen Iteration Code, der funktioniert." Das ist bereits der erste Schlüssel zu höherer Produktivität. Dabei sprechen wir noch gar nicht von hyperproduktiven Teams, sondern nur von Teams, die wieder beginnen, systematisch Software zu entwickeln und am Ende einer bestimmten Zeitspanne auszuliefern. Sie erreichen die Steigerung der Produktivität durch:

- Fokussierung
- Ständiges Abarbeiten von Problemen
- Ständiges Aufbauen von Deadlines
- Selbst-Organisation der Teams
- Multidisziplinäres und fachübergreifendes Arbeiten
- Diszipliniertes Arbeiten an einer Sache
- Ständiges Integrieren und Liefern von Produktteilen

3.3.3 Verlässlichkeit – Innovative Resultate

Eines der Hauptprobleme der Software-Industrie ist die mangelnde Verlässlichkeit. Qualitätsmanagement-Methoden wie Capability Maturity Model Integration werden aus genau diesem Grund eingeführt. Die Kunden wollen sich darauf verlassen können, zu bekommen, was man ihnen zusagte.

Scrum ist in meinen Augen der einzige Weg, diese Verlässlichkeit zu erreichen und das Vertrauen wiederherzustellen. Bei Scrum verpflichtet sich ein Team gemeinsam mit den Anforderern, den Kunden, dem Management, den Endanwendern und den Zulieferern darauf, ein bestimmtes Produkt innerhalb einer vorgegebenen Zeitspanne, die sehr überschaubar ist, zu liefern. Am Ende dieser Zeitspanne können alle Beteiligten erkennen, ob dieses Ziel erreicht wurde. Erst durch den konsequenten Beweis am Ende jedes Sprints wird Vertrauen erzeugt. Scrum ist damit der Ausweg aus der Festpreis-Falle. Kunden wollen verständlicherweise wissen, was sie investieren müssen. Gleichzeitig sind sie zu Beginn eines Projektes aber nicht in der Lage, genau zu spezifizieren, was sie wollen. Und Teams sind nicht in der Lage zu benennen, was sie können und wie sich das Produkt entwickeln wird. Nur das Miteinander-Arbeiten und das beständige gemeinsame Kontrollieren des Fortschrittes durch die Reviews in Scrum machen es möglich, dieses grundsätzliche Anfangsproblem zu lösen.

Innovative Resultate entstehen durch Scrum, weil es dem Team überlassen bleibt, das Produkt sowohl zu gestalten als auch zu liefern. So werden aus intelligenten und gut ausgebildeten Menschen keine einfachen Befehlsempfänger, sondern es wird ihnen überlassen, eine kreative Lösung für ein Problem zu finden. Es werden Resultate erzeugt, die so nicht erwartbar waren, sich aber ergeben haben, weil die Teammitglieder gemeinsam auf ein Ziel hinarbeiteten und nicht stumpf Aufgaben abwickelten.

3.3.4 Die anderen machen es auch

Scrum zu machen, „weil es die anderen auch machen"? Soll das eine Motivation sein? Die erste Antwort darauf lautet: Wir haben zu wenige gute Mitarbeiter in Unternehmen. Die Suche nach Talenten wird immer schwieriger und immer kostspieliger. Mit Scrum können wir auf diese Situation eine Antwort finden. Ich habe mit sehr vielen Menschen gesprochen, die Scrum intensiv oder am Rande erlebten. Ihre Antwort war immer die gleiche: sie wollen nie wieder etwas anderes. Oft genug „infizieren" Scrum-Teams Abteilungen und ganze Organisationen. Menschen wollen so arbeiten. Die Unternehmen, die mit Hilfe von Scrum attraktive Arbeitsumfelder für ihre Talente schaffen können, werden die Talente geradezu magisch anziehen. Ich habe schon einige getroffen, die einen Job in einem Unternehmen nur deshalb annahmen, weil sie mit Scrum rechneten.

Die zweite Antwort: Unternehmen, die erfolgreich Scrum einführen, erhöhen ihre Produktivität. Sie werden schneller, liefern ihre Produkte schneller aus, haben zufriedenere Kunden und erhöhen ihren Marktwert. Das ist eine hohe Motivation für viele Firmen, Scrum zumindest auszuprobieren. Denn in unserem Business gewinnt der Schnellere.

 Fragen an den Certified ScrumMaster

- Wieso waren Nelson Mandela, Mahatma Gandhi, Martin Luther King und Sokrates moralisch im Recht? Was war die Grundlage, auf der sie agierten?
- Wer hat den Begriff der informationsbasierten Organisation geprägt?
- Welche Metapher wählte Drucker für die Organisation des modernen Teams?
- Woraus besteht nach Drucker und Nonaka/Takeuchi ein Team?
- Wann und aus welchem Anlass ist der Begriff „Software Engineering" entstanden?
- Stellen Sie dar, wie die Rolle eines Managers in Ihrer Organisation nach dem Bild, das Nonaka und Takeuchi zeichnen, aussehen müsste.
- Was sind seine Funktionen?
- Worin unterscheidet er sich vom gängigen Manager-Modell in Ihrer Organisation?
- Was ist ein chaotisches System?
- Erklären Sie den Begriff „Autopoesis". Wer hat ihn geprägt?
- Was ist der Unterschied zwischen Strukturen und Regeln, und welche Funktion haben Regeln für komplexe Systeme?

■ Was haben Ford und Sloane in der Automobilindustrie eingeführt?

■ Worin unterscheidet sich das Toyota Production System von dem Modell Fords, Autos zu bauen?

■ Wodurch entsteht „sinnentleerte Arbeit"?

4 Die Rollen – Klare Verantwortlichkeiten

Die Stärke von Scrum liegt in der klaren Zuordnung und Trennung von Verantwortung. Die Verantwortungen für Aspekte des Produktentwicklungsprozesses werden in Rollen gruppiert: ScrumMaster, Product Owner, Team. Ich selbst füge für ein besseres Verständnis von Scrum in Organisationen noch den Kunden, den Anwender und den Manager hinzu (siehe für einen Überblick auch Abschnitt 2.1.2).

4.1 Die Protagonisten stellen sich vor

■ BAR – ABENDS

LOUNGE MUSIC, die Bar ist ein wenig futuristisch. So, als wäre sie nicht real. Drei MÄNNER sitzen an einem Tisch. Der Product Owner trägt einen feinen Anzug und Krawatte, er hält einen Block in der Hand, in den er sich etwas notiert. Ein jüngerer Mann sitzt im Freizeitlook am Tisch. Er sieht dynamisch aus und trägt ein T-Shirt mit dem Aufdruck DAS TEAM. Komplettiert wird die Runde durch den ScrumMaster – er trägt Outdoor-Kleidung, so als komme er gerade von einer Expedition.

SCRUMMASTER: Wir sollten noch mal herausstellen, welche Rollen und Verantwortungen wir in diesem Projekt haben. Herr Product Owner, könnten Sie bitte anfangen?

Der PRODUCT OWNER richtet sich auf, kratzt sich am Kopf, schaut in seine Unterlagen.

PRODUCT OWNER: Ich weiß gar nicht, wo ich anfangen soll. Nun gut, also ...

Er schaut noch einmal in die Runde.

PRODUCT OWNER: Ich bin der Product Owner. Meine Aufgabe in diesem Projekt ist es, die Vision zu haben und sie an alle plastisch und präzise zu vermitteln. Das ist nicht immer einfach. Der ScrumMaster hilft mir in der Regel dabei, die Vision zu finden.

Das TEAM verdreht die Augen. Der ScrumMaster schaut das Team an, runzelt die Stirn. Das Team wendet sich wieder dem Product Owner zu.

PRODUCT OWNER: Wenn klar ist, wohin das Projekt gehen soll, kommuniziere ich die Vision an alle, und dann reden wir zusammen mit dem Team über die Funktionalitäten, die das Produkt später einmal haben soll. Im Anschluss daran entsteht das Product Backlog, die Liste der

Funktionalitäten. Diese Liste wird von mir nach ihrem Business Value priorisiert. Ich muss mir also überlegen, welchen Wert jede einzelne Funktionalität für unser Produkt hat.

Das TEAM wackelt auf dem Stuhl hin und her. Der ScrumMaster schaut es an.

SCRUMMASTER: Ja?

TEAM: Jetzt sollte ich etwas hinzufügen. Ich bin nämlich, nachdem der Product Owner das Backlog priorisiert hat, dafür verantwortlich, jedes Backlog Item zu schätzen. Nicht immer einfach, kann ich euch sagen.

PRODUCT OWNER: Stimmt genau. In der Regel macht das Team das aber wirklich sehr gut. Im Sprint Planning gebe ich noch das Ziel vor, damit wir darüber verhandeln können. Am Ende der Iteration komme ich zum Sprint Review und schaue mir an, was das Team produziert hat. Ich kenne das Ergebnis zwar meistens schon vorher, aber diese formale Prüfung ist wirklich gut und, wie ich finde, sehr wichtig.

TEAM: Okay – lass mich mal. Ich bin das Team. Ich liefere das Produkt. Ich bin dafür verantwortlich, meine Verabredung mit dem Product Owner einzuhalten. Wenn ich sage, ich liefere, dann liefere ich auch. Meine Verantwortung ist, jedes Backlog Item zu schätzen. Ich bin für die Umsetzung vollständig verantwortlich, deshalb habe ich auch die Autorität, die Dinge – im Rahmen des Möglichen – so zu tun, wie sie meiner Meinung nach getan werden müssen. Ich organisiere mich selbst, niemand sagt mir, wie etwas getan werden soll. Wenn ich ein Impediment habe, dann gehe ich damit zum ScrumMaster.

Der SCRUMMASTER schaut auf das Schweizer Messer in seiner Hand, dreht es und legt es auf den Tisch.

SCRUMMASTER: Das war wohl mein Stichwort. Das ist tatsächlich zunächst meine Hauptaufgabe. Ich helfe dabei, dass das Entwicklungsteam so schnell wie möglich vorankommt. Ich bin so etwas wie ein Expeditionsleiter, der seinem Expeditionsteam hilft, die täglichen Probleme zu lösen. Ich helfe, wo ich kann, bin aber nicht derjenige, der das Produkt entwickelt.

Das TEAM nickt mit dem Kopf.

TEAM: Darin ist er richtig gut. Er kann manchmal wahre Wunder vollbringen.

SCRUMMASTER, lächelnd: Danke, aber das funktioniert nur so gut, weil ich einen guten Draht zum MANAGEMENT habe. Du machst die Arbeit. Ich sorge nur dafür, dass du dabei so effektiv wie möglich vorgehst. Ich habe aber noch den Product Owner. Mit ihm arbeite ich daran, das Backlog zu optimieren, die Backlog Items geschickt aufzuschreiben, und ich helfe auch ihm bei seinen Problemen.

PRODUCT OWNER, nickt: Ja, er ist zu meinen Kollegen gegangen und hat innerhalb der Abteilung Werbung für Scrum gemacht.

Im Hintergrund öffnet sich die Tür der Bar, zwei Frauen und ein Mann kommen herein. Sie gehen zum Tisch und unterhalten sich dabei sehr angeregt.

MANAGEMENT, zur KUNDIN gewandt: Sie sehen, unsere Organisation ist exzellent aufgestellt, um dieses Projekt zu stemmen. Wir haben viel Mühe und Zeit in die Ausbildung der Mitarbeiter investiert.

KUNDIN: Das stimmt, offensichtlich hat die Veränderung in der Software-Entwicklung in Ihrer Abteilung einiges bewirkt. Wir sind sehr zufrieden. Es ist phänomenal, wie gut die Arbeit mit Ihrem Product Owner funktioniert. Noch nie waren unsere Projekte aus finanzieller Sicht so erfolgreich.

KUNDIN zur ANWENDERIN: Du meinst also wirklich, dass diese Funktionalität deine Arbeit erleichtern wird. Würde dich dann unser Produkt mehr interessieren?

ANWENDERIN: Ja klar. Ich habe mit meinen Freunden darüber gesprochen, dass es da etwas gibt, was wir unbedingt benötigen.

Sie gelangen zum Tisch der drei Männer.

KUNDIN: Hallo Jungs, wie geht's?

PRODUCT OWNER: Danke, gut, wie geht es unserer Kundin heute?

KUNDIN: Oh – prima. Wir haben neue Funktionalitäten identifiziert, die wir in einem nächsten Produkt-Release unbedingt benötigen.

TEAM: Hallo Anwenderin, habt ihr euch das Produkt angesehen? Wie ist euer Feedback, was möchtet ihr anders haben?

ANWENDERIN: Wir haben uns das Produkt angesehen und würden an der einen oder anderen Funktionalität noch ein wenig feilen. Aber wir brauchen auf jeden Fall eine andere Menüführung, um das Arbeiten angenehmer zu gestalten.

DAS TEAM nickt: Haben wir uns gedacht. Das ist kein Problem, bauen wir noch in dieser Iteration um. Dann wird die Story „Menü" fertig. Klasse.

SCRUMMASTER, winkt das MANAGEMENT kurz heran: Ich wollte mich vergewissern, dass dieser Abend von Ihnen finanziell unterstützt wird. Wird er doch?

MANAGEMENT: Sicher, keine Sorge.

SCRUMMASTER, an alle gewandt: Na, das sieht ja so aus, als würden wir einen angenehmen Abend zusammen verbringen. ▪

4.2 Eine Rolle ist keine Position

Als Dan Rawsthone und ich uns in New York trafen, um unser gemeinsames ScrumMaster-Training zu planen, bekam ich nach drei Jahren Beschäftigung mit Scrum endlich eine Antwort auf einige Fragen, die die Scrum Community lange nicht sinnvoll beantworten konnte: Wer sollte in einer Organisation der ScrumMaster sein? Wo finden wir die vielen ScrumMaster, wenn jedes Team einen eigenen Master benötigt? Darauf gab es bisher nur vage Antworten.

Dan erklärte mir, dass in Prozessmodellen Rollen für Verantwortlichkeiten stehen. Anders ausgedrückt: Rollen sind Container für Verantwortlichkeiten.

Das war die Antwort. Die obigen Fragen waren zwar im Kontext einer Organisation sinnvoll und mussten beantwortet werden. Aber sie gehen von der falschen Annahme aus, der ScrumMaster sei eine Position innerhalb einer Organisation. Wenn wir aufhören, den ScrumMaster, den Product Owner und die Teammitglieder als eine Position innerhalb einer Organisation zu sehen (sei es innerhalb einer Abteilung oder eines Projektes), lassen sich die obigen Fragen sehr einfach beantworten.

Wenn der ScrumMaster nur ein Container für Verantwortlichkeiten ist, kann in einer Organisation jeder diese Verantwortung übernehmen. Jeder Teamleiter, der beginnt, diese Position zu gestalten, ist sofort ein ScrumMaster. Jeder Entwickler, der anfängt, Scrum-Ideen umzusetzen, ist ein ScrumMaster. Jeder, der inhaltlich zu einem Produkt beiträgt, ist ein Teammitglied. Und jeder, der die Verantwortung für ein Produkt übernimmt, ist ein Product Owner.

Hier geht es um Eigeninitiative und Verantwortung. So, wie man niemandem sagen kann, er sei nun ein Revolutionär, kann man niemandem die Aufgabe übertragen, Verantwortung zu übernehmen. Verantwortung übernimmt man freiwillig. Positionen hingegen kann man übergeben und mit ihr auch die Macht, die einem qua Position verliehen wird. Ob dieser Mensch dann auch die mit der Position verbundene Verantwortung übernimmt, ist eine andere Frage.

Die meisten Menschen, die wir in unseren Trainings treffen, wollen die Erlaubnis, Scrum machen zu dürfen. Sie empfinden ihren bisherigen Weg, Produkte zu entwickeln, als mangelhaft. Sie wollen eine Veränderung, sind dazu aber nur bereit, wenn die Organisation ihr „Okay" gibt. Anders ausgedrückt: sie wollen erst die Position ScrumMaster auf ihrer Visitenkarte sehen, bevor sie sich „bewegen". Sie suchen gewissermaßen über den Titel nach der Autorität. Mit dieser Einstellung geben sie allerdings ihre Verantwortung als Scrum-Master ab und delegieren sie an denjenigen zurück, der sie in das Master-Amt eingesetzt hat.

> ■ Der ScrumMaster, den die Organisation ausgewählt hatte – er besuchte zuvor mein Training – war Feuer und Flamme für Scrum. Zurück im Büro, jammerte er wochenlang, dass das Team seinen Anweisungen nicht folge. Er sei doch der ScrumMaster, und jetzt müssten die Leute doch tun, was er „befiehlt". Er hatte nichts begriffen. Trotz intensiven Coachings wurde die Situation immer schwieriger, da er ständig die Autorität seines Chefs ins Spiel brachte. Der Konflikt zwischen ScrumMaster und Team verschärfte sich zusehends, und in einer Retrospektive explodierte dann die Bombe. In einem intensiven Gespräch mit mir stellte sich heraus, dass er das Team für unfähig hielt und der Meinung war, dass der Chef der Firma nun endlich ein Machtwort sprechen müsse. Hier war nichts zu retten. Dieser ScrumMaster hatte seine erste Pflicht nicht verstanden und akzeptiert: das Team zu schützen. Er war zum Feind des Teams geworden. Die einzige Maßnahme war in diesem Fall, den ScrumMaster sofort „seines Amtes zu entheben". Wir taten also etwas, das es eigentlich gar nicht gibt, weil der ScrumMaster keine Position ist. In dieser Organisation war er jedoch als ScrumMaster eingesetzt worden, und, noch schlimmer, bezog seine Identität aus dieser Position. In Wahrheit vollzogen wir daher nur, was die Teammitglieder bereits lange zuvor getan hatten: Wir entzogen ihm die Autorität. ■

So wie die Rolle des ScrumMasters keine Position ist, ist auch die Rolle des Product Owners keine. Mögliche Positionen, die die Rolle des Product Owner ausüben können, sind: ein Abteilungsleiter, der Vorstand, der Produktmanager oder ein Projektmanager.

Auch das Team ist nur eine Rolle mit einem klar definierten Verantwortungsbereich. Wichtig an dieser Stelle ist zu erwähnen: Nicht das Team übernimmt Verantwortung, sondern jedes einzelne Teammitglied übernimmt sie, weil es die Rolle ausüben will. Nicht das Team erarbeitet Lösungen und schreibt Funktionalität oder verhandelt mit Produkt-Managern, sondern die Teammitglieder. Der Begriff „Team" steht nur für die Verantwortung, die ich als Einzelner innerhalb meines Teams habe.

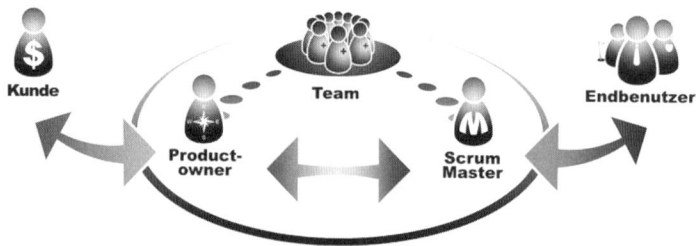

Abbildung 4.1:
Rollen in Scrum

4.3   Das Team – Die Spezialisten

Die Rolle des Teams im Überblick

Das Team liefert das Produkt. Es ist verantwortlich für die Qualität des Produktes. Das Team erarbeitet mit den Anforderern – Kunden und Anwendern – die Product Backlog Items und somit die Anforderungen, analysiert sie, entwickelt das Design, implementiert und testet die Anforderungen und liefert das Produkt wie vereinbart aus. Das Team verpflichtet sich freiwillig auf die Sprint-Ziele und nimmt so viel in einen Sprint auf, wie es bearbeiten kann. Es hat die Autorität, zu tun, was notwendig ist, um das Ziel zu erreichen, muss sich dabei aber an die Rahmenbedingungen der Organisation und des Projektes halten. Jedes Teammitglied hat die Verantwortung, die sich in der Rolle Team ausdrückt, und jedes Teammitglied ist für das Gesamtteam verantwortlich. Das Team arbeitet während des Sprints an dem Ziel des Sprints, und es arbeitet parallel dazu mit dem Product Owner und Kunden auf der Produktebene, um die Richtung des Projektes durch das Schätzen und Qualifizieren von Product Backlog Items mitzugestalten.

Das Ziel von Scrum sind hochproduktive Teams. Doch wie sieht ein hochproduktives Team aus? Wie wird es zusammengestellt, und wie organisiert es sich selbst? Welche Verantwortlichkeiten hat es, und woran erkennt man ein erfolgreiches Scrum-Team? Und ist Scrum möglicherweise der Anfang vom Ende der Arbeitsteilung in Software-Entwicklungsteams?

4.3.1   Multidisziplinarität und fachübergreifendes Arbeiten

Ein Scrum-Team ist kein klassisches Software-Entwicklungsteam, das nur aus Software-Entwicklern besteht. Ein Scrum-Team ist ein Produkt-Entwicklungsteam. Ein Scrum-Team hat die Aufgabe, ein Produkt zu liefern, nicht nur Code. Natürlich liefert das Team auch die Software. In den meisten Fällen benötigt man aber weit mehr für die Erstellung eines Produktes als nur die Software. Die Teammitglieder sind in Scrum im Rahmen ihrer Möglichkeiten für alles, was für die Produkterstellung zu tun ist, selbst verantwortlich. Ein Scrum-Team besteht also aus den Personen, die die Kenntnisse haben, um das Produkt in seiner Gesamtheit zu liefern.

Die Schwierigkeit ist, dass Software-Entwicklungsteams meistens anders aufgestellt sind. In vielen Organisationen sind die Software-Entwickler unter sich und die Business-Analysten ebenfalls. Anstatt gemeinsam zu arbeiten, schreiben die Analysten die Spezifikationen und reichen sie an die Entwickler weiter. In den meisten Firmen werden Teams entweder nach den Applikationen, für die sie arbeiten, oder nach ihren speziellen Fähigkeiten gruppiert.

Wenn die Verantwortung des Teams darin liegt, am Ende des Sprints potenziell auslieferbare, anwendbare Produktteile zu liefern, benötigen wir eine Mannschaft, die mehr kann, als „nur" Software zu entwickeln. Schauen wir uns doch mal Beispiele für hoch produktive Teams außerhalb der Software-Entwicklung an:

■ **Das Chirurgen-Team in einem Krankenhaus**

Ein Operationsteam eines Krankenhauses besteht nie nur aus Chirurgen. Es gibt dort ca. 7 bis 10 Personen, die gemeinsam an einem Patienten „arbeiten". Es sind immer zwei bis drei OP-Schwestern anwesend. Ihre Aufgabe ist es, die Geräte im Auge zu behalten, die Instrumente zu reichen, im Notfall eine Hand frei zu haben, Dinge zu besorgen, und sie bereiten die OP vor und nach. Dann gibt es den Anästhesisten. Seine Aufgabe besteht darin, den Patienten während der OP einerseits in Narkose zu halten, andererseits ist er für das Überleben des Patienten verantwortlich. Er kontrolliert ständig Herzrhythmus und Atmung und die Blutwerte. Nun kommen, je nach OP, zwei bis drei, manchmal vier Chirurgen hinzu, immer mindestens zwei, die als Team arbeiten. Oft gibt es einen Spezialisten, der für diese bestimmte Operation die nötigen Kenntnisse mitbringt und mit dem Patienten vorher gesprochen hat. Es ist immer noch ein Assistenzarzt dabei, der ein Training-on-the-job absolviert. Das heißt: In unserem OP-Saal sind jetzt schon mindestens fünf, wenn nicht sieben Personen anwesend. Jeder kennt seine spezielle Aufgabe, die vor der OP noch einmal besprochen wurde, um dann konzentriert und fokussiert an diesem einen Patienten zu arbeiten. Erst wenn er sicher aus der OP entlassen ist, löst sich dieses Team für einige Stunden auf und kommt dann wieder zusammen.

■ **Das Feuerwehrteam**

Ein Feuerwehrzug besteht aus mehreren Feuerwehrwagen. Mindestens drei. Jeder Feuerwehrwagen ist mit zwei Personen besetzt. Die Mannschaft hat in ihrem Feuerwehrwagen alles, was es benötigt. Ein Team, dessen Spezialität darin besteht, mit der großen Leiter in das Haus im obersten Stock zu gelangen, kennt sich mit der Funktionsweise des Leiterwagens aus. Das Team mit dem Wagen der Flughafenfeuerwehr kennt sich damit aus, wie man einen Flugzeugbrand effektiv bekämpft. Diese Männer und Frauen sind Feuerwehrleute. Jeder hat eine Spezialisierung und andere Ausbildungen, und doch sind sie ein Team und ergänzen sich im Einsatz. Jeder Feuerwehreinsatz wird von einem Einsatzleiter begleitet. Dieser gibt die Richtung an und übernimmt die grobe Koordination. Er entscheidet, von welcher Seite aus ein Hausbrand bekämpft wird, welches Team welche Aufgabe bekommt. Er wird den Männern aber nicht erklären, wie sie während des Einsatzes ihren Job zu erledigen haben. Umgekehrt ist jeder am Einsatzort vollkommen bei der Sache. Niemand würde den Brand verlassen, bevor er gelöscht ist.

■ **Die Fußballmannschaft**

Klinsmann hat gezeigt, wie man ein Team aus Spezialisten schafft und formt. Fußballer sind Spezialisten. Sie sind gut auf ganz klar definierten Positionen. Ist es beim Torwart noch offensichtlich, so ist es nicht mehr eindeutig bei Stürmern und Mittelfeldspielern. Ein Fußballteam besteht aus Spezialisten, doch spielen sie in einem Spiel gemeinsam. Sie gewinnen oder verlieren gemeinsam. Natürlich gibt es nach einem verlorenen Spiel Schuldzuweisungen. Jeder, der einmal in einer Kabine nach einem Spiel war, kennt das. Ein gutes Team weiß aber damit umzugehen und kann die Anfeindungen von innen und außen parieren. Auch dieses Team verlässt niemand während des Spiels. Das Team spielt, bis das Spiel vorbei ist. Keiner verlässt den Platz, niemand gibt auf.

Schauen wir uns jetzt ein Standard-Software-Entwicklungsteam an, so wie Sie es in unzähligen (meist großen) Unternehmen finden. Dieses Team hat nicht das Glück, an einem Projekt zu arbeiten, sondern ist mit vielen Projekten und vielen kleinen Sonderaufgaben gleichzeitig betraut:

■ **Das Standard-Software-Team**

Es besteht entweder aus mehr als 12 Personen oder aus nur ein bis zwei Personen. Es besteht fast nur aus Software-Entwicklern, andere Fachdisziplinen wirken nicht mit. Alle sind gut ausgebildet, fast alle haben einen Hochschulabschluss. Das Team ist seit einigen Monaten, manchmal schon einigen Jahren zusammen. Entweder arbeiten alle an der gleichen Applikation oder an vielen Dingen gleichzeitig. In beiden Fällen wissen die Teammitglieder nicht, was der andere wirklich tut. Sie arbeiten an ein, zwei größeren Projekten, für die sie Änderungen an „ihrer" Applikation durchführen müssen. Der Rest des Teams ist mit alltäglichen und ungeliebten Aufgaben wie „Bugfixing" beschäftigt. Die Teammitglieder verbringen relativ viel Zeit in Meetings, da die Fachabteilung Änderungswünsche hat. Somit entwickelt jeder Entwickler maximal zwei bis drei Stunden am Tag. Einige Teammitglieder kommen sehr früh am Morgen, andere hingegen erst gegen 10:00 oder 11:00 Uhr. Einige arbeiten nachts. Miteinander arbeiten ist sehr schwierig und auch nicht wirklich erforderlich, weil es für bestimmte Teile der Applikationen Spezialisten gibt. Nur Spezialisten können diesen bestimmten Teil der Applikation warten, ändern, oder gar neue Funktionalitäten einbauen. Ist der Spezialist in Urlaub, muss die Fachabteilung einige Wochen auf die neue Funktionalität warten. Die Fachabteilung ruft täglich an und berichtet von Problemen, und die Entwickler haben Schwierigkeiten damit, auch noch die neuen Funktionalitäten zu entwickeln. Sie arbeiten, so schnell sie können, entwickeln nur die Funktionalitäten und über geben dann den Staffelstab erst einmal dem Tester. Das schafft etwas Luft.

■ **Das Software-Projektteam**

Es arbeitet mit etwa 30 Personen an einem einzigen Projekt, dessen Dauer mit drei Jahren veranschlagt ist.

Die Situation ist geprägt von Arbeitsteilung. Es gibt Business-Analysten und Software-Architekten, Entwickler und Tester, die an verschiedenen Orten innerhalb der Software-Entwicklungsabteilung sitzen. Die Fachabteilung hat in monatelanger Arbeit, gemeinsam mit den Business-Analysten und dem Architekten, eine Fachspezifikation geschrieben. Und die Architekten haben den Projektumfang geschätzt. Die Entwicklungsabteilung hat eine Schätzung, basierend auf unvollständigen Anforderungen, erstellt und sich damit auf eine Zahl festgelegt. Sollten diese Zahlen nach oben abweichen, ergeben sich Probleme. Der Projektmanager hat einen Plan erstellt. Jeder in diesem Projekt arbeitet an den Dingen, die ihm sein Teamleiter zugewiesen hat. Es geht langsam voran. Die Probleme sind groß. Die Spezifikationen sind in der Regel doch noch sehr ungenau. Die Architekten haben an einigen Stellen wichtige Komponenten vergessen. Das fällt erst beim Entwickeln auf. Aber die Architekten sind nicht mehr greifbar. Sie arbeiten schon an einem anderen Projekt. Das Team, ein externes, das wichtige Basiskomponenten liefern sollte, ist nicht mehr im Plan. Der Projektleiter betont aber immer wieder, wie wichtig es ist, den Termin zu halten. Einige Entwickler schreiben daher ihren eigenen Code so, dass man ohne die Komponenten auskommen könnte. Gleichzeitig ruft die Fachabteilung an. Sie haben wichtige Funktionalitäten vergessen. Der Business-Analyst arbeitet gerade mit ihnen an den Testfällen. Dabei wird deutlich, dass viele Dinge noch nicht bedacht wurden. Ein Entwickler eines Teilteams, der eines der Kernelemente des Produktes entwickelt, wird krank. Bisher hatte sich noch niemand um seinen Beitrag gekümmert. Jetzt muss sich jemand einarbeiten. Der sich einarbeitende Entwickler liest tagelang den bereits vorliegenden Code. Viele Codeteile schreibt dieser Entwickler neu, weil er die Zusammenhänge im bereits existierenden Code nicht versteht. Nach dem ersten Jahr haben 30 Prozent der Entwickler das Team gewechselt, weil andere Jobs interessanter waren. Die Neuen brauchten lange, bis sie etwas beitragen konnten. In der Regel haben sie den vom Vorgänger geschriebenen Code verworfen und die Funktionalität „schnell" selbst entwickelt. Nach dem zweiten Jahr sind nur noch fünf bis sechs Leute der ursprünglichen Mannschaft im Projekt. Sie sind damit beschäftigt, Fragen der anderen Teammitglieder zu beantworten. Man steht vor der Testphase, und die ersten Integrationen gehen komplett schief. Die Teile passen nicht zusammen. Die Dokumentation der Schnittstellen deckt sich nicht mit dem Code. Nur die sechs verbliebenen Leute wissen noch, wieso damals etwas so und nicht anders gelöst worden war. Die Tester beginnen zu arbeiten, und die ersten Tests zeigen bereits schwerwiegende Systemabstürze.

Die beiden letzten Beispiele zeigen die Realität, die viele nicht wahrhaben wollen. Teams ohne Fokus, ohne Vision, die wochenlang hart arbeiten und am Ende doch mehr Fehler abliefern als funktionierende Software. Natürlich werden immer wieder Applikationen fertig geliefert, und natürlich gibt es funktionierende Software – doch die Beispiele zeigen, zu welchem Preis: Hohe Kosten, sehr viel Überwachung und wochenlanges Korrigieren von Fehlern und Missverständnissen.

Die Unterschiede zwischen den Teams aus der Software-Entwicklungswelt und den Teams aus der Alltagswelt sind offensichtlich: Die meisten Software-Entwicklungsteams in großen Firmen sind rein akademische Teams, die aus jungen Mitarbeitern bestehen. Sie setzen sich zu 95 Prozent aus Ingenieuren zusammen, die einen Hochschul- oder Fachhochschul-Abschluss mitbringen. In Wahrheit handelt es sich aber nicht um Teams, sondern um Gruppen von Entwicklern, die gemeinsam eine oder mehrere Applikationen betreuen.

Teams in der Nicht-Software-Entwicklungswelt sind in der Regel anders zusammengesetzt. In der traditionellen Arbeitswelt sind sie eigentlich Gruppen, deren Mitglieder oft in der Lage sind, alle Aufgaben, die auf sie zukommen, zu bewältigen. Diese Teams haben oft ein Spezialgebiet, für das sie zuständig sind. Innerhalb dieses Spezial-Gebietes kann meist jeder alles. Selbst wenn er oder sie sich, im Falle einer Krankheit zum Beispiel, in den Aufgabenbereich des anderen einarbeiten muss.

Dann gibt es die „echten" Teams, die seit langem zusammen sind und so zu einer Einheit zusammenwuchsen. Sie trainieren das gemeinsame Arbeiten in unterschiedlichen Situationen stets aufs Neue – oder arbeiten so lange zusammen, bis ein Trainingseffekt entsteht. Das trifft auf Fußballmannschaften, aber auch auf Spezialeinheiten beim Militär zu.

Die Vorteile dieser Art, ein Team zusammenzustellen, sind offensichtlich. Es entsteht das notwendige Vertrauen für produktives Arbeiten. Man weiß, was der andere kann. Man versteht sich nach einiger Zeit „blind". Fällt ein Teammitglied kurzzeitig wegen Krankheit aus, kann man sich aushelfen. Diese Teams sind auf ein Ziel ausgerichtet, sie wollen ihre Aufgabe gemeinsam bewältigen. Bei „echten" Teams gibt es oft ebenfalls Spezialisierungen, doch sind alle Teammitglieder grundsätzlich in der Lage, jede Position innerhalb des Teams zu spielen.

4.3.2 Verantwortlichkeit

Die oben genannten Beispiele zeigen, dass es in jedem hyperproduktiven Team darauf ankommt, gemeinsam auf ein Ziel hinzuarbeiten, egal, ob man einen Brand bekämpft oder ein Fußballspiel gewinnen will. Die Mitglieder dieser Teams mögen zwar gelegentlich deprimiert und unmotiviert sein, die organisatorischen Probleme mögen ihnen die Arbeit vergällen, doch am Ende zählt nur die Sache und das gemeinsame Arbeiten für die Sache. Jedes Mitglied eines hochproduktiven Teams übernimmt die Verantwortung für das Gelingen des Projektes. Fragen Sie mal eine OP-Schwester, ob sie sich für das Überleben des Patienten und seine Genesung verantwortlich fühlt. Die Antwort lautet immer: „Ja, natürlich, was für ein Frage."

Viele Organisationen in unserer Branche kämpfen damit, „Commitments" einfordern zu müssen. Dass ein Teamkollege seine Zusagen einhält, ist keine Selbstverständlichkeit mehr. Scrum begegnet dieser Entwicklung mit dem „Commitment" eines Teams. Das Team muss sich zur Lieferung verpflichten. Im Gegenzug können Teams selbst bestimmen, was sie liefern. Scrum „empowert" das Team. Es bekommt die Rechte, die es braucht: es soll sich „selbst-verwalten" und darf alles tun, um die gesetzten Ziele zu erreichen.

Man kann es nicht oft genug wiederholen: Teams haben die Verpflichtung zu liefern, was sie sich selbst vornehmen. Die Tendenz läuft zurzeit leider in eine andere Richtung. Teams liefern immer seltener und finden immer effizientere Wege, die Verantwortung für ihre Lieferung und damit ihr Versprechen abzugeben. Das kann man ihnen nicht einmal vorwerfen, da dies die Auswirkungen der immer stärker werdenden Arbeitsteilung in der Software-Entwicklung sind.

Was bedeutet es aber konkret, dass das Team die Verantwortung trägt? Es bedeutet: Wenn man das Spiel verliert, hat die gesamte Mannschaft verloren. Ein Spieler allein trägt nie die ganze Verantwortung. Schließlich kann der Trainer nicht einem Einzelnen die Schuld geben, ein Tor nicht geschossen zu haben. Dass das Team die Verantwortung trägt, heißt aber nicht, dass niemand verantwortlich ist. Es bedeutet vielmehr: Jedes einzelne Teammitglied ist für seine Leistung im Team verantwortlich, und gemeinsam sind alle dafür verantwortlich, das Versprechen, das sie als Team gegeben haben, zu halten.

Zu Beginn der Beschäftigung mit Scrum ist das schwer nachzuvollziehen, und Manager, die bis dato gewohnt waren, einen bestimmten Mitarbeiter in die Verantwortung zu nehmen, fragen sich nun, wie das möglich ist. Sie haben die Befürchtung, dass niemand im Team die Verantwortung für gewisse Dinge, meist die unbequemen, übernehmen will.

Das Commitment – oder wie bekomme ich ein Versprechen?

Die erforderlichen Zutaten, um zu erreichen, dass das Team die Verantwortung wirklich übernimmt, sind Freiwilligkeit und Selbstbestimmung. Teammitglieder übernehmen die Verantwortung nur, wenn sie sich freiwillig dazu entschlossen haben und wenn jedes Teammitglied für sich selbst entschieden hat: „Ich will dieses Ziel erreichen."

Mir als Scrum-Coach ist der Zusammenhang zwischen Commitment und Freiwilligkeit lange nicht klargeworden. Immer wieder musste ich erfahren, wie unglaublich schwer es war, Commitments von Teammitgliedern zu bekommen. Schließlich ist mir selbst beim Beobachten meiner Kinder etwas aufgefallen: Es ist unmöglich, einen Jungen von fünf Jahren zu zwingen, einen Turm zu bauen und dann noch zu verlangen, er solle daran Freude haben und die Verantwortung dafür übernehmen, dass der Turm nicht umfällt. Sie können ihn zwingen, den Turm zu bauen. Er wird es vielleicht auch tun, aber ohne innere Bereitschaft. Genauso verhält es sich mit erwachsenen Software-Entwicklern. Sie können eine Software-Entwicklungsmannschaft „zwingen", einen Termin zu halten. Die Mannschaft wird auch alles dafür tun. Aber erwarten Sie dann bitte keine „innere Bereitschaft" oder „ehrliches" Engagement, kurz: den Willen zum Erfolg.

Im Grunde ist es gar nicht so schwer, ein ehrliches und realistisches Commitment zu bekommen, wenn Sie fragen, ob die Teammitglieder in diesem Projekt mitarbeiten wollen, und gemeinsam mit den Teammitgliedern realistische Ziele setzen. Menschen wollen sich verbessern und sich in der Regel auch herausfordernde Ziele setzen. Manager befürchten häufig zu unrecht, dass ihre Mitarbeiter sich Ziele setzen, die nicht hoch genug sind. Menschen wollen etwas leisten und Anerkennung dafür bekommen. Kurz: Teammitglieder wollen einen guten Job machen. Menschen sind nach McClelland [McClelland 1967] aus folgenden Gründen motiviert:

1. Sie wollen andere übertreffen.
2. Sie wollen sich selbst übertreffen.
3. Sie wollen an einer besonderen Sache beteiligt sein.
4. Sie wollen etwas tun, was die eigene Karriere fördert.
5. Sie wollen etwas zum ersten Mal tun.

Für die Motivation sind also realistische, bedeutungsvolle und überschaubare Anforderungen wichtig, doch ist es gerade in der Phase, in der Scrum eingeführt wird, für Teams schwierig zu ermessen, was sie, realistisch betrachtet, leisten können. Das ist ganz normal, denn sie arbeiten unter neuen Bedingungen und mit erhöhter Transparenz darüber, was tatsächlich geleistet wird.

Wir haben oben gesehen, dass das Ziel von Scrum in einer Produktivitätssteigerung besteht. Wir haben auch gesehen, dass es eine Weile dauert, bis sich das Team auf diese höhere Produktivität einschwingen kann. Daraus entsteht die Gefahr, dass die anfänglichen Erwartungen an die Scrum-Teams zu hoch sind. Ein ScrumMaster muss daher gerade am Beginn der Umstellung auf Scrum ein extrem gutes Erwartungsmanagement betreiben und jedem Betroffenen klarmachen, dass die Leistung des Teams am Anfang augenscheinlich absinken wird

Die laut McClelland motivierenden, leistungsbezogenen Aspekte werden in Scrum durch

- das Feedback am Ende des Sprints,
- die messbare Steigerung der Leistung durch die Burn-Down Charts und
- die gegenseitige Anerkennung der Teammitglieder erreicht.

Wir wissen dank der Arbeiten von Elizabeth Withworth, dass die Arbeit in agilen Teams die Motivation der Mitarbeiter in der Regel aus den oben genannten Gründen steigert [Withworth and Biddle 2007]. Die Verbesserung, die Leistungssteigerung, wird zur Normalität, weil Scrum die genannten Motivationsfaktoren verstärkt. Genau, wie es Nonaka beschrieben hat ([Nonaka 1998]): (Scrum-)Teams wollen immer mehr erreichen. Sie wollen sich ständig steigern.

4.3.3   Wie bildet man ein Scrum-Team?

Teams sollten immer nach Funktionalitäten oder Produktteilen aufgestellt werden. Scrum-Teams sollten Produkte oder Applikationen liefern, nicht nur sogenannte Basis-Komponenten, also technisch notwendige Aspekte des Systems, die nur für andere Entwickler bedeutsam ist.

Wer stellt das Team zusammen? Am besten der "ideale" Product Owner, der genau weiß, was er haben will und was er benötigt. Diese Situation ist vergleichbar mit Theater- oder Filmproduktionen, wo der Produzent zunächst den Regisseur sucht und dann gemeinsam mit ihm nach einem Casting die Besetzung vornimmt. An dieses Ideal kann man nah herankommen, wenn das Management dem Product Owner einen ScrumMaster zur Seite stellt, und diese beiden gemeinsam und unter Beachtung der Rahmenbedingungen das Team zusammenstellen.

In der Regel sieht es in Organisationen allerdings ganz anders aus. Dort sind Teams – aus welchen Gründen auch immer   schon lange zusammen und "sollen nun Scrum machen". In einer solchen Umgebung muss der Product Owner mit dem Team vorlieb nehmen, das er hat. Oft existiert das Projekt-Team bereits und beginnt nun zu scrummen. Hier wird sich das Team vielleicht nach einiger Zeit mit Hilfe des ScrumMasters verändern und sich so den Erfordernissen besser anpassen.

Wie lange bleibt ein Scrum-Team zusammen? Die Antwort ist einfach: So lange, wie es in dieser Form sinnvoll ist. Wenn es sich verändern muss, weil zum Beispiel neue Anforderungen kommen, dann wird es sich verändern. Sei es, weil das Team selbst beschließt, andere Teammitglieder mit anderen Ressourcen aufzunehmen, sei es, weil ein Manager oder ScrumMaster einen Bedarf sieht und dem Team einen weiteren Mitarbeiter bewilligt. Ken Schwaber hat dafür den Begriff: „Bench" gebraucht. Die Teammitglieder gehen wieder zurück auf die Bank, wenn sie nicht gebraucht werden und wenn ihr Einsatz kommt, kommen sie wieder zu ein Team hinzu [Schwaber 2007].

Wenn das Team erst einmal angefangen hat zu arbeiten, wird es beginnen, Anforderungen an Ressourcen zu stellen. Es wird mehr oder weniger Teammitglieder benötigen. Die Teammitglieder sind dafür verantwortlich, die nächsten Sprints ebenfalls erfolgreich zu liefern. Wenn sie sehen, dass ihnen bestimmte Kenntnisse fehlen, oder wenn sie bemerken, dass sie mehr Mitarbeiter benötigen, werden sie dies dem ScrumMaster kundtun. Die Idee dahinter: Als Gesamtteam tragen sie auch die Verantwortung, gemeinsam zu liefern. Folglich liegt es in ihrer Verantwortung, über die richtigen Ressourcen und Kenntnisse zu verfügen oder sie zu besorgen.

4.3.4 Das Team organisiert sich selbst

Wenn Sie einen Teamleiter bei der Arbeit mit einem Scrum-Team sagen hören: „Aber ich weiß doch, dass Hans der Entwickler ist, der das Problem verursacht hat und nun lösen soll. Deswegen gehe ich zu ihm", dann stimmt etwas nicht. Das wäre genau das falsche Vorgehen, auch wenn es nachvollziehbar klingt, weil es nicht mit der Idee zu vereinbaren ist, wonach sich das Team innerhalb eines Sprints ungestört selbst organisieren soll. Außerdem passt nicht, dass der Teamleiter parallel zu den Aufgaben, die sich das Team für diesen Sprint vorgenommen hat, weitere verteilt. Und man wundert sich, warum es diesen „super-wichtigen" Fehler überhaupt zu beheben gibt – vor allem während des Sprints.

In einem Scrum-Projekt sollte der Prozess so ablaufen, dass der Teamleiter auf den Scrum-Master zugeht und der ScrumMaster das Team befragt, ob dieser Fehler während des Sprints behoben werden kann. Natürlich ist jetzt die Situation eingetreten, die niemand haben will. Ein Team muss sich damit auseinandersetzen, etwas zu tun, das im Sprint Planning nicht eingeplant war und sollte sich die Frage stellen, ob es den Sprint noch erfolgreich abschließen kann. Wenn die Fehlerbehebung sehr viel Aufwand bedeutet, kann dies dazu führen, dass ein Backlog Item, das niedrig priorisiert war, aus dem Sprint herausfällt. Es kann aber auch sein, dass der Fehler so schnell behoben ist, dass das Team einfach sagt: „Kein Problem!", und den Fehler einfach behebt. Wichtig ist: Das Team muss selbst entscheiden können, wer die notwendigen Korrekturen vornimmt. Wenn der Product Owner oder der Teamleiter im gleichen Atemzug fordern: „Aber das Sprintziel darf natürlich nicht gefährdet werden. Ihr haltet den Termin, oder?", dann ist es aus mit der Selbstorganisation und dem Commitment des Teams. Dann sind wir wieder bei der alten Art und Weise, mit Teams umzugehen.

Für sich genommen, ist das sehr einsichtig, aber in der konkreten Situation weitaus schwieriger. Die Aufgabe des ScrumMasters besteht darin, diese Vorkommnisse aus der Welt zu schaffen. Nur wenn sie spürbar seltener werden, wird ein Scrum-Team beginnen, an Scrum zu glauben. Wenn Scrum nur dem Schein nach implementiert wird und solche Probleme trotzdem an der Tagesordnung bleiben, läuft sich die Scrum-Implementierung tot, da sie ihr Versprechen, die Zustände zu bessern, nicht hält. Wie wir es in der Lean Production des Toyota Production-Systems gesehen haben: Fehler werden auftreten, das Band wird stillstehen, und das wird niemandem gefallen.

Das Team organisiert sich selbst! Was bedeutet: Niemand schreibt einem Teammitglied vor, was es zu tun hat. Aufgaben werden nicht zugewiesen, sondern jedes Teammitglied nimmt sich genau jene Aufgabe vor, für die es am besten geeignet ist. Es gibt keinen Teamleiter, der das Team koordiniert. Das bedeutet aber nicht, dass es führungslos ist. Während des Sprints wird jedes Teammitglied einmal die Führung übernehmen. Weiß ein Teammitglied genau, wie eine Aufgabe zu erledigen ist, und wissen es die anderen möglicherweise nicht, wird dieses Teammitglied den anderen kurzfristig mitteilen, wie die Aufgaben zu lösen sind. Die anderen Teammitglieder folgen dann dieser Person, weil sie gemeinsam ihr Ziel erreichen wollen. Geht das Team zu einer anderen Aufgabe über, die andere Fähigkeiten erfordert, wird für kurze Zeit ein anderes Teammitglied, das weiß, wie die Aufgabe zu lösen ist, die Führung übernehmen.

4.3.5   Die Phasen der Teambildung

Scrum unterstützt Teams dabei, hoch-produktiv zu werden. Dazu ist es notwendig, dass sich die Teammitglieder blind verstehen, dass es wenige Konflikte gibt und viele Möglichkeiten der Zusammenarbeit geschaffen werden. Es bedeutet auch, dass es in einem Team Diskussionen geben muss und widersprüchliche Meinungen ausgesprochen werden. Nur so ist es möglich, eine gemeinsame Sicht der Dinge zu entwickeln. Scrum mit seinem klaren Regelwerk und der klaren Rollenverantwortlichkeit unterstützt den Teamfindungsprozess. Schauen wir uns den Teamfindungsprozess einmal genauer an. Folgt man dem Modell Bruce W. Tuckmans, durchlaufen alle Teams vier Phasen [Tuckman 1965]:

- **Forming:**
  Das Team kommt zusammen. Ähnlich wie bei einem Kick-off-Meeting besteht noch viel Unklarheit. Die Teammitglieder kennen sich noch nicht, man weiß noch nicht, was man voneinander zu halten hat. Es gibt noch keine Regeln darüber, wie man miteinander arbeiten will. Sehr oft brauchen Teams in dieser Phase jemanden, eine Führungspersönlichkeit, die Sicherheit vermittelt und Richtungen vorgibt.

- **Storming:**
  Die ersten Ideen für die Zusammenarbeit kommen auf. Viele Dinge werden ausprobiert und viele Sackgassen abgeschritten. Die Mitglieder lernen sich immer besser kennen, wobei Toleranz und Geduld angebracht sind.

- **Norming:**
  Formelle oder informelle Regeln und Strukturen entstehen. Die Kreativität nimmt ab, und es bildet sich eine Art Gruppendenken. In dieser Phase sollten Regeln offen angesprochen und miteinander vereinbart werden. Die Führung des Teams kann nun dem Team noch mehr übertragen. Das Team beginnt Verantwortung zu übernehmen.

- **Performing:**
  Erst in dieser Phase beginnt das Team auf einem fast intuitiven Level miteinander zu arbeiten. Abstimmungen der Teammitglieder untereinander geschehen fast wortlos. Jeder kennt die Fähigkeiten des anderen und stellt sich darauf ein.

Das Modell Tuckmans ist nicht das einzige, das erklärt, wie sich Teams von den ersten Anfängen ihres Zusammenseins bis hin zur Hoch-Produktivität entwickeln. Was man sich vor Augen halten muss: Teams müssen diese Stadien durchqueren. In den meisten Fällen erreichen sie die letzte Phase nicht, da es immer wieder zu Konflikten kommt oder die Führung des Teams die Performing-Phase nicht zulässt, sei es durch ständige Einflussnahme oder durch kontinuierliches Zerstören der bereits entstandenen Teamstruktur.

Scrum unterstützt den Teamentwicklungsprozess und das Durchlaufen der oben genannten Phasen, indem es Regeln über die Arbeitsorganisation aufstellt, die äußerst einfach sind und gleichzeitig Sicherheit erzeugen. Durch die vorgegebenen Rahmenbedingungen wird es möglich, dass die Teammitglieder innerhalb ihres Rahmens autonom arbeiten und Lösungen ausarbeiten. Mit der Hilfe von Scrum gelangen Teams schneller in die Performing-Phase als normal. Das eigenverantwortliche Entwickeln von Teamregeln und die klare Ergebnisorientierung am Ende des Sprints erzeugen den nötigen Druck, der das Team diesen Prozess schneller durchlaufen lässt. Der ScrumMaster wird, wie oben beschrieben, am Beginn klare Handlungsanweisungen ausgeben müssen. Er wird zum Beispiel sagen, dass man mit Taskboards zu arbeiten hat, oder wird herausarbeiten, wie die Stunden zu verbuchen sind. Je länger er aber mit dem Team arbeitet, umso mehr kann er sich im Hintergrund halten.

4.3.6 Probleme des Teams bei der Implementierung

Insbesondere dann, wenn die Geschäfts- oder Abteilungsleitung Scrum einführt (siehe Kapitel 9.6), treten wesentliche Probleme auf, von denen Scrum-Coaches und ScrumMasters berichten:

1. Die Teams haben Schwierigkeiten zu verstehen, dass sie cross-funktional arbeiten sollen. Entwickler wollen entwickeln und nicht testen. Oder man fragt sich, was ein Business-Analyst noch bewirken könnte, wenn er keine Analyse erstellt.

2. In großen Organisationen sind Teams in Disziplinen aufgeteilt, die sich häufig nach dem traditionellen Entwicklungsmodell richten. In diesem Umfeld ein Scrum-Projekt durchzuführen, scheitert oft am Widerstand der Team- oder Abteilungsleiter, die unter einem Manager etwas anderes verstehen. Oft wissen sie einfach nicht mehr, wie sie weiterhin ihre Aufgaben als Manager wahrnehmen sollen, wenn ihre Mitarbeiter in Scrum-Teams eingesetzt werden.

In einer Organisation, die eines ihrer wichtigsten Projekte auf Scrum umstellen wollte, hatten wir monatelang mit dem Problem zu kämpfen, dass die Test-Automatisierer nicht in die Räume der Entwicklungsteams umziehen durften. Es gab aus organisatorischer Sicht gute Gründe dafür, bewirkte jedoch, dass die Entwicklungsmannschaft wochenlang auf funktionierende automatisierte Test-Cases warten musste.

Solche Probleme entstehen unter anderem dann, wenn in Scrum die Aufgabe des Managements nicht genau umrissen ist. Wir werden später sehen, dass Team- und Abteilungsleiter großen Einfluss auf das Entstehen guter Teams haben. Führungskräfte können dazu beitragen, dass Scrum-Teams schnell produktiv werden, oder es verhindern. Die Aufgabe der Linienorganisation und die Aufgabe der cross-functional aufgestellten Scrum-Teams widersprechen sich oft auf den ersten Blick. Das Linienmanagement hat in der Regel den Anspruch, für die Auslastung der einzelnen Mitarbeiter zu sorgen. Hier regiert das Ideal der Effizienz. Alle müssen effizient und möglichst gut ausgelastet sein. Produktivität bemisst sich in geleisteten Arbeitsstunden und Anwesenheit. Oft sind innerhalb einer Organisation auch die verschiedenen Ebenen und Abteilungen unterschiedlicher Meinung darüber, was als Nächstes getan werden sollte. All dies führt nicht dazu, dass Scrum-Teams klare Zielvorgaben erhalten.

Häufig wird die Frage, wie ein Team zusammengestellt werden soll, zu einem organisatorischen Problem. Wenn ein Product Owner weiß, welche Talente er in seinem Team haben möchte, und sie vom Linienmanagement anfordert, dann bekommt er in der Regel die Antwort, dass er dazu nicht die Befugnis habe. Die Software-Entwicklung würde jene Mitarbeiter auswählen, die bei seinem Projekt mitarbeiten. Aus Sicht der Software-Entwicklungsabteilungen ist dies nachvollziehbar. Aber wieso soll der Product Owner ein Team beauftragen, dem er die anstehende Aufgabe vielleicht gar nicht zutraut? Diesen Konflikt können viele Organisationen nicht korrekt auflösen. Ein Scrum-Team hat sofort damit zu kämpfen und muss diesen Konflikt oft genug mit Hilfe des Seniormanagements lösen.[1]

4.3.7   Zusammenfassung aus Sicht des Product Owners

■ **Multidisziplinarität:**
Das Team setzt sich im Idealfall aus Experten unterschiedlicher Disziplinen zusammen. Sie haben gemeinsam die Kompetenz, die anstehenden Aufgaben zu erledigen. Alle Teammitglieder sind bereit, neue Kenntnisse gegebenenfalls von einem dieser Experten zu erwerben.

■ **Verantwortlichkeit:**
Das Team ist verantwortlich für die Lieferung. Es führt alle notwendigen Schritte für die Erreichung des Sprint Goals durch und verfügt auch über die Autorität, alle notwendigen Maßnahmen durchzuführen.

■ **Teamzusammenstellung:**
Ein Team setzt sich nicht nur aus unterschiedlichen Disziplinen zusammen, sondern auch aus Mitarbeitern mit unterschiedlichen Erfahrungen.

■ **Selbstorganisation:**
Das Team ist für alle Aktionen innerhalb des Teams verantwortlich. Die Teammitglieder müssen ihre Aufgaben selbst verwalten und deren Durchführung untereinander absprechen. Selbstorganisation bedeutet nicht, dass jeder macht, was er will, sondern was zuvor vereinbart wurde.

■ **Die Phasen der Teambildung:**
Jedes Team durchläuft mehrere Phasen der Teambildung. Ein bekanntes und sehr eingängiges Modell ist das Vier-Phasen-Modell Tuckmans.

---

[1] Zum Begriff des Talents siehe Tom Peters Essentials – Talent.

4.4   Der Product Owner

Die Rolle des Product Owners im Überblick

Der Product Owner treibt das Projekt aus Sicht des Business voran. Er kommuniziert eine klare Vision des Produktes, legt die Eigenschaften des Produktes fest, gibt am Ende des Sprints seine Kommentare zu den Ergebnissen des Sprints ab und bewertet, ob das Team geliefert hat, was es versprach, oder nicht. Der Product Owner ist dafür verantwortlich, dass das Team immer an den für die Organisation wertvollsten Aspekten des Produktes arbeitet. Durch das kontinuierliche Priorisieren des Product Backlogs steigert er die Profitabilität des Projektes. Der Product Owner ist nicht Teil des eigentlichen Entwicklungsteams, sondern bildet gemeinsam mit dem Entwicklungsteam das übergreifende Scrum-Produkt-Entwicklungsteam. Er verfolgt die gleichen Ziele und ist ihnen genauso verpflichtet („committet") wie das Entwicklungsteam. Der Product Owner geht nie ohne Product Backlog in ein Sprint Planning und setzt sich während eines Sprints für das Team ein.

4.4.1   Der Product Owner als Visionär

■ MEETINGRAUM – INNEN/MORGEN

Peter betritt den Meetingraum, das Team ist bereits um den Tisch versammelt. Er öffnet seinen Laptop und schließt ihn an den Projektor an. Dann blickt er jedem Einzelnen kurz in die Augen.

PETER: Guten Tag meine Damen und Herren. Sie werden sich fragen, warum ich Sie gebeten habe, heute Morgen hier zu erscheinen. Ich wählte Sie alle aus, um die Software für die neue Kamera weiterzuentwickeln. Die neue Profi-DSLR, die wir seit drei Monaten bauen, soll eine gänzlich neue Software bekommen. Wir haben bereits damit begonnen, die Software zu schreiben und glauben, dass nur Sie über die nötigen Qualifikationen und Voraussetzungen verfügen, um sie, basierend auf diesen Anfängen, weiterzuentwickeln.

Kurze Pause, Peter schaut in die Runde.

PETER (ein wenig aufgeregt): In den letzten Wochen haben Sie sicher von diesem neuen Projekt gehört. Es hat etwas gedauert, bis wir Sie alle zusammenbringen konnten. Unter anderem brauchten wir etwas Zeit, um Sie von anderen Aufgaben freistellen zu können. Darüber hinaus hat es auch auf unserer Seite noch erhebliche Anstrengungen gekostet, bis die Produktidee klar genug war und wir die ersten realen Fortschritte machten und die ersten Produktteile entwickeln konnten. Jetzt ist es an der Zeit, die Software weiterzuentwickeln.

Lassen Sie mich Ihnen die Produktidee und den Auftrag, den Sie heute erhalten, erklären.

Peter startet seinen Laptop ... ■

Der Product Owner hat in unserer kleinen Drehbuchszene sehr klar gezeigt, was seine Aufgabe beim Start eines Projektes ist: er vermittelt die Bedeutung und die Dringlichkeit des Projektes. Er macht deutlich, wie wichtig dieses Projekt für die Organisation ist. Er erklärt auch, möglichst plastisch, die Vision des Produktes. Diese beiden Aspekte: Klärung der Vision des Projektes und Vermitteln der Bedeutung des Einzelnen für das Projekt, sind essenziell für eines Projektstart. Der Product Owner stellt das Bewusstsein für die Dringlichkeit und Wichtigkeit des Projektes im Team her.

■ Wir wurden zu einem Projekt gerufen, bei dem wir Scrum einführen sollten. Die Besonderheit dieses Projektes war, dass es sich um ein riesiges Teilprojekt handelte. Zu diesem Zeitpunkt waren bereits 50 Entwickler in sechs Teams damit beschäftigt, dieses Teilstück der Applikation zu erstellen. Das Erste, was wir für die nächsten Sprints machen mussten, war, jedem seine Bedeutung und seine Rolle zu verdeutlichen. Also baten wir den Product Owner, Markus, sich ein klares, motivierendes Ziel für den ersten Sprint auszudenken. Jeder sollte ein Bild davon haben, worum es wirklich geht. Markus, der genau wusste, was er wollte, fand innerhalb weniger Minuten ein konkretes Ziel: Er wollte mit dem Produkt zum Vorstand gehen können und zeigen, wie toll diese Funktionalität in dem neuen Handy aussah. Das war so deutlich, so klar und so wichtig, dass alle sofort wussten, was zu tun war und was jeder Einzelne tun konnte, um dieses Ziel zu erreichen. Die sechs Teams arbeiteten anschließend vier Wochen lang gemeinsam hart daran, um diese kleine Vision zu verwirklichen. Es gab Schwierigkeiten, sogar so schwerwiegende Probleme, dass der Sprint vier Tage vor Sprint-Ende fast abgebrochen wurde. Dennoch: Das Team fand seinen Weg, lieferte die leicht abgeänderte Funktionalität und erreichte das Ziel. ■

In „Creativity Under the Gun" zeigen die Autoren Amabile, Hadley und Kramer, dass Kreativität und Bereitschaft zum „harten Arbeiten" in einer Projektsituation dann entstehen, wenn die Teammitglieder das Gefühl haben, sich auf einer Mission zu befinden [Amabile et al. 2002]. Dieses Gefühl tritt auf, wenn sich jedes Teammitglied über den Tag hinweg auf einige wenige Dinge konzentrieren kann. Ein Entwickler muss die Möglichkeit haben, an einer Aufgabe kontinuierlich zu arbeiten, ohne ständig herausgerissen zu werden.

Die zweite Voraussetzung, um dieses Gefühl zu erreichen, besteht darin, dass die Aufgabe eine Herausforderung darstellt. Sie darf nicht zu leicht und keine Routineaufgabe sein. Merkmale solcher Aufgaben sind, dass sie das erste Mal durchgeführt wurden, dass sie eine neuartige Problemstellung beinhalten oder mit einer interessanten Technologie durchgeführt werden müssen. Sie darf aber auch nicht zu schwierig oder zu neuartig sein, da sonst aus der Herausforderung eine Überforderung wird, die nicht produktivitätssteigernd, sondern produktivitätsmindernd wirkt.

Empfinden die Teammitglieder, dass sie an etwas Bedeutendem arbeiten, dann steigert dies ebenfalls das Gefühl, sich auf einer Mission zu befinden. Leider ist dies in den meisten Teams nicht der Fall. Dort kommt eher das Gefühl auf, man stecke in einer „Tretmühle". Oft ist die Ursache dafür, dass den Teammitgliedern nicht klar genug ist, was ihr Beitrag zu einem Produkt oder Projekt ist. Den ganzen Tag über sind sie damit beschäftigt, etwas „auf Zuruf" zu erledigen. Oder sie sind seit Wochen damit beschäftigt, Fehler aus der Applikation herauszutesten. In solchen Situationen sieht der Einzelne im Team keinen Sinn mehr in dem, was er tut.

Zu solchen Situationen kommt es, weil zu Beginn der meisten Projekte das Ziel nicht klar genug kommuniziert wurde. Es gibt nur wenig Projekte, in denen eine klare Vision ständig kommuniziert wird. Die wesentliche Verantwortung des Product Owners liegt daher darin, dem Team die Produktvision ständig neu zu erklären. Die am besten geeignete Form, dies zu tun, ist das Erzählen einer Geschichte. Product Owner sind Führungskräfte. Sie führen das Team zu ihrer Vision. Daher müssen sie dem Team erzählen, wie sie sich die Zukunft mit diesem Produkt vorstellen. Sie müssen die Fragen beantworten: Was wird durch dieses Produkt besser? Warum brauchen es die Menschen? Wieso soll es genau diese Funktionalitäten haben? Der Product Owner erzeugt durch die Geschichten Bedeutung, die dazu führt, dass die Teammitglieder in ihrer Vorstellung das Produkt bereits erschaffen. Dadurch entsteht eine emotionale Verbindung mit dem „vorgestellten" Produkt. Die Konsequenz: Die Teammitglieder wollen dieses Ziel erreichen.

Nehmen wir unser Beispiel des Mobiltelefons. Es zeugt von großen Emotionen, wenn ein Product Owner sagt: „Ich will damit zu unserem Geschäftsführer gehen und ihm ‚zeigen', was wir geleistet haben." Das ist etwas völlig anderes, als das Team einfach mit einem Musikplayer für MP3-Files zu beauftragen. Die Produktvision liefert somit die Grundlage für die Motivation des Teams, auf dieses Ziel hinzuarbeiten. Visionen sind so wichtig, weil sie durch ihre Sinnstiftung in der Lage sind, Sicherheit zu vermitteln. Eine gut kommunizierte Vision löst eines der großen Probleme von Software-Entwicklungsmannschaften: Die Unsicherheit darüber, ob man noch in die richtige Richtung entwickelt. In den meisten Entwicklungsprojekten werden die Anforderungen ständig geändert, wobei langsam, aber sicher das eigentliche Ziel der Aufgabe aus dem Blickfeld gerät. Damit verliert auch die Vision zunehmend an Kraft. Die Teammitglieder fühlen sich überfordert und versuchen, diese Überforderung durch die Ablehnung der Änderung zu minimieren. Gute Product Owner erkennen dieses Phänomen und sorgen daher ständig für die Klarheit der Vision.

Visionäre Product Owner können allerdings auch eine Gefahr darstellen. Viele visionäre Product Owner sind sehr ungeduldig. Ihr hohes Engagement, ihre unablässige Beschäftigung mit ihrer Vision führt oft dazu, dass sie zu schnell sind und viel zu ungeduldig mit einem Team umgehen. „Das muss doch schneller gehen!" ist oft kein Ausdruck der Enttäuschung über das Team, sondern das Unverständnis des Visionärs, dass seine Ideen nicht sofort umsetzbar sind. Die Menschen, die daran arbeiten, die Vision umzusetzen, wissen in der Regel, wie aufwändig das Erreichen der Vision ist. Sie haben sich mit den Ideen des Product Owners auseinandergesetzt und tiefere Kenntnis darüber erlangt, wie der Kontext aussieht. Was bedeutet: Das Team benötigt in der Regel mehr Zeit – zumindest am Anfang –, als es der Visionär gerne hätte.

Wir haben in unserer Praxis als Coaches öfter zu ungeduldige Product Owner erlebt. Wenn solche Product Owner dann auch noch die „Gewalt" über die Entwicklungsabteilungen haben, dann wird es schwierig. Da ihnen die Dinge nicht schnell genug gehen, beginnen sie die Abteilungen und Teams, die gerade beginnen selbstorganisiert zu arbeiten, immer wieder zu beeinflussen. Sie ändern die Teams und stecken Leute hinzu oder ziehen Leute ab. Gleichzeitig sind sie von den Leistungen der Teams enttäuscht. Sie verstehen nicht, dass das Entwickeln von Produkten nicht so schnell geht wie das Ausdenken. In einem gut funktionierenden Scrum-Umfeld ist dies unproblematisch. Der ScrumMaster kann beim Product Owner um Verständnis für das Team werben. In einem Umfeld, das Scrum gerade erst einführt, führt die augenscheinliche Verlangsamung oft dazu, dass Scrum die Frustration beim Product Owner erhöht. Dann besteht die Gefahr, dass er Scrum als Behinderung sieht. Nur wenn sich Product Owner und ScrumMaster darüber klar sind, was dort gerade passiert, können sie gemeinsam einen Weg finden, die Wünsche des Product Owners und die realistischen Möglichkeiten des Teams miteinander in Einklang zu bringen.

4.4.2 Das Product Backlog zusammenstellen

Wenn der Product Owner die Vision kommuniziert hat, besteht der nächste entscheidende Schritt darin, die Vision zu konkretisieren. Jedes Produkt definiert sich über seine Eigenschaften und Funktionalitäten. Der Product Owner hat die Aufgabe, die Eigenschaften des Produktes darzustellen und sie in einem Backlog priorisiert nach Bedeutung für den Produkterfolg zusammenzustellen.

Für uns Software-Entwickler ist es an dieser Stelle oft nicht leicht zu verstehen, dass man bei Product Backlog Items nicht von Anforderungen spricht. Das klassische Anforderungsmanagement verlangt viele Details, die man im Backlog nicht benötigt. Diese Details sind selbstverständlich für die Umsetzung notwendig, die allerdings den Backlog Items erst viel später hinzugefügt werden. Nämlich innerhalb des Sprints beim Sprint Planning 1 und 2 und während des Sprints in dazu anberaumten Meetings.

Backlog Items dürfen noch keine Designanweisung enthalten, weil dadurch unter Umständen zu viele Dinge vorgegeben werden. In einem Backlog Item würde nur stehen: „Der Anwender der Applikation muss eindeutig identifiziert sein". Nicht aber, dass es für die Identifizierung unbedingt ein Login mit einer Eingabemaske für Username und Passwort geben muss. Wie das Backlog genau erstellt wird, stellen wir später dar (siehe Abschnitt 5.5).

Der Product Owner hat die Verantwortung, dass das Product Backlog erstellt wird, aber nicht zwingend die Aufgabe, die Product Backlog Items selbst zu schreiben. Er kann und muss das Team damit beauftragen, das Product Backlog zu erstellen. Er sollte, wie es Nonaka und Takeuchi beschrieben, bei der Vision haltmachen und einfach eine Visionsgeschichte erzählen. Das Team muss diese Vision dann weiter ausarbeiten. Befragt man Menschen anderer Berufsgruppen, zum Beispiel Architekten, wie sie aus Visionen Produkte machen, erfährt man etwas sehr Interessantes: Der Senior-Architekt, der mit den Kunden über das Projekt verhandelt hat, erstellt zu Beginn eine Skizze dessen, was er sich vorstellte. Dann beauftragt er sein Architektenteam, diese ersten Ideen zu konkretisieren und die Skizze zu verfeinern und baubar zu machen.

4.4.3 Das Product Backlog priorisieren

Der Product Owner hat dann die Aufgabe, nach einer gewissen Zeit das Ergebnis (zunächst vielleicht wirklich nur eine deutlichere Skizze) anzuschauen, neue Ideen daraus zu generieren und den nächsten Schritt festzulegen. Das heißt, er muss das entstandene Backlog priorisieren. Durch die Priorisierung entsteht der Fahrplan des Projektes, denn das Team wird immer an dem arbeiten, was zum gegebenen Zeitpunkt am wichtigsten ist. Dabei definiert ausschließlich die Perspektive des Business die Wichtigkeit.

Der Product Owner – wer immer das in einer Firma sein mag – ist in dieser Rolle völlig autonom. Er entscheidet, welche Eigenschaften für das Produkt wichtig und wertvoll sind und welche nicht. Er kann sich Rat beim Team holen oder eine externe Agentur beauftragen oder die Würfel fallen lassen. Am Ende ist es aber seine Entscheidung, wohin sich das Produkt entwickelt. So wie Product Owner schwer akzeptieren können, dass Teams die alleinige Autorität über das Schätzen haben, so schwer fällt es Teams, die Verantwortung für die richtige Reihenfolge beim Product Owner zu belassen. Sie haben immer auch Ideen dazu, was wichtiger ist und immer auch technische Überlegungen, was wichtiger sein sollte. Trotzdem bleibt es die Aufgabe und die Verantwortlichkeit des Product Owners. Ich habe noch keinen Product Owner in großen Organisationen getroffen, der diese Verantwortung gerne übernimmt.

> ▪ Ein ScrumMaster versuchte mit seinem Team den Termin zu halten. Es war nicht möglich. Trotz Scrum und einer extremen Produktivitätssteigerung. Der Grund bestand darin, dass der Scope ständig erweitert und dem Produkt dauernd neue Funktionalitäten hinzugefügt wurden. Der ScrumMaster konnte dies aufzeigen. Er hatte sogar ein sehr schönes kleines Tool dafür entwickelt, um diesen Umstand klar zu zeigen. Doch es war nutzlos. Die Product Owner nahmen sich das Recht, den Scope zu erweitern. Das Team musste dies akzeptieren und konnte nicht anders reagieren, als die neu hinzugekommenen Funktionalitäten erst später zu liefern. Die Verantwortung für die Einhaltung des Lieferzeitpunkts lag somit nicht mehr beim Team. ▪

Die Transparenz, die Scrum an dieser Stelle liefert, erzeugt auf der Seite des Product Owners natürlich Druck. Es fällt auf, was er tut und was nicht. Wenn Scrum ins Laufen gekommen ist, wird klar, dass der Product Owner die Produkte an die Organisation liefert. Er ist es, der ständig darüber Auskunft geben muss, wo sein Team steht. Er ist dafür verantwortlich, ob das Projekt erfolgreich ist oder nicht. Diese Verantwortung wurde bis dato immer auf die Software-Entwicklung abgewälzt.

4.4.4 Das Produkt annehmen, verbessern oder ablehnen

Der Product Owner muss sich am Ende eines Sprints ansehen, was das Team geliefert hat. Hier, im Sprint Review, hat der Product Owner das Recht und die Pflicht, seine neuen Ideen einzubringen. Sollte es Dinge geben, die nicht wie gewünscht implementiert wurden, wird dies im Product Backlog eingetragen.

Viele Product Owner nehmen die Aufgabe, zum Sprint Review zu erscheinen, nicht korrekt wahr. Das Scrum-Team hat am Ende eines Sprints die Pflicht, fertige Software zu liefern, der Product Owner im Gegenzug die Verantwortung, diesen Beitrag erstens wertzuschätzen und zweitens durch sein Feedback zu kommentieren. Viel zu oft findet dieses Feedback nicht statt. Es gibt immer wieder Teams, die Sprint für Sprint liefern und halten, was sie zugesagt haben. Und der Product Owner erscheint nicht zum Review, weil alles andere wichtiger ist.

Dieses Phänomen ist viel zu häufig anzutreffen, und ich kann es mir nur so erklären, dass diese Product Owner die Leistungen des Teams oder sogar das Projekt für nicht bedeutend genug erachten. Erscheint der Product Owner aber nicht, fragt sich jeder: „Wieso schickt man uns auf diese Mission, wenn die Ergebnisse nicht wichtig sind?" Nehmen Sie es bitte als Warnung: Dieses Verhalten zerstört die Motivation eines Teams auf der Stelle.

Ein ScrumMaster darf ein solches Verhalten daher nicht zulassen. Er muss sicherstellen, dass der Product Owner beim Sprint Review anwesend ist oder zumindest eine Vertretung schickt. Im Notfall sollte der Chef des Product Owners kommen. Die Entscheidungen, die dieser dann im Meeting trifft, sind wiederum bindend für die nächste Phase des Sprints.

4.4.5 Den Release-Plan bestimmen und managen

Scrum gibt dem Product Owner durch die Reviews und die transparente Aufbereitung des Product Backlogs die Möglichkeit, die Produktentwicklung eindeutig zu steuern. Es ist Aufgabe des Product Owners, den Release-Plan zu bestimmen. Durch die Priorisierung der Backlog Items legt er die Reihenfolge der Lieferungen fest und bestimmt auf der Basis der Informationen und Aktivitäten am Ende des Reviews sowie mithilfe des Sprint Plannings exakt die Schritte, die das Projekt-Team durchführen soll.

Nur der Product Owner kann festlegen, wann sich das Projekt in einem Stadium befindet, das eine Auslieferung an den Kunden rechtfertigt. Hört sich nach verkehrter Welt an. Ist es nicht das Team, das einem mitteilt, was es bis wann liefern kann? Nein! Das Team erklärt in der Schätzung, wie groß ein Backlog Item ist. Es erklärt nie, bis wann es etwas fertig haben kann. Der Product Owner, der vom Team über seine Geschwindigkeit (die Durchlaufzeit eines Standard-Backlog-Items) informiert wird, bestimmt durch die Reihung des Backlog Items im Product Backlog den Liefertermin. Das Steuerrad des Projektes ist der Release-Plan. Der Product Owner aktualisiert den Release-Plan ständig und kommuniziert ihn an den Rest der Organisation. So informiert er die Kunden oder die Vorgesetzten über den Fortschritt des Projektes. Dabei steht er genauso für die Lieferungen des Teams ein wie dieses selbst.

4.4.6 Die Verbindung Product Owner – Team

Der Product Owner verfolgt die gleichen Ziele wie das Team. Er gibt seinem Scrum-Team einen klaren Auftrag und unterstützt es, so gut er es vermag. Er sucht gemeinsam mit dem Scrum-Team nach Lösungen und führt seine Aufgaben so effektiv wie möglich durch.

Er gibt dem Scrum-Team Ziele und Aufgaben, die das Scrum-Team durchführen kann. Sollte sich herausstellen, dass er Wünsche und Zielvorstellungen hat, die dieses Scrum-Team nicht erfüllen kann, sollte er offen darüber reden. Dann kann sich entweder das Scrum-Team überlegen, wie es darauf reagiert. Manchmal stellt sich auch heraus, dass dieses Team nicht die erforderlichen Kenntnisse hat, um das Produkt zu liefern. In diesem Fall wäre der Product Owner gezwungen, sein Team auszuwechseln.

Aber zurück zur Verantwortung des Product Owners. Er hat die Aufgabe, alle seine Kräfte, fokussiert auf die Zielerreichung, für sein Team zu verwenden. Für ihn sollte es nichts Wichtigeres als sein Produkt geben, doch ist er nicht nur dafür verantwortlich, die Vision zu erarbeiten: er ist auch seinem Team gegenüber „commited". Er steht zu diesem Team – das bedeutet, dass er es auch vor der Organisation in Schutz nimmt, wenn es mal einen Fehler gemacht hat. Er wird gemeinsam mit dem Team und für das Team argumentieren. Er sitzt mit dem Scrum-Team in einem Boot. Sie erreichen die rettenden Ufer gemeinsam oder sinken gemeinsam. Das Scrum-Team und der Product Owner brauchen sich gegenseitig. Beide wollen das Produkt erzeugen. Beide geben aus ihren unterschiedlichen Positionen heraus alles, um das Produkt erfolgreich werden zu lassen.

Das Commitment des Product Owners für das Produkt und für das Team ist etwas, das wir in Scrum lange sehr stiefmütterlich behandelt haben. Es wurde viel zu oft vom Commitment des Teams gesprochen und viel zu selten davon, wie wichtig es ist, auch seitens des Product Owners jemanden zu haben, der diese Verantwortung professionell übernehmen kann und will. Einzig Jeff Sutherland betonte ohne Unterlass, dass es eines kompetenten Product Owners bedarf. Er hat recht: Es ist extrem wichtig, dass der Product Owner eines Teams tatsächlich versteht, dass auch er sich im Projekt, vor allem in den Sprint Plannings, den jeweiligen Zielen verpflichtet. Wir machen dies den Product Ownern klar, indem wir ihnen zeigen, dass sie das Produkt liefern. Sie sind es, die der Organisation gegenüber das Produkt liefern – nicht die Teams.

4.4.7 Den Return on Investment bestimmen und sichern

Die Profitabilität eines Projekts ist letztendlich entscheidend für den Erfolg eines Unternehmens. Der Product Owner sichert den Return on Investment (ROI)[2], den finanziellen Erfolg des Unternehmens, indem er das Scrum-Team durch die Auswahl der richtigen Funktionalitäten in der profitabelsten Reihenfolge steuert. Der Product Owner muss sich bewusst sein, welche Funktionalitäten für das Produkt sinnvoll sind und welche Funktionalitäten das Produkt voranbringen werden. Es ist seine Verantwortung, das Product Backlog ständig so zu aktualisieren, dass die Reihenfolge der Backlog Items den maximalen ROI garantieren. Spätestens zum Sprint Planning muss das Backlog reflektieren, was aus Business-Sicht für das Produkt sinnvoll ist.

Das lässt sich nicht immer so einfach nebenbei klären. Einige Projekte werden aufwendige ROI-Berechnungen verlangen. Bei anderen Backlog Items ist es völlig klar, wie sie priorisiert werden müssen. Es gibt einige sinnvolle und einfache Methoden, mit deren Hilfe der Product Owner bestimmen kann, welche Backlog Items in welcher Reihenfolge erarbeitet werden sollten.[3]

Viele Product Owner wollen sich diese Arbeit nicht machen. Sie legen Termine fest, zu denen alle Backlog Items fertig sein sollen und wollen sich nicht die Mühe machen, eine klare Reihenfolge festzulegen, weil es für sie viel einfacher ist, das Team zu befragen, wann alle Features fertig sind. Dann kann man dies als Termin festlegen und ist fein raus. Scrum verlangt, dass das Backlog priorisiert ist. Wird das Backlog nicht priorisiert, so wird dennoch von oben nach unten gearbeitet. Das erzeugt bei allen Beteiligten den entsprechenden Druck.

4.4.8 Wer sollte die Rolle des Product Owners übernehmen?

Die Rolle des Product Owners ist entscheidend für das Gelingen eines Projekts. Diese Rolle ist in Scrum für den ROI des Projekts verantwortlich. Der Product Owner muss daher die Autorisierung haben, Entscheidungen treffen zu dürfen. In einer Organisation muss daher derjenige die Rolle des Product Owners übernehmen, der diese Entscheidungen fäl-

---

[2] Eine sehr gute Erklärung zu Return On Investment finden Sie bei www.wikipedia.org.
[3] Siehe dazu Kapitel 5.7.2.

len darf. Darf er keine Entscheidungen treffen, werden die Planungs- und die Review-Meetings sehr umständlich.

Ein Product Owner ist auch in der Position, das Projekt-Team zu führen. Er muss also in einer ähnlichen Position sein wie ein Projektmanager. Es kann aber auch sein, dass der Product Owner ein Produktmanager ist, der sich von einem Scrum-Team sein Produkt entwickeln lässt. In einem technisch motivierten Projekt, z.B. ein Upgrade einer Standardsoftware-Lösung, kann der Product Owner auch ein Verantwortlicher aus der IT-Abteilung sein, zum Beispiel der Chef der IT oder ein Abteilungsleiter.

Allgemein gilt: Wer die Anforderungen an ein Team stellt und die Verantwortung für den finanziellen Projekterfolg trägt, ist der Product Owner. Seine Position innerhalb der Firma ist nicht wichtig. Einzig entscheidend für den Scrum-Prozess ist, dass der Product Owner das Recht hat, Entscheidungen zu treffen oder sie zumindest zu vertreten.

4.4.9 Skalierung des Product Owners

Bei der Implementierung von Scrum fiel uns auf, dass sich in vielen Organisationen im Zusammenhang mit dem Product Owner und den Scrum-Teams oft zwei Problemstellungen ergaben, die in allen Organisationen erst gelöst werden müssen, wenn Scrum-Teams effektiv arbeiten sollen. Der erste Fall betrifft die Tatsache, dass es viele Anforderer gibt, die auf ein Team oder ein Projekt treffen. Im zweiten Fall gibt es einen Product Owner, der mit einem großen Team (mit mehr als 30 oder 40 Personen) arbeiten muss (siehe hierzu Kapitel 9.2.3).

Mehrere Product Owner für ein Team oder ein Projekt (Organisationsebene)

In den meisten Organisationen werden Anforderungen an Applikationen in Unternehmen nicht nur von einer Fachabteilung gestellt, sondern von vielen Anforderern aus vielen unterschiedlichen Abteilungen. In der Regel haben diese Anforderer dann unterschiedlichste Interessen. Eine Funktionalität, die für die Sales-Abteilung notwendig ist, wird ähnlich, aber doch etwas anders von einer anderen Fachabteilung ebenfalls benötigt. Oder es gibt den Fall, dass ein Team, das aus vielen Spezialisten besteht, die eine Applikationsumgebung betreuen, viele kleinste Projekte abzuarbeiten hat und für jedes kleinste Projekt ein anderer Product Owner zuständig ist (siehe Abbildung 4.2).

Führt man Scrum in einem solchem Umfeld ein, spricht man nicht mehr von Scrum auf Projektebene, sondern in diesem Fall müssen wir uns mit Anforderungen an Scrum als Software-Management-Methode auf Organisationsebene befassen. Die Antwort von Scrum auf diese Problemstellung ist immer die gleiche:

Es ist notwendig, die Anforderungen der verschiedenen Abteilungen und Interessensgruppen zu priorisieren. Dabei sollte ein für diese Applikation oder dieses Team allgemeingültiges Product Backlog entstehen.

Dies läuft im Grunde darauf hinaus, dass ein Product Owner bestimmt werden muss, der dem Team sagen kann, welches Projekt und welche Funktionalität gerade am wichtigsten

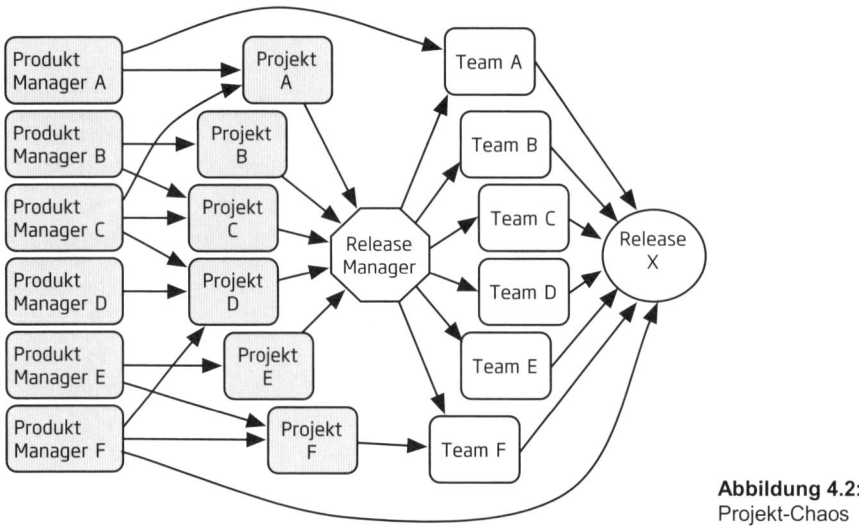

Abbildung 4.2:
Projekt-Chaos

ist. Dieser Product Owner ist dann dafür verantwortlich, dass die gelieferten Dinge den von der Organisation in dieser Reihenfolge benötigten entsprechen.

Die Abstimmung der Product Owner – meist sind es Produktmanager – findet also nicht mehr auf der Ebene des Teams statt, sondern eine Stufe höher. Die Produktmanager müssen klar entscheiden, welchen Fokus das Team im nächsten Sprint haben soll, bevor das Team

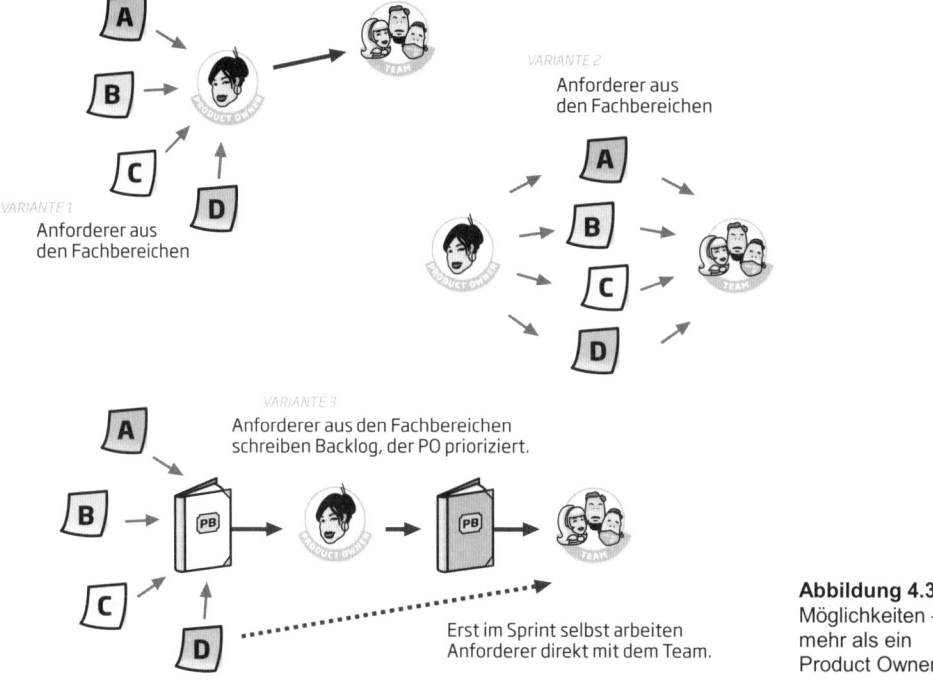

Abbildung 4.3:
Möglichkeiten – mehr als ein Product Owner

selbst damit konfrontiert wird. Das Team hat dann quasi in seinem Backlog nicht nur die Sicht auf ein Produkt, sondern möglicherweise auf eine Vielzahl von Projekten. Prioritätskonflikte zwischen den Projekten, dürfen nicht auf der Ebene des Teams, sondern müssen bereits auf der Ebene des Product Owners geklärt werden. Im Sprint Planning 1 wird dann der Product Owner, der alle anderen Product Owner vertritt, die Richtung des Sprints festlegen.

Die möglichen Varianten, wie die Product Owner skalieren können, zeigt Abbildung 4.3.

4.4.10 Zusammenfassung aus der Sicht des ScrumMasters

- Der Product Owner treibt das Projekt aus der Sicht des Business.

- Der ScrumMaster hilft dem Product Owner dafür zu sorgen, dass es eine einheitliche Vision für das Produkt gibt.

- Der Product Owner legt die Eigenschaften des Produktes fest. Der ScrumMaster zeigt dem Product Owner, wie man ein Backlog Item schreibt, wie man ihm einen Business Value zuordnet und wie man das so entstandene Product Backlog priorisiert.

- Der Product Owner führt das Sprint Planning 1 durch. Der ScrumMaster sorgt dafür, dass der Product Owner die Sprint-Planung vorbereitet hat. Er stellt sicher, dass der Product Owner ein Sprint Goal für den Sprint hat.

- Der Product Owner erstellt einen Release-Plan und eine Roadmap. Er führt das Scrum-Entwicklungsteam mit diesen beiden Mitteln ans Ziel.

- Der Product Owner sorgt für die Profitabilität der Produkt-Entwicklung. Der Scrum-Master zeigt dem Product Owner, wie man ein Backlog priorisiert, wie man den Return On Investment bestimmt und die erforderlichen Analysen durchführt.

- Der Product Owner verpflichtet sich wie das Scrum-Team, das Sprint Goal zu erreichen. Es sollte beispielsweise im Interesse des Product Owners sein, dass sein Team von außen nicht gestört wird.

- Bei mehreren Product Ownern sorgt der ScrumMaster dafür, dass es nur einen verantwortlichen Product Owner pro Team gibt. Dieser erstellt das Master Product Backlog für das Team.

4.5 Der ScrumMaster – ein Change Agent

Die Rolle des ScrumMasters im Überblick

Der ScrumMaster treibt den Prozess. Er schützt das Team vor äußeren Störungen und er versucht Blockaden, die das Team am produktiven Arbeiten hindern, sofort aus dem Weg zu räumen. Der ScrumMaster ist der „beste Freund des Teams." Seine Hauptaufgabe besteht darin, sowohl den Teammitgliedern als auch dem Product Owner zu vermitteln, was Scrum ist und wie man mit Scrum seinen Arbeitsprozess managet. Er tut alles, damit die Kommunikation zwischen Product Owner und Team optimal abläuft. Er ändert die Art und Weise wie die Teammitglieder innerhalb einer Organisation arbeiten, indem er die Ideen hinter Scrum lebt und sie Wirklichkeit werden lässt.

Die Aufgaben des ScrumMasters umfassen sechs Teilbereiche:

- Scrum implementieren
- Abarbeiten von Impediments und Entscheidungen treffen
- Arbeit mit dem Team
- Arbeit mit dem Product Owner
- Scrum in die Organisation hineintragen und die Organisation ändern
- Die Produktivität des Teams steigern

Jeder Teilbereich ist gleich wichtig. Die Reihenfolge, in der der ScrumMaster die einzelnen Teilgebiete bearbeiten sollte, lässt sich ebenfalls leicht bestimmen: er arbeitet vom Team aus in Richtung Organisation („First Things First!").

Die Schwierigkeiten, mit denen ein ScrumMaster zu kämpfen hat, sind gigantisch. Er ist in den meisten Fällen angetreten, etwas zu ändern, obwohl er dazu keinerlei Befugnis hat. Selbst in einer Firma, die ScrumMaster einstellt, die sie also in die Position eines Scrum-Masters erhebt und anscheinend ihre Organisation ändern will, sind die Widerstände, die ein ScrumMaster erfährt, sehr groß. Der ScrumMaster erreicht die Veränderungen innerhalb des Teams durch das Vertrauen, das er während seiner Arbeit aufbaut. Sein Status hilft ihm dabei nicht. Nachfolgend sehen wir uns die einzelnen Bereiche detailliert an.

4.5.1 Scrum implementieren

Die Rolle eines ScrumMaster ist einfach definiert: er will Scrum einführen. Jeder, der sich innerhalb einer Organisation dieses Ziel setzt und bei der Implementierung von Scrum "scrummt", ist ein ScrumMaster. So wie ein Schriftsteller ein Schriftsteller ist, weil er schreibt, und ein Fußballer ein Fußballer ist, weil er Fußball spielt, so ist ein ScrumMaster ein ScrumMaster, weil er scrummt.

Die erste Verantwortlichkeit des ScrumMasters besteht also darin, Scrum zu verwirklichen, die Regeln von Scrum einzuführen, den Scrum-Prozess anzustoßen und ihn am Leben zu halten. Jede Abweichung vom Scrum-Prozess, so wie er vorgestellt wurde, ist dabei zu vermeiden. ScrumMaster, die sagen, sie hätten in ihrer Organisation nicht Scrum, sondern etwas Ähnliches eingeführt, haben nicht verstanden, dass sie aufgehört haben zu scrummen.

> ■ Eine große Software-Entwicklungsorganisation in England – Bryan[4] erzählte mir, wie toll sie dort seit 14 Monaten Scrum praktizierten. Man habe bereits 28 Sprints hinter sich. Die 10 Cubicals, die das Team „bewohnte", sahen auch sehr gut aus. Überall hingen Backlogs und Burn-Down-Charts. Merkwürdig fand ich nur, dass ich ständig gefragt wurde, wie man die Planung verbessern könnte. Sie hätten Deadlines und müssten Ressourcen abgeben und erhofften sich von einem besseren Planning, mit dem Business besser umgehen zu können. Auf die Frage, wo denn die Probleme lägen, stellte sich heraus, dass das Team keinen Product Owner hatte. Der ScrumMaster hatte diese Rolle übernommen. Auf die Frage, wieso er denn nichts unternommen habe, um einen Product Owner zu bekommen, lautete die Antwort: „Man muss mit Gegebenheiten der Organisation leben!" Diese Antwort war das Ende der Scrum-Implementation in diesem Team. Scrum bleibt nicht stehen. Wenn ich ein Team habe, das die Grundtätigkeiten von Scrum ausführt, beginne ich mich um den Product Owner zu kümmern. Wenn ich Teammitglieder habe, die nicht pünktlich zum Daily Scrum erscheinen, muss ich mich darum kümmern und so weiter. ■

Jede Abweichung vom Soll-Zustand ist ein Impediment und muss vom ScrumMaster so schnell wie möglich angegangen werden. Das klingt sehr dogmatisch, bedeutet aber nicht, dass ich als ScrumMaster alle Nicht-Übereinstimmungen mit dem Scrum-Prozess sofort beheben kann. Es heißt nur, dass der ScrumMaster alles tun muss, um den Scrum-Prozess zum Leben zu erwecken und ihn dann am Leben zu erhalten. Dazu wird er Schritt für Schritt vorgehen und eine Maßnahme nach der anderen umsetzen. Geschickt ist es immer, wenn er sich die Hilfe seines Teams holt. Scrum gegen das Team einzuführen, ist unmöglich.

4.5.2   Das Abarbeiten von Impediments

Der ScrumMaster löst die Blockaden, die Impediments. Dazu schreibt er zunächst alle Impediments in eine Liste. Diese Liste nennen wir in Scrum Impediment Backlog – es wird nur vom ScrumMaster gefüllt und ist sein Arbeitsmittel, um die Probleme, die er selbst beobachtet und die ihm das Team nennt, systematisch anzugehen. Dabei ist das Impediment Backlog tatsächlich nichts anderes als eine Liste. Der ScrumMaster ist verantwortlich für diese Liste. Nur er darf Prioritäten verändern. Das heißt aber nicht, dass das Team ihm nicht sagen darf, was aus seiner Sicht gerade extrem wichtig ist.

Der ScrumMaster ist verantwortlich für das Lösen von Impediments. Doch was bedeutet das genau? Zunächst noch einmal zur Erinnerung: Ein Impediment ist alles, was das Team und die Organisation daran hindert, effektiv zu sein. Jede Form unnötigen Ballasts ist zu vermeiden. Im Lean Management nennt man diese Dinge nicht Impediments, sondern

---

[4] Name geändert.

„Waste" oder „Muda". Die Grundidee dahinter besteht darin, alles Überflüssige zu vermeiden und flexibel zu sein, um optimiert arbeiten zu können.

Wird einem ScrumMaster das klar, dann wird er beginnen, systematisch alles hervorzukramen, was das Team verlangsamt. Impediments sind dabei überall anzutreffen, und das größte Problem bei der Suche nach nach Impediments ist der eigene „blinde" Fleck. Oft sieht man selbst schon nicht mehr, was alles verbessert werden könnte, damit ein Team effektiver und produktiver arbeiten kann. Ein ScrumMaster wird daher kontinuierlich darüber nachdenken, ob in einem der folgenden Bereiche Optimierungen möglich sind:

- Der Software-Entwicklungsprozess des Teams
- Die Kommunikation und Abstimmung im Team
- Der Scrum-Prozess selbst
- Die organisationale Einbettung des Teams
- Die Zusammenarbeit mit dem Business
- Persönliche Konflikte
- Die Priorisierungen
- Störungen von außen während des Sprints
- ...

Unsere Erfahrung ist, dass die Impediments, die die tägliche Arbeit betreffen, am ehesten vom Team angesprochen werden: Unklare Anforderungen, das Nicht-Priorisieren des Backlogs, Zugänge zu Applikationen, fehlendes Equipment und vieles mehr behindern das Team und führen zu Unproduktivität. Diese offensichtlichen Impediments sind allerdings meist sehr vage formuliert. Zum Beispiel das Impediment, dass die Anforderungen zu unklar seien. Hier muss der ScrumMaster genau nachfragen, wie das Impediment konkret aussieht. Kann ein Teammitglied das Problem konkretisieren, so ist es für den Scrum-Master wesentlich einfacher, das Problem zu adressieren oder selbst zu lösen. Findet der ScrumMaster, dass es bei dem Impediment nur um diffuse Probleme geht, kann es sein, dass es sich dabei möglicherweise nur um Befindlichkeiten handelt. Dann ist die Tatsache, dass es diese Befindlichkeiten gibt, das Impediment, an dem der ScrumMaster arbeiten muss.

4.5.3 Die Arbeit mit dem Team

Der ScrumMaster arbeitet zunächst mit dem Team. Scrum ist und war eine „Bewegung", die an der Basis, also beim Team, begann. Der ScrumMaster nutzt Scrum, um das Team zu ermächtigen, die Entwicklung des Produktes in die Hand zu nehmen. Die Arbeit mit dem Team ist der Aspekt der Implementierung, der sehr schwer, aber auch sehr lohnend ist, denn hier finden die Veränderungen statt. Veränderungen fallen den meisten Menschen im Allgemeinen sehr schwer.

Ein ScrumMaster muss sich darauf einstellen, dass er es mit unterschiedlichen Problemen zu tun haben wird, die alle mit Scrum nichts zu tun haben. Es gab sie schon vorher in einer

Organisation, nur wurden sie in der Regel verschwiegen, oder niemand hatte sich um sie gekümmert. In Scrum wollen wir das Team aber hoch-produktiv werden lassen. Also müssen wir auch bei diesen Problemen ansetzen, die Teams unproduktiv werden lassen, die aber niemand sehen will.

Ein ScrumMaster führt Scrum erfolgreich ein, wenn er sich auf einige wenige Aspekte bei der Arbeit mit dem Team konzentriert. Zunächst muss er versuchen, einen ersten schnellen Erfolg mit dem Team herzustellen. Dann sollte er dafür sorgen, dass das fachübergreifende Arbeiten im Team etabliert wird und Machtkonflikte aufgelöst werden.

Alles beginnt mit dem Team

Wir wissen aus der Organisationsentwicklung, dass derjenige, der eine Veränderung durchführen will, dafür sorgen muss, einen „schnellen Sieg" zu erreichen. Dieser kurzfristige Erfolg verschafft die notwendige Luft und Motivation, die tiefer sitzenden Probleme in Angriff zu nehmen. Daher sollten Sie als ScrumMaster bei einer Scrum-Implementierung auf jeden Fall dafür sorgen, dass der erste Sprint ein Erfolg wird. Gerade dann, wenn der ScrumMaster von seinem Vorgesetzten den Auftrag erhalten hat, Scrum neu einzuführen, ist dieser erste Sieg entscheidend. Der erste Sprint sollte für alle ein Quick-Win sein. Die Teammitglieder müssen das Gefühl haben, auf dem richtigen Weg zu sein, das Business muss die Gewissheit erhalten, dass es sich auf das Scrum-Team verlassen kann, und auch das Management muss sicher sein, dass seine Entscheidung für Scrum die richtige ist.

Ein wichtiger erster Schritt ist daher die Einführung von diagnostischen Metriken. Damit kann überprüft werden, ob der erste Sprint objektivierbar und erfolgreich war [Hartmann and Dymond 2005]. Entscheidend dabei ist, dass diese Metrik vom Team selbst kommen muss. Dafür kann man es fragen, wie es messen will, ob der Sprint erfolgreich war. Eine andere Methode ist, dass der ScrumMaster eine überprüfbare Metrik formuliert, wie zum Beispiel: "Wir liefern eine Funktionalität bugfrei aus." Auf diese Weise wissen alle Beteiligten nach dem Sprint, ob der Sprint erfolgreich war. Eine dritte Möglichkeit besteht darin, das Ziel des Sprints selbst so zu formulieren, dass es überprüfbar ist.

Fachübergreifendes Arbeiten – das Aufbrechen des Standesdenkens

In meiner Arbeit mit Teams stellt sich immer wieder heraus, dass das Verändern der Art, wie miteinander gearbeitet wird, das Kernproblem ist. Ein Verständnis für fachübergreifendes Arbeiten innerhalb des eigenen Teams herzustellen, ist oft ein sehr schwieriges Unterfangen. Das Team zum fachübergreifenden Arbeiten sowohl untereinander als auch mit anderen Teams und Abteilungen zu bringen, ist unserer Erfahrung nach die schwierigste Aufgabe des ScrumMasters.

Es bedeutet zum Beispiel in der Regel schon einen Kraftakt, ein „reines" Software-Entwicklungsteam mit Testern auszustatten. Das kommt in einigen Unternehmen bereits einer Revolution gleich. Will man dann einige Wochen später auch Designer in dieses Team integrieren, hört bei vielen Managern das Verständnis auf. Dabei ist das Prinzip vollkommen klar und lässt sich an einem Beispiel sehr schön demonstrieren.

■ Wir hatten das Portal eines Telekommunikationsunternehmens zu erstellen. Als man mich fragte, ob wir diese Aufgabe innerhalb von drei Monaten schaffen würden, antwortete ich: „Unmöglich." Ich sollte es dennoch versuchen. Ich sagte zu, den Versuch zu wagen, wenn die Marketing-Mitarbeiter, die dieses Projekt aus der Business-Sicht betreuten, mit uns im selben Projektraum sitzen würden. Offenbar überzeugte ich, und die Kollegen vom Marketing setzten sich zu uns. Gab es Konflikte? Oh ja – sogar sehr viele. Es war nicht einfach, und dennoch war es eines der produktivsten Projektteams, das ich je erlebte. In diesem Team gab es eine lange Phase, in der wir uns kennenlernen mussten. Anschließend hatten wir aber trotz unterschied-licher Auffassungen alle viel Spaß an der Arbeit. ■

Bei einem ähnlich heiklen Projekt in einer anderen Firma wollten wir diesesn Erfolg wie-derholen. Keine Chance. Es war fast unmöglich, Tester für das Projektteam zu gewinnen. Dabei lagen die Schwierigkeiten an anderer Stelle. Die Führungskräfte waren leicht zu überzeugen, dass es sinnvoll wäre, die Tester in den gleichen Raum wie die Entwickler zu setzen. Kurze Zeit nachdem die Tester im Teamraum saßen, kam als Rückmeldung aus den Teams, dass die Tester nur „herumsäßen" und nicht wüssten, was sie tun sollten. Die Tes-ter hatten noch nicht verstanden, dass sie ihren eigenen Entwicklungsprozess und Testpro-zess ändern mussten. Es dauerte lange, bis sie verstanden, dass man nicht nur einmal am Ende des Projektes testet, sondern gemeinsam mit dem Entwickler an der jeweils aktuellen Funktionalität arbeitet. Es dauerte einige Tage (bei einem Team sogar zwei Sprints), bis die Tester begriffen, dass sie auch andere Aufgaben im Team übernehmen können.

Die Probleme traditionell aufgestellter Teams bei der Umstellung auf Scrum mit dem fach-übergreifendem Arbeiten wiederholen sich im Bereich der Fachabteilungen.

■ Ein Projektteam, das unter Hochdruck ein neues Produkt entwickeln sollte, bemerkte erst gegen Ende des dritten Sprints, dass es noch ein wesentliches Impediment gab: Die Fach-abteilung traf Entscheidungen zu langsam. Obwohl die Fachabteilung einen Product Owner benannt hatte, war dieser a) nicht ständig im Team und hatte b) nicht die nötige Entschei-dungskompetenz. ■

ScrumMaster müssen solche Impediments unbedingt so schnell wie möglich aus dem Weg räumen. Eine erste Maßnahme kann sein, dass der ScrumMaster die notwendigen Ent-scheidungen im Daily Scrum trifft. Das wird spätestens am Ende des Sprints zu Konflikten führen. Aber nur so wird sichtbar, dass das Team aufgehalten wurde.

Fachübergreifendes Arbeiten meint also sowohl das Miteinander-Arbeiten verschiedener Disziplinen innerhalb der eigenen Berufsgruppe (Software-Entwickler, Software-Tester, Software-Architekten) als auch die Zusammenarbeit mit anderen Disziplinen wie Marke-ting, Sales oder IT. Fachübergreifendes Arbeiten meint aber auch, dass jeder im Team so gut er kann, alle anstehenden Aufgaben übernimmt. Wir kommen bei der Darstellung der Zusammenarbeit im Rahmen des Daily Scrum noch einmal auf diesen Aspekt zurück.

Machtkonflikte und Rollenkonflikte

Ein weiteres Phänomen bei der Umstellung auf Scrum sind Machtkonflikte innerhalb des Teams. In der „Forming-" und „Norming"-Phase der Teamentwicklung wird es am häu-figsten Machtkonflikte geben (siehe Abschnitt 4.3.5). Die Teammitglieder wollen sich positionieren, und gerade dann, wenn es sich um ein Team handelt, das auf Scrum umstellt, kommt es zu Konflikten. ScrumMaster müssen mit ihrem Team daran arbeiten, dass es keine Hierarchien im Team selbst gibt.

Nach unserer Beobachtung resultieren diese Konflikte nicht aus der Arbeit selbst. In der Regel erkennen die Teammitglieder die Kompetenzen des anderen an. Die Konflikte entstehen aus dem Karrierepfad und der Karrierestufe, die ein Mitarbeiter bereits erreicht hat. Das Umfeld des Teams beeinflusst also die internen Abläufe und die Ziele, die sich der Einzelne in einem Team setzt. Viele Unternehmen haben beispielsweise ihre Mitarbeiter Stufen zugeordnet, nach denen sie bezahlt werden. Ein Tester verdient beispielsweise weniger als ein Entwickler und dieser wiederum weniger als ein Architekt. Innerhalb dieser Karrierepfade gibt es zusätzliche Abstufungen nach der Seniorität der Mitarbeiter. In einem Team müssen womöglich ein Senior und ein Junior Developer gemeinsam arbeiten. Wer hat dann das Sagen?

Scrum verhält sich hier eindeutig und nimmt keinerlei Rücksicht auf den „Rang" eines Mitarbeiters. Entweder, er kann einen wertvollen Beitrag leisten oder nicht. Das Team akzeptiert seine Vorschläge oder nicht. Das sieht auf den ersten Blick wie „Gleichmacherei" aus. In Wirklichkeit aber ist es die Wiedereinführung des Leistungsprinzips. Wer etwas beitragen kann, wird die Anerkennung des Teams bekommen, egal, wie lange er im Unternehmen ist oder welche Karrierestufe er erreicht hat.

Für viele Teammitarbeiter ist diese Denkweise zunächst erschreckend. Sie sorgen sich um den Bestand ihrer Gehälter und fürchten, die Wertschätzung zu verlieren, die ihnen ihr „Rang" innerhalb der Organisation automatisch verliehen hat. Wie wird die erarbeitete Stellung nun in einem Scrum-Team sichtbar? Für diese Frage gibt es keine allgemein gültigen Antworten. Wir ScrumMaster müssen uns aber bewusst sein, dass solche Ängste großen Einfluss auf die Teamdynamik und die Funktionalität eines Teams haben.

Das Teammitglied, das zu wenig Leistung bringt

Eine der schwierigsten Fragen, mit denen sich ein ScrumMaster auseinandersetzen muss, ist: „Was macht man mit einem Teammitglied, das nicht funktioniert?" Was ist zu tun, wenn von außen oder von den Teammitgliedern selbst die Information kommt, dass ein Teammitglied zu schlecht sei, Scrum nicht verstehe oder aus einem anderen Grund aus dem Team zu entfernen sei. Wir Scrum Trainer haben darauf keine eindeutige Antwort. Der beste Ansatz ist sicherlich, dass das Team diesen Konflikt mit dem Teammitglied selbst austragen muss. Die übrigen Teammitglieder müssen sehen, wie sie dieses Teammitglied so trainieren, dass es seinen notwendigen Beitrag leisten kann. Lassen Sie mich Ihnen dazu zwei Geschichten erzählen.

> ■ Ich hatte eine „Junior Developerin" gerade frisch eingestellt. Sie kam von der Uni und hatte keine Erfahrung, war aber sehr intelligent und besaß eine schnelle Auffassungsgabe. Trotzdem war sie langsamer als alle anderen. Unseren Lead Developer hielt sie ständig auf und traute sich nach einiger Zeit nicht mehr, ihm Fragen zu stellen. Was sie noch langsamer machte. Als ich das bemerkte, sprach ich es offen im Team an. Ich bat die Junior Developerin, weiterhin zu fragen. Die übrigen Teammitglieder begannen dadurch ein Gespür für ihre Probleme zu entwi-

ckeln. Schnell wurde sie von den übrigen Teammitgliedern „adoptiert". Besonders eine Entwicklerin kümmerte sich sehr darum, der Junior Developerin viele Dinge zu erklären.

Im gleichen Team gab es einen sehr erfahrenen Consultant aus England. Er setzte alle immer wieder davon in Kenntnis, wie toll er sei und was er alles könne. Dem ersten Anschein nach war er tatsächlich sehr fähig, und wir glaubten ihm. Ein paar Monate später wurde aber immer offensichtlicher, dass seine Kenntnisse doch nicht so gut waren. Teammitglieder, die seinen Code debuggen mussten, stöhnten und wiesen ihn darauf hin, dass er doch bitte klarer kommentieren solle. Die Situation verschärfte sich von Woche zu Woche. Der zusehends verärgerte Lead Deveoper sprach einige Male mit mir. Ich wollte an diesem Consultant jedoch ursprünglich festhalten, da ich noch immer ein großes Potenzial in ihm sah. Deshalb versuchte ich ihn dazu zu bringen, mit dem restlichen Team besser zusammenzuarbeiten. Trotzdem wurde die Stimmung im Team immer schlechter, und die Leistung des gesamten Teams nahm ab. Die Konsequenz, die ich damals in Absprache mit meinem Chef zog, war die Kündigung. Das Klima innerhalb des Teams wurde innerhalb weniger Tage wieder besser, und die Leistung des Teams verdoppelte sich. Trotz eines Mannes weniger. ■

ScrumMaster dürfen solche Entscheidungen nur sehr vorsichtig treffen. Die Fakten müssen eindeutig für diesen Schritt sprechen. Aber wenn es sich korrekt anfühlt, sollten Sie sofort handeln. Denn es gibt nichts Schlimmeres, als nicht zu entscheiden. Entscheidungen treffen ist schwierig, aber notwendig, denn der ScrumMaster ist für die Produktivität des Teams verantwortlich. Wenn das Team nicht liefert, hat auch er seinen Job nicht korrekt erledigt.

4.5.4   Die Arbeit mit dem Product Owner

„Der ScrumMaster lässt niemals zu, dass der Product Owner ohne ein Sprint Backlog ins Sprint Planning geht." [Schwaber 2001] Das ist einer der wenigen Sätze von Schwaber über das Verhältnis des ScrumMasters zum Product Owner. Er ist aber so einfach wie eindeutig: Der ScrumMaster ist dafür verantwortlich, dass nicht nur das Team versteht, wie Scrum funktioniert und wie wir hier arbeiten, sondern er ist genauso dafür verantwortlich, dem Product Owner zu helfen, seinen Job zu machen. Der Product Owner ist für die meisten Scrum-Teams nach nur wenigen Sprints, wenn nicht sogar schon vom ersten Sprint an, das größte Hindernis. Der Grund: er fehlt oder nimmt die meisten seiner Verantwortlichkeiten nicht wahr.

■ Nach einem „Agile Planning and Estimation"-Training fragten mich einige Teilnehmer des Seminars: Wie wichtig ist denn der Product Owner? Ich sagte: Essenziell, es ist sehr wichtig, mit ihm zusammenzuarbeiten. Während des Trainings hatte sich schon herausgestellt, dass sie zwar bereits vier Monate an dem Projekt arbeiteten, aber immer noch keine Anforderungen an ihr Produkt hatten. Ich bat sie, das Training zu nutzen, um ihr Backlog zu starten. Das taten sie auch und hatten innerhalb von nur 30 Minuten mehr als genug Arbeit für drei Monate. Auf die Frage, wieso sie denn kein Product Backlog hätten, lautete die Antwort, sie hätten keinen Product Owner.

Als ich eine Woche später zum Coaching in diese Firma zurückkam und mit dem Team die nächsten Schritte besprechen wollte, erfuhr ich, dass das Projekt abgebrochen wurde. Das Team hatte verschiedene Personen gefragt, ob sie die Verantwortung für das Produkt übernehmen würden, und hatte sechs Mal die Antwort „Nein!" erhalten. Daraufhin wurde das Projekt abgebrochen. Noch ein Zuckerl: Das Projekt beschäftigte bereits vier Mitarbeiter in Europa und sieben in Indien, die Kosten betrugen bereits einige hunderttausend Euro. Es war auf zehn Millionen und mehr Euro geschätzt worden und dümpelte vor sich hin. ▪

Schauen wir genau hin: Die meisten Projekte haben keine klare Vision, und den meisten Projekten fehlt eine Persönlichkeit, die klar den Sinn des Projektes transportiert. Die wenigsten Projektleiter, die die Rolle des Product Owners übernehmen können, sind in der Lage, das Product Backlog zu priorisieren. Andere Projektleiter glauben, sie müssten als ständige Begleiter des Teams dessen technische Probleme lösen. Meine Erfahrung aus vier Jahren Scrum: Oft genug will niemand das Projekt wirklich haben.

Daher ist es eine wesentliche Aufgabe des ScrumMasters, den Product Owner des Teams zu identifizieren und ihm dabei zu helfen, seine Rolle korrekt zu erfüllen. Der Scrum-Master erklärt ihm unermüdlich, wie man ein Product Backlog priorisiert und dass er zum Sprint Review erscheinen muss. Er erklärt dem Product Owner die Idee der strategischen Projektplanung. In der Regel muss der ScrumMaster dem Product Owner das, was wir in Scrum vom Product Owner verlangen, in mühevoller Kleinarbeit abringen.

Die Produktentwicklung in Scrum erfolgt ausschließlich aus der Geschäftssicht, d.h.: Jemand aus dem Business muss in der Lage sein, sich mit dem Scrum-Team ständig über das entstehende Produkt auszutauschen. Bisher war es so, dass ein Produktanforderer eine Spezifikation schrieb und das Produkt anschließend von einer Fachabteilung entwickeln ließ. In der Zeit bis zur Lieferung des Produktes konnte der Anforderer etwas anderes tun, z.B. das nächste Projekt beginnen oder auf Messen fahren. In Scrum hat ein Product Owner keine Zeit, etwas anderes zu tun, als sich um dieses eine Produkt zu kümmern. Es ist viel zu wichtig. Die Produktentwicklung dieses einen Projektes benötigt viel zu viele tägliche Entscheidungen, als dass der Product Owner sich um etwas anders kümmern könnte. Dieses neue Arbeiten – mit dem Team, zeitnah und verantwortlich – muss erlernt und eingeübt werden.

4.5.5 Die Steigerung der Produktivität des Teams

Der ScrumMaster steht außerhalb des Gesetzes. Er ist nur seinem Team und dessen Produktivität verpflichtet. Er verändert, indem er mit Scrum eine neue Art und Weise einführt, wie in einem Projekt gearbeitet wird, und hält sich dabei nicht immer an die geschriebenen oder ungeschriebenen Regeln seiner Organisation. Woher nimmt er die Berechtigung für dieses Handeln?

Der ScrumMaster leitet die Berechtigung für seine Handlungen aus dem höheren, von allen anerkannten Zweck ab: der Produktivitätssteigerung des Teams und der Verbesserung der Qualität der Lieferung. Der ScrumMaster bringt sein Team nicht dazu, Scrum zu nutzen, nur weil er Scrum toll findet, sondern weil er die Produktivität seines Teams (also den Durchsatz von Software) und die Qualität der Produkte erhöhen will. Daraus leitet er die Berechtigung ab, unbequeme Maßnahmen einzuleiten, Regeln zu verletzen und Konflikte mit anderen Organisationseinheiten heraufzubeschwören. Natürlich gilt nicht „Der Zweck heiligt die Mittel", doch wird er sich über die Regeln der Organisation stellen, um seinem Team helfen zu können.

▪ Nehmen wir das Beispiel der Organisation, in der es eine ganz klare Regelung dazu gab, wie Configuration Management zu machen sei. Dazu gab es die entsprechenden Tools und die Spezialisten an einem anderen Standort, die diese Tools korrekt einrichten konnten. Das Projektteam hatte vor der Einführung des Arbeitens mit Scrum versucht, mit den zuständigen Herren am anderen Standort darüber zu sprechen, dass das Configuration Management Tool der Organisation nicht korrekt funktionierte und angepasst werden musste. Dann begann der Sprint. Der zuständige Teamleiter hatte zwar seine Hilfe angeboten, aber sie traf auch in diesem Sprint nicht ein. Einige Tage konnte das Entwicklungsteam nicht qualitativ entwickeln, weil ihm das Configuration Management Tool fehlte. Weil das Team aber verteilt entwickelte und mit 20 Teammitgliedern unbedingt ein funktionierendes Configuration Management Tool benötigte, setzte es sich kurzerhand ein eigenes Tool auf. Der ScrumMaster eskalierte dieses Problem, und am Ende des Sprints waren dann die politischen Probleme zwischen den beiden Standorten von den Managern gelöst worden. Man erwartete vom Team, den Code von dem einen Tool in das andere zu übertragen. Jetzt aber weigerte sich das Team mit Hilfe des ScrumMasters, den Quellcode umzuziehen. Das Sprint Review stand in wenigen Tagen vor der Tür, und das Sprint-Ziel wäre riskiert worden, wenn man jetzt, anstatt zu entwickeln, auf eine neue Configuration-Management-Umgebung umsteigen würde. Dieses Argument wurde akzeptiert. Damit war einmal mehr eine Regel erfolgreich gebrochen worden. ▪

Produktivitätssteigerung darf nicht auf Kosten des Teams, nicht durch ständige Mehrarbeit, Druck oder gar Anweisungen von oben erzielt werden. Die Steigerung der Produktivität wird ein natürliches Resultat sein, wenn die Prozesse innerhalb des Teams klarer und effektiver werden.

4.5.6 Scrum in die Organisation hineintragen und sie ändern

Nach etwa drei bis fünf Sprints gibt es immer eine Phase, in der der ScrumMaster nicht mehr durch ständige Feuerwehreinsätze und superdringende Impediments gefordert wird. Dann beginnt die eigentliche Arbeit: Die Arbeit mit der Organisation. Jetzt heißt es, die Erfolge des Teams nach außen zu tragen und nach außen sichtbar zu machen, wieso die Dinge mit Scrum besser funktionieren.

Er wird anderen von den Erfolgen des Projektteams erzählen und versuchen, seine Chefs von Scrum zu überzeugen. Möglicherweise erreicht er auch die übrigen Teams und stellt Scrum dort vor.

Andere ScrumMaster beginnen, systematisch mit der Business-Seite der Organisation zu arbeiten. Hatte er sich zunächst auf sein Team konzentriert, arbeitet er jetzt daran, dass auch die Anforderer verstehen, welche Vorteile sie haben, wenn sie ein Backlog erstellen und es priorisieren.

Die Arbeit mit der Organisation und das Hineintragen der Erfolge in andere Bereiche ist ein langer und steiniger Weg.

4.5.7 Wie viel Arbeit ist es, ein Scrum Master zu sein?

Wie viele Teams kann ein ScrumMaster gleichzeitig betreuen? Mehr als eines? Ich persönlich denke, dass es eine 1:1-Relation sein muss. Ein ScrumMaster ist für ein Team zuständig. Toyota hat für jedes Team einen Teamleader. Sicher – diese Teams bestehen nicht nur aus zwei Mann, sondern aus sieben bis neun Personen. Bei Toyota arbeitet das Team autonom, und der Teamleiter hat die Aufgabe, die täglich auftretenden Probleme so schnell wie möglich zu lösen. Manchmal stellt sich der Teamleiter auch selbst ans Band. Das macht aber nur etwa 20 Prozent seiner Arbeit aus und kommt nur vor, etwas Unvorhergesehenes geschieht. So ähnlich ist auch die Rolle des ScrumMasters. Er arbeitet nicht mit am Produkt, sondern ist nur für die Prozesse zuständig. Wird er von seinem Team gefragt, wie er etwas lösen würde oder ob er mal einen Testfall durchtesten kann, wird er dem Team dabei helfen. Das sollte aber die absolute Ausnahme bleiben.

Ein Scrum-Team benötigt einen dedizierten ScrumMaster aus vielerlei Gründen. Der wichtigste: Ein Scrum-Team darf nicht aufhören, sich zu verbessern, das heißt, es benötigt einen Coach, der sich ständig um dieses Team kümmert und versucht, es permanent erfolgreicher werden zu lassen. Das kostet viel Zeit. Der ScrumMaster wird lernen müssen, Dinge zu sehen, die andere nicht sehen. Er wird sich überlegen müssen, wie er sein Team zum nächsten Erfolg führt und welche Impediments als Nächstes zu lösen sind. Vielleicht muss er sich einen Weg überlegen, wie die Bezahlung im Team gelöst werden soll, weil man weg von der Performance des Einzelnen hin zur Bewertung des Teams kommen will.

Ein ScrumMaster ist kein Teamleiter im klassischen Sinne. Dennoch führt er das Team. In der Managementliteratur ist immer davon die Rede, dass ein Teamleiter nicht mehr als sieben Personen führen sollte. Das gilt auch für einen ScrumMaster. Oft stelle ich in meinen Trainings die provokante Frage, ob die anwesenden Teamleiter noch Zeit hätten, etwas anderes zu tun, als sich um ihre Teams zu kümmern. Oft kommt dann zu Tage, was die Teamleiter den ganzen Tag tun: sie gehen zu Besprechungen mit den Fachabteilungen und klären Anforderungen oder treffen Entscheidungen, die sie ohne das Team zu fragen eigentlich nicht treffen könnten. Anstatt sich also um ihr Team zu kümmern, bevormunden sie es. Anstatt alle inhaltliche Arbeit vom Team erledigen zu lassen und sich ausschließlich auf das richtige Umfeld zu konzentrieren, arbeiten sie aktiv mit. Das ist meiner Ansicht nach ein Grund dafür, dass Teamleiter sich nicht vorstellen können, was ein ScrumMaster den ganzen Tag tut.

Weil sich viele nicht vorstellen können, dass der Arbeitstag eines ScrumMasters ausgefüllt ist, wird häufig vorgeschlagen, dass er entweder auch Entwickler sein oder zusätzlich die Rolle des Product Owners übernehmen sollte. Schauen wir uns an, was dann passiert:

■ **Fall 1: Der ScrumMaster ist gleichzeitig auch Product Owner.**
  Wenn Scrum neu eingeführt wird, fehlt der Product Owner in der Regel. Das versteht sich von selbst, weil der Product Owner erst gesucht werden muss. Ein ScrumMaster muss also häufig zu Beginn das Backlog selbst erstellen. Damit ist er nicht nur der ScrumMaster, sondern auch der Product Owner des Teams. Das ist insofern kein Problem, weil derjenige, der Scrum beginnt, meist ein Teamleiter oder Projektmanager ist, also zumeist ohnehin bereits teilweise die Aufgaben eines ScrumMasters übernimmt. Dieser Teamleiter muss seinem Team allerdings klarmachen, dass er nur in die Rolle des Anforderers schlüpft, um die Prioritäten klar darzustellen. Dabei muss er sehr vorsichtig sein. Nutzt er seine „Macht" als Teamleiter dazu, das Team stark unter Druck zu setzen, hat er eines der wesentlichen Prinzipien von Scrum verletzt: Das Team ent-

scheidet, wie viel es abarbeiten kann. Das bedeutet aber nicht, dass er in dieser Doppelrolle nicht hart verhandeln kann. Er muss nur aufpassen, fair zu bleiben.

Ein einfacher Weg, mit diesem Problem offen umzugehen, besteht darin, sich selbst zum Impediment zu erklären. ScrumMaster und Product Owner in einer Person zu sein, stellt nach den Regeln ein Impediment dar und ist deshalb ins Impediment Backlog aufzunehmen. Er wird also so schnell wie möglich daran arbeiten, nicht mehr der Product Owner zu sein. Aber Vorsicht, man kann es als ScrumMaster auch übertreiben und die „falsche Schlacht" wählen! Wenn es wichtigere Probleme gibt, zum Beispiel, dass die Teams nicht schnell genug liefern, dann sollte das Product-Owner-Problem hintanstehen.

■ **Fall 2: Der ScrumMaster ist auch Teammitglied.**
Oft arbeitet der ScrumMaster als Teammitglied, Teamleiter und/oder Lead Developer. Dann wird es schwierig. Manchmal ist es vielleicht sogar hilfreich, wenn der ScrumMaster dem Team mitteilt, wie etwas zu tun ist. Andererseits – wie sollen die Teammitglieder lernen, selbstbestimmt zu arbeiten, wenn sie sich auf den ScrumMaster verlassen können? Regelrecht destruktiv wird es dann, wenn der ScrumMaster/Lead Developer seinem Team nicht vertraut und den Code abends kontrolliert oder aktiv die Kompetenz seiner Mitarbeiter bestreitet. Wieso sollten dann die Teammitglieder beginnen, Verantwortung zu übernehmen? Dieses Problem existiert, wenn man in der Kaffeeküche Gespräche hört wie: „Das war ja klar. Er weiß es sowieso mal wieder besser. Wieso habe ich denn damit erst zwei Tage zugebracht, wenn er es in fünf Minuten besser macht. Soll er es doch selbst machen" –, dann befinden sich alle Beteiligten in einer Spirale des gegenseitigen Misstrauens. Ist dieses Misstrauen erst einmal entstanden, wird es sehr schwer, dagegenzusteuern. Daher ist der einfachste Weg, dieses Phänomen zu vermeiden, der, den ScrumMaster möglichst nicht Teil des Teams werden zu lassen.

Ist der ScrumMaster nicht nur ScrumMaster, wird es für ihn unnötig schwer, die Tätigkeit des ScrumMasters sinnvoll auszufüllen. Er ist ständig damit beschäftigt, die Rollen zu wechseln. Was soll er zuerst tun, wie soll er die Hüte ständig wechseln und wie das Vertrauen der Teammitglieder gewinnen und sicherstellen, es zu behalten?

> ■ INNEN. TEAMRAUM – MORGEN
> *Das Team sitzt um den SCRUMMASTER herum. Die Tische sind für den Daily Scrum wie in einem Schulsaal angeordnet. Der ScrumMaster sitzt hinter seinem Schreibtisch. BRIGITTE ist an der Reihe.*
>
> BRIGITTE: Ich habe ein Verständnisproblem. Ich kapiere einfach das Datenmodell nicht, das du erstellt hast. Kannst du es mir nach dem Daily Scrum erklären?
>
> SCRUMMASTER: Nein – tut mir leid. Ich muss diesen Bericht für unseren Chef fertig machen, und das wird den ganzen Tag dauern.
>
> BRIGITTE: Aber – das ist ein Riesen-Impediment für mich – du musst mir helfen.
>
> SCRUMMASTER: Nein – wie gesagt, ich muss das erst fertig machen.
>
> BRIGITTE: Aber wir haben doch gestern erst gelernt, dass es dein Job ist, mir zu helfen. Ich teile dir jetzt mein Problem mit, und du willst es nicht lösen?
>
> SCRUMMASTER: Nein – du musst halt warten. ■

Diese Probleme treten nicht auf, wenn er nur ScrumMaster ist und so seine Verantwortung korrekt übernehmen kann. Dann ist jedem Teammitglied klar, welche Verantwortung er hat. Das Vertrauen in ihn wächst, und er wird in die Lage versetzt, gut zu arbeiten.

4.5.8 Der ScrumMaster trifft Entscheidungen

Der ScrumMaster sorgt in erster Linie dafür, dass sein Team die gesteckten Ziele erreicht. Dies bedeutet auch, dass er in dringenden Fällen entscheidet, wenn das Team oder der Product Owner diese Entscheidungen nicht treffen. Fragt ihn beispielsweise das Team, welches Backlog Item jetzt weiter bearbeitet werden soll, und der Product Owner ist nicht erreichbar, dann wird er kurzerhand entscheiden, wie weiter zu verfahren ist. Selbstverständlich trägt er dafür die Verantwortung. Es kann auch sein, dass die Entscheidung ansteht, wie sich das Team zusammensetzen soll. Auch hier wird es den einen oder anderen Fall geben, in dem der ScrumMaster die Situation klären muss. Häufig gibt es auch Entscheidungen, die aus Zeitdruck gefällt werden müssen. Ein Dilemma, das nicht einfach und schon gar nicht allgemeingültig zu lösen ist. Hier benötigt der ScrumMaster das notwendige Gespür, was in dieser Situation das korrekte Verhalten ist.

Der ScrumMaster sollte im Zusammenhang mit Entscheidungen jedoch vorsichtig sein, damit es nicht zur Regel wird, dass er Entscheidungen für das Team trifft. Zeigt sich, dass das Team noch nicht autonom entscheiden kann, so ist das ein Signal für den Scrum-Master, dass er mit dem Team daran arbeiten muss, einen höheren Grad an Selbstbestimmtheit zu erreichen.

Wenn der ScrumMaster ständig entscheidet, wird man das auch seitens des Business feststellen. Manager werden sich dann zunehmend darauf verlassen, dass er schon alles richten wird, und die eigene Verantwortung auf den ScrumMaster abwälzen. So hat man zwar ein erstes Problem gelöst, damit es überhaupt vorangeht. Doch daraus kann schnell ein neues Problem entstehen: Das Business entscheidet überhaupt nichts mehr. Dann tritt exakt die Situation ein, die man eigentlich vermeiden wollte.

4.5.9 Wer in einer Organisation wird ScrumMaster?

Woher bezieht eine Organisation ihren ScrumMaster? Wer ist dafür geeignet? Darf man den ScrumMaster aus der Organisation heraus besetzen? Sollte er aus dem Team kommen, das er als ScrumMaster begleiten soll, oder besser aus einem anderen?

Schauen wir uns einzelne Möglichkeiten im Detail an:

■ **Fall 1: Der Teamleiter wird zum ScrumMaster**
Der ScrumMaster hat eine Funktion, die man mit der eines Teamleiters gleichsetzen kann, wenn der Teamleiter seine Funktion in einer anderen Form ausübt. Beginnt er, dem Team zu helfen, seine Arbeit selbst zu organisieren und Probleme aus dem Weg zu räumen, deckt er Probleme auf und arbeitet mit dem Team an deren Lösung, arbeitet er mit der Organisation, damit sein Team die Anforderungen der Organisation besser erfüllt – dann ist er ein ScrumMaster. Wenn er die Verantwortlichkeiten erfüllt, die

Scrum an einen ScrumMaster stellt, ist an sich nichts dagegen zu sagen, wenn dieser ScrumMaster sein Team als „Sprecher" in Abteilungsmeetings vertritt.

Es wird nicht jeder Teamleiter in der Lage sein, diese Art der Führung von Menschen für sich zu nutzen, und manche werden beim alten Command-and-Control-Stil bleiben. Sie werden weiterhin mit anderen Abteilungen Anforderungen spezifizieren und dann über die Köpfe ihrer Teams hinweg Entscheidungen treffen, wollen die Fäden weiterhin in der Hand behalten und betrachten die Offenheit und den positiven Umgang mit Fehlern und Problemen als Bedrohung ihrer eigenen Position. Solche Teamleiter sind definitiv nicht geeignet, als ScrumMaster ihres Teams zu arbeiten.

■ **Fall 2: Der Projektmanager wird zum ScrumMaster**
Ein Projektmanager hat viele Aufgaben. Eine seiner Aufgaben ist es, dafür zu sorgen, die Arbeitsfähigkeit eines Teams herzustellen. Er sorgt für Ressourcen, stellt einige Regeln auf, ist Ansprechpartner für alle außerhalb des Teams und vieles mehr. Viele Aufgaben des Projektmanagers oder Projektleiters sind also identisch mit den Aufgaben eines ScrumMasters. Ein Projektmanager steuert allerdings auch das Projekt. Er trifft die Entscheidungen, welches Teammitglied welche Aufgabe übernimmt und welches Team wie mit welchem Team arbeitet. Der klassische Projektmanager nimmt also sowohl Aufgaben wahr, die das Team verantwortet, als auch solche, die in Scrum der Product Owner verantwortet. Hier liegt das Problem. Ein Projektmanager verantwortet gleichzeitig Bereiche, die auseinandergehalten werden sollten. Aus diesem Grund ist es wichtig, dass der Projektmanager sich entscheidet, ob er für den Bereich Prozessmanagement oder für den Bereich Anforderungsmanagement arbeiten will. Im ersten Fall wird der Projektmanager idealerweise ein ScrumMaster, im zweiten Fall übernimmt er die Rolle des Product Owners.

■ **Fall 3: Der Software-Entwickler wird zum ScrumMaster**
Einige Teams entscheiden sich dafür, dass der ScrumMaster aus dem Team kommen soll – nicht der ursprüngliche Teamleiter, sondern ein Mitglied des Teams. Das funktioniert, wenn die Teammitglieder diese Position rotierend wahrnehmen und jedes Teammitglied für zwei bis drei Sprints einmal ScrumMaster ist. Meine Beobachtung ist, dass in diesem Fall Scrum auf der Teamebene gut funktionieren kann, dass aber die Arbeit in die Organisation hinein ein wenig darunter leidet. Die Teammitglieder bleiben von ihrer Haltung her Entwickler.

In einigen Organisationen wird kein ScrumMaster eingeführt, weil es an Ressourcen mangelt. Ein Umstand, der eigentlich unverständlich ist.

4.5.10 Zusammenfassung aus Sicht der Teammitglieder

■ Der ScrumMaster führt den Scrum-Prozess ein und sorgt dafür, dass dieser diszipliniert eingehalten wird.

■ Als ScrumMaster geeignet sind Personen mit Führungsqualitäten, die sich Problemen stellen und sie lösen wollen.

- Der ScrumMaster trifft Entscheidungen, wenn sich die Teammitglieder an ihn wenden. Diese Entscheidungen werden im Daily Scrum getroffen oder verkündet.

- Der ScrumMaster sollte nur ScrumMaster sein und nicht auch noch als Teammitglied arbeiten müssen. Er ist ein Schäferhund und kein Schaf.

- Der ScrumMaster sollte für nur ein Team verantwortlich sein, sonst wird die Belastung zu groß, und die Entscheidungen, welchen Problemen und welchen Teams Priorität einzuräumen ist, fallen schwer.

- Die Steigerung der Teamproduktivität ist die vordringliche Aufgabe des ScrumMasters. Er kümmert sich ständig darum, dass die Teammitglieder bessere Wege finden oder ihre Leistung erhöhen.

- Der ScrumMaster trägt Scrum in die Organisation hinein. Er wirbt für Verständnis, klärt die Rollen von Scrum, erläutert die Prozesse und Abläufe des Teams.

- Der ScrumMaster identifiziert Impediments und arbeitet an deren Lösung.

- Er arbeitet mit dem Team, zeigt ihm neue Wege und hilft dem Team Schritt für Schritt in die Selbstverantwortlichkeit zurück.

- Der ScrumMaster arbeitet mit dem Product Owner, um ihm seine Rolle zu erklären und dafür zu sorgen, dass die notwendigen Arbeiten durchgeführt wurden.

4.6 Der Customer – Der Finanzier

Die Rolle des Customers im Überblick

Der Customer (Kunde) ist der Auftraggeber. Er bezahlt die Produktentwicklung. Er ist es, der das Produkt am Ende des Projektes haben möchte, um seine internen oder externen Anwender zufrieden zu stellen.

Im ursprünglichen Modell von Scrum gibt es die Rolle des Customers[5] nicht. Scrum beschränkte sich am Anfang darauf, einen Anforderer zu benennen, und das war der Product Owner. In der täglichen Arbeit stellte sich heraus, dass die Rolle des Product Owners oft vom Kunden wahrgenommen werden konnte. Das funktionierte dann, wenn der Kunde genau wusste, was er wollte, und seine Wünsche selbst priorisieren konnte. Dieses Bild trifft oft zu, wenn eine Software-Applikation intern für eine Fachabteilung geschrieben wird.

Dann kam die Frage auf, ob denn der Product Owner wissen könne, was der Anwender will. Sie stellt sich für jeden Product Owner, der ein neues Produkt für einen großen An-

---

[5] Ich unterscheide den Customer vom Kunden. Mit Customer bezeichne ich die Rolle und mit Kunde den realen Kunden.

wenderkreis entwickeln will (z.B. der Product Owner, der für das nächste Mobiltelefon-Modell zuständig ist). Er müsse also auch den Endanwender kennen, denn wie solle er sonst dem Team sagen, was es entwickeln soll.

Die Vorstellung war, dass der Product Owner alle Schnittstellen nach außen abzudecken habe. Er musste also den Markt vollständig kennen und in der Lage sein, die Bedürfnisse seiner „Kunden" abzuwägen.

Das war aber ein falsches Verständnis der Rolle des Product Owners, denn dieser ist in erster Linie für die Gewinnmaximierung zuständig. Was hatten wir am Anfang von Scrum übersehen?

Wir hatten nicht alle Verantwortlichkeiten in einem Entwicklungsprojekt verstanden. Es gibt weitere Verantwortlichkeiten, die wir in Rollen kapseln können: die des Customers, des Users und des Managements.

In meinen Gesprächen mit Kunden, Sutherland und Schwaber, Cohn und Tabaka, Broderick und Voode, Østergaard und Coplien wurde immer klarer, dass diese drei Rollen absolut unverzichtbar sind.

Wir haben es mit einer Klärung der Verantwortung des Product Owners zu tun. Diese Rolle zerfällt in den Customer, den User und den Product Owner.

Der Customer ist der Auftraggeber und derjenige, der für das Gesamtprodukt zahlt. Er wünscht eine neue Anwendung, die seine Probleme in einem bestimmten Bereich lösen, und wir wollen sein Geld, um das Projekt durchführen zu können.

Der Product Owner ist es, der seinen „Customer" (Auftraggeber) mit dem für den End-Anwender erzeugten Produkt begeistern will.

In manchen Organisationen gibt es beispielsweise ein Steering Commitee oder einen höheren Vorgesetzten, der ein bestimmtes Projekt in Auftrag gibt. Dieser Vorgesetzte ist nicht zwingend auch der Product Owner, sondern derjenige, der die finanziellen Mittel bereitgestellt hat. Damit übernimmt dieser Vorgesetzte oder das Steering Committee die Rolle des Customers. Der Product Owner ist verpflichtet, nach den Vorgaben seines Kunden zu liefern. Er ist aber nicht notwendigerweise verpflichtet, jede Funktionalität erstellen zu lassen, nur weil sie dem Kunden gerade eingefallen ist.

Die Rolle des Product Owners und die Rolle des Customers können in einer Person vereint werden. Diese Person muss sich dann ihrer Doppelverantwortung sehr bewusst sein.

Die Einführung der Rolle „Customer" in Scrum löst einige Verständnisknoten. Jetzt wird viel deutlicher, dass der Product Owner Teil der Lösung ist und somit im selben Boot sitzt wie das Team. Er sorgt sich mit dem Team darum, dass der Kunde bekommt, was ihm versprochen wurde. Der Product Owner ist nun viel leichter vom Team als Partner akzeptierbar, und es wird viel klarer, dass beide Parteien in die gleiche Richtung arbeiten.

Das Konzept des Customers in Scrum ist nicht nur sinnvoll, sondern sogar essenziell, wenn man sich als Consulting-Organisation aufstellen will. Dann ist der Product Owner Teil der eigenen Organisation, und der externe Kunde übernimmt die Rolle des Customers. Für den Product Owner wird es dann auch einfacher, sich finanziell um das Projekt zu kümmern. Er weiß, was er vom Kunden für das Produkt bekommt, so kann er den Return On Investement einfach bestimmen.

Wenn die Rolle des Customers von der Geschäftsführungsebene der Organisation übernommen wird, ist das Konzept der Customer-Product-Owner-Beziehung ebenfalls hilfreich. Nun wird klar, an wen sich der Vorstand oder der Geschäftsführer zu richten hat, wenn er wissen will, wie es um das Projekt bestellt ist: an den Product Owner und nicht an das Team. Umgekehrt wird deutlich, dass der Product Owner die Entscheidungen treffen muss, nicht der Customer. Dieser kennt den Return On Investment nicht.

4.7 Der User

Die Rolle des Users im Überblick

Der User benutzt das Produkt: Er wendet es an. Er ist nicht immer auch der Kunde. D.h. er bezahlt die Produktentwicklung nicht. Der User ist als Rolle zuständig dafür die Anforderungen zu kennen oder sie bewerten zu können. Er ist bei Sprint Planning 1 und beim Sprint Review unbedingt hinzuzuziehen.

Die Rolle Anwender oder User kommt in der ursprünglichen Formulierung von Scrum ebenfalls nicht vor. Sie ist jedoch als Konzept und Rolle ebenso wichtig wie der Customer. Die Rolle des Users hat keine Verantwortlichkeiten. Wir können ihn nicht für die Qualität des Produktes oder für die Lieferung verantwortlich machen. Der User trägt also keine Verantwortung in dem Sinne, wie es die übrigen Rollen tun. Aber das Team muss den User immer im Blick behalten. Es erzeugt das Produkt weder für den Product Owner noch für den Customer. Sie erschaffen das Produkt einzig für den User. Wer seinen User bei der Produktentwicklung nicht im Blick hat, wird nicht in der Lage sein, die Funktionalität so zu entwickeln, dass sie vom User angenommen wird.

Folglich sollte ein Scrum-Team mit dem User zusammenarbeiten. Es muss Wege finden, den User zu beteiligen. Dafür kann es die bekannten Wege des Marketings nutzen oder auch die eigenen Kenntnisse, was für den User akzeptabel ist.

> ▪ Ein Team erstellt eine neue Anwendung, die ein derzeit funktionierendes System ersetzen soll. Dieses neue System soll selbstverständlich viele neue Funktionalitäten haben. Es muss aber zunächst die heutigen Funktionalitäten erfüllen. Bei einem Teammeeting wurde darüber gesprochen, dass die derzeitige Performance des neuen Systems zu gering sei. Zunächst wurde festgestellt, dass das neue System die Berechnung derzeit in 20 Minuten durchführt. Im alten System dauerte sie eine Sekunde. Daraufhin fragte jemand im Team, was an Berechnungszeit akzeptabel sei. Es wurde gesagt, dass man wohl unter sieben Minuten liegen müsste. Daraufhin sagte einer der Entwickler: „Leute, jetzt macht mal einen Punkt. Wir wissen, diese Berechnung dauert im alten System eine Sekunde. Alles, was darüber liegt, wird nicht akzeptiert." ▪

Die Kenntnis der Domain des Endanwenders ist für die Produktentwicklung unerlässlich und kann nicht ersetzt werden. Der Versuch, dieses Wissen in Form von Spezifikationen aufzuschreiben, ist zu aufwändig und führt in die Irre. Der einzige Ausweg besteht darin, mit dem User so eng wie möglich zusammenzuarbeiten und dessen Feedback einzuholen. Die Verantwortung für diese Kommunikation trägt das Team, nicht etwa der Product Owner oder der ScrumMaster. Das Team muss die Applikation entwickeln, die später ein Erfolg werden soll. Dazu müssen die einzelnen Funktionalitäten so entwickelt werden, dass sie der Anwender annimmt.

Oft haben Teams keinen direkten Zugang zu den Usern. Im Internetbusiness ist das die Regel. Doch gerade hier ist es sehr einfach, neue Funktionalitäten so zu entwickeln, dass wir schnell ein Feedback bekommen. Sie können kleine Applikationen bauen und sich vom User mit Hilfe der Reports zeigen lassen, ob ein bestimmtes Feature genutzt oder nicht. Sie können auch einen Bekannten bitten, etwas auszuprobieren und sich dessen Feedback einholen. Andere Projektteams werden im Rahmen der Produktentwicklung ihre Marketingabteilung damit beauftragen, eine Umfrage durchzuführen und auf diese Weise gewisse Funktionalitäten abtesten. Das kann man mit Papierprototypen, mit Designentwürfen und vielen anderen Techniken sehr einfach und günstig durchführen. Auch hier gilt: All dies ist Aufgabe des Teams. Die Teammitglieder entwickeln das Produkt.

4.8 Das Management – Die Bereitsteller

Die Rolle des Managements im Überblick

Das Management ist für die Wahrung des Status Quo notwendig. Es etabliert Prozesse und Richtlinien und stellt die Qualität der Mitarbeiter durch Personalentwicklung und Training sicher.

Welche Rolle spielt das Management in Scrum? Viele Leser des Buches von Schwaber und Sutherlands, die mit Scrum beginnen und vielleicht zu einem Scrum-Training kommen, fragen sich: Was tut das Management? Brauchen wir das Management noch? Die kurze und einfach Antwort lautet: Ja, unbedingt.

Die Rolle „Manager" wird in Scrum dann sehr wichtig, wenn es um das Skalieren von Scrum-Projekten oder die organisationsweite Einführung von Scrum geht (siehe Kaptitel 9.6.1). Sie treibt die Veränderung an. Dabei ändert sich die Rolle, also die Verantwortlichkeit, des Managers von einer anweisenden zu einer helfenden und unterstützenden Führungskraft.

Das „offizielle" Scrum, das von Ken Schwaber also, definiert derzeit keine Managerrolle. Daher ist nicht sofort klar, worin denn das Management besteht, wenn der Product Owner und das Team alles erledigen. Hinter diesen Fragen steht ein großes Missverständnis. Obwohl Scrum immer von Selbstorganisation und von sich selbst bestimmenden Teams ausgeht, braucht auch das Scrum-Team das Management.

Scrum schafft das Management nicht ab! Vielmehr ist es so, dass Scrum explizit fordert, dass das Management seine Verantwortung wahrnimmt. Scrum zeigt deutlich, worin die Aufgabe des Managements besteht: Es muss dafür sorgen, dass ein Team seine Mission erledigen kann. Ein Team braucht einen Raum, ein Gebäude, einen Kunden, eine Aufgabe, das Ziel, Ressourcen, Arbeitsmittel, einen Kontext. Es startet nie im luftleeren Raum, in dem es alles selbst erzeugen muss. Das wäre unproduktiv und würde das Projekt nur behindern.

In einem Start-Up-Unternehmen hätte das Management zunächst die Aufgabe, bereitzustellen, was das Team für seine Arbeit benötigt. Etablierte Organisationen können auf bereits vorhandene Strukturen zurückgreifen. Der FC Bayern München muss ein Stadion unterhalten. Er braucht neben dem Fussballteam auch Ärzte, Betreuer, Gärtner für den Rasenplatz, Kassierer an den Kassenhäuschen, Reinigungspersonal, Busfahrer für den Mannschaftsbus, Marketing-Spezialisten, Einkäufer, Trainer und viele andere, die alle dafür sorgen, dass der Verein am Samstag gegen den HSV spielen kann. Die Spieler können sich um all diese Dinge nicht kümmern. Sie sollen Fußball spielen, besser als jedes andere Team. Hier sieht man sehr schön die Aufgabe des Managements, die darin besteht, alles Nötige bereitzustellen, damit die Mannschaft optimal vorbereitet am Samstag antritt.

Peter Kotter schrieb dazu: "Beim Management geht es darum mit Komplexität umzugehen. Seine Praktiken und seine Prozeduren sind hauptsächlich eine Antwort auf die die signifikanteste Entwicklung des zwanzigsten Jahrhunderts: die Entwicklung der großen Organisationen. (...) Gutes Management bringt einen Grad von Ordnung und Stabilität zu Schlüsseldimensionen wie Qualität und Profitabilität von Produkten" [Kotter 1990].

Genau diese Aufgabe hat auch das Management einer Software-Entwicklungsmannschaft. Oder sagen wir lieber: sollte es haben. Es sollte seine Spieler in die Lage versetzen, so effektiv, so schnell, professionell und effizient wie nur irgend möglich zu arbeiten.

Die Realität sieht aber in der Regel anders aus. Die Spieler der Software-Entwicklungsteams werden durch veraltete Regeln, nicht funktionierende Computer, falsch aufgesetzte Entwicklungsumgebungen, Sicherheitsbestimmungen anderer Fachabteilungen und viele andere Regeln gebremst und aufgehalten. Selbst bei Projekten mit höchster Priorität in einer Organisation gelten häufig Standardvorschriften, die für den „üblichen" Büroangestellten gedacht sind, unhinterfragt auch für dieses Team. Dabei geht es manchmal nur darum, einen neuen Speicherbaustein für die Entwickler zu kaufen. Bei Projekten mit Budgets von mehreren Millionen Euro wird dann an den Workstations der Entwickler gespart, und 1000 Euro für einige Gigabyte RAM werden nicht genehmigt.

Oft macht das Management genau das Gegenteil davon, das Umfeld für die Teams optimal zu gestalten. Es werden Maßnahmen eingeleitet, die aus der Sicht von „oben" sinnvoll wirken und „unten" zu Druck und Unzulänglichkeiten führen. Organisationen arbeiten nicht von den Bedürfnissen ihrer Teammitglieder aus, sondern „zwingen" ihre gut ausgebildeten und motivierten Mitarbeiter in zu enge Korsetts. Das Management hätte hier die Aufgabe, sehr genau darauf zu achten, was in den Teams passiert, um dann die Rahmenbedingungen entsprechend zu gestalten. Das fängt beim Arbeitsspeicher der Workstation an und geht mit dem Verschieben von Bürowänden weiter.

Die Aufgabe des Managers in Scrum ist es, mit dem ScrumMaster gemeinsam an den Impediments zu arbeiten, auf seiner Ebene die richtigen Maßnahmen einzuleiten, die richtigen Gespräche zu führen, den Weg zu ebnen, Konflikte zu lösen und vieles mehr. Der Manager ist dabei entscheidend. Im Gegensatz zum ScrumMaster ist er ermächtigt, die Probleme zu lösen. Der ScrumMaster kann sie nur aufzeigen und dafür sorgen, dass sie gelöst werden. Er findet im Manager seinen Ansprechpartner. Wenn der Manager seine Mitarbeiter nicht als Ausführer von Anweisungen sieht, sondern mit dem Team gemeinsam arbeitet und sich als Beschleuniger seines Teams sieht, wird er zu völlig neuen Erkenntnissen über sein Team und dessen Möglichkeiten kommen.

Lassen Sie mich mit einem Beispiel aus der Kindergartenarbeit illustrieren, wie unterschiedlich man ein und denselben Beruf durchführen kann. Wir alle kennen den üblichen Standard-Kindergarten. Es gibt kindgerechtes Spielzeug, geregelte Essenszeiten, und die Kleinsten gehen immer zur gleichen Zeit zum Mittagsschlaf. Oft ist das ein großes Theater, weil die Kinder nicht schlafen gehen wollen. Aber es gibt die Regel, und sie wird eingehalten. In diesem Kindergarten wird gebastelt und gemalt. Es gibt schöne und toll ausgestattete Bauecken, und die Kinder müssen nach dem Spielen alles wieder aufräumen. Die Aufgabe der Erzieherin besteht darin, diese Ordnung herzustellen, den Kindern das Basteln und im Laufe der Zeit die Regeln des Kindergartens zu vermitteln. Viele Kindererzieherinnen sind großartig, und die Kinder gehen gerne in den Kindergarten. Ich werde Caroline, die Erzieherin, mit der ich als Zivildienstleistender damals eine Gruppe führte, nie vergessen. Sie hat ihren Beruf mit viel Liebe ausgeführt, und die Kinder hatten viel Spaß mit uns.

Was wir damals nicht wussten: Es gibt auch ein anderes Kindergarten-Konzept: Nein, nicht Montessori oder Waldorf. Sondern ausgehend von Ideen, die in Kindergärten der Region Reggio Emilia zum Einsatz kommen und den Erkenntnissen von Piaget entsprechen. Diese Kindergärten arbeiten mit der Annahme, dass Kinder sehr genau wissen, was sie können.[6] Und dass alles, was ein Kind tut, jetzt, in diesem Augenblick, genau richtig und sinnvoll für dieses Kind ist. Die Arbeit der Kindergärtnerinnen ist hier etwas völlig anderes als die Arbeit von Erzieherinnen wie Caroline. Die Kindergärtnerinnen beobachten die Kinder und besprechen sich täglich, welche Lernerfahrungen die Kinder gerade machen oder machen wollen. Sie versuchen herauszufinden, was die Kinder sich selbst gerade beibringen wollen. Die Konsequenz ist, dass diese Kindergärtnerinnen nichts verbieten, sondern innerhalb klarer Grenzen den Kindern helfen, ihre eigenen Lernerfahrungen zu machen.

Dieser Job ist schwierig, denn er erfordert ein Umdenken im Umgang mit Kindern: Diese Kindergärtnerinnen bringen den Kindern nichts bei, sondern sie versuchen zu verstehen,

---

[6] Eine Beschreibung der Leitideen dieses Ansatzes finden Sie unter: http://www.mobile-familienmagazin.de/kindergarten/kigawahl/details?k_onl_struktur=385559&kbeitrag=41219, http://en.wikipedia.org/wiki/Reggio_Emilia_approach; eine Literaturliste zu dieser Form der Pädagogik gibt es hier: http://www.script.lu/activinno/reggio/pdf/reggio_biblio.pdf, http://zerosei.comune.re.it/inter/reggiochildren.htm

was den Kindern gerade wichtig ist. Sie zeigen ihnen, wie mit einer „echten" Säge umzugehen ist, und dann sägen diese Kinder – unbeaufsichtigt, denn sie wissen, was sie tun. Diese Ideen damals in meiner Kindertagesstätte vorzubringen, wäre undenkbar gewesen.

Wären unsere Manager wie diese italienischen Kindergärtnerinnen oder so ähnlich, würden sie ihre Teams länger und aufmerksam beobachten und sich Zeit für die Teams und die Organisation um die Teams herum nehmen. Sie müssten viele ihrer Meetings absagen und sich um das kümmern, was innerhalb ihres Teams vorgeht. Die japanische Managementphilosophie, die sich hinter dem Toyota Production System verbirgt, kennt dieses Prinzip als Genbutsu. Dieses Wort bedeutet so viel wie: sich vor Ort ein Bild machen – „geh hin und schau nach". Ich kenne kein Team, das es nicht begrüßen würde, wenn sich der Manager, also der Abteilungsleiter (nicht der ScrumMaster), ein oder zweimal im Monat einige Stunden lang mit dem Team unterhält und den Teammitgliedern unvoreingenommen zuhört.

Der Manager wird auch mit Scrum die Richtungen vorgeben. Er wird gemeinsam mit anderen Managern entscheiden, welche Projekte anstehen, welche Leute von der Organisation aufgenommen werden sollen und wie die strategische Ausrichtung der Firma ist. Das mittlere Management wird nach wie vor seine Aufgabe als Vermittler zwischen der Geschäftsführung und den Teams agieren und so die Grundlagen schaffen, dass die Teams arbeiten können. In einem idealen Scrum-Umfeld braucht eine Organisation die ScrumMaster nicht mehr, sondern der Manager wird die Teams von selbst optimal ausstatten, und die Organisation wird die Teams optimal unterstützen. Beides Wunschvorstellungen, die der ScrumMaster zu erreichen versucht.

Die oben genannte Sichtweise finden wir auch bei Autoren wie Greenleaf oder Blanchard. In ihren Büchern über „Servant Leadership" werden Modelle für das Führen von Teams und Organisationen erläutert, die von einem partizipatorischen Führungsstil ausgehen. Ihre Kernaussage besteht darin, dass die Führungskraft nicht besser weiß, was zu tun ist, sondern ihre Mitarbeiter befähigt, die richtigen Handlungen selbst durchzuführen [Blanchard and Miller 2004, Greenleaf 2003].

Der ScrumMaster findet im Manager seinen Hauptansprechpartner. Ohne den Manager einer Organisation, ohne seine Befugnisse und Möglichkeiten, sei es sein Budget oder seine hierarchische Funktion innerhalb der Organisation, kann der ScrumMaster nicht viel ausrichten. Der ScrumMaster selbst hat keinerlei Autorität. Er kann zwar Teammitglieder aus den Teams entfernen, hat aber weder die Ressourcen noch die Verantwortlichkeit, für dessen weiteren Weg zu sorgen. Diese Art von Verantwortung hat nur der Manager, und er soll sie auch behalten.

4.9   Die Rollen ausüben und klar trennen

Scrum führt klare Verantwortlichkeiten ein, die jeweils in den einzelnen Rollen festgeschrieben sind und von Personen, die diese Rollen innehaben, ausgeübt werden sollen. Die Verantwortlichkeiten lassen sich nicht teilen. Jede Rolle hat einen klaren Verantwortungsbereich, und diese Bereiche überlappen sich nicht. Wenn es im realen Projektgeschäft zu Überschneidungen von Verantwortlichkeiten kommt, dann kommt es zwischen den Personen, die die jeweiligen Rollen ausüben, unweigerlich zu Interessenskonflikten. Es geht um eine Entscheidung: Soll die eingesetzte Person als Product Owner das Team antreiben oder als ScrumMaster nur für den Prozess sorgen und das Team vor dem Product Owner schützen? Soll eine Person entwickeln und das Team voranbringen, oder ist diese Person eher geeignet, die Impediments des Teams zu lösen?

Die Geschichte Deutschlands hat uns gezeigt, wie wichtig die Gewaltenteilung zwischen Exekutive, Judikative und Legislative ist, und diese sehr deutlich durch getrennte Institutionen manifestiert. Die Verantwortungsbereiche werden von jeweils klar voneinander getrennten Institutionen ausgeübt: Polizei, Bundesgerichtshof und Parlament. Keine Institution darf und kann der anderen etwas vorschreiben. Soll die Polizei anders arbeiten, dann kann das Parlament ein neues Gesetz verabschieden. Es kann aber nicht Strafen aussetzen oder der Polizei vorschreiben, wie sie ihre Ermittlungen durchführt.

So ähnlich muss man sich auch die Gewaltenteilung zwischen ScrumMaster, Product Owner und Team vorstellen.

- Der ScrumMaster ist ausschließlich für den Prozess und das Wegarbeiten von Impediments zuständig.
- Der Product Owner gibt vor, was er sich wünscht, und steuert das Projekt.
- Das Team hat die Verantwortung für die Qualität des Produktes.

Das Team ist gewissermaßen die Exekutive, der Product Owner die Legislative, und der ScrumMaster stellt die Judikative dar. Alle drei müssen gemeinsam spielen und sich auf ein gemeinsames Vorgehen verständigen, wenn sie die Kunden und die Anwender zufriedenstellen wollen. Der Customer wird eher mit dem Product Owner kommunizieren und der User hauptsächlich mit dem Team in Kontakt treten.

Dem ScrumMaster kommt neben der Verantwortung im Prozess die Rolle des Change Managers zu. Er hat die Verantwortung, Scrum zum Leben zu bringen und die beiden anderen Rollen in ihrem Wirken zu unterweisen. Er ist also nicht wirklich neutral und hat keine Ziele, sondern verfolgt die klare Vision, Teams produktiver zusammenarbeiten zu lassen. Er will erreichen, dass Teams ihre Kreativität entfalten, qualitativ hochwertige Software schreiben und so effektiv wie möglich mit dem Product Owner und dem Anwender zusammenarbeiten. In dieser Rolle übernimmt der ScrumMaster die Verantwortung für das Gelingen seiner Handlungen und wird hierbei von niemandem geschützt.

Der ScrumMaster steht ohne jede Deckung da. Wenn ihm ein Fehler unterläuft, wird er – und nur er – dafür bezahlen. Viele ScrumMaster haben ihre Ideen und Veränderungsanstrengungen mit dem Hinauswurf bezahlt. Selbst Organisationen, die im Nachhinein den

„Weg des Scrums" gegangen sind, ließen ihre ersten idealistischen ScrumMaster oft unsanft gehen.

Spannend sind folgende Aspekte: Der ScrumMaster arbeitet in einer coachenden Rolle, von allen geliebt, wenn es funktioniert, und von allen gehasst, wenn es nicht funktioniert. Der Einsatz ist hoch, die Chance auf Erfolg oft gering. Aber der Gewinn ist gigantisch: Produktive Teams, Spaß beim miteinander Arbeiten, ganzheitliches Arbeiten, eine bessere Kommunikation. Für viele Organisationen hat sich das, ganz konkret in nüchternen Zahlen ausgedrückt: gerechnet.

4.9.1 Zusammenfassung aus Sicht des ScrumMasters

Es gibt in Scrum drei Rollen, die in der Literatur nicht erwähnt werden: Customer, User und Management. Der Customer finanziert die Produktentwicklung und gibt sie in Auftrag. Der User nutzt das Produkt und ist für die Anforderungserhebung relevant. Und das Management stellt die Grundlagen bereit, damit das Team eine Organisation vorfindet, in der es arbeiten kann.

Die Rollen in ihrem Zusammenhang sind so zu verstehen: Der Product Owner übernimmt die Verantwortung für den Return On Investement und unterhält daher eine finanzielle Beziehung zum Kunden. Das Team liefert eine Applikation, die von den Usern genutzt werden soll. Daher entsteht hier die Paarung aus Team und Usern. Gemeinsam erschaffen sie eine Applikation, die nutzbar ist. Der ScrumMaster versucht, die Probleme seines Teams zu lösen, und sein Hauptansprechpartner bei der Lösung ist das Management (siehe Abbildung 4.4).

Eine der Hauptaufgaben des ScrumMasters besteht darin, die Beziehung der Rollen zueinander und ihre jeweilige Abgrenzung zu klären.

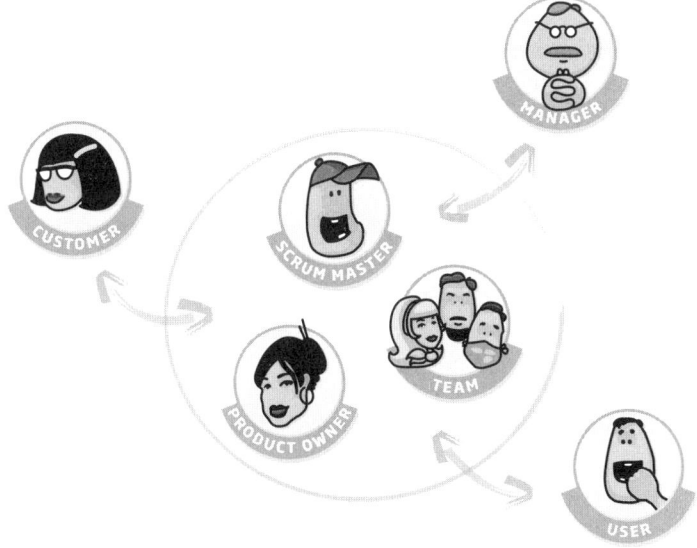

Abbildung 4.4: Korrespondierende Rollen – Organisation und Scrum

Fragen an den Certified ScrumMaster

■ Worauf muss der ScrumMaster zu Beginn der Transitionsphase bei seinem Team besonders achten?

■ Was würden Sie als ScrumMaster in der nachfolgend beschriebenen Situation unternehmen? Wie würden Sie vorgehen?

> In einem sehr erfolgreichen Unternehmen (ein Internetportal-Betrieb) entstand folgende Situation: Ein Software-Entwicklungsteam war ursprünglich sehr produktiv und in der Lage, regelmäßig große neue Funktionalitäten für das Portal zu liefern. Das Portal war am Markt sehr erfolgreich. Nach einigen Monaten verringerte sich die Rate an neuer Funktionalität zusehends, und der Druck auf die Software-Entwicklungsmannschaft wurde immer größer. Man führte Scrum ein, und die Rate an gelieferter Funktionalität stieg wieder an. Nach weiteren neun Monaten trat das gleiche Phänomen wieder auf. Die Entwicklungsmannschaft wurde anscheinend wieder langsamer. Der CTO der Firma bat uns nachzusehen. Scrum hätte viel gebracht, aber jetzt würde es nicht mehr funktionieren. Zunächst konnten wir keinen eindeutigen Grund feststellen. Die Entwickler arbeiteten intensiv und konzentriert, und es gab ein Sprint Backlog. Beim Daily Scrum lief auch alles normal. Alles in allem war zunächst kein Anzeichen erkennbar, wieso das Team nicht mehr lieferte.

> Wir blieben eine Weile im Raum und beobachteten das Team, als nach etwa 30 Minuten ein Mann hereinkam und auf einen Entwickler zuging. Beide sprachen kurz miteinander, und der Entwickler verließ daraufhin mit diesem Mann kurz das Zimmer. Einige Minuten später kehrte unser Entwickler wieder zurück und begann hektisch zu arbeiten. Am Abend fragten wir ihn, was denn geschehen sei und erfuhren, dass der Mann, den wir am Morgen beobachtet hatten, einer von fünf Product Ownern war. Der CTO hatte sie eingesetzt, weil die Funktionalitäten des Portals so umfangreich geworden waren, dass es eine Person allein nicht mehr schaffen konnte. Jeder dieser Product Owner hatte das Ziel, so viel Funktionalität in das Portal hineinzubekommen wie möglich. Ihre Bonuszahlungen waren von der Anzahl der Funktionalitäten im Portal abhängig. Es gab zwar ein Sprint Backlog, doch hatte dies nichts mehr mit dem zu tun, was implementiert wurde. Täglich verlangte ein anderer Product Owner etwas Neues.

■ Welche Rollen kommen in Scrum vor? Welche Rollen korrespondieren dazu in der Organisation?

■ Worin besteht der Unterschied zwischen einer Rolle und einer Position?

■ Wen könnten Sie sich in Ihrer Organisation als ScrumMaster vorstellen?

■ Ist ein ScrumMaster Teil des Teams? Warum?

■ Warum ist die Gewaltenteilung in Scrum so essenziell?

■ Was passiert, wenn ein Team mehrere Product Owner hat? Sie sind der ScrumMaster dieses Teams. Wie würde Ihre Lösung der Situation aussehen?

■ Welche Rolle würden Sie in Ihrer Organisation gerne übernehmen?

■ Was müssten Sie tun, um diese Rolle in Ihrer Organisation auszuführen? Welche Probleme stünden Ihnen dabei im Weg?

5 Strategisches Planen in Scrum

Planning is everything, the plan nothing.
– Dwight D. Eisenhower

5.1 Was ist Planen – Strategie und Taktik

In Scrum unterscheiden wir strategisches Planen von taktischem Planen.

Strategische Planung

Was ist Strategie? Das Wort kommt aus dem Griechischen und bedeutet ursprünglich „Heeresführung". Clausewitz definiert in „Vom Kriege" Strategie so:

> *„Die Strategie ist der Gebrauch des Gefechtes zum Zwecke des Krieges; sie muss also dem ganzen kriegerischen Akt ein Ziel setzen, welches dem Zweck desselben entspricht, d.h. sie entwirft den Kriegsplan, und an dieses Ziel knüpft sie eine Reihe von Handlungen an, welche zu demselben führen sollen, d.h. sie macht die Entwürfe zu den einzelnen Feldzügen und ordnet diese in die einzelnen Gefechte an."*

> [*Clausewitz 2005*]

Lassen Sie mich dieses Zitat auf die Projektplanung übertragen:

> *Die Strategie ist der Gebrauch der Sprints zum Zwecke des Projekts; sie muss also dem Projektgeschehen ein Ziel setzen, d.h., sie entwirft den Projektplan, und an dieses Ziel knüpft sie eine Reihe von Handlungen, welche zum Ziel führen sollen, d.h., sie macht die Entwürfe zu den einzelnen Releases und ordnet diese in Sprints an.*

Ziel des strategischen Planens ist es also, die Zwischenschritte festzulegen, die zum endgültigen Ziel führen sollen. Der Planungsprozess soll dazu führen, dass wir eine Vorstellung davon entwickeln, was vor uns liegt. Strategisches Planen dient uns zur Vorausschau, zur Einschätzung, ob ein Vorhaben gelingen kann, und der Entscheidung, welches Vorgehen zur Zielerreichung führen wird.

Taktische Planung

Demgegenüber steht die Taktik. Sie ist bei Clausewitz die „Lehre vom Gebrauch der Streit-kräfte im Gefecht". Für uns bedeutet dies:

Taktik ist die Lehre vom Gebrauch unserer Skills und Möglichkeiten im Sprint.

Natürlich wird auch auf der taktischen Ebene geplant. Auf dieser Ebene geht es aber nicht mehr darum, das Gesamtziel zu erreichen, sondern den Sprint zu planen und das Ziel die-ses Sprints zu erreichen. Die Unterscheidung zwischen strategischer und taktischer Ebene ist wichtig, da nur so zu verstehen ist, wie Scrum und andere agile Entwicklungsmethoden planen. Auf den Punkt gebracht, also:

■ Auf der Ebene der Strategie planen wir die Ziele, die wir erreichen wollen.

■ Auf der Ebene der Taktik planen wir die Aktionen, die notwendig sind, um die Ziele zu erreichen.

In der strategischen Planungsphase muss das Team also gemeinsam mit dem Product Ow-ner den Ausblick auf die gesamte Produkt-Entwicklung erarbeiten.

Die 10 Schritte des strategischen Planungsprozesses im Überblick

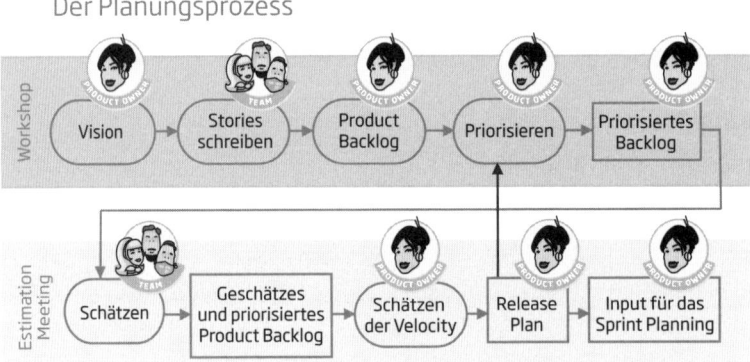

Abbildung 5.1. Der Strategische Planungsprozess

Der strategische Planungsprozess zerfällt in zehn Schritte (siehe Abbildung 5.1):

1. Erstellen einer Vision

2. Verfassen der ersten Stories

3. Erstellen eines Product Backlogs und Aufstellen der Sprint Goals

4. Schreiben der Backlog Items, die die Vision umsetzen

5. Priorisieren der Backlog Items basierend auf dem Geschäftswert und den Sprint-Zielen

6. Schätzen der Backlog Items in der Reihenfolge der Priorisierung

7. Re-Priorisierung

8. Schätzen der Kapazität des Scrum-Teams – Velocity

9. Erarbeiten des Releaseplans und Einarbeiten von Planungspuffer

10. Einbringen des Releaseplans in das Sprint Planning 1

Der strategische Planungsprozess innerhalb eins Projektes darf nicht verwechselt werden mit dem der Strategie, die dem Projekt übergeordnet ist. Das Projekt mit seinem eigenen strategischen Planungsprozess ist nur ein Teilaspekt der Planung von Produkt-Entwicklungszyklen. Der strategische Planungsprozess auf der Ebene der Produktlinie hat allerdings wiederum Einfluss auf die Projekte selbst. Daher schauen wir uns diesen dem Projekt übergeordneten Prozess kurz an:

- **Strategische Produktlinie**
  Eine strategische Produktlinie kann man sich als eine Menge von Produkten zur Abdeckung eines gemeinsamen Anwendungsbereiches vorstellen. Innerhalb der Produktlinien haben die einzelnen Produkte ihrerseits wieder ihren eigenen Produkt-Lebenszyklus.

- **Roadmap**
  Die Roadmap beschreibt, in welchen Produktetappen man sein Produkt weiterentwickeln will. Dabei kann eine Produktetappe jeweils durch ein oder mehrere Projekte gekennzeichnet sein. Eine Roadmap ist weiter gefasst als ein Projektplan und geht über das einzelne Projekt hinaus.

- **Vision**
  Die Vision bezieht sich immer auf das Produkt. Sie kann auch Teilprodukte beinhalten, die in Form der einzelnen Projekte, die sich aneinander anschließen, gemeinsam das Gesamtprodukt erstellen.

- **Releaseplan**
  Am Ende dieser Planungsphase steht ein initialer Projektplan oder Releaseplan. Der Releaseplan beinhaltet das Verständnis aller Beteiligten, welche Funktionalitäten zu welchem Zeitpunkt vom Team geliefert werden können. Der Releaseplan hängt von drei Faktoren ab: der Reihenfolge der Items im Product Backlog, der Größe der Product Backlog Items und der Kapazität oder Velocity des Scrum-Teams.

5.2 Was ist Planen?

Die oben genannten Schritte des strategischen Planungsprozesses werden in einem Scrum-Projekt tatsächlich streng der Reihenfolge nach abgearbeitet. Bevor ich weiter unten genau auf jeden einzelnen Schritte eingehe, müssen wir uns jedoch noch einmal ausführlich damit beschäftigen, was Planen genau ist:

Planen ist ein Prozess, der zu Resultaten führt.

Aufgabe des Planungsprozesses ist es, zu definieren, welches Team in welcher Zeit mit welcher Technologie welches Produkt erstellt. Agiles Planen ist ein aufwändiger Prozess mit zentraler Bedeutung für das Projekt. Ziel des agilen Planens ist es, bei allen Beteiligten ein gemeinsames Verständnis ihrer Rolle im Projekt zu schaffen. Der Planungsprozess ist in zwei Ebenen aufgeteilt, die strikt voneinander getrennt sind:

- die strategische Ebene, auf der die Releaseplanung oder Langzeitplanung durchgeführt wird, und

- die taktische Ebene, auf der die einzelnen Sprints geplant werden.

Der Planungsprozess wird immer als Dialog aller beteiligten Parteien organisiert: Die Teammitglieder führen die Planung gemeinsam mit dem Product Owner unter der Moderation des ScrumMasters durch.

In diesem Kapitel befassen wir uns hauptsächlich mit dem strategischen Planungsprozess: von der Vision über das Product Backlog und die Product Backlog Items, die im Product Backlog priorisiert und geschätzt sind, bis zum Erstellen der Releaseplanung, die im Releaseplan resultiert. Die taktische Planung des Projektes geschieht im Sprint Planning Meeting 1 und 2.

> ■ *MEETINGRAUM – NACHMITTAG – NIKO, der PRODUCT OWNER, steht vor einem Tisch, im Hintergrund eine Powerpoint-Präsentation. Am Tisch sitzen zwei Männer und vier Frauen und hören aufmerksam zu.*
>
> NIKO: Sie haben gehört, wie ich mir unsere neue Profikamera vorstelle. Die Sportreporter der nächsten Olympiade sollen alle unsere Kamera nutzen.
>
> (an den ScrumMaster gewandt) Was kommt als Nächstes?
>
> *Der SCRUMMASTER steht auf, nimmt einige Marker, geht zu einem Flipchart. Er schreibt die Vision in einigen Sätzen hin.*
>
> SCRUMMASTER: Niko, wenn ich dich richtig verstanden habe, willst du eine Kamera für Sport-Reporter, die die Aufnahmegeschwindigkeit der besten Profi-SLR-Kameras übertrifft, die die Bildqualität aller bisherigen digitalen Spiegelreflexkameras in den Schatten stellt und die dennoch leicht zu bedienen und handlich ist.
>
> NIKO: Genau – ich weiß, keine leichte Aufgabe, aber wir haben zwei Jahre bis zu den Olympischen Spielen.
>
> SCRUMMASTER: (zu den Leuten am Tisch gewandt) Guten Tag, ihr kennt mich noch nicht. Ich bin Boris. Ich helfe Niko ein wenig, dieses Projekt zu leiten. Wir wollen diese Kamera mit einer neuen Produktentwicklungsmethode sehr schnell auf den Markt bringen. Das Erste, was wir bereits ein wenig vorbereitet haben, war, euch zu diesem Meeting einzuladen. Niko und ich glauben, ihr seid die Einzigen in der Firma, die dieses Projekt erfolgreich stemmen könnten.
>
> STACIA: (schaut in die Runde, holt tief Atem) Danke für das Vertrauen, aber wo ist der Projektplan, wie soll die Kamera aussehen? Welches Budget haben wir, wer soll was tun?
>
> *Boris blickt Niko aufmunternd an. Niko steht wieder auf.*
>
> NIKO: Also – dieses Projekt läuft ganz anders ab, als wir es bisher gewohnt sind. Boris hat mich überzeugt, dass wir eine andere Methode in der Entwicklung brauchen, wenn wir Erfolg haben wollen.
>
> *Einer der Männer, groß, ca. 50 Jahre, meldet sich zu Wort.*
>
> TOBIAS: Aha – welche? Schon wieder eine Methode. Ihr habt erst vor einem Jahr den Produktentwicklungszyklus sehr genau festgelegt.
>
> SCRUMMASTER: Darf ich dazu etwas sagen?
>
> TOBIAS: Bitte!
>
> SCRUMMASTER: Ich möchte euch bitten, ein wenig Geduld zu haben und euch nicht um den neuen Prozess zu kümmern. Der ist nämlich völlig unwichtig. Ich werde euch einfach helfen, die richtigen Dinge zu tun. Zunächst einmal: Wollt ihr alle bei diesem Projekt mitarbeiten?

ANDREAS (50 Jahre alt): Was ist das denn jetzt? Wir sind hier und haben doch gar keine Wahl.

NIKO: Doch! Das Projekt ist zu wichtig, als dass wir jemanden hier haben wollen, der nicht an diese Vision glaubt. Nur wer mitmachen will, sollte hier sein. Daher die ehrlich gemeinte Frage: Wollt ihr in den nächsten zwei Jahren diese Kamera bauen?

Der SCRUMMASTER, geht zum Tisch, nimmt einige Zettel und überreicht jedem einzelnen Teammitglied ein paar davon.

SCRUMMASTER: Ich gebe euch hier einige Zettel, bitte schreibt darauf: Ja, wenn ihr mitmachen wollt. Nein, wenn ihr auf keinen Fall dabei sein wollt, und ein Fragezeichen, wenn ihr schon mitmachen wollt, euch aber noch Informationen fehlen.

Alle beginnen zu schreiben. Boris sammelt die Zettel in einer Schachtel ein. Dann schüttelt er die Schachtel und nimmt die Zettel heraus. Er schaut sie kurz an.

SCRUMMASTER: Ok, wir haben zwei „Ja" und vier Fragezeichen. Das ist sehr gut. Freut mich, dass ihr mitmachen wollt. So – der nächste Schritt ist, dass ihr dem Product Owner sagt, was die Kamera alles braucht und wie wir das gemeinsam liefern wollen.

TOBIAS: Wieso wir? Er ist der Product Manager.

SCRUMMASTER: Stimmt – aber ihr sollt die Kamera bauen, oder? Also könnt doch nur ihr herausarbeiten, was diese Kamera alles können muss. Nikos Job ist dann, zu entscheiden, was er davon wann haben will.

STACIA: Moment – heißt das, es gibt noch keine Spezifikation, keinen Projektplan und ...

NIKO: Genau! Stacia, Du hast absolut Recht. Ich war auch sehr skeptisch. Bin ich immer noch. Aber wir haben von ganz oben das Ok, den Ansatz von Boris auszuprobieren. Im Grunde heißt das: Ihr könnt alles tun, was notwendig ist, solange ihr diese Kamera in 24 Monaten liefert.

SCRUMMASTER: Gut! Ihr kennt die Aufgabe. Wie wäre es, wenn wir einfach anfangen?

TOBIAS: Schräg! Aber gut, warum nicht.

BORIS: Also, was benötigt diese Kamera alles? Ich würde gerne eine Liste aller Features erstellen, die ihr euch vorstellen könnt.

STACIA: Ja, und dann?

SCRUMMASTER: Dann priorisieren wir sie gemeinsam mit Niko und bauen das erste Feature in den nächsten vier Wochen.

ANDREAS Der spinnt. Das geht nie!

Boris lächelt ... ■

So oder so ähnlich beginnt ein Scrum-Projekt. Der Product Owner erläutert seinem Team die Vision seines Projektes, und gemeinsam wird dann geplant, was geliefert werden soll. Ein Scrum-Entwicklungsteam beginnt mit einem Projekt also viel früher, als es in der Regel passiert. Die Teammitglieder sind bereits in der strategischen Planungsphase dabei. Sie legen gemeinsam mit dem Product Owner drei Dinge fest:

1. Das Team, wer dieses Produkt also erstellen wird.

2. Die Technologie, mit der das Produkt erstellt werden soll, und wie das Produkt beschaffen sein soll.

3. Den Zeitplan und die Schritte bis zum Endprodukt.

Das ist ein grundlegender Unterschied zum Vorgehen bei traditionellen Projekten. Nicht das Management entscheidet, wie das Team zusammengesetzt ist, wie der Projektplan auszusehen hat und welche Funktionalitäten erstellt werden sollen. Die Menschen, die am

Produkt arbeiten, legen diese Dinge selbst fest. Natürlich muss man mit irgend etwas beginnen. Ein Projektteam materialisiert sich nicht aus dem Nichts, wenn ein Produkt-Manager eine Idee hat. Daher wird das Management mit dem ScrumMaster gemeinsam ein Kernteam auswählen und dann die Mitglieder fragen, ob sie an diesem Projekt mitarbeiten wollen. Dann beginnt dieses Team mit dem strategischen Planungsprozess.

Planung ist Kommunikation

Nicht der Plan, die Dokumente oder andere Hilfsmittel sind der Kern. Am Ende zählt nur das Bild in den Köpfen der Beteiligten. Aber wie entsteht dieses Bild? Um das zu verstehen, müssen wir uns wieder der Frage zuwenden: Was ist Planen? Wir gehen davon aus, dass Planen eine Aktivität ist, an der mehrere Personen beteiligt sind, und müssen daher eine Definition finden, die für eine Gruppe gilt. Dazu passt die folgende Definition, die zunächst einfach klingt, aber immense Implikationen hat: Planen ist Dialog.

Auch das Wort Dialog kommt aus dem Griechischen und setzt sich zusammen aus „dia", das *durch* oder *hindurch* bedeutet, und „logos", das *Wort* oder *Denken* bedeutet. Ein Dialog ist demnach ein Vorgang des „Durchdenkens mit Hilfe von Worten". Genau dies geschieht in einer Gruppe. Sie besprechen und durchdenken, was getan werden muss. Einfacher formuliert:

> *Planen ist ein Kommunikationsprozess zwischen den beteiligten Personen.*

Der Prozess selbst ist meiner Meinung nach wesentlich wichtiger als das offensichtliche Resultat, der Plan. Der Plan, möglicherweise aufgeschrieben in Form eines Gantt-Charts, zeigt uns nicht, welcher „Denkprozess" während der Planung zwischen den Teilnehmern stattgefunden hat. Wir kennen ihre inneren Bilder und ihre emotionale Beteiligung nicht, wenn wir den Plan in den Händen halten. Wenn das Planen aber als Kommunikationsprozess abläuft, können wir davon ausgehen, dass alle Aktivitäten, die von einem Planungsmeeting ausgelöst werden, auf dem gemeinsamen Verständnis gründen, das innerhalb des Meetings entstanden ist. Sie werden nicht vom Plan selbst bewirkt. Dieser dient zwar als Referenz des Besprochenen, aber ohne die Besprechung ist der Plan wertlos.

Der Plan gelingt, wenn Kommunikation gelingt

Wenn der Planungsprozess so bedeutsam ist, müssen wir dann nicht ein verstärktes Augenmerk auf diesen Prozess legen? Müssen wir nicht besonderen Wert auf die Kommunikation zwischen den Beteiligten legen und uns fragen, wie man sie verbessern kann?

Die Teilnehmer meiner Trainings berichten immer, dass das Planen selbst keine Probleme bereite – dass der Plan nicht eintreffe, sei das Problem. Nach unserer Definition von Planen müssen wir also danach suchen, welche Probleme beim Kommunizieren auftreten.

Jede Verständigung, sei es im Gespräch oder über E-Mails, ist nur über den Umweg der Interpretation möglich [Wittgenstein 2001]. Eine Kommunikation kann dann als gelungen angesehen werden, wenn die Handlung, die erfolgt, der Absicht der Kommunikation entspricht. Der Planungsprozess scheitert so oft, weil die Kommunikation zwischen den Beteiligten nicht zu einem Ergebnis führt, das alle gleich interpretieren.

Der Plan als Mittel der Kommunikation

Wenn wir das Planen als Kommunikationsprozess sehen, besteht die Funktion von Planungs-Tools darin, diesen Kommunikationsprozess zu moderieren und ihn zielführend zu gestalten, damit alle Beteiligten im Nachgang die korrekten Handlungen durchführen.

Wir kennen Baupläne und Skizzen, in denen die Architekten aufzeichnen, wie ein Haus gebaut werden soll. Spricht man mit Architekten darüber, warum sie ihre Pläne so exakt zeichnen, dann erhält man unter anderem zur Antwort, dass durch den Plan für alle Beteiligten klar wird, welche Tätigkeiten und Aufgaben sie durchzuführen haben. Der Plan selbst ersetzt aber auch hier nicht die Kommunikation, sondern ist das Ergebnis der Kommunikation und hat nur ein Ziel: er soll Leser dazu bringen, dir richtige Anschlusshandlung durchzuführen. Der Bauarbeiter soll an genau der richtigen Stelle eine Wand einziehen oder ein Fenster bauen.

Der Plan soll den Lesenden darüber hinaus dazu bringen, weiter zu denken. Der Empfänger soll nicht nur „tun, was ihm gesagt wird", sondern überprüfen, was er bekommen hat, und sein eigenes Wissen dazu einzusetzen, die Idee, die im Plan steckt, umzusetzen oder gar zu verbessern. Der Plan hat also nicht nur die Aufgabe, die Realität abzubilden oder zu erzeugen, sondern dient Menschen dazu, sich über ihre Handlungen zu verständigen. Damit ist jeder Bauplan aber nichts weiter als ein Kommunikationsmittel. Er ersetzt nicht die Kommunikation zwischen den Beteiligten, sondern ergänzt sie und dokumentiert den Prozess des gemeinsamen Denkens. Er ist immer nur Resultat, nicht Ursache.

Übertragen wir dieses Beispiel aus der Architektur auf die Software-Entwicklung, dann wird deutlich: Der Releaseplan eines Produktes beschreibt den Wissensstand dessen, was wir uns gemeinsam erarbeitet haben. Er enthält die Reihenfolge der Auslieferung sowie die Einschätzung der Größe der einzelnen Backlog Items und sagt etwas darüber aus, wie schnell ein Team eine gegebene Funktionalität liefern zu können glaubt.

Was uns zu der Frage führt: Wie kann man den Kommunikationsprozess Planung sinnvoll unterstützen und damit das gemeinsame Verständnis beschleunigen? Denn effektives Planen heißt in unserem Modell effektives Kommunizieren. Um effektiv kommunizieren zu können, muss man wissen, auf welcher logischen Ebene man sich aufhält. Das bedeutet, will ein Product Owner den Liefertermin seines Projektes bestimmen, muss er sich darüber im Klaren sein, dass er eine strategische Frage beantworten will. Wollen Teammitglieder wissen, wie sie sich innerhalb eines Sprints organisieren sollen, dann geht es um eine taktische Frage. Daher schauen wir uns nun die Ebenen des Planes an.

5.3 Planungsebenen – Strategie und Taktik

Jeder Projektmanager wird mir bei dem oben Gesagten zustimmen und sich fragen, wo der Unterschied zum traditionellen Projektmanagement liegt. Der Unterschied liegt darin, was als Basis für die Planung des Projektes verwendet wird.

Jeder Projektmanager lernt, dass die Grundlage der Planung der Projekt-Struktur-Plan ist. Dafür werden alle Aufgaben in Arbeitspakete eingeteilt. Der zugrunde liegende Gedanke ist einleuchtend: Wenn ich weiß, was getan werden muss, dann brauche ich es nur in die richtige Reihenfolge zu bringen, muss noch überlegen, wer die jeweiligen Handlungen durchführen soll, und fertig ist der Plan. Diese Denkweise ist in allen nicht-agilen Projektmanagementmethoden identisch. Selbst die modernste Projektmanagementmethode, die Critical Chain von Goldratt, basiert auf dieser Grundlage. Auch ich habe auf diese Weise jahrelange Projektpläne erstellt. Ich habe immer die Phasen des jeweiligen Entwicklungszyklus als erste Arbeitspakete festgelegt. Schnell hatte ich so den Rahmen-Projektplan: Anforderungsanalyse, Analyse, Design, technisches Design, Entwicklung, Testen und Optimierung. Dann begann ich, die Phasen in kleinere Einheiten zu zerlegen, und überlegte, was noch hinzukommen würde. Dank guter Projektmanagement-Tools konnte ich dann die Abhängigkeiten einpflegen und die Ressourcen zuweisen.

Jede Planung im traditionellen Projektmanagement basiert also auf der Arbeit, die geleistet werden soll. Der Projektplan, eigentlich der Arbeitsplan, gibt zunächst keine Information darüber, wann ich ein Resultat erhalte. Nachdem der Projektplan aber in irgendeiner Weise zeigen muss, wann welcher Teil der Applikation fertig ist, werden Milestones gesetzt. Ein Milestone gibt an, wann ein Projektergebnis erreicht wird.

Hier müssen wir genauer hinschauen: Der Projektplan ist ein Arbeitsplan und koordiniert Aktivitäten. Welche Antwort würde mir Clausewitz geben, wenn ich ihn fragte, auf welcher Ebene ein Plan sei, wenn er Aktivitäten enthielte? Natürlich: auf der taktischen Ebene.

Sehen wir uns das noch einmal in einem anderen Kontext an: Clausewitz sagte, dass Strategie das Planen von Gefechten und Taktik das Planen innerhalb der Gefechte sei. Transportieren wir das in die Welt des Fußballs, dann ist das Gefecht das jeweilige Spiel. Mit traditionellen, auf Arbeitspaketen basierenden Projektplänen würde ich das jeweilige Fußballspiel durchplanen. Ich weiß nicht, wie es Ihnen geht, aber ich bin der Meinung: das geht nicht. Man kann auf dem Level der Strategie dafür sorgen, dass die Spieler alles haben, was sie benötigen: Spieler, Fußbälle, Tore, ein Spielfeld, einen Schiedsrichter, Zuschauer, Umkleidekabinen und vieles mehr, aber das Spiel selbst (die taktische Ebene) kann man nicht planen.

Ein anderes Beispiel: Ich habe einen Offizier gefragt, welches Prinzip in der Armee für Planung auf dem taktischen Level herrscht. Er erklärte mir, dass dem Offizier ein Auftragsbefehl erteilt wird, der ihn ermächtigt, nach eigenem Ermessen alles zu tun, was in seiner Macht steht, um diesen Befehl erfolgreich auszuführen.[1] Der Auftragsbefehl unterscheidet sich dadurch vom Kommando, dass das „Wie", also die Wahl der Mittel und die Durchführung, dem Ausführenden überlassen bleibt. Das Kommando schreibt dagegen genau vor, wie eine Tätigkeit durchzuführen ist.

In der Software-Entwicklung herrscht häufig genau das umgekehrte Prinzip. Es wird ständig „kommandiert". Der Projektplan schreibt die Aktivitäten vor, die das Team durchzuführen hat, und überlässt es nicht etwa den Teammitgliedern, ihre eigenen Entscheidungen zu treffen und ihre Handlungen selbst auszugestalten.

---

[1] http://de.wikipedia.org/wiki/Militärischer_Befehl

Wenn aber der Projektplan dem Team vorschreibt, wie es vorzugehen hat, also auf dem taktischen Level geplant wird, ist es dann nicht vollkommen klar, wieso traditionelle Projektpläne ständig umgearbeitet werden müssen? Das Team im Sprint verändert seinen Zustand derartig schnell, dass es unmöglich ist, die nächsten sinnvollen Schritte vorauszusagen. Langfristige taktische Planungen – sagen wir: länger als vier Wochen – werden undurchführbar. Der Unterschied zwischen einem traditionell gemanagten Projekt und einem agilen Projektplan ist also:

> *Ein traditionell gemanagtes Projekt wird langfristig auf der Ebene der Taktik gemanagt, ein agil gemanagtes Projekt auf der Ebene der Strategie.*

Dieser Unterschied führt zu einer völlig unterschiedlichen Vorgehensweise bei der Planung agiler Projekte – nämlich zu einer strategischen Planung und damit überhaupt erst zu einer Strategie mit klaren Zielen. Wenn der Projektleiter nicht wissen muss, was im Einzelnen zu tun ist, kann er sich vollkommen darauf konzentrieren, was erreicht werden soll, und die einzelnen Teillieferungen in eine sinnvolle Anordnung bringen. Diese Anordnung der Dinge nennt das agile Projektmanagement den *Releaseplan*. Das Team kann sich dann geführt durch die strategische Ausrichtung des Projektes um die selbst erarbeiteten Tätigkeiten kümmern und sich darauf konzentrieren.

5.4 Die Vision

5.4.1 Der Product Owner formuliert die Vision

Da steht sie am 16 Juli 1969 um halb zehn morgens auf der Abschussrampe des Kennedy Space Center in Florida. Die Saturn Five. 110 Meter hoch, 10 Meter im Durchmesser und 3000 Tonnen schwer. Sie soll Niels Armstrong, Edwin Aldrin, und Michael Collins zum Mond bringen. Wernher von Braun und Tausende von Menschen hatten die gewaltigste Rakete der Menschheit gebaut. Ihre Baukosten betrugen circa eine Milliarde Dollar. Die Saturn Five zündet ihre Triebwerke um 09:32. Sie hebt ab, und schon 12 Minuten später tritt sie in den Erdorbit ein und zündet nach eineinhalb Erdumrundungen die letzte Stufe. Damit schickt sie die Apollo-Kapsel auf die Reise zum Mond.

Acht Jahre zuvor, am 25. Mai 1961, steht John F. Kennedy auf dem Podium. Er fordert eine ganze Nation dazu auf, ein Rennen gegen die Sowjetunion zu starten und es zu gewinnen. Seine Worte sind so berühmt wie das Resultat, das sie bewirken:

> „*I believe that this nation should commit itself to achieving the goal, beforethis decade is out, of landing a man on the Moon and returning him safely to the earth.*"[2]

---

[2] Ich glaube, dass diese Nation sich verpflichten sollte, zu erreichen, dass vor Ende dieser Dekade ein Mensch auf dem Mond landet und wieder sicher zur Erde zurückkehrt.

Damit hat Kennedy hatte eine Vision erschaffen, die Menschen dazu brachte, ihre ganze Kraft für ein gigantisches Ziel zu bündeln. Er brachte den Kongress dazu, das Budget dafür freizugeben, insgesamt ca. 6,5 Milliarden US-Dollar. So schuf er die Voraussetzungen, die es einem Team ermöglichten, diesen Traum wahr werden zu lassen. Kennedy startete die eindrucksvollste Produktentwicklung in der Geschichte der Menschheit und fokussierte eine ganze Nation auf die NASA und deren Mitarbeiter.

Alles begann mit einer Vision, die inspiriert, adelt und herausfordert. Das war Kennedy bewusst. Am 12. September 1962 während einer Rede an der Rice University sagte er:

> *„We choose to go to the moon. We choose to go to the moon in this decade and do the other things, not because they are easy, but because they are hard, because that goal will serve to organize and measure the best of our energies and skills, because that challenge is one that we are willing to accept, one we are unwilling to postpone, and one which we intend to win, and the others, too."*[3]

Von Kennedy lernen wir, wie eine erfolgreiche Produktentwicklung beginnt: Der erste Schritt ist die Vision. Sie bewirkt, dass in den nächsten Monaten und möglicherweise Jahren eine Gruppe von Menschen ihre Energie für ein gemeinsames Ziel nutzt. Sie motiviert und vermittelt gleichzeitig Stabilität. Entsprechend definiert Bob Schatz, Certified Scrum Trainer und früher Vice President of Development bei Primavera, eine Vision so:

> *„Eine Vision erzeugt eine emotionale Reaktion auf ein klares Bild unseres Zieles hin."*

Aufgabe eines jeden Product Owners in Scrum ist es, eine Vision zu entwickeln, sie so wie Kennedy klar und präzise zu formulieren und damit das Team zu inspirieren. Aufgabe des Product Owners ist es nicht, Spezifikationen zu schreiben oder jedes kleinste Detail seiner Idee zu durchdenken und die Designvorgaben zu erstellen. Kennedy hat das auch nicht getan, er hat nur das Ziel vorgegeben.

5.4.2 Wie erschafft man eine Vision?

Eine Vision wirkt durch die Kraft von Worten. Deshalb muss der Product Owner zunächst seine eigene Leidenschaft, seine eigenen Werte und Vorstellungen für das jeweilige Produkt finden und sie in Worte fassen. Vielleicht muss er dazu einige Tage in seinem Büro verbringen, schreiben, zeichnen oder einfach nur mit Freunden diskutieren. Wenn seine Vorstellung Gestalt angenommen hat, wird er sie mit anderen teilen. Er wird sie vorstellen, der Kritik aussetzen und die Meinungen anderer hören. Mit diesem Feedback kann er an der Klarheit seiner Vision arbeiten. Der Prozess, ein Bild zu verdichten, zu überdenken und klarer werden zu lassen, kann manchmal Tage, manchmal Jahre dauern.

---

[3] Wir wollen zum Mond zu fliegen, und zwar noch in dieser Dekade, nicht weil es einfach ist, sondern weil dieses schwer erreichbare Ziel dazu dient, unsere besten Energien und Fähigkeiten zu sammeln und zu messen, weil es eine Herausforderung darstellt, die wir gewillt sind, auf uns zu nehmen, die wir nicht aufschieben und ebenso wie alle anderen Herausforderungen meistern wollen.

Als Product Owner müssen Sie sich Ihre Vision Stück für Stück erarbeiten. Freewriting und Elevator Pitch sind zwei Methoden, die Sie dabei unterstützen können.

Freewriting

1. Freewriting:[4] Nehmen Sie sich zehn Minuten Zeit. In diesen zehn Minuten stellen Sie das Telefon ab. Begeben Sie sich an einen Ort, wo Sie zehn Minuten konzentriert und ungestört arbeiten können. Dann nehmen Sie sich etwas zu schreiben. Benutzen Sie das Werkzeug, mit dem Sie sich am leichtesten tun. Papier und Bleistift oder einen Laptop. Ganz egal.

2. Ihre Aufgabe ist es, in den nächsten Minuten über Ihr Thema, also Ihre Produktidee zu schreiben – Sie sollen einfach nur schreiben, wobei es völlig gleichgültig ist, was Sie schreiben. Niemand wird es lesen. Das Besondere an dieser Übung ist, dass Sie in den nächsten zehn Minuten nicht aufhören dürfen zu schreiben. Wenn Sie einen Schreibfehler machen, der Satz merkwürdig klingt und Sie „das ist doch kompletter Blödsinn" denken – egal, schreiben Sie es auf. „Denken" Sie nicht, und vor allem: Kritisieren Sie nicht. Schreiben Sie – jetzt!

3. Gut! Sie haben zehn Minuten geschrieben. Ist Ihnen klarer geworden, welche Vision Sie zu Ihrem Produkt haben? Nein – macht nichts. Lassen Sie Ihr Unterbewusstsein arbeiten, und warten Sie einfach ab. In ein paar Tagen werden Sie es wissen.

4. Wenn Sie die erste Formulierung Ihrer Vision gefunden haben, drehen und wenden Sie sie. Schauen Sie sich Ihren Satz von allen Seiten an. Ist er präzise? Entsteht in Ihnen ein Bild? Ist der Satz detailreich, ohne spezifisch zu sein? Erzeugt er eine Emotion in Ihnen – lieben Sie diese Vision? Wollen Sie diese Vision erreichen?

5. Prüfen Sie die Vision dann: Fragen Sie Ihren Partner oder Ihre Partnerin – reden Sie darüber – verfeinern Sie die Vision, schreiben Sie die Vision noch einmal anders auf. Sie können auch Ihre Mitarbeiter involvieren und befragen, oder Sie vergleichen Ihre Vision mit der des Kunden.

6. Wenn Sie meinen, Ihre Vision gefunden zu haben, präsentieren Sie sie Ihrem Scrum-Team. Hören Sie beim Feedback genau hin. Es gibt mit Sicherheit viele Informationen, die Ihnen helfen, die Vision noch klarer zu fassen.

Elevator Pitch

Wenn Ken Schwaber im Aufzug den CTO einer Firma trifft und gefragt wird, was er denn so tue, dann antwortet er: „Ich helfe Teams, Software in 30 Tagen herzustellen." Dieses Statement ist ein sogenannter Elevator Pitch. Der Versuch, in 30 Sekunden, also in der Zeit, die ein Fahrstuhl benötigt, um in den 20. Stock zu fahren, auszudrücken, was man Besonderes leistet.

---

[4] Diese Übung funktioniert für mich – Sie haben sicher Ihre Art, eine Vision zu finden. Mehr über Freewriting in [Elbow 1973, S. 4ff.]

„Freewriting" ist eine Möglichkeit, die eigene Vision zu finden, der Elevator Pitch eine zweite. Jim Highsmith hat basierend auf der Idee des Elevator Pitch eine Vorlage für eine Produktvision erstellt. Diese Vorlage ist gut geeignet, eine erste Visionsidee zu erstellen, weil sie die Elemente enthält, die eine gute Produktvision benötigt:

> Für *(Kunden)*,
> die *(Beschreibung des Bedarfs oder der Gelegenheit)*,
> ist das *(Produktname)* eine *(Produkt-Kategorie)*,
> die *(Hauptvorteil, Grund dieses Produkt zu kaufen)*;
> anders als *(Alternative des Wettbewerbs)*
> kann unser Produkt *(Beschreibung des Hauptunterschieds)*

Schauen wir uns den Elevator-Pitch für die digitale Spiegelreflexkamera unseres Product Owners Niko an:

> Für *Professionelle Fotografen*
> die *samstags im Fußballstadion schnelle, actionreiche Bilder machen wollen,*
> ist die *Scrum One* eine *digitale Spiegelreflexkamera,*
> die *es erlaubt, Bilderserien mit 35 Bildern pro Sekunde mit einer bis dahin unerreichten Qualität zu schießen;*
> anders *als die Kamera des Mitbewerbers*
> kann man bei unserem Produkt *die vorhandenen Objektive weiter nutzen.*

Auch hier gilt wieder: Je spezifischer und klarer die Worte sind, die Sie verwenden, desto aussagekräftiger wird die Vision. Der Elevator Pitch kann Sie auf dem Weg zu Ihrer eigenen Vision nur unterstützen, er kann Ihnen aber die Arbeit, die Sie tun müssen, um Ihre Vision zu finden, nicht abnehmen.

Wenn es Ihnen mit keiner dieser Methoden gelingt, eine Vision zu formulieren, dann tun Sie das, was wir in Scrum immer sagen: Fangen Sie jetzt damit an! Bitten Sie Ihre Mitarbeiter um Hinweise, aber seien Sie aktiv, und schreiben Sie etwas auf, das Ihrer Vision nahekommt.

Auch wenn Sie kein Produkt entwickeln, sondern die Implementierung eines vorhandenen Produktes durchführen, können Sie eine Vision aufstellen. In diesem Fall wird der Nutzen, der durch das Projekt entsteht, als Kern der Vision aufgeschrieben.

Viel zu oft höre ich von den Teilnehmern meiner Seminare, sie würden die Vision ihres Projekts nicht kennen. Wie aber soll ein Team oder der Produkt-Manager ein Produkt erstellen, wenn er die Bedeutung seines Handelns nicht kennt. Die Aufgabe der Vision ist es, diese Bedeutung zu schaffen. Das heißt nicht, dass jeder seine eigene Vision erzeugen kann, wie es ihm beliebt. Der Scrum-Prozess fordert aber, dass es eine Vision gibt, und Scrum weist der Rolle des Product Owners die Aufgabe zu, dafür zu sorgen, dass es sie gibt.

Zur Erinnerung: Wir erarbeiten die Vision aus zwei Gründen:

- Der Product Owner muss ein Projekt steuern, und dazu benötigt er eine Vision.
- Die Vision ist ein Tool, um die Kommunikation zu steuern und alle Beteiligten in die gleiche Richtung arbeiten zu lassen.

5.4.3 Veränderung der Vision – Schärfe und Klarheit

Im Laufe des Projektes wird sich die Vision verändern. Sie wird immer klarer, und das Produkt selbst wird die Vision beeinflussen. Wunderbar sieht man das anhand von Steve Jobs neuen iMacs (siehe Abbildung 5.2). Sie sind im Grunde nicht anders als die ersten Apple Macintoshs, z.B. der MacPlus 1986. Es ist immer noch die gleiche Idee, das gleiche Prinzip: ein Computer in einem Kasten mit einer Maus und einer Tastatur. Der Kasten sieht anders aus als damals, repräsentiert 30 Jahre später aber noch immer die gleiche Vision, die zu einem Produkt führte, das weiterhin viele Menschen begeistert.

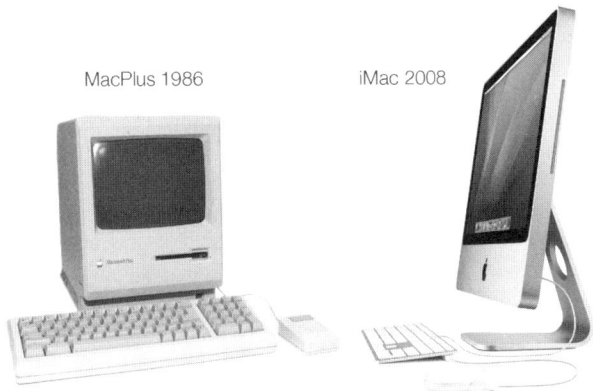

MacPlus 1986   iMac 2008

Abbildung 5.2:
Vom MacPlus 1986 zum iMac 2008.
Fotos: © Mac Plus Gerhard Walter, versal.at; iMac, © 2008, Apple Inc.

Die Vision richtet also ein ganzes Projektteam aus und wird möglicherweise unterschiedliche Resultate erzeugen, bleibt im Kern aber stabil und kann, wie das Beispiel des Mac zeigt, Jahrzehnte überdauern, in deren Verlauf sie überarbeitet, deutlicher und schärfer wird.

5.4.4 Führungsaufgabe Visionsgenerierung

Der Product Owner ist eine Führungsfigur. Er führt sein Team mit Hilfe seiner Vision und mit Hilfe der Geschichte, die er dem Team erzählt. Seine Aufgabe besteht darin, Unsicherheiten der Teammitglieder durch die Formulierung der Vision auszuräumen und auf diese Weise Sicherheit zu erzeugen.

In der Softwareentwicklung gibt es eine Vielzahl von Projektteams, die vermeintlich keine Produktentwicklung betreiben oder an mehreren Produkten gleichzeitig arbeiten. Hier scheint die Frage nach der Vision aussichtslos. Die Applikation, die von ihnen gewartet wird, ist vielleicht schon zehn Jahre alt. Was dann? In solchen Situationen ist es Aufgabe des Product Owners, eine Vision zu finden, die es den Teammitgliedern ermöglicht, sich mit dem, was sie tun, zu identifizieren.

Ein Team arbeitet immer in einem Kontext, es gibt immer einen Zusammenhang. Viel zu oft geht dieser Kontext im Alltagsgeschäft verloren. Niemand fragt mehr danach, wieso man das, was man tut, tun sollte. Teams sind möglicherweise damit beschäftigt, die Treiber für ein Mobiltelefon zu schreiben. Sie müssen sich mit viel altem Code herumschlagen und verlieren schnell die Identifikation mit dem Produkt, weil sie ständig kleine Details ändern müssen. In einem solchen Umfeld gelingt es der Führung oft nicht mehr herauszuarbeiten, wieso die Arbeit dieses Teams so entscheidend ist. Dies führt beim einzelnen Teammitglied über kurz oder lang zu Demotivation und Langeweile. Wie wir aus dem Artikel „Creativity Under the Gun" wissen, führt ein solches Umfeld bei den Teammitgliedern zu dem Eindruck, sich auf einem Deathmarch zu befinden. Die Folge davon ist, dass man ohne zu denken einfach macht, was einem gesagt wird [Amabile et al. 2002].

5.5 Das Product Backlog

Hat der Product Owner alleine oder gemeinsam mit seinem Projektteam seine Vision gefunden, ist also allen klar, was erstellt werden soll, dann besteht der nächste Schritt der strategischen Planung darin, die Eigenschaften, d.h. die Funktionalitäten, des Produktes festzulegen und in eine Reihenfolge zu bringen.

> ■ ABENDS IM SUPERMARKT kurz vor Ladenschluss. Petra hat mich gebeten, noch einige Dinge mitzubringen. Unsere Gäste kommen um acht, und sie braucht dringend und rechzeitig noch einige Zutaten. Sie hat mir sogar gesagt, wieso die Sachen auf meinem Einkaufszettel so wichtig sind. Im Büro habe ich ihn daher nach Wichtigkeit und nach Anordnung der Einkaufsdinge im Supermarkt sortiert. Ich stecke die Münze in den Schlitz des Einkaufswagens, und los geht's. Da sind Broccoli, Tomaten, Thymian und Rosmarin. Gut, das war die Gemüsetheke. Oh je – das hat zu lange gedauert – ich muss mich beeilen, sonst komme ich zu spät. Im Vorbeirasen die Nudeln eingepackt, und dann zur Fleischtheke. Das Wichtigste – die Putenschnitzel. Die Verkäuferin gibt mir die sechs Schnitzel, und es geht weiter in Richtung Käsetheke. Auf meiner Liste ist der Käse wegen der Anordnung im Supermarkt jetzt erst dran. Eine Schlange steht vor der Theke, der Blick auf die Uhr sagt mir: das schaffe ich nicht mehr. Noch zehn Minuten hier stehen und ich komme viel zu spät. Also kein Käse. Ich schiebe den Wagen in Richtung Wein, nehme unseren Lieblingswein heraus und haste zur Kasse. Gut – es gibt nur Wein und keinen Käse. ■

Ein Backlog ist nichts anderes als eine Einkaufsliste des Product Owners für sein Team. Der Product Owner hat basierend auf seiner Vision mit dem Team darüber gesprochen, welche Eigenschaften und Funktionalitäten das Produkt haben sollte. So ist eine Liste von Funktionalitäten entstanden. Der Product Owner priorisiert diese Liste, und das Team legt fest, wie viele der Product Backlog Items abgearbeitet werden können. Wir werden später sehen, wie man die Einträge in dieser Liste sinnvoll aufschreiben kann, zunächst aber müssen wir einige Missverständnisse über das Product Backlog ausräumen:

■ **Das Product Backlog besteht nicht aus Anforderungen.**
In einem Product Backlog werden keine Anforderungen im klassischen Sinne notiert. Es steht dort z.B. nicht: „Auf der Produkt-Katalog-Hauptseite gibt es ein Displayfeld für den Preis." Beim Schreiben von Backlog Items muss klar sein, dass wir es hier nicht mit Anforderungen, sondern mit Eigenschaften und Merkmalen von Produkten zu tun haben. Eine möglicher Eintrag wäre: „Als Buchkäufer kann ich den Preis eines Buches einfach erkennen, so dass ich entscheiden kann, ob ich das Buch kaufe."

■ **Das Product Backlog ist keine Spezifikation eines Produktes.**

Das Product Backlog spezifiziert das Produkt nicht vollständig. Die Einträge des Backlogs stellen zwar die Eigenschaften dar, die das Produkt haben sollte, allerdings auf einer so groben Ebene, dass sie als Spezifikationen ungeeignet sind.

■ **Das Product Backlog ist nie vollständig.**

Das Product Backlog ist nie vollständig, sondern wird immer weiter wachsen und sich ständig verändern. Diese fundamentale Eigenschaft zeigt deutlich, dass es keine Spezifikation eines Systems ist, sondern eine Liste von Dingen, die das Produkt ausmachen sollen, aber erst dann spezifiziert werden, wenn ein Product Backlog Item tatsächlich entwickelt werden soll.

■ **Das Product Backlog wird nicht alleine vom Product Owner geschrieben.**

Der Product Owner priorisiert das Product Backlog, er treibt das Projekt durch diese Priorisierung, aber er schreibt nicht alle Backlog Items selbst. In kleinen Projekten mag das der Fall sein, aber es ist nicht die Regel. Ein Product Owner hat entweder viele Kollegen, die ihm helfen, die Ideen zusammen zu schreiben, oder das Scrum-Team selbst schreibt die Backlog Items. Es ist jedoch seine Aufgabe, diese Ideen in eine Ordnung zu bringen, die aus Sicht des Anwenders sinnvoll ist.

■ **Es gibt keine technischen Product Backlogs.**

Ein Product Backlog wird aus den Funktionalitäten gebildet. Es können Fragen im Backlog stehen, die für Funktionalitäten stehen. Ein Product Backlog kann auch die noch offenen Fehler eines Systems enthalten. Es sollte jedoch keine technischen Zwischenprodukte enthalten. Es interessiert den Product Owner in der Regel nicht, ob das Team bestimmte Module refaktorieren oder eine Testumgebung etablieren muss. Allerdings ist dies keine harte Regel. Es gibt Product Owner, die wissen, dass diese Zwischenprodukte notwendig sind, und den Fortschritt hierbei kennen wollen. Dann kann es sehr wohl sinnvoll sein, diese Dinge separat im Product Backlog aufzuführen.

5.5.1 Hilfsmittel für das Verwalten des Product Backlogs

Für die Verwaltung des Backlogs kann man viele Tools benützen. Ich habe Backlogs in allen möglichen Varianten gesehen:

■ **Mind Maps**

Eine gute Möglichkeit, ein Product Backlog zu strukturieren erlebe ich in folgendem Projekt: Der Kunde organisierte sich mit Hilfe von Mind Maps. Was lag da näher, als die Backlog Items in Form einer Mind Map aufzubauen. Die einzelnen Arme der Mind Maps stellten die verschiedenen Funktionseinheiten seiner Firma dar. Durch das Markieren der entsprechenden Unterarme wurde dann eine Priorisierung über das gesamte Backlog möglich (siehe Abbildung 5.3 auf der nächsten Seite).

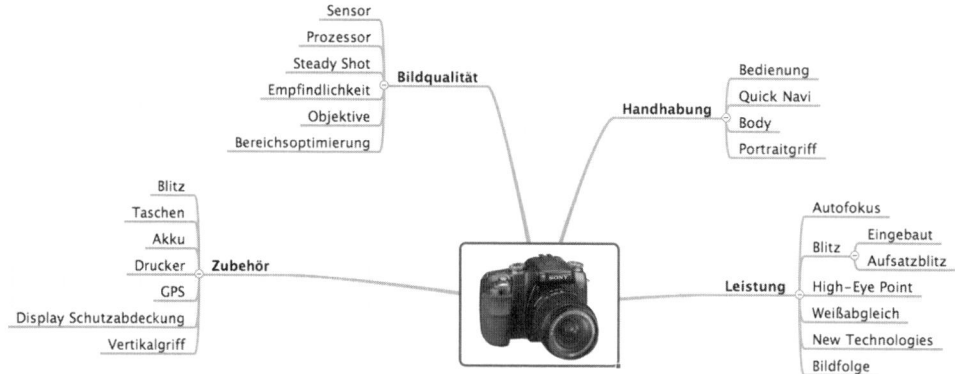

Abbildung 5.3: Mind Mapping

■ **Spreadsheets**

Spreadsheets sind die offensichtlichste Lösung zur Verwaltung von Backlogs. Sie können alle gängigen Spreadsheetprogramme nutzen. Ich persönlich habe mit Google Spreadsheets sehr gute Erfahrungen gemacht (siehe Abbildung 5.4). Mit Google Spreadsheets ist es ganz einfach, Teams an unterschiedlichen Orten zu managen. Sie legen ein Spreadsheet an und geben es für alle berechtigten Personen frei.

	A	B	C	D	E
	Theme	Story	UAT	Busine Value	Size
2	Ausbruch	Als Gefanger möchte ich eine Tool, so das ich ein Loch in die Wand machen kann, dam ich ausbrechen kann	Wenn ich das Tool benutze, ensteht ein Loch ein der Wand	100	13
3	Kommunikation	Als Gefangener möchte ich ein Tool, mit dem ich meine Mitgefangenen über den Ausbruch informieren kann	Wenn ich das Tool benutze, könne mich die anderen Gefangenen hören	100	20

Abbildung 5.4: Google Spreadsheets

■ **Story Cards:**

Die effektivste Form eines Product Backlogs auf Teamebene ist die Storycard. Auf je eine Karteikarte im Format DIN C6 wird genau ein Backlog Item geschrieben. Die „Forderung der 3 C" wird bei dieser Technik vollständig erfüllt. Die 3 Cs stehen für:[5]

■ **Cards:** User Stories (Backlog Items) werden auf Karteikarten geschrieben (Cards). Diese Karte wird mit gerade so viel Text beschrieben, dass sich jeder merken kann, was die Story bedeutet. Auch Priorität und Schätzung werden auf der Karte notiert, ebenso wie Überlegungen zur Umsetzung oder Abhängigkeiten.

---

[5] siehe: www.xprogramming.com/xpmag/expCardConversationConfirmation.htm

- **Conversation:** Der Product Owner erklärt dem Team jedes einzelne Backlog Item. Das Backlog Item wird auf jeden Fall erläutert, wenn es geschätzt werden soll – meistens noch einmal im Sprint Planning Meeting und, wenn nötig, ein weiteres Mal während des Sprints.
- **Confirmation:** Meist auf der Rückseite der Karte wird die Bestätigung geschrieben, die anzeigt, was erfüllt sein muss, damit die Story erfüllt ist. Diese Bestätigung wird in Form von User-Acceptance-Tests geschrieben.

Der Vorteil der Karte gegenüber allen anderen Formen des Aufschreibens ist ihre Haptik und die Möglichkeit, die Dinge sehr schnell zu verändern und zu korrigieren. Karteikarten kann man zerreißen und neu schreiben. Wenn man eine neue Idee hat, fügt man einfach eine neue Karte hinzu. Wenn man sie gruppieren will, kann man sie mit Farben markieren oder farbige Karten benutzen. Das macht sie sehr handlich und zum idealen Arbeitsmittel für Teams. Es gibt unserer Erfahrung nach keine einfachere Möglichkeit, Backlog Items zu kreieren und in einem Team von bis zu 25 Personen zu verwalten, vorausgesetzt, alle befinden sich an einem Ort.

Enterprise Tools
Es gibt eine ganze Reihe von Scrum Tools. Sie alle haben den gleichen Vorteil: sie erlauben das einfache Reporting für das Management. Mit ihrer Hilfe ist es möglich, große Backlogs zu verwalten und die Backlog-Einträge auch über mehrere Standorte gemeinsam abzuarbeiten. Ihr Nachteil ist die mangelnde Flexibilität, außerdem lassen sie teamspezifische Erweiterungen nur schwer zu.

Textfiles
Ein Backlog kann auch aus einem einfachen Textfile bestehen, in dem die Einträge von oben nach unten priorisiert stehen. Wenn Sie dieses Textfile über ein Konfigurationsmanagementtool verwalten, haben Sie ein ideales und sehr schnelles Scrum Tool.

Bugzilla und Co.
Viele Teams nutzen für die Verwaltung von Backlog Items ein Bugtracking-Tool. Dieses Tool erfüllt fast jede Anforderung an die Verwaltung von Backlog-Items, und ihr Vorteil besteht darin, in der Regel von Teams bereits eingesetzt zu werden. Jeff Sutherland beschreibt in einem seiner Artikel, wie ein Team das Bugtracking-Tool GNATS[6] ein wenig veränderte, um den Anforderungen der Entwickler gerecht zu werden, und so über ein geeignetes Reportingsystem verfügte[Sutherland 2005].

Kombinationen
Viele Teams nutzen eine Kombination aus elektronischem Tool und Taskboard, an dem sie die Story Cards des jeweiligen Sprints aufhängen. Das elektronische Tool dient dazu, die Releaseplanung und das Reporting zu vereinfachen. Die Arbeit mit den Karten bewirkt, dass es das Team während des Daily Scrums einfacher hat, sich zu synchronisieren. Auch das Planning Meeting wird dann mit Hilfe der Karten durchgeführt,

---

[6] http://www.gnu.org/software/gnats/

da es sich erwiesen hat, dass die elektronischen Tools für die Arbeit im Planning selbst zu unhandlich und zu langsam sind.

Sie sehen, im Grunde ist es völlig egal, womit Sie Ihre Backlog-Einträge verwalten. Das System, welches für Sie funktioniert, ist das richtige.

5.5.2 Product Backlog für große und Multi-Teams

Grundsätzlich hat das Product Backlog für große Teams oder für Projekte, die mit Multi-teams erarbeitet werden, keine andere Funktion als die eines Backlogs für nur ein Team. Auch hier wird es alle Product Backlog Items in der Reihenfolge ihres Business Values auflisten. Bei Projekten mit mehreren Teilteams wird das Backlog in der Regel nur eine Spalte mehr aufweisen, in der festgehalten wird, welches Team sich mit diesem Backlog Item befassen wird. Diese Zuordnung wird bereits vor einem Sprint Planning, beispielsweise im Estimation Meeting, durchgeführt. Es kann aber auch sein, dass die Teams das Product Backlog erst im Sprint Planning unter sich aufteilen. Auf diese Weise entstehen dann während des Sprints zwei, drei oder mehrere *Selected Team Backlogs*, die dann die einzelnen Items beinhalten.

Aus Sicht des Product Owners oder gar der Product Owner ist es dann notwendig, dass das Product Backlog reflektiert, welches Team welches Backlog Item liefert. Spreadsheets oder Backlog Tools wie Version One sind in der Lage, diese Zuordnungen abzubilden. Daher kommen solche Tools in großen Organisationen häufig zum Einsatz.

Tabelle 5.1 zeigt eine Variante der Aufteilung des Backlogs, die sich sehr gut bewährt hat. Hier sieht man auf einen Blick, welches Team welches Backlog Item abarbeiten wird. Natürlich ist das ein Plan, der durch die iterative Planung ständig aktualisiert wird. Und der Aufwand für die Verwaltung eines Umfeldes mit vielen Teams, die gemeinsam an einem Produkt arbeiten, ist erheblich größer als bei nur einem Team.

Tabelle 5.1: Ein Multi-Team-Backlog

Team / Sprint	Jan.	Feb.	März	...
Sprint Goal	**Bilder aufnehmen**	**Bilder verwalten**	...	...
Team Body	Verschlusszeit kurz	Schnelle Bildfolgen	Viele Bilder speichern	...
Team Software	Bilder anzeigen	Bilder Serien anzeigen	Bulklöschung von Bildern	...
...	...	...	...	...

Die Sprint Goals für die einzelnen Sprints müssen frühzeitig definiert werden. Nur wenn sie bekannt sind, ist es möglich, zu erarbeiten, welche Teams was zu tun haben. Die Sprint Goals sind immer für alle Teams gleich. Nur so lässt sich erreichen, dass alle Teams in die gleiche Richtung laufen und das exakt gleiche Interesse haben. Im zweiten Beispiel in Tabelle 5.2 wurde das Backlog anders geordnet, aber auch hier ist das Prinzip gleich: Die Backlog Items werden wiederum nach ihrem Business Value angeordnet. Diesmal wird in der Spalte *Area* deutlich, um welchen Applikationsbereich es sich handelt. Da nicht zwingend ein Applikationsbereich von einem „Area-Team" bearbeitet wird, sollte man hier anstelle von „Team" „Area" schreiben. Das erlaubt es jedem Team, jede Area zu bearbeiten.

Tabelle 5.2 Das Backlog Item wird mit der Area-Information erweitert.

Beschreibung	Area	Geschäftswert	Testfall	...
Backlog Item A	E-Mail	10000	Test A	...
Backlog Item B	News	9000	Test B	...
Backlog Item C	Produkte	8500	Test C	...
Backlog Item D	Games	3000	Test D	...
...	...	...	...	...

5.5.3 Was ist ein Product Backlog Item?

Woraus besteht ein Webportal? Ein Film? Ein Roman? Ein Word-Prozessor? Aus Produktteilen. Der Word-Prozessor kann Text editieren, Texte speichern, Text in verschiedene Formate bringen, drucken. Das sind die Teile des Word-Prozessors. Ich benutze bewusst das Wort „Teile" und nicht „Funktionalitäten", wie es in der Software-Entwicklung üblich ist. Die Vorstellung von Teilen hilft besser dabei, ein Produkt zu zergliedern. Ziel ist es, das Produkt für das Product Backlog so zu zerlegen, dass jeder Product Backlog-Item einen Teil des Produktes repräsentiert. Denkt man in Teilen oder Liefereinheiten, wird klar, dass es um Einheiten geht, die man anfassen, begreifen oder beschreiben kann.

> *Ein Product Backlog Item ist Teil einer Applikation,*
> *den das Scrum-Entwicklungsteam liefern muss.*

Diese Definition macht deutlich, dass ein Backlog Item immer ein Endprodukt oder ein Zwischenprodukt ist. Ein Backlog Item liefert für den Kunden einen Wert. Zwischenschritte, die keinen Beitrag, keinen Business Value liefern, werden nicht als Backlog Item bezeichnet. Beispiele für Backlog Items:

- Als Anwender kann ich den Status meiner Flugbuchungen einsehen.
- Als Systemadministrator sehe ich die Anzahl der offenen Sessions.
- Kreditkartenabrechnung
- Druckvorschau
- Schnittstelle, die die Werte X und Y zurückgibt

Im Unterschied zu den oben genannten Teilen von Applikationen sind dies keine Backlog Items:

- Funktionales Anforderungsdokument
- Erstellen eines Projektplanes
- Test-Umgebung, Integrationsumgebung ...
- HTML-Prototyp

Backlog Items müssen einen Wert für das Produkt darstellen. Wenn eine Forschungsabteilung ein neues Getriebe eines Fahrzeuges produzieren soll, dann muss diese Forschungsabteilung nach einer gewissen Zeit dieses Getriebe in einem Zustand liefern, der es erlaubt, dieses Getriebe zu nutzen. Und sei es auch nur im ersten Testfahrzeug. Genau das passiert in Scrum alle 30 Tage. Hinter jedem Backlog Item steht etwas, das funktional benutzbar ist.

Backlog Items sind keine Anforderungen

Backlog Items dürfen nicht mit Anforderungen oder Spezifikationen verwechselt werden. Sie sind nicht mehr (und nicht weniger) als Repräsentationen von Ideen des Teams oder anderer Projektbeteiligter, die dazu dienen, die Idee aufzuschreiben. Sie können nicht mehr sein, weil es zu diesem Zeitpunkt unmöglich ist, die Idee selbst vollständig zu beschreiben oder sie so aufzuschreiben, dass sie eindeutig ist. Der eine Satz, mit dem ein Backlog Item beschrieben wird, soll eine Diskussion bewirken. Der Product Owner soll mit Hilfe dieses Satzes ankündigen, was er haben möchte, und dann mit dem Team so lange diskutieren, bis die Teammitglieder glauben, verstanden zu haben, was sie liefern sollen. Alistair Cockburn bezeichnet eine Story (die häufigste Form, in der Backlog Items beschrieben werden) als „Versprechen für eine weitere Konversation über diesen Satz". Das zeigt sehr schön, dass in einem Scrum-Projekt niemand davon ausgehen sollte, dass das Backlog Item etwas aussagt, was unbesprochen geliefert werden kann.

Anforderungen basieren auf den Backlog Items. Sie werden jedoch erst im Detail erstellt, wenn genau dieses Backlog Item im Sprint eingeplant ist und erstellt werden soll. Brauchen wir dann noch Anforderungsmanagement oder gar das Entwickeln von Anforderungen? Diese Frage lässt sich nicht pauschal beantworten. Jedes Team wird für sich entscheiden müssen, wie weit es die Überlegungen, die es zu einem Backlog Item gibt, aufschreiben muss, wie weit es dazu tendiert, die Dinge in Form von Dokumenten festzuhalten. Es gibt allerdings bei der Tiefe der Analyse klare Regeln. Es sollen nur Dokumente entstehen, die einen Beitrag zum Business Value des Projektes liefern.

5.5.4 Product Backlog Items als Stories formulieren

In der agilen Welt werden Backlog Items am häufigsten in der Form der Story aufgeschrieben. Eine Story ist ein kurzer Satz, der einen Teil einer Funktionalität in einer besonderen Weise repräsentiert, die von Mike Cohn stammt und in seinem Buch „User Stories Applied" [Cohn 2004] beschrieben ist. Mike Cohn hat folgende Struktur für User Stories eingeführt:

- As a user *role*
  I need a *functionality*
  so that I get *business value*

- Als Anwender *mit der Rolle*
  benötige ich eine *Funktionalität*,
  damit ich den *Nutzen* bekomme.

Beispiele:

- Als *Besucher des Portals* benötige ich *die Möglichkeit, mich zu identifizieren,* damit ich *meine Kundendaten abrufen kann.*

- Als *Reisender* hätte ich gerne *eine Liste aller meiner gebuchten Reisen,* damit ich *weiß, wann ich abfliege und den Überblick nicht verliere.*

- Als *Buchhalterin* hätte ich gerne, *dass die Mehrwertsteuer automatisch basierend auf den Kundeninformationen auf der Rechnung ausgewiesen wird,* damit ich *nicht mehr jedes Mal nachschauen muss.*

Diese Formulierungen mögen nicht ausreichen, um einem Team klar zu sagen, was es liefern soll, sie sind aber sicherlich ausreichend, um eine Diskussion über die verschiedenen Aspekte der Story auszulösen.

Eine Story enthält keinerlei Information über das Wie. Es werden keine Informationen zu Design- oder Architekturfragen geliefert. All diese Überlegungen muss ein Team selbst herausfinden und selbst erarbeiten, und zwar für jedes Backlog Item separat.

Jede Story wird durch mindestens einen User-Acceptance-Test verifiziert! Für jedes Backlog Item muss also sofort auch ein Anwendungstest geschrieben werden. Der Anwender oder ein Repräsentant sollten ihn testen. Das Aufschreiben von User Acceptance Tests zwingt alle Beteiligten sich vorzustellen, was man am Ende tatsächlich „sehen" will. Meist versteckt sich hinter dem User-Acceptance-Test auch bereits die erste Information, wie das Design der Applikation aussehen soll. Ein Backlog Item muss mindestens einen Testfall bekommen, aber natürlich kann im Laufe der Zeit für jedes Backlog Item mehr als ein Testfall auftreten. Beispiele für User-Acceptance-Tests:

- Der User kann seinen Namen eintragen. Nach dem Klick gelangt er automatisch zu seiner Profilseite.

- Auf der Reiseübersichtsseite sehe ich alle meine gebuchten und offenen Reisen. Nachdem eine Reise angelegt worden ist, erscheint sie dort sofort.

Auch hier ist wieder entscheidend, dass alle gemeinsam an diesem Projekt arbeiten. Angenommen, der Product Owner kann keine User-Acceptance-Tests schreiben und gibt diese Verantwortung daher an das Team ab, dann haben die Teammitglieder die User-Acceptance-Tests zu erstellen, um die Qualität der Applikation zu gewährleisten.

5.6 Backlog-Priorisierung

- *Meeting-Raum – Tag – Der ScrumMaster steht, einige Teammitglieder haben Pokerplanning Cards vor sich liegen. Der Product Owner Niko betritt den Raum.*

NIKO: Guten Morgen, ich habe nur wenig Zeit, ihr habt ja alle das Backlog per E-Mail bekommen. Bis später.

NIKO dreht sich um und will den Raum schon wieder verlassen.

SCRUMMASTER: Halt!

NIKO bleibt stehen und schaut den ScrumMaster fragend an.

NIKO: Ist noch was?

SCRUMMASTER: Sicher – du hast das Backlog nicht priorisiert.

NIKO: Wozu? Ich will eh alles haben. Sagt mir einfach, wann ich alles bekomme.

SCRUMMASTER: Warte – so läuft das nicht, wir brauchen bereits zum Schätzen eine priorisierte Liste von Dir, und erst dann legen wir los. ■

Jedes Scrum-Team kennt die geschilderte Situation. Die Product Owner sind zu Anfang nicht in der Lage, ein Product Backlog zu priorisieren. So merkwürdig sich das anhört, ist es doch verständlich. Bisher bestand das Planen eines Projektes darin, die Anforderungen zu kennen, zu schätzen, wie lange das Umsetzen aller Anforderungen dauern würde, einen entsprechenden Projektplan zu erstellen und nachzusehen, ob man nicht doch schneller liefern könnte. Dabei ging man immer davon aus, dass das Projekt alle Funktionalitäten, also den gesamten Business Value, am Ende liefert (die Kurve 1 in Abbildung 5.5).

Mit dieser Vorstellung im Kopf kann der Product Owner nicht erkennen, wieso es sinnvoll ist zu entscheiden, was zuerst geliefert werden soll. Weil er keinen kontinuierlichen „Fluss" an Lieferungen von Produkteilen sieht und die gesamte Funktionalität am Ende erwartet, wird ihm die Bedeutung der Priorisierung der Projektteile nicht bewusst. Würde er von der kontinuierlichen Lieferung von Produktteilen ausgehen, dann würde er sogar selbst darauf drängen, dass das Team die von ihm gewählte Reihenfolge einhält (siehe Kurve 3 in Abbildung 5.5).

Erst die Vorstellung der kontinuierlichen Lieferung macht dem Product Owner bewusst, dass er durch die Priorisierung der Backlog Items bestimmt, welche Richtung die Produktentwicklung nimmt. Erst dann kann er erkennen, dass er mit den drei Eckdaten

- Position des Backlog Items im Produkt Backlog,
- Größe des Backlogs Items und
- Kapazität des Teams

genau bestimmt, wann ein Team, welches Backlog Item liefert. Daher ist es für die Projektplanung und die Steuerung der Entwicklung essenziell, dass der Produkt Owner sehr genau weiß, an welcher Stelle ein Backlog Item steht.

Auf diese Weise hat der Product Owner die vollständige Kontrolle darüber, was ein Team bearbeitet. Er hat es gewissermaßen in der Hand, ob ein Team die richtigen Dinge zum richtigen Zeitpunkt liefert, denn durch seine Priorisierung macht er die Vorgabe dafür.

5.6.1 Die Grundlage der Priorisierung: der Business Value

Der Wert, den eine Produktentwicklung für eine Firma hat, ist in Scrum anders definiert als in den meisten anderen Projekten. Stellen Sie sich vor, Sie wären der Leiter einer Fabrik, die Bonbons produziert. Wann erhalten Sie das Geld für Ihre Bonbons? In dem Moment, in dem Sie die Bonbons verkaufen. Keine Sekunde früher.

Für Ihre Bonbonproduktion schaffen Sie sich große Maschinen an und wollen diese nun so gut wie möglich auslasten. Sie wollen alles so optimieren, damit Sie möglichst nur einmal in der Woche zum Laden fahren müssen. Die Folge ist: Sie erhalten nur einmal pro Woche Geld für Ihre Bonbons. Was wäre, wenn wir die Liefereinheiten kleiner machen und die Bonbons jeden Tag an unseren Laden ausliefern? Wir würden dann zwar weniger große

Mengen anliefern, dafür bekämen wir aber viel früher und regelmäßig Geld. Welche Strategie ist sinnvoller?

Diese Frage wurde eindeutig durch die „Theory of Constraints" beantwortet [Goldratt and Cox 2004]. Der Aufbau von Lagern und das Optimieren der Lieferkapazität führen zu Kosten. Das Lager ist nur auf dem Papier etwas wert. Wirkliche Gewinne kann man mit den Bonbons nur machen, wenn sie verkauft sind.

Die gleiche Situation finden wir auch in der Software-Entwicklung. Hier werden Produkte erst „verkauft", wenn die letzten Aspekte berücksichtigt sind. Erst wenn es gelungen ist, die letzten Abschlusstests erfolgreich durchzuführen, erhält man für das Projekt Geld.

Warum sollten wir also das Prinzip der kontinuierlichen Lieferung nicht auch in der Software-Entwicklung anwenden? Dann wäre das Ziel: „Wir liefern Produktteile so schnell wie möglich aus." Die Konsequenz ist, dass wir bereits während der Produktentwicklung Erlöse erzielen können, was finanzmathematisch zu einem verbesserten Gesamtergebnis führt.

Es gibt einen weiteren Aspekt, der vor allem für große Organisationen mit vielen Projekten immense Produktivitätssteigerungen bringen kann. Es ist allgemein bekannt, und meine Erfahrung zeigt das auch, dass Projekte seltener abgebrochen werden, als es aus finanzieller Sicht sinnvoll wäre. Je mehr Budget ein Projekt hat, desto seltener wird es abgebrochen. Warum? Schauen wir uns dazu einen üblichen Projektverlauf an: Meist wird bereits in der Mitte eines Projektes deutlich, dass das Produkt weder zu dem geforderten Zeitpunkt noch zu den Kosten geliefert werden kann, zu denen es zugesagt worden ist. Dann verlangt die Entwicklungsorganisation nach weiteren Ressourcen für das Projekt, um den zwar unrealistischen, aber vielleicht noch darstellbaren Release-Termin zu halten. Im Klartext heißt das: Die Entwicklungsorganisation liefert das Projekt erst, wenn sie mehr Geld dafür bekommt. Noch drastischer formuliert: Da findet Erpressung statt. Die Business-Seite hat die Wahl, a) zu bezahlen oder b) nicht zu bezahlen. Im Fall a) hat es finanzielle Auswirkungen, und im Falle b) wird das Projekt „umgebracht". Die Kontrolle liegt einzig bei der Entwicklungsorganisation. Die Drohung ist dabei immer die gleiche: Gib uns mehr Geld, oder du bekommst gar nichts, oder viel zu wenig (siehe Abbildung 5.5).

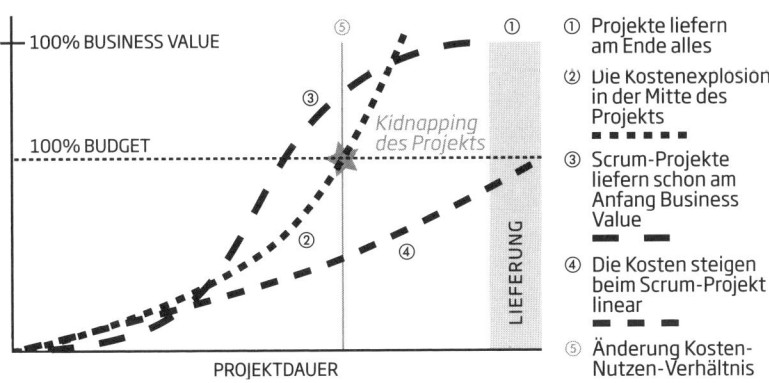

Abbildung 5.5: Business Value und Lieferung

Hat man also auf der Business-Seite eine realistische Wahl? Das Projekt „lebt" doch schon und hat viele Millionen verschlungen, soll man tatsächlich aufgeben? Je größer die Investition bisher gewesen ist, desto schwieriger wird die Entscheidung, aufzuhören. Dabei wäre es nur folgerichtig, das Projekt einzustellen. Aber der menschliche Verstand funktioniert so nicht. Aus den Arbeiten zum *Behavior Trading* wissen wir, dass Entscheidungsprozesse in Situationen, in denen Verlust droht, anders laufen. Menschen sehen nicht mehr die Verluste, die sie machen werden, sondern wollen unbedingt die Investitionen, die sie bereits getätigt haben, sichern.

Dabei wäre jeder Chief Information Office (CIO) froh, wenn er Projekte so schnell wie möglich „sterben" lassen könnte. Auf seinem Projekt-Backlog stehen sowieso viel zu viele Projekte. Als Beispiel könnte uns hier die Pharmaindustrie dienen, die bewusst zig Produktentwicklungen parallel startet, um sie eine nach der anderen sterben zu lassen. Übrig bleibt dann das Produkt, das alle anderen aus dem Feld geschlagen hat und sich nun am Markt behaupten soll.

Aber wie kann man erreichen, Projekte so schnell wie möglich einzustellen und dabei sicher zu sein, dass man damit keine Investitionen aufgibt? Die Lösung ist das Scrum-geführte Projekt: Mit jedem Sprint wird ein Stück vom Produkt entwickelt, und die Produktteile mit dem größten Business Value werden zuerst erstellt. Das bedeutet, dass gegen Ende der Projektlaufzeit nur noch Produktteile entwickelt werden, die relativ zum Gesamtwert des Projektes geringer werden. Dreht sich das Kosten-Nutzen-Verhältnis also gewissermaßen um, sollte das Projekt eingestellt werden (siehe Abbildung 5.5, Kurve 5).

Aber selbst wenn der Product Owner das Product Backlog priorisieren möchte, er also verstanden hat, dass er den Gewinn seiner Firma steigern kann, indem er das Backlog erfolgreich priorisiert, wie geht man dabei vor? Welche Tools gibt es, um eine Product Backlog sinnvoll zu priorisieren?

5.6.2 Methoden der Priorisierung

Das Priorisieren des Product Backlogs ist für viele Product Owner ein großer Stolperstein. Sie wissen oft nicht, wie sie ein Product Backlog einfach und schnell priorisieren sollen. Dabei gibt es einfache Methoden für die Priorisierung, die, konsequent angewandt, den gewünschten Erfolg bringen können. Nachfolgend möchte ich Ihnen vier Methoden vorstellen, die Ihnen helfen werden, ein Product Backlog nach der Bedeutung zu ordnen.

MusCoW

Jedes Produkt hat eine bestimmte Anzahl von Eigenschaften, die es vorweisen muss, will man es auf den Markt bringen. Ein Laptop ohne Tastatur oder eine andere Art von Eingabemöglichkeit wird niemand auf den Markt bringen können. Daneben hat jedes Produkt aber auch Eigenschaften, die nicht wirklich notwendig, aber doch nützlich sind. Und der Grad der Notwendigkeit hat natürlich Einfluss auf den Business Value einer Produkteigenschaft.

Basierend auf diesen Überlegungen gibt es die Skala „MusCoW", die für die Ersteinschätzung von Product Backlogs sinnvoll sein kann:

■ **Must**

In diese Kategorie fallen die Elemente, ohne die das Produkt auf keinen Fall vorgestellt oder ausgeliefert werden kann. Meistens ist diese Liste kürzer, als man glaubt, aber sie ist auf keinen Fall leer. Die ersten Features, um die sich ein Team kümmern soll, gehören also sicherlich zu den „Must-"Features.

■ **Could**

Zu dieser Gruppe zählen alle Funktionalitäten, die man im Produkt haben möchte, die, wenn es sie nicht gibt, die Funktionalitäten des Systems einschränken, die allerdings nicht zwingend notwendig sind. Gerade in dieser Liste wird man sehr viele Dinge finden, die anscheinend absolut wichtig sind, bei näherem Hinsehen aber vielleicht doch entbehrlich sind.

■ **Wish**

Hierher gehören die Funktionalitäten, die man gerne hätte, die aber tatsächlich nur noch auf der Wunschliste des Product Owners stehen. Das sind die Funktionalitäten, die für das Produkt keineswegs mehr ausschlaggebend sind.

Achtung! Eine Priorisierung nach diesen Kategorien darf nur als Ersteinschätzung dienen. Sie muss während des Projektes ständig überdacht werden, und sie wird sich mit hoher Wahrscheinlichkeit im Laufe des Projektes verändern. Beispielsweise könnte die Bundesregierung ein Gesetz ändern und somit eine bestimmte Funktionalität, die aus der eigenen Geschäftssicht bislang nicht bedeutend war, plötzlich extrem wichtig werden. So war das zum Beispiel mit der gesetzlichen Forderung, dass der Kunde beim Wechsel seines Mobilfunkanbieters seine Rufnummer mitnehmen können muss. Aus Sicht der Mobilfunkanbieter ist das völlig nebensächlich.

1000 Ping-Pong-Bälle

Die einfachste Methode, den Business Value eines Backlog Items festzulegen, ist, jedem Backlog Item einen Wert zuzuweisen, der zunächst nur eine imaginäre Bedeutung hat. Ken Schwaber hat vorgeschlagen, dafür eine beliebige Einheit zu nehmen, Ping-Pong-Bälle, Gummibärchen oder Äpfel, und eine Basismenge anzusetzen. Also beispielsweise 1000 Ping-Pong-Bälle oder 500 Einheiten Latinium. Diese Ping-Pong-Bälle werden dann auf die einzelnen Backlog Items verteilt, und zwar so, dass ein Backlog Item umso mehr Ping-Pong-Bälle erhält, je wertvoller es erscheint.

Auch diese Methode ist eher intuitiv, sie erzeugt aber einen ersten guten Wert, mit dem man dann für bestimmte Backlog Items weiterarbeiten kann. Hat man beispielsweise die ersten 20 Backlog Items seines Backlogs auf diese Weise identifiziert, kann man mit dem Kano-Modell herausarbeiten, welche dieser Funktionalitäten die für Kunden wichtigsten sind, und so überprüfen, ob die Intuition richtig lag.

Kano

Der japanische Ökonom Noriaki Kano hatte in den 80er-Jahren eine Methode entwickelt, die Wünsche von Kunden zu klassifizieren. Mit dieser Methode wollte er einen Maßstab zur Bewertung von Produktmerkmalen identifizieren. Sie sollte helfen vorherzusagen, ob der Kunde ein bestimmtes Produkt annimmt. Scott Sehlhorst und Mike Cohn haben den Ansatz Kanos zugänglich gemacht [Sehlhorst 2006, Cohn 2005]. Die Kano-Analyse ist im Wesentlichen ein Werkzeug, um die Anforderungen an ein Software-Produkt als Funktion der Kundenzufriedenheit priorisieren zu können. Kano unterscheidet sechs Kategorien von Produktmerkmalen:

1. **Basisfunktionalitäten:**
   Oft auch unter der Bezeichnung „Must haves" bekannt. Eine digitale Spiegelreflexkamera ohne Monitor auf der Rückwand können Sie nicht verkaufen.

2. **Excitors**:
   Merkmale, die man nicht erwartete, aber toll findet. Die automatische Sensorreinigung der Kamera oder das iPod Wheel sind solche Excitors.

3. **Lineare Merkmale**:
   Erwartete Merkmale. Je „mehr" davon vorhanden ist, umso besser. Die Akkulaufzeit unseres Mobiltelefons ist ein solches Merkmal. Je länger, desto besser. Der Akku selbst ist ein Must-Have, aber die Laufzeitlänge ist ein Performance-Indikator.

4. **Indifferent**:
   Diese Merkmale haben keine Auswirkung darauf, ob der Kunde das Produkt annimmt. Sie sind nicht wichtig für ihn. Ein Beispiel wäre die Gehäusefarbe einer Telefonanlage, die im Keller an der Wand hängt.

5. **Questionable**:
   Hierunter fallen Merkmale, bei denen nicht klar ist, ob sie gebraucht werden, z.B. ob der Auspuff eines Wagens ein oder zwei Rohre haben muss.

6. **Reverse Attribute**:
   Merkmale, die von Kunden sogar nicht gewollt werden, gehören in diese Kategorie.

Wie finden wir nun heraus, ob ein Produktmerkmal in die eine oder andere Kategorie fällt? Das ist verhältnismäßig einfach, Sie müssen dafür nur eine relativ kleine Gruppe von ca. 20 bis 30 Personen befragen. Die Befragten bekommen einen Fragebogen, in dem sie zu jedem Merkmal zwei Fälle beantworten müssen. Einmal den funktionalen Fall: das Merkmal ist vorhanden, und einmal den dysfunktionalen Fall: das Merkmal ist nicht vorhanden. In beiden Fällen können die Teilnehmer zwischen den folgenden Antworten wählen:

1. Ich mag das Merkmal in dieser Art.

2. Ich erwarte das Merkmal genau so.

3. Ich bin neutral gegenüber diesem Merkmal.

4. Ich kann mit dem Merkmal leben.

5. Ich mag das Merkmal in dieser Form nicht.

Lassen Sie uns ein Beispiel betrachten. Wir wollen wissen, ob ein Amateurfotograf bei einer Spiegelreflexkamera das Feature „Liveview" braucht. Dazu fragen wir die Kontroll-gruppe:

Fall 1: Das Merkmal ist vorhanden.

Wenn Sie den Bildausschnitt auf dem Monitor der Spiegelreflexkamera sehen könnten, wie fänden Sie das?	Ich erwarte es so.	–
	Ich mag es in dieser Form.	X
	Ich bin neutral.	–
	Ich kann damit leben.	–
	Ich mag das nicht.	–

Fall 2: Das Merkmal ist nicht vorhanden.

Wenn Sie den Bildausschnitt auf dem Monitor der Spiegelreflexkamera **nicht** sehen könnten, wie fänden Sie das?	Ich erwarte es so.	–
	Ich mag es in dieser Form.	–
	Ich bin neutral.	–
	Ich kann damit leben.	X
	Ich mag das nicht.	–

Wie erhalten wir daraus eine konsistente Antwort, ob die Amateurfotografen dieses Merk-mal nutzen wollen? Dazu erzeugt man eine Matrix aus der Antwort auf die funktionale und die dysfunktionale Frage (siehe Abbildung 5.6):

		Dysfunktionale Frage				
		Ich mag es	Erwarte es so	Neutral	Kann damit leben	Mag es nicht
Funktionale Frage	Mag es so	Q	E	E	E	L
	Erwarte es	R	I	I	I	M
	Neutral	R	I	I	I	M
	Kann damit leben	R	I	I	I	M
	Mag ich nicht	R	R	R	R	Q

Abbildung 5.6: Auswertungsmatrix

Auf diese Art bekommen wir für jedes Merkmal pro Befragten eine Antwort, in welche der oben beschriebenen Kategorien es fällt. Aggregieren wir die Antworten aller Befragten in einer Tabelle, dann erhalten wir eine klare Aussage pro Merkmal (siehe Tabelle 5.3).

Tabelle 5.3: Bewertung – Verteilung der Antworten

Merkmal	Gesamt	E	L	M	I	R	Q	Resultierende Kategorie
Live View	30	10	8	3	5	2	2	Excitor
Blitz auf Gehäuse	30	5	5	7	5	3	3	Must-have
Sensorreinigung	30	6	4	10	4	0	6	Must-have

Die Stärke der Kano-Methode liegt darin, dass der Nutzer des Produkts befragt wird. Wir haben bei der Beschreibung der Rollen, die es in einem Scrum-Projekt gibt, davon gesprochen, dass Teammitglieder mit den Anwendern reden müssen, um herauszufinden, wie das Produkt sein muss. Genau das passiert hier. Der Produkt Owner sollte von seinem Team die Antwort erhalten, welche Merkmale von welcher Kundengruppe hoch priorisiert worden sind. Dann kann er dies in Beziehung zu den Aufwänden setzen und auf diese Weise seine Funktionalitäten priorisieren.

Entscheidend bei der Kano-Methode ist, dass man tatsächlich Anwender befragt. Selbstverständlich kann auch der Product Owner selbst die Funktionalitäten nach Kano priorisieren, doch ist hier Vorsicht geboten. Letztendlich entscheidet der Markt über die Akzeptanz eines Produktes, nicht der Produktmanager.

Relatives Gewicht

Die letzte Methode für das Priorisieren von Backlog Items, die ich vorstellen möchte, ist die Relative-Weight-Methode. Diese Methode geht auf Karl Wiegers zurück [Wiegers 1999]. Wiegers hat eine sehr einfache und intuitive Methode entwickelt, ein Backlog zu priorisieren. Im Unterschied zu Kano arbeitet sie mit Expertenmeinungen, also nicht mit dem Anwender der Applikation direkt. Ich habe Wiegers' Methode in vielen Projekten angewendet, sie wird, weil sie so einfach ist, von den Product Ownern und dem Team immer sofort angenommen. Die Methode führt Sie in 8 Schritten zum priorisierten Backlog:

- **Schritt 1 – Liste aller Backlog Items**
  Zuerst werden alle Backlog Items in einer Liste zusammengetragen. Am besten überführt man diese Liste gleich in ein Spreadsheet (siehe Abbildung 5.7).

- **Schritt 2 – Schätze den relativen Vorteil**
  Wir schätzen nun den relativen Vorteil eines jeden Backlog Items. Dazu benutzen wir eine Skala von 1 bis 9. 1 steht dabei für den geringsten, 9 für den höchsten Vorteil aus Business-Sicht.

- **Schritt 3 – Schätze die relative Strafe**
  Die relative Strafe gibt an, wie hoch die Strafe wäre, wenn diese eine Funktionalität fehlt. Wenn man zum Beispiel eine bestimmte Berechnungsmethode nicht anwendet und dadurch seine Buchhaltung nicht mehr gesetzeskonform führt, kann dies zu einer sehr empfindlichen Strafe für den Geschäftsführer einer Firma führen. Hier wird die gleiche Skala angewandt wie für den relativen Vorteil.

- **Schritt 4 – Berechne die Summe aus relativem Vorteil und relativer Strafe = Betrag**
  Wir gehen davon aus, dass Vorteil und Strafe gleichgewichtig sind. Aus diesem Grund werden nun einfach der relative Vorteil und die relative Strafe aufaddiert (siehe dazu die Spalte [Gesamtbetrag BV] im Spreadsheet unten)[7]. In der nächsten Spalte sieht man dann den Anteil dieses Gesamtbetrags (BV) am gesamten. Business Value.

---

[7] Durch einfache Multiplikation des Faktors mit einem Wert, z.B. 0,3, kann man die Beträge gewichten.

■ **Schritt 5 – Schätzen der Backlog Items in Storypoints**

Wir schätzen die Größe der Backlog Items erst in diesem Schritt. Durch die Kenntnis des geschätzten Business Values können wir uns nun beim Schätzen der Backlog Items auf die wichtigen Backlog Items konzentrieren. Das spart Zeit beim Schätzen. An dieser Stelle weichen wir von Wiegers ab, der eine Schätzung auf den Werten von 1 bis 9 vornimmt. In der darauffolgenden Spalte des Spreadsheets berechnen wir wieder den relativen Anteil der Größe des Backlog Items an der Größe des Gesamt Backlogs.[8]

■ **Schritt 6 – Risikobewertung**

Wieder mit Hilfe der Skala von 1 bis 9 bewerten wir die Risiken. Risiken können dabei technischer, organisatorischer oder auch Ressourcen-technischer Natur sein. Auch hier wird der relative Anteil berechnet.

■ **Schritt 7 – Berechnung der Prioritätszahl P**

Das Spreadsheet hilft uns, die Prioritätszahl P mit Hilfe der folgenden Formel zu berechnen:

$$P = \frac{Gesamtbetrag}{Kosten + Risiken}$$

■ **Schritt 8 – Sortierung des Spreadsheets**

Das gesamte Product Backlog wird im Anschluss noch nach der Prioritätszahl P absteigend priorisiert. Fertig ist unser priorisiertes Backlog (siehe Abbildung 5.7).

Merkmal	Relativer Vorteil	Relative Strafe	Gesamt-betrag BV	BV in Prozent	Relative Kosten [SP]	Kosten in Prozent	Relatives Risiko	Risiko in Prozent	Prioritäts-zahl
Live View	5	3	8	32	8	15	1	6	1,48
Sensorreinigung	3	1	4	16	13	25	3	19	0,37
Blitz auf Gehäuse	6	2	8	32	20	38	4	25	0,50
Großer Monitor	2	1	3	12	8	15	6	38	0,23
Gesichtserkennung	1	1	2	8	3	6	2	13	0,44
Total		8	25	100	52	100	16	100	5

Abbildung 5.7 Relatives Gewicht nach Wiegers

Wiegers schreibt selbst, dass man diese Methode nur als Leitfaden betrachten sollte. Ist einem das aber klar und berücksichtigt man auch, dass es Funktionalitäten gibt, die für bestimmte Releases notwendig sind, also terminliche Abhängigkeiten aufweisen, dann ist diese Methode sicherlich geeignet, einem Product Owner die Entscheidung für seine Prioritäten zu erleichtern.

---

[8] Das Schätzen in Storypoints wird in Abschnitt 2 erklärt.

5.7   Schätzen in Scrum

Eine der Voraussetzungen für gute Planung ist das Schätzen. Wer einschätzen kann, was passieren wird, kann auch planen.

Der Product Owner hat die Aufgabe, einen Releaseplan zu erstellen, der anzeigt, zu welchem Zeitpunkt welche Funktionalität fertig wird. Damit der Product Owner diesen Plan erstellen kann, benötigt er drei Angaben:

1. Die Größe des Backlog Items
2. Die Priorisierung, also die Stellung des Backlog Items in der Liste der Funktionalitäten
3. Die Kapazität des Scrum-Teams, also die Anzahl der Backlog Items, die dieses Scrum-Team in einem Sprint erarbeiten kann

Sind diese Faktoren bekannt, kann der Product Owner sehr einfach berechnen, zu welchem Zeitpunkt welche Funktionalität fertig sein wird. Problematisch ist nur, dass diese Angaben zu Beginn eines Projektes nicht bekannt sind. Wir müssen folglich einen Weg finden, die Größe der Backlog Items und gleichzeitig auch die Kapazität des Teams zu schätzen.

5.7.1   Vorhersagbarkeit und Schätzungen

Warum ist das Schätzen von Funktionalitäten so problematisch? Die Antwort lautet meiner Meinung nach: weil ihm eine zu große Bedeutung zugesprochen wird. Obwohl allen theoretisch klar ist, dass eine Schätzung keine Vorhersage ist, wird sie für ein Projekt als „lebenswichtig" angesehen.

Natürlich, ohne eine Vorstellung davon, was auf einen zukommt, wird niemand ein Projekt starten. Wir brauchen alle ein gewisses Maß an Sicherheit und wollen wissen, worauf wir uns einlassen. Die Schätzung soll *genau* sein, wir wollen keine Überraschungen erleben. Denn wenn es um Geld geht, hört der Spaß bekanntlich sehr schnell auf. Diejenigen, die auf der Basis der Schätzungen Angebote schreiben oder Verträge aushandeln und in der Regel auch die Gelder für die Projekte bereitstellen, wollen *Investitionssicherheit*. Sehr nachvollziehbar. Aber jeder, der ein Projekt beginnt, weiß, dass nie das erstellt wird, was einmal ursprünglich im Plan stand. Während der Projektlaufzeit werden immer wieder neue Ideen geboren, oder es wird klar, dass Dinge vergessen worden sind.

Bei der Schätzung eines Projektes muss man zwei Aspekte voneinander unterscheiden:

■ Schätzung des Aufwands

■ Schätzung der Größe

Sehr häufig wird die Schätzung der Größe von Funktionalitäten mit der Schätzung des Aufwandes verwechselt. Es ist zwar nachvollziehbar, dass ein Projekt-Verantwortlicher den Aufwand schätzen will, denn der gibt dem Geldgeber eine Information über die Kosten des Projektes. Aber wenn Schätzungen auf dem Aufwand basieren, dann bedeutet das auch, dass die Projektpläne auf der Schätzung der Aktivitäten aufgebaut werden müssen.

Am Fließband, wo es um wiederholbare und optimierbare Arbeitsabläufe geht, wo man Akkordarbeit einführen kann, mag es möglich sein, den Aufwand für bestimmte Arbeitsschritte zu normieren und daraus dann den Gesamtaufwand für die Arbeit zu berechnen. In der Softwareentwicklung, wo ein produktiver Programmierer bis zu 25 Mal so effektiv wie ein schlechter sein kann, ist es unmöglich, vorherzusagen, wie lange eine bestimmte Programmierleistung dauert. Es ist sogar noch extremer – es gibt keine Korrelation zwischen der Zeit, die jemand für eine bestimmte Aufgabe benötigt, und dem Ergebnis.[9] Selbst wenn der Projektleiter für jede Schätzung tatsächlich jedes Mal den Entwickler fragen würde, der die Aufgabe durchführt, hätten wir immer noch das Problem, dass dieser Entwickler die Funktionalität am Ende möglicherweise doch nicht selbst schreibt.

Wir müssen uns nur an eine Grundregel der Physik erinnern. Schon in der 5. Klasse ermahnte uns die Physiklehrerin, immer sehr genau aufzupassen, welche Einheiten wir verwenden, und sie auf keinen Fall miteinander zu verwechseln. Offenbar haben wir Software-Entwickler damals nicht zugehört. Wir schätzen einen Aufwand, bevor wir die Größe einer Funktionalität kennen. Dabei vergessen wir oft, dass Arbeit nicht die Größe eines Gegenstandes ausdrückt, sondern die Leistung mal Zeit. Schätzen in Scrum bedeutet aber, die Größe zu schätzen und eben nicht den Aufwand.

In Scrum wird die Leistung eines Teams in seiner Velocity gemessen. Die Velocity ist die Menge an Funktionalität, die ein Team in einer Zeiteinheit, einem Sprint, liefern kann. Kennt ein Projektleiter die Velocity eines Teams, hat er eine sehr genaue Möglichkeit zu bestimmen, wann ein bestimmtes Produktteil fertig ist.

Genau wie das Planen ist auch das Schätzen ein Kommunikationsprozess. Alle Schwierigkeiten, die in kommunikativen Prozessen auftreten, können auch in einem Schätzprozess auftreten. Ein Phänomen hat auf die Güte unserer Schätzungen besonderen Einfluss: die Frage von Macht und Status. Der Rang, den jemand in einer Gruppe einnimmt, bestimmt *immer* das *Gewicht* einer Aussage. Gute Argumente werden gerne ignoriert, wenn sie von einer Person kommen, die den falschen Status, das falsche Geschlecht oder die falsche soziale Herkunft hat. Das ist in einem Team von Software-Entwicklern nicht anders als in anderen Gruppen. Agile Schätzprozesse, die in viel stärkerem Maße als traditionelle Prozesse auf der Leistung des Teams und den Abstimmungen untereinander beruhen, sind darauf angewiesen, dass sie dieses Phänomen möglichst vermeiden. Wie man ihm mit einfachen Mitteln begegnen kann, werden wir im Folgenden sehen.

5.7.2 Schätzen mit Storypoints

Die Magie des agilen Schätzens liegt darin:

> *Agile Software-Entwicklungsteams schätzen die Größe eines Backlog Items. Sie schätzen nicht auf dem Level der Aktivität, sondern auf der Ebene des Produktteils, das geliefert werden soll. Sie schätzen nicht auf der Ebene der Taktik, sondern auf der Ebene der Strategie.*

---

[9] Weil diese Information von vielen als schlicht unglaublich angesehen wird, hier die Quelle: http://www.joelonsoftware.com/articles/HighNotes.html

Um die Größe eines Backlog Items schätzen zu können, benötigen wir dreierlei:

1. Eine Referenz, die den Fixpunkt darstellt, von dem aus wir alle anderen Backlog Items schätzen,

2. eine Einheit, die beschreibt, mit welcher Messgröße wir messen, und

3. eine Skala, die den quantitativen Unterschied der Dinge angibt .

Als Erstes einigt man sich auf eine Referenz. Diese Referenz muss innerhalb der Gruppe von Menschen, die miteinander zu tun haben, eindeutig definiert und akzeptiert sein. Im Mittelalter hatte man an die Mauer der Kirchen eine Stange als Referenz für die Identifizierung eines Meters angebracht. Sehr schön lässt sich das an der Lorenzkirche in Nürnberg beobachten (Abbildung 5.8).

Abbildung 5.8:
Nürnberger Metermaß – Lorenzkirche, Nürnberg

Zweitens legen wir eine Einheit, in der wir messen wollen, fest. Bei der Länge ist die Einheit das Meter, also die Referenzlänge.

Jetzt fehlt nur noch die Skala. Bei Längenangaben haben wir es mit einer einfachen linearen Skala zu tun, die durch natürliche Zahlen ausgedrückt wird. 1 Meter, 2 Meter usw.

Das gleiche Prinzip können wir bei der Schätzung von Backlog Items anwenden.

1. Wir benötigen zunächst eine **Referenz**. Dazu sucht man in der Liste der Backlog Items ein Backlog Item heraus, das auf den ersten Blick handhabbar und klein aussieht. Schon während des Heraussuchens stellt das Team gemeinsam fest, welche Eigenschaften das Backlog Item hat, wie also die Referenz beschaffen ist. Die Referenz steht für die Dimensionen oder Aspekte, die das Team benutzen möchte, um die Größe zu bestimmen.

   Wollten wir beispielsweise die Größe von Ländern bestimmen und hätten eine Liste aller europäischen Länder, dann würden wir uns zunächst das kleinste Land heraussuchen. Dafür müssten wir uns aber erst auf die Eigenschaften einigen, nach denen wir diese Größe bestimmen. Wir könnten die Fläche nehmen, genauso gut aber auch die Bevölkerungsgröße. Oder die Anzahl der Bäume des Landes oder auch die Anzahl der Starts und Landungen. Genauso gut könnten wir auch eine Kombination aus diesen Eigenschaften verwenden.

Beim Schätzen eines Backlog Items wird also festgelegt, welche Faktoren in die Bestimmung der Größe mit einfließen, also etwa die Komplexität, die eingesetzte Technologie, die Tests, die Reviews oder die Anbindungen an Datenbanken. Die Verantwortung für die Festlegung der Dimensionen unserer Einheit liegt vollkommen beim Team. Die Referenz drückt alle Aspekte aus.

2. Hat man sich auf eine Referenz, also das Backlog Item, das einem als Referenz geeignet erscheint, geeinigt, dann geht es im nächsten Schritt um die **Maßeinheit**. Die Maßeinheit ist in unserem Fall einfach. Wir brauchen etwas, das die Größe eines Backlog Items ausdrückt. Die agile Community hat sich darauf geeinigt, diese Maßeinheit *Storypoints* zu nennen. Aber das ist vollkommen willkürlich. Sie können genauso gut Gummibärchen zählen, solange Sie sich darüber im Klaren sind, dass wir es hier mit der Bezeichnung einer Einheit zu tun haben.

3. Als Letztes benötigen wir eine **Skala**. Mit Skalierungen ist es so eine Sache. Denn eine Skala kann zu gravierenden Fehlinterpretationen führen. Wir haben es mit Schätzungen von relativen Größen zu tun und benötigen daher eine Skala, die berücksichtigt, dass Schätzungen größere Schwankungen haben, wenn große Dinge geschätzt werden sollen. Anders ausgedrückt, eine Schätzung wird genauer werden, wenn wir es mit einem kleinen überschaubaren Paket zu tun haben, als wenn es sich um ein sehr großes Paket handelt.

Die agile Community hat sich, nicht zuletzt dank der Arbeit von Mike Cohn und seines Buchs „Agile Estimation and Planning" [Cohn2005], auf die Cohnsche Unreine-Fibonacci-Reihe als Skala geeinigt (siehe Tabelle 5.4):

Tabelle 5.4: Die unreine Fibonacci-Reihe nach Cohn

Schritt	0	1	2	3	4	5	6	7	8	9	10
Wert	0	1	2	3	5	8	13	20	40	100	?
Standardabweichung bei 50 Prozent Genauigkeit	0	0,5	1	1,5	2,5	4	6,5	10	20	50	?

Diese Skala gibt uns also schon alleine durch ihren Wert an, wie „genau" die Schätzung ist. Ein hoher Wert bedeutet automatisch, dass der Betrag der Standardabweichung höher ist. Die Schätzung wird also nicht ungenauer, aber die Spanne, in der unser Backlog Item liegt, ist wesentlich größer. Wir werden sehen, dass wir diese Eigenschaft nutzen, um den Releaseplan sinnvoll gestalten zu können.

Jetzt haben wir alles, was zum Schätzen der Backlog Items notwendig ist. Eine Referenz, eine Einheit und eine Skala. Wir können nun unser Backlog schätzen. Dazu bitten wir das gesamte Team zu einem Schätzmeeting. Da dies unter Umständen ein ziemlich großes Meeting sein kann, müssen wir es so effizient wie möglich durchführen.

5.7.3 Planning Poker

Es ist Mike Cohn zu verdanken, dass die agile Community das Planning Poker, das von James Grenning entwickelt wurde, wiederentdeckt hat [Grenning 2002]. Das ist die einfachste und beste Methode, um Backlog Items oder User Stories zu schätzen, die ich bisher entdeckt habe. Planning Poker erzeugt in verhältnismäßig kurzer Zeit Schätzungen, die auf Expertenmeinung beruhen, und macht außerdem Spaß. Der Einsatz von Planning Poker im Schätzprozess ist deshalb so wirksam, weil es die Intuition der Experten nutzt und die Kommunikationsprobleme, die jede Gruppe von Experten hat, vermeiden hilft.

Planning Poker wird mit *allen* Scrum-Teammitgliedern „gespielt". Es ist wichtig, dass tatsächlich alle Teammitglieder, also Software-Entwickler, Datenbankingenieure, Tester, Business-Analysten und Designer das Backlog *gemeinsam* schätzen. In einem agilen Software-Entwicklungsprojekt betrifft das in der Regel nicht mehr als zehn Teammitglieder. Ist das Team dennoch größer, sollte man es aufteilen und die Schätzung in zwei Teams durchführen. Entscheidend ist, dass der Product Owner anwesend ist, aber kein Recht hat, mitzuschätzen.

Planning Poker wird mit Planning-Poker-Karten gespielt. Dazu bereitet man für jedes Teammitglied im Vorfeld ein Set von „Spielkarten" mit den Werten der unreinen Fibonacci-Reihe nach Cohn (0, 1, 2, 3, 5, 8, 13, 20, 40, 100, ?) vor. Haben alle Teammitglieder ihr Kartenset, einigen sie sich im nächsten Schritt auf das Referenz Backlog Item oder rufen sich noch einmal in Erinnerung, was das Referenz Backlog Item in den letzten Schätzrunden war und welche Merkmale bei der Einschätzung zum Tragen kamen.

Ist das Referenz Backlog Item gefunden, beginnt der eigentliche Schätzprozess. Dazu liest der Moderator des Meetings die Beschreibung der Backlog Items, die geschätzt werden sollen, vor. Dann werden zu diesem Backlog Item Verständnisfragen beantwortet. Wenn alle Fragen beantwortet sind, wählt jedes Teammitglied eine Karte aus, die den Wert repräsentiert, der diesem Teammitglied als korrekt erscheint. Wir spielen Poker, niemand gibt seine Auswahl bekannt. Erst wenn sich alle Teammitglieder entschieden haben, werden die Karten gleichzeitig aufgedeckt.

Mit großer Wahrscheinlichkeit weichen die Einschätzungen der einzelnen Teammitglieder voneinander ab. Das ist gut, denn es gibt uns die Gelegenheit, etwas zu lernen. Die beiden Teammitglieder mit dem höchsten und dem niedrigsten Schätzwert erläutern nun, wie sie auf die jeweilige Zahl kommen. Diese Erläuterung dient ausschließlich dem Austausch von Informationen und nicht darum, Recht zu haben. Deshalb muss der Moderator des Meetings darauf achten, dass es in dieser Phase nicht zu Auseinandersetzungen kommt. Vielleicht werden durch den Informationsaustausch noch einmal Dinge klargestellt, oder der Product Owner kann ergänzende Informationen geben. Der Moderator kann, wenn er es für notwendig hält, diese Informationen in Form von Notizen festhalten will.

Haben beide Teammitglieder erläutert, wie sie zu ihren Werten gekommen sind, wird die Schätzung wiederholt. Wieder wählen alle Beteiligten eine Zahl aus und zeigen sie gleichzeitig auf. In der Regel haben sich die Zahlen nun angeglichen, zum Beispiel auf die Werte 8, 8, 5, 8. Dann fragt der Moderator, ob man sich nun auf den Wert 8 einigen kann. Sind die Teammitglieder nicht einverstanden, wird eine dritte Runde gespielt. Diesmal sollten die Werte fast identisch sein. Wenn nicht, dann wir dieses Mal der „vernünftigste" Wert genommen. Es geht bei diesem Schätzverfahren nicht um Exaktheit, sondern darum, einen Wert zu erhalten, der sinnvoll erscheint.

Auf diese Weise erhalten wir sehr zügig ein geschätztes Product Backlog, bei dem alle Teammitglieder einbezogen waren. Dieser Faktor ist entscheidend, denn nur, wenn alle Teammitglieder die Schätzung der Backlog Items gemeinsam durchgeführt haben, können sie sich auf diese Schätzungen auch einlassen. Fast noch wichtiger ist, dass alle Teammitglieder während des Pokers eine Vorstellung davon gewonnen haben, was entwickelt werden soll.

Probleme mit diesem Verfahren gibt es,

- wenn die Teammitglieder sich weigern zu verstehen, dass es nicht auf „ihre" Schätzung ankommt. Das geschieht häufig, wenn sie nicht verstanden haben, dass sie nicht Aufwände, sondern Größen schätzen. Häufig glauben sie immer noch, ihre Aufgaben zu schätzen;

- wenn die Teammitglieder sich wegen ein oder zwei Mitglieder, die unbedingt Recht haben wollen, nicht einigen können;

- wenn die Fachdisziplinen, Tester, Datenbankingenieure, Designer etc. nur „für sich" schätzen und nicht verstehen, dass es um ihre *gemeinsame* Schätzung geht;

- wenn der Moderator nicht neutral bleibt, sondern das Team beeinflusst, indem er seine Meinung über die Höhe der Schätzungen mit einbringt.

Wer sollte der Moderator des Meetings sein? Hier gehen die Meinungen auseinander. Zunächst denkt man sicherlich an den Product Owner, denn es ist sein Meeting, er braucht die Schätzungen für sein Backlog. Jedoch ist die Gefahr, dass der Product Owner die Schätzungen beeinflussen will, sehr hoch. Daher kommt für die Moderation des Meetings der ScrumMaster in Frage. Er wahrt die Neutralität, steuert den Prozess und beobachtet das Scrum-Team. Es kann aber auch jeder andere Teilnehmer des Meetings sein, solange er nur die Aufgabe hat, für die Einhaltung der Regeln des Planning Poker zu sorgen.

Planning Poker mit großen Teams

Mit zunehmender Größe des Teams wird das Planning Poker zeitaufwändiger, weil viele Abstimmungsprobleme auftreten. Stellt sich also die Frage, wie man mit einer größeren Gruppe vergleichbare Schätzungen erhalten kann. Das Geheimnis ist das Referenz-Backlog-Item. Arbeiten Sie mit allen Anwesenden gemeinsam die Merkmale klar heraus, nach denen das Referenz-Backlog-Item bewertet wurde und um die es auch bei der Schätzung der anderen Backlog Items geht. Am einfachsten ist es, wenn die gesamte Gruppe auf dieser Basis einige Backlog Items gemeinsam schätzt. Im Anschluss daran verteilen sich die Mitglieder des Teams auf mehrere kleinere Teams, in denen dann die Backlog Items jeweils separat geschätzt werden. Dieses Aufteilen in kleine Teams kann immer noch im gleichen Raum stattfinden. Nach jeweils fünf Backlog Items werden die gefundenen Schätzwerte der Sub-Teams miteinander synchronisiert. Auf diese Weise erarbeitet sich die ganze Gruppe quasi ein Set von Referenz-Items.

Planning Poker in der Planung

Führt man das Planning Poker zu Beginn eines Projektes durch, basieren alle Schätzwerte natürlich auf dem initialen Product Backlog. Das initiale Product Backlog muss vom Team zu Beginn komplett geschätzt werden. Mit dieser Schätzrunde ist es in einem agilen Projekt aber nicht getan. Wir müssen die Schätzung auch für neu hinzukommende Backlog Items durchführen und unsere Schätzungen, basierend auf den Erkenntnissen, die wir in den Sprints gewinnen, sukzessive verbessern. Dafür wird das Planning Poker von Scrum-Teams immer wieder genutzt, wenn zum Beispiel im Estimation Meeting oder im Sprint Planning ein neues oder verändertes Backlog Item geschätzt werden muss.

Gründe für das Planning Poker

Im Certified ScrumMaster-Kurs zeige ich den Teilnehmern, wie Planning Poker gespielt wird, und nach zwei Durchgängen ist allen Teilnehmern klar, dass es tatsächlich sinnvolle Aussagen über Backlog Items erzeugt. Das kann ich in diesem Buch natürlich nicht machen, also möchte ich Ihnen einige weitere Gründe nennen, warum Planning Poker funktioniert.

Ein wichtiger Grund: Es macht Spaß! Teilnehmer solcher Schätzrunden erzählen immer wieder, dass diese Art zu schätzen die Aufmerksamkeit am Thema aufrechterhält, dass unterschiedliche Argumente gehört werden und dass man beim Schätzen etwas lernt.

Entscheidender ist aber: Die Schätzungen werden von den Leuten durchgeführt, die über das Know-how verfügen und die Verantwortung dafür tragen, dass das Produkt geliefert wird. Es findet ein offener und reger Dialog zwischen den Beteiligten statt. Dieser Dialog ist wesentlich. Wir hatten am Anfang dieses Kapitels gesagt, dass Planen ein Kommunikationsprozess ist, der moderiert werden muss. Das Planning Poker unterstützt den Dialog, indem es Hierarchien aufbricht und die Meinung aller Beteiligten wertfrei zulässt. Das ist die Stärke dieser Methode.

Der Einfluss der Schätzung auf die Priorisierung

Aufgabe des Product Owners ist es, den Return On Investment seines Projektes zu optimieren. Dazu muss er die Backlog Items so in eine Reihenfolge bringen, dass er für möglichst geringes Investment möglichst viel Geschäftswert generiert. Also hat die Größe eines Backlog Items bei gegebener Velocity einen Einfluss auf die Priorisierung. Einfach gesagt, ein teures Backlog Item wird gegenüber einem günstigeren mit dem gleichen Geschäftswert abgewertet. Das ist wichtig für das Kosten/Nutzen-Verhältnis in einem Projekt. Der Product Owner muss sich im Klaren darüber sein, dass er das Projekt einerseits auf der Basis der Informationen seines Teams priorisieren muss und andererseits im Auge zu behalten hat, was für sein Geschäft notwendig ist. Das Team kann beispielsweise nicht wissen, ob es Messen gibt, für die ein bestimmtes Produktteil geliefert werden muss. Es kann also sein, dass der Product Owner trotz der Schätzung des Teams eine andere Reihenfolge haben möchte, als sie sich rein nach der Schätzung ergeben würde.

Wenn die initiale Reihenfolge feststeht, müssen wir als Nächstes die Velocity, die Geschwindigkeit oder Kapazität des Teams schätzen.

5.7.4 Die Velocity bestimmen

Um zu wissen, wann wir etwas liefern, müssen wir einerseits die Priorität und die Größe eines Backlog Items kennen und andererseits die Kapazität des Teams. Die Kapazität eines Teams wird in der Agile Community als „Velocity" bezeichnet. Sie soll quasi angeben, wie „schnell" ein Team im Sprint ist.

Um die Kapazität des Teams zu bestimmen, gibt es viele Wege. Sie hängen oft davon ab, an welcher Stelle im Projekt wir stehen:

1. Hat das Team mit dem Projekt bereits begonnen, gibt es also zum Beispiel schon gelieferte Funktionalität, dann können die Teammitglieder das Backlog mit Hilfe des Planning Pokers schätzen und anschließend bestimmen, wie viele Storypoints sie demnach in ihren vorangegangenen Sprints geliefert hatten. Daraus können sie darauf schließen, mit welcher Velocity sie die nächsten Backlog Items bewältigen werden.

2. Steht das Team vor dem ersten Sprint, hat es noch keine Grundlage, seine Kapazität einzuschätzen, und muss einen anderen Weg wählen, um zu einer Schätzung der Velocity zu kommen. Das ist nicht schwer. Weil das Backlog von oben nach unten nach Geschäftswert geordnet ist, muss das Team auch von oben nach unten arbeiten und mit dem ersten Backlog Item beginnen. Daher fragt der Product Owner die Teammitglieder, ob sie glauben, sie könnten dieses Backlog Item im ersten Sprint liefern. Sagen sie „Nein", dann ist dieses Backlog Item zu groß, und wir müssen es aufteilen. Wenn „Ja", fragt man so lange, ob auch das nächste Backlog Item noch in diesem Springt geliefert werden kann, bis ein Teammitglied „Ich bin mir nicht sicher" sagt. Nun wissen wir, welche und wie viele Backlog Items das Team in diesem Moment glaubt, liefern zu können. Zählen wir jetzt die Storypoints dieser Backlog Items zusammen, haben wir die geschätzte Kapazität ermittelt.

3. Hat das Team seinen ersten Sprint abgeschlossen, kennen wir die Kapazität des Teams und können diesen Näherungswert für den nächsten Sprint nutzen. Die Teammitglieder können diesen Wert natürlich korrigieren, was dann aber eine Aufgabe für das Sprint Planning ist und eigentlich nicht zur strategischen Planung gehört.

5.7.5 Der Releaseplan

Mit der Kapazität des Teams kennen wir nun auch die Laufzeit unseres Projektes. Unter der Annahme, dass das Team so bestehen bleibt, wie es derzeit ist, können wir durch einfache Division der Gesamt-Storypoints über die Kapazität in Storypoints die Anzahl der Sprints festlegen und damit die Projektlänge bestimmen. Oder nicht? Prinzipiell ist das richtig. Es gibt jedoch einige Faktoren, die uns zwingen, diese einfache Berechnung nur als ersten Anhaltspunkt gelten zu lassen, denn die Velocity eines Teams kann schwanken:

1. Gerade zu Beginn des Projektes, also in den ersten drei bis fünf Sprints wird sie möglicherweise sogar stark schwanken. Die Erfahrung zeigt aber, dass ab Sprint 3 die Velocity um einen Punkt herum konvergiert.

2. Ein Scrum-Team wird sich im Lauf der Zeit auf eine bestimmte Velocity einpendeln. Haben sie aber auch an Urlaube und Feiertage gedacht? Im Sommer sind Teams in der Regel weniger produktiv als im Winter. Und in Rio de Janeiro zum Beispiel geht die Produktivität zwischen Weihnachten und Karneval deutlich zurück.

3. Beachten müssen Sie auch Skalierungseffekte. Wenn Sie Teams vergrößern, dann geht die Velocity für drei Sprints nach unten. Brooks Gesetz [Brooks 1975, 1995] ist auch in einem agilen Umfeld unumstößlich: „Das Hinzufügen von Personen zu einem Projekt, das sich verspätet, ist, wie Öl ins Feuer zu schütten – es verlängert das Projekt."[10] Sollte sich in Ihrem Projekt abzeichnen, dass Sie mehr Leute hinzuziehen müssen, dann machen Sie sich bitte klar, dass Sie drei Sprints lang weniger Durchsatz haben werden als zuvor.

4. Die Velocity des Teams wird sich zwar zu einer Konstante entwickeln, Teams werden aber im Verlauf des Projektes immer besser schätzen. Das wird einen Einfluss auf die Anzahl der Backlog Items haben, die geliefert werden, aber es wird nicht unbedingt die Anzahl der Storypoints beeinflussen, die ein Team liefert.

Wir werden in einen Releaseplan Sicherheitspuffer einbauen müssen, wenn wir einen bestimmten Endliefertermin anstreben. Diese Sicherheitspuffer sind notwendig, um garantieren zu können, dass eine bestimmte Funktionalität geliefert werden kann. Wenn man die Puffer explizit in Storypoints ausweist, wirken sie sich „negativ" auf die Velocity eines Teams aus. Die Anzahl gelieferter Storypoints vermindert sich. Es ist daher sinnvoller, nicht mit weniger Storypoints pro Sprints zu rechnen, sondern den Puffer durch „Puffer-Funktionalitäten" auszudrücken. Das sind Funktionalitäten, die man in den Sprints haben möchte, die aber in Wahrheit nicht wichtig sind. Wenn sie nicht geliefert werden, spielt es keine Rolle. So erhält man die Kapazität des Teams für den Plan und hat gleichzeitig eine Versicherung in seinen Plan eingebaut.

5.7.6 Kosten für das Projekt

Kennen wir jetzt die Laufzeit des Projektes, dann kennen wir, da prinzipiell die Teamgröße konstant bleibt, auch die Kosten des Projektes, die durch die Teammitglieder anfallen. Selbstverständlich müssen wir noch die Kosten für Ressourcen, Lieferanten und vieles mehr hinzurechnen, doch der Hauptfaktor – bis zu diesem Zeitpunkt am wenigsten genau zu fassen – ist damit eingeschätzt, und wir kennen nun das erforderliche Budget für die Beschäftigung der Teammitglieder.

---

[10] "Adding people to a late software project is like pouring gasoline on a fire – it just makes it later."

5.8   Die Planung geht weiter

Wir haben die initiale Planung unseres Projektes fertiggestellt, wenn:

- der Product Owner das Backlog in eine Rangfolge gebracht hat;
- alle Backlog Items vom Scrum-Team geschätzt worden sind;
- das Scrum-Team seine Velocity geschätzt hat;
- das Scrum-Team gemeinsam mit dem Product Owner die Risiken eingeschätzt hat;
- diese Grundlagen dazu geführt haben, dass der Product Owner einen initialen Releaseplan erstellt hat;
- das Scrum-Team gemeinsam mit dem Product Owner die Kosten für das Projekt ermittelt hat.

Dann kann es losgehen. Der erste Sprint sollte jetzt so schnell wie möglich beginnen.

Aber sind wir mit dem Planen schon fertig? Nein! – Alles, was wir zu diesem Zeitpunkt gemacht haben, war, die initiale Planung zu beginnen und erste Product Backlog Items zu bestimmen und zu schätzen. Ist der erste Sprint erst einmal angelaufen, werden wir Änderungswünsche durch das Team und den Product Owner bekommen und feststellen, dass sich das Team an einigen Stellen verschätzt hat. An einigen Stellen werden Probleme auftauchen, auf die wir in der laufenden strategischen Planung reagieren müssen. Das Planen, das kontinuierliche Reagieren auf Veränderungen im Projekt, wird nie aufhören. Wir müssen die Planungsaktivitäten innerhalb der nächsten Sprints weiterführen und ausbauen. Dabei werden wir Schätzungen verbessern, neue Backlog Items hinzufügen, andere als unwichtig herausnehmen oder die Priorität von Backlog Items verändern. Das Planen hört nie auf.

5.9   Die Zusammenhänge zwischen strategischer und taktischer Planung

Das Verhältnis zwischen Product Backlog Item, Schätzung, Priorisierung, Spezifikation, Entwicklung und Testen eines Stückes des Produktes bis zum Roll-out der Applikation ist für Sie vielleicht nach vierzig Seiten zum Thema Planung noch immer ein wenig unklar. Daher gebe ich Ihnen in Abbildung 5.9 (nächste Seite) noch einmal einen Überblick über den gesamten Planungsprozess.

Das ist nur eine Skizze der generellen Zusammenhänge, kein Leitfaden. Sie müssen Ihren eigenen Weg finden, die Planung zu leben, und Sie werden ihn finden. Der Weg, den ich hier noch einmal in aller Kürze zusammenfasse, soll Ihnen als erste Idee dienen, damit Sie Ihren eigenen Weg finden:

Stellen Sie sich vor, Sie wären der Product Owner. Sie haben Ihre Vision und die ersten groben Product Backlog Items notiert. Als Nächstes wenden Sie sich an Ihr Team und befragen die Teammitglieder, was sie davon halten, und bitten um eine Abschätzung der Größe.

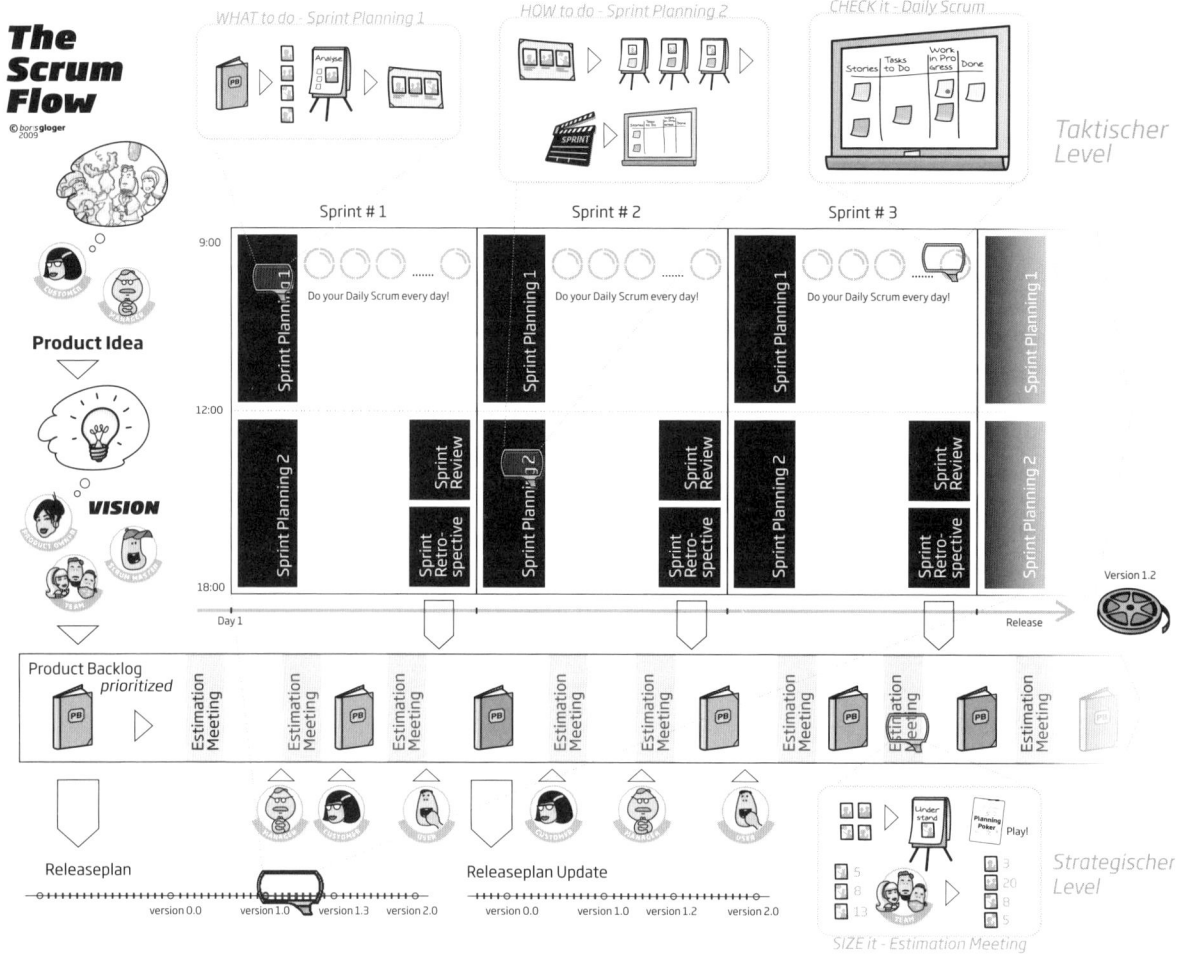

Abbildung 5.9: Der Planungsfluss in Scrum

Das geschieht im **Estimation Meeting**. Das Team befragt Sie, was Sie sich genau unter den einzelnen Dingen vorstellen, es möchte eine grobe Vorstellung erhalten – wir sind noch nicht auf der Ebene der genauen Spezifikationen. Nach einem kurzen Gespräch ist bei allen Beteiligten ein klares Bild entstanden, und das Team ist in der Lage, die Backlog Items einzuschätzen. Es wird ein oder zwei Backlog Items geben, bei denen die Teammitglieder sagen, dass sie mehr Informationen benötigen. Also definieren Sie gemeinsam mit ihnen einen Zeitraum pro fraglichem Backlog, der für die Forschung an diesem Backlog Item in einem Sprint zur Verfügung stehen soll. Vielleicht zwei Tage lang. Mit den geschätzten Backlog Items gehen Sie nun wieder an die Arbeit. Sie überlegen, alleine oder gemeinsam mit Ihren Kollegen, in welcher Reihenfolge Sie die einzelnen Backlog Items geliefert bekommen möchten. Dabei berücksichtigen Sie die Kosten, die Ihnen das Team genannt hat. Das Team hat auch behauptet, es könne voraussichtlich zwei bis vier Backlog Items im ersten Sprint bewältigen. Nach der Priorisierung wissen Sie, welche Items Sie im nächsten Sprint wahrscheinlich erhalten. Sie aktualisieren den Releaseplan basierend auf den Informationen, die sie jetzt haben, und bereiten die Backlog Items so gut es geht vor, um sie im Sprint Planning 1 vorstellen zu können.

Wir wechseln die Ebene: Die Planungsüberlegungen aus der strategischen Planungsphase werden nun im Sprint Realität.

Sie gehen mit Ihrem Backlog in das **Sprint Planning Meeting 1**, und das Team einigt sich mit Ihnen auf eine gewisse Menge an Backlog Items. Sie bleiben am Nachmittag verfügbar, aber das Team zieht sich alleine zu seinem Sprint Planning Meeting 2 zurück.

Wir wechseln die Perspektive und werden Teammitglied: Wir hatten mit dem Product Owner bereits grob die Größe der einzelnen Backlog Items besprochen, und nun setzen wir uns zusammen und besprechen das Design. Wir nehmen das Backlog Item und überlegen, wie wir es entwickeln wollen. Dabei legen wir fest, wie unsere Architektur anfänglich sein muss und überlegen ein wenig detaillierter, wie dieses Feature gestaltet sein soll. Die Business-Analystin des Teams erklärt es uns. Wir planen, dass sie sich mit einem der Senior-Entwickler und einem Junior am nächsten Morgen zusammensetzen wird und die drei bis zum Abend die ersten klaren Screens und Datenmodelle entwickelt haben. Die Zeit wollen die drei anderen im Team nutzen, um schon mal die Testumgebung aufzusetzen und das Konfigurationsmanagement-Tool einzurichten. Sie schreiben die vielen anderen Tasks ebenfalls auf, und dann sind die vier Stunden für das Meeting auch schon vorbei.

Am nächsten Morgen geschieht alles wie geplant. Sie drei sitzen zusammen und entwickeln gemeinsam eine sehr genaue Vorstellung, wie die Funktionalitäten implementiert werden sollen. Die Business-Analystin beginnt, die kurze Spezifikation zu schreiben, und die beiden Entwickler probieren die Überlegungen sofort aus. Am Abend wissen alle, dass die Architektur funktionieren wird, und am nächsten Morgen, nachdem die Testumgebungen stehen und das Konfigurationsmanagementtool auch einsatzbereit ist, beginnen die vier Entwickler, ihre Überlegungen gemeinsam umzusetzen. Die Business-Analystin schreibt derweil schon die Testcases zusammen und arbeitet mit dem Tester daran, wie man diese in Fitness[11] automatisieren kann. Als zwei Entwickler am Nachmittag ein wenig Funktionalität zum Laufen gebracht haben, probieren sie die Testcases aus und testen, ob die Automatisierung funktioniert. Sie finden einige Probleme, bis zum Abend sind diese aber gelöst. Das erste Backlog Item ist geschrieben.

Diese Skizze hat gezeigt, dass die eigentliche Spezifikation innerhalb des Sprints geschrieben wird. Alle Arbeiten werden innerhalb des Sprints durchgeführt. Sollte im Sprint Planning Meeting nicht klar genug werden, wie ein Backlog Item gemeint ist, dann wurde weder im Estimation Meeting noch in anderen Gesprächen zuvor genug darüber nachgedacht, was dieses Backlog Item tatsächlich bedeutet. In diesem Fall sollte es nicht in diesem Sprint begonnen, sondern bestenfalls als Backlog Item für eine Analyse während des Sprints herangezogen werden.

---

[11] http://fitnesse.org/

Fragen an den Certified ScrumMaster

- Welche Kommunikationsprobleme treten in Gruppen auf? Beschreiben Sie mindestens zehn mögliche Probleme.

- Was macht eine gute Vision aus?

- Warum ist eine Vision so wichtig für ein Projektteam?

- Beschreiben Sie die Vision Ihres gegenwärtigen Projekts.

- Was ist der Unterschied zwischen Größe und Aufwand?

- Worin unterscheidet sich der strategische vom taktischem Planungslevel?

- Wie sieht die langfristige Planung in Ihrem gegenwärtigen Projekt aus? Wie sieht die Strategie Ihres Projektes aus?

- Welche Schritte umfasst der Planungsprozess?

- Wieso kann man vom Kidnapping eines Projektes sprechen?

- Wie schreibt man nach Cohn Stories auf?

- Welche Hilfsmittel und Werkzeuge sind sinnvoll, um das Backlog aufzuschreiben – es können auch andere sein als die im Text erwähnten.

- Worin besteht der Unterschied zwischen einem Backlog Item und einer Anforderung?

- Welche Methoden hat ein Product Owner, um das Backlog zu priorisieren?

- Wie hängen Größe, Priorisierung und Kapazität miteinander zusammen?

- Welche Strategie, welche Erklärungen nutzen Sie, um Ihren Product Owner vom Priorisieren zu überzeugen?

- Haben Sie in Ihrem Projekt ein priorisiertes Backlog?

- Welche anderen Methoden als die hier vorgestellten könnte ein Product Owner zum Priorisieren nutzen?

- Wie würden Sie Ihr Team davon überzeugen, es einmal mit einer Schätzung in Storypoints zu versuchen?

- Warum ist es falsch, ein Backlog Item in Stunden oder Tagen zu schätzen?

- Was ist der Unterschied zwischen einer Anforderung und einem Backlog Item?

6 Der Sprint – Das Produkt entsteht

6.1 Überblick

Mit dem ersten Sprint beginnt die Durchführungsphase des Projektes. Ziel dieser Phase ist es, nach jedem Sprint Produktteile zu liefern. Nach einer gewissen Anzahl von Sprints sollte so viel vom Produkt entstanden sein, dass wir es an unsere Kunden ausliefern können.

Weil Scrum dem Deming-Cycle folgt, gibt es in jedem Sprint eine Planungs-, eine Sprint-Durchführungsphase, eine Evaluierungs- und eine Verbesserungsphase. Diese Phasen werden in Scrum durch die Scrum Meetings begleitet: Estimation Meeting, Sprint Planning I + II, Daily Scrum, Sprint Review und Sprint-Retrospektive (siehe Abbildung 6.1).

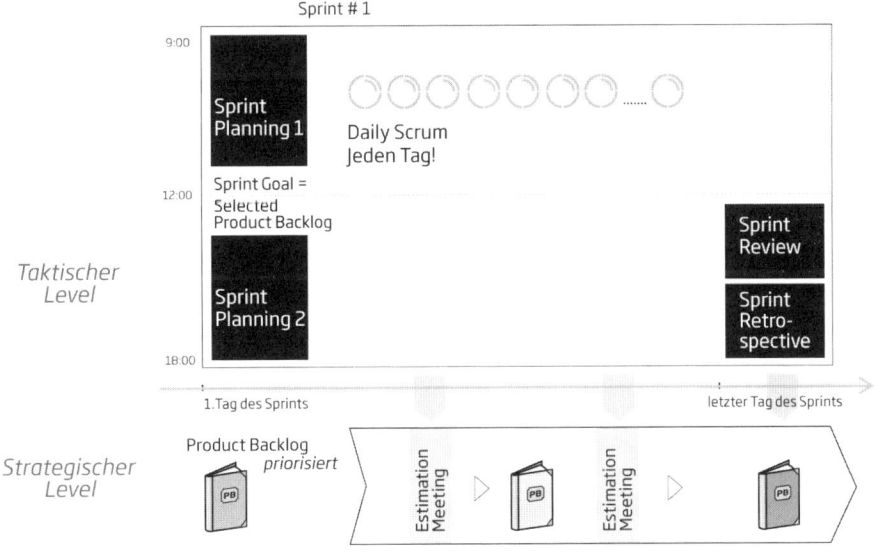

Abbildung 6.1: Meetings im Sprintverlauf

Die Durchführungsphase eines Scrum-Projektes, den Sprint, kann man sich als aus drei Kreisen bestehend vorstellen, wie Abbildung 6.2 zeigt. Jeder dieser Kreise ist dabei ein Feedback-Kreislauf für sich:

■ Der innere Kreis entsteht durch das Daily Scrum. Hier plant das Team täglich seine Aktionen, nimmt tagesaktuell Korrekturen vor, löst gemeinsam mit dem ScrumMaster Probleme und liefert einen Backlog Item nach dem anderen.

■ Der mittlere Kreis steht für den Sprint. Die Teammitglieder planen im Sprint Planning Lieferung und Aktivitäten des Sprints, führen die Aktivitäten des Sprints durch und präsentieren am Ende des Sprints ihre Leistung: das potenziell nutzbare Produkt.

■ Der äußere Kreis steht für das Release. Das Team liefert das Produkt am Ende des Releasezyklus in einem auslieferbaren Zustand. Es sind genügend Funktionen im Produkt vorhanden, und die Deployment-Prozesse sowie alle notwendigen Zusatzaufgaben für das Ausliefern haben stattgefunden. Die Releaseleistung wird wie in Kapitel 5 beschrieben geplant, doch wird das Release kontinuierlich, in jedem Sprint, verfeinert, und gegebenenfalls passt der Product Owner die Lieferumfänge des Produktes an oder verändert die Anzahl der Sprints im Release.

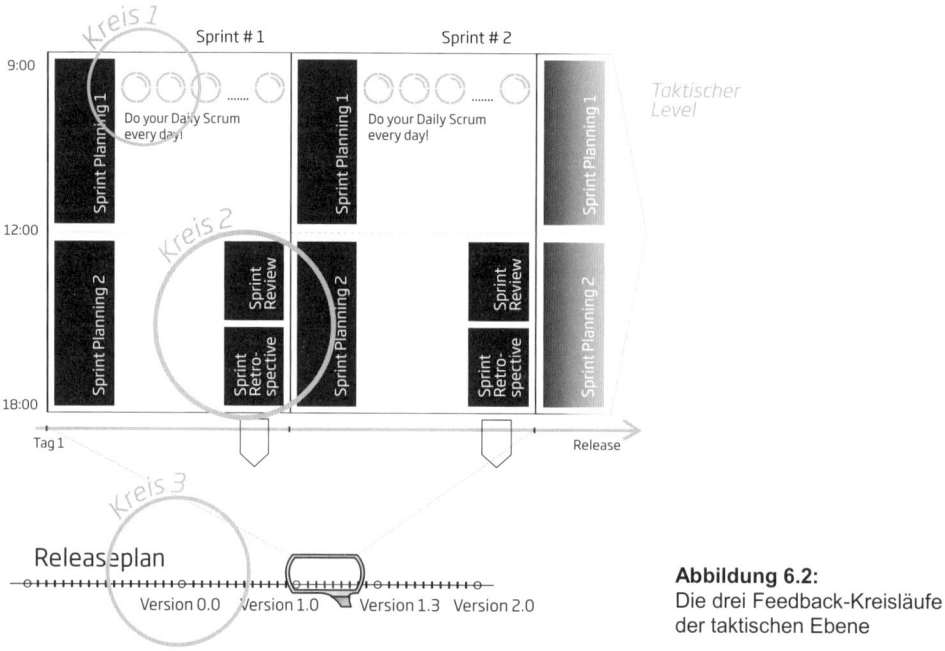

Abbildung 6.2:
Die drei Feedback-Kreisläufe der taktischen Ebene

Diese drei Kreise, also Release, Sprint und Entwicklungstag, stellen die taktische Ebene des Projektes dar. Hier werden die Entscheidungen getroffen, die letztendlich zum Produkt führen. Auf der taktischen Ebene kommen die unbequemen Details und die sehr konkreten Anforderungen, mit denen wir tagtäglich umgehen müssen, ins Spiel. Hier arbeiten das Team und der Product Owner zusammen, damit das Projekt ein Erfolg wird und am Ende ein Produkt liefert.

Auch alle Meetings sind auf die taktische Ebene bezogen. Hier geht es also um das Herstellen des Produktes, um konkrete Aufgaben, konkrete Aktionen und konkrete Lieferungen. Sie haben spezifische Ziele und sind resultatorientiert.

Eine Ausnahme bildet das Estimation Meeting, in dem die nächsten Iterationen vorbereitet werden. Es dient dem Product Owner dazu, das Release und die Roadmap zu verfeinern, eine Schätzung für neue Produktfeatures zu bekommen und gemeinsam mit dem Team die nächsten Schritte im Projekt zu planen und zu organisieren.

6.2 Die grundlegenden Prinzipien

Will man einen erfolgreichen Sprint garantieren, müssen sich alle Beteiligten an einige wenige, dafür umso bedeutendere Prinzipien halten:

1. **Das Pull-Prinzip**

   Es besagt, dass das Team die Anzahl der Backlog Items bestimmt, die es in einen Sprint aufnimmt. Dieses Prinzip zu verletzen, würde bedeuten, ein Team von vornherein auf Kollisionkurs mit dem Ziel zu setzen. Nur wenn alle Teammitglieder sich für eine gewisse Anzahl an Backlog Items ausgesprochen haben, kann der Product Owner erwarten, dass eine termingerechte Lieferung erfolgt.

2. **Timebox und Pünktlichkeit**

   Meetings werden *immer* absolut pünktlich begonnen und hören zu einem definierten Zeitpunkt auf. Dieses Prinzip zwingt alle Beteiligten, konzentriert an den Themen des Meetings zu arbeiten. Das klare Festlegen eines Zeitraums bedeutet, dass dieser Zeitraum tatsächlich konstant bleibt. Die Sprintlänge wird nicht etwa einige Tage vor Ablauf des Sprints verändert. Jedes Meeting und jeder Sprint haben eine klare Deadline.

3. **Selbstorganisation**

   Im Sprint regiert das Team. Die Teammitglieder führen nicht nur aus, sie bestimmen auch, wie sie arbeiten. Vor allem von Führungskräften wird dieses Prinzip gerne verletzt; aber auch die Teammitglieder müssen in der Regel erst lernen, was dieses Prinzip von ihnen fordert: *Selbstverantwortung und den Willen zur Lieferung.*

6.3 Das Estimation Meeting

Der Product Owner hat die Pflicht, zu jedem Sprint Planning mit einem geschätzten und priorisierten Backlog zu erscheinen, und muss bereits eine Idee davon haben, welche Lieferung er von seinem Team erwarten kann. Beim ersten Sprint ist das kein Problem, davor hat ja die strategische Planung stattgefunden. Aber was, wenn sich während der Arbeit neue Backlog Items ergeben oder andere verändern. Nur das Team darf die Backlog Items schätzen, aber der Product Owner darf das Team während des Sprints nicht stören. Wie kommt er dann an die relevanten Informationen?

In meinem ersten Scrum-Team war das einfach. Wir saßen alle in einem Raum, und wenn die Product Ownerin eine Frage hatte, nahmen wir uns einige Minuten Zeit für sie. Es war nicht optimal, funktionierte aber. Als wir mit weiteren Teams arbeiteten, merkten wir schnell, dass diese häufigen Störungen die Produktivität des Teams gefährdeten. Um einerseits den Dialog aufrechtzuerhalten, andererseits aber in Ruhe arbeiten zu können, führten wir bei einigen Projekten feste Zeiten ein, in denen die neuen Backlog Items besprochen und geschätzt wurden. Aus diesen informellen Meetings ist dann das *Estimation Meeting* geworden. Alle Scrum-Teams führen es durch. Manche nennen es auch Pre-planning oder Release-planning Meeting.

Erfahrungsgemäß liegt der Aufwand für das kontinuierliche Weiterentwickeln des Backlogs und das Vorbereiten der nächsten Sprints bei etwa *5 – 10 Prozent der Arbeitszeit eines Teams pro Sprint*. Diese Zeit müssen Teams während des Sprint Plannings einplanen, damit sie in die Velocity des Teams mit eingerechnet ist.

6.3.1 Warum Estimation Meeting?

Im Estimation Meeting geht es primär darum, das Product Backlog zu aktualisieren. Die initialen Schätzungen werden überprüft, neue Product Backlog Items geschätzt und alte Backlog Items nötigenfalls mit angepassten Schätzungen versehen. So hat das Team bereits eine Idee davon, worum es bei einem bestimmten Backlog Item geht, wenn dieses schließlich im Sprint Planning auftaucht (Abbildung 6.3).

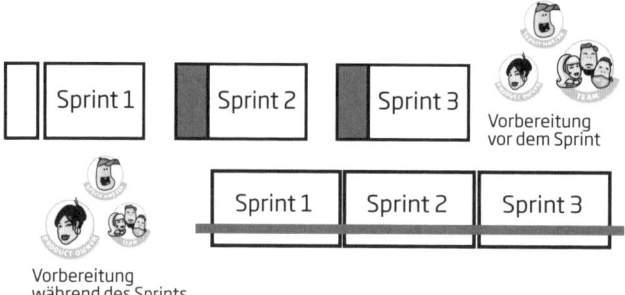

Abbildung 6.3:
Zeit für die Vorbereitung des nächsten Sprints

6.3.2 Durchführung des Estimation Meetings

Es hat sich bewährt, das Estimation Meeting mindestens einmal, idealerweise aber zweimal pro Sprint durchzuführen. Vor allem zu Beginn eines Projektes ist zweimal oder noch öfter sinnvoll. In der Anfangsphase eines Projektes sind die Anforderungen extrem volatil. Dann ist es für alle Beteiligten gut, die neuen Anforderungen in Form von Backlog Items sofort einzuarbeiten.

Die Dauer des Estimation Meetings darf 90 Minuten nicht überschreiten. Wenn wir davon ausgehen, dass das gesamte Team in diesem Meeting sitzt und wir das Meeting zweimal pro Sprint durchführen wollen, wenden wir nur für dieses Meeting bereits 15 bis 30 Stunden Arbeitszeit pro Sprint auf. Rechnet man hinzu, dass sich das Team während eines

Sprints auch um Grundsätzliches für die Vorbereitung der nächsten Sprints kümmern muss, wird schnell klar, woher die 5–10 Prozent Vorbereitungsaufwand für die nächsten Sprints stammen. Das Estimation Meeting kann auch dazu dienen, dass das Team dem Product Owner neue Backlog Items vorstellt. Im Estimation Meeting wird dann gemeinsam besprochen, wie die neuen Funktionalitäten zum Gesamtprodukt passen.

6.3.3 Die Teilnehmer und Rollen im Estimation Meeting

Hauptaufgabe des Estimation Meetings ist es, eine Schätzung der Backlog Items durchzuführen. Damit ist klar, wer am Meeting teilnehmen muss: der Product Owner und alle Mitglieder des Scrum-Teams. Es kann sinnvoll sein, auch externe System-Architekten oder Datenbank-Entwickler hinzuzuziehen; alle relevanten Informationsträger sollten anwesend sein. Der ScrumMaster hat nur die Aufgabe, für den reibungslosen Ablauf zu sorgen.

Die Rollen im Estimation Meeting sind klar verteilt. Der Product Owner hat die Aufgabe, dieses Meeting einzuberufen und es gegebenenfalls durchzuführen. Das Team hat die Aufgabe, sich mit jedem Backlog Item auseinanderzusetzen, Lösungsalternativen zu besprechen und mit Hilfe des Planning Pokers eine Schätzung abzugeben. Es kann auch eigene Backlog Items einbringen.

Wobei an dieser Stelle zu betonen ist: Das Planning Poker ist zwar eine sehr gute, aber nicht die einzige Methode für Schätzungen. Sie können auch einen anderen Weg wählen, um zu Ihren Schätzungen zu kommen (siehe Kapitel 5.8).

6.3.4 Strategische Planung während des Sprints

Das Estimation Meeting bietet dem Team die Gelegenheit, die strategische Planung der Entwicklung anzupassen, die das Projekt nimmt. Daher nutzt es das Meeting neben der Schätzung der Backlog Items auch dafür, die architektonischen Überlegungen zu überdenken. In diesem Meeting klärt man auch, welche Ressourcen man in den jeweiligen Teams benötigt. Zum Beispiel wird das Team mit dem Product Owner über notwendige Änderungen in der Teamzusammensetzung reden oder das Einbinden von externen Ressourcen fordern. Hier wird auch besprochen, was es zu unternehmen gilt, wenn das Team bestimmte Backlog Items aufgrund fehlender Skills nicht selbst liefern kann. In diesem Fall werden die Teammitglieder bis zum nächsten Estimation Meeting eine Schätzung von einem externen Dienstleister liefern und Liefertermine mit ihm besprechen.

Schätzungen, die das Team im Estimation Meeting abgibt, dürfen sich nur auf die Größe der Backlog Items beziehen, damit das Team vollständig auf der strategischen Ebene bleibt. Sie zeigen dem Team und dem Product Owner klar, wie mögliche Lösungen aussehen können.

Das Estimation Meeting ist das Planungsmeeting des Teams mit dem Product Owner, um Klarheit für die nächsten Schritte zu erhalten. Auch hier gilt die Regel, dass wir das Projekt gemeinsam bewältigen wollen. Daher ist es die Aufgabe des ScrumMasters, dafür zu sorgen, dass das Klima während des Meetings entspannt und lösungsorientiert bleibt.

6.3.5 Das Estimation Meeting im Überblick

1. Das Meeting startet mit einer Agenda, einem Ziel und einem ersten Überblick.

2. Das Estimation Meeting findet während des Sprints statt, um die nächsten Sprints vorzubereiten.

3. Der Product Owner stellt die Backlog Items vor, die er schätzen lassen will. Er moderiert das Meeting.

4. Alle Teammitglieder schätzen im Planning Poker-Verfahren die Backlog Items.

5. Die Teammitglieder entwerfen durch das Miteinanderreden bereits eine Vorstellung möglicher Lösungsansätze.

6. Sie fragen bei Unklarheiten nach.

7. Das Meeting darf nicht länger als 90 Minuten dauern.

8. Es endet mit der Festlegung des Termins für das nächste Meeting.

6.4 Das Sprint Planning – Taktisches Planen

6.4.1 Zweck des Sprint Plannings

Im Sprint Planning werden aus dem Plan und dem Kontext, in dem sich das Team befindet, realistische Ziele und Aktionen für die nächsten vier Wochen festgelegt. Es ist vergleichbar mit der Besprechung einer Fußballmannschaft in der Kabine vor dem Spiel. Es werden noch einmal die Ziele besprochen, wer an welcher Position spielt und wie man das Spiel zu gewinnen gedenkt. Alle hören aufmerksam zu und verstehen ihre Rolle im Spiel. Wie Abbildung 6.4 zeigt, werden die verschiedenen Einflüsse auf das Sprint Planning aufgelöst.

Abbildung 6.4:
Einflüsse auf das Sprint Planning 1

Im Sprint Planning passiert genau das Gleiche: Der Product Owner erläutert sein Ziel für den Sprint, präsentiert das Product Backlog und erläutert sehr konkret, was er sich unter den einzelnen Backlog Items vorstellt. Dann übernimmt das Team und fragt den Product Owner genauestens aus. Alle notwendigen Personen sind anwesend, damit aus Backlog Items Anforderungen, Testfälle und klare Akzeptanzkriterien werden.

Sehen wir uns das aber im Einzelnen an.

Das Sprint Goal

Der Product Owner schickt im Sprint Planning sein Team auf eine Mission. Er stellt dem Team durch die Formulierung eines Ziels eine Aufgabe, die schwierig, aber durchführbar ist. Wie wichtig das richtige Ziel für die Produktivität des Teams ist, haben wir schon im Zusammenhang mit der Vision für das Projekt gesehen (siehe Kapitel 5.5). Eine gute Zieldefinition ist keine leichte Aufgabe. Gute Ziele motivieren und schweißen das Team zusammen. Schlechte Ziele können Teams demoralisieren – Ziele, die nicht erreichbar sind, die in jedem Sprint so verändert wurden, dass die Zusammenhänge verloren gehen, oder Ziele, die aus Sicht der Teams nicht sinnvoll sind. Ein verbreiteter Fehler ist es auch, an ein Team mehr als ein Ziel auszugeben.

Jedes Sprint-Goal ist die nächste Stufe der Konkretisierung der Vision des Product Owners. Ein gutes Sprint-Goal erfüllt *SMARTe* Kriterien:

- **S**pezifisch: Das Ziel muss konkret und plastisch spezifizieren, was erreicht werden soll.
- **M**essbar: Das Ziel muss messbar sein, damit die Zielerreichung überprüft werden kann.
- **A**ttraktiv: Das Ziel muss anspruchsvoll und herausfordernd sein.
- **R**ealistisch: Gleichzeitig muss das Ziel unter den gegebenen Umständen (Ressourcen, Kenntnisse des Teams) erreichbar sein.
- **T**erminiert: Es gibt einen klaren Termin, wann das Ziel erreicht werden muss.

Sprint-Goals definiert das Team im Gespräch mit dem Product Owner selbst.[1] Auf diese Weise identifizieren sich die Teammitglieder automatisch mit dem Ziel. Im Sprint Planning stellt der Product Owner vor, was er erreichen möchte, und das Team entwickelt daraus mit ihm gemeinsam ein Ziel, das beide Parteien vertreten können. Software-Entwicklung war schon immer ein Verhandlungsgeschäft zwischen Kunde und Entwickler und zwischen den Entwicklern untereinander. Im Sprint Planning wird diese Verhandlung explizit und damit nachverfolgbar und transparent. Dieses Verfahren des gemeinsamen Planens des jeweiligen Sprints ist nach Whitworth mit dafür verantwortlich, dass die Motivation von agilen Teams sehr hoch ist. Die Tatsache, dass jeder Einzelne am Planungsprozess aktiv beteiligt ist und jede Stimme gehört wird, hat signifikante Auswirkung auf die Motivation und die Freude darauf, die gestellten Aufgaben zu erreichen [Whitworth and Biddle 2007].

---

[1] Nonaka und Takeuchi berichten, dass Teams über die einmal vorgetragenen Ziele hinausgekommen waren.

Die Verpflichtung auf das Sprint Goal

Am Ende dieser Verhandlung steht das *beiderseitige „Commitment"*. Sowohl der Product Owner als auch jedes einzelne Teammitglied *verpflichten* sich, das Ziel anzustreben. Es gibt viele Definitionen für das Wort Commitment, am besten hat mir die aus dem Bereich des Sports gefallen [Press 1998, 2006, 2007]:

> *„Ein wichtiges psychologisches Attribut, charakterisiert als Hingabe darauf, eine besondere Aufgabe gegenüber anderen Aufgaben zu präferieren. Commitment ist einer der wichtigsten Faktoren, die den Erfolg eines Athleten beeinflussen. Athleten, die ihr volles Potential erreichen wollen, benötigen ein hohes Maß an Commitment."*[2]

Diese Definition zeigt deutlich, worum es bei der Verpflichtung des einzelnen Teammitglieds auf das Ziel hin geht: um das Fokussieren auf eine Aufgabe und das Versprechen, diese eine Aufgabe zu erfüllen. So wie ein Sportler etwas erreichen will, muss jedes Teammitglied im Team das Ziel erreichen wollen. Es geht darum, dass man sich verpflichtet, einen Weg gemeinsam zu gehen. Ein Team macht sich *gemeinsam* mit seinem Product Owner auf den Weg in Richtung Ziel. Das Commitment sorgt dafür, dass alle dieses Ziel erreichen wollen.

Viele Manager fragen an diesem Punkt: Was aber, wenn das Team nicht das erreichen will, was ich möchte? Was ist mit den langweiligen Aufgaben, die vielleicht niemand machen will und die trotzdem erledigt werden müssen.

Zunächst: Es ist nicht möglich, ein Commitment von einer Person zu erzwingen. Erpressung ist der einzige Weg, einen Menschen zu etwas zu bewegen, was er sonst nicht tun würde. Wenn Sie in einem Umfeld arbeiten, in dem Ihr Team und Ihre Mitarbeiter nur durch Erpressung dazu zu bewegen sind, sich für eine Sache einzusetzen, sollten Sie schnellstens mit diesen Menschen reden und herausfinden, was die Gründe dafür sind.

Ein Commitment, so wie wir es verstehen, ist ein Akt der *Freiwilligkeit*. Wer sich für eine Aufgabe begeistert und sie annimmt, will das Ziel erreichen, aus welchen Gründen auch immer. Das Commitment ist immer eine *freiwillige* Entscheidung für das Ziel. Deshalb ist es essenziell notwendig, dass die Teammitglieder die Möglichkeit haben, das Ziel mitzugestalten. Nur so erreicht man eine ehrliche Antwort auf die Frage, ob ein Teammitglied das entsprechende Ziel erreichen will.

Die Entscheidung, ob ich ein Ziel erreichen will, ob ich es als Einzelner mitgestalten will, ist keine triviale Aufgabe. Es hört sich einfach an, aber häufig erweist es sich als schwierig, die Commitments während eines Sprint Plannings zu bekommen, vor allem zu Beginn eines Scrum-Projekts. Die Gründe sind vielschichtig, gehen aber alle auf eine Ursache zurück: *Unsicherheit, die Angst erzeugt.* Das Commitment erzeugt Verbindlichkeit, etwas, was viele ängstlich werden lässt, denn Verbindlichkeit bedeutet in den Augen der meisten Teammitglieder, dass man für seine Leistung oder Nicht-Leistung zur Rechenschaft gezogen werden kann. Das ist auch der Fall. Die meisten haben damit kein Problem, wenn sie

---

[2] Übersetzung vom Verfasser.

sich freiwillig für die Ziele entscheiden können. Allerdings sieht das in der Realität oft anders aus. Die Verpflichtung ist nicht immer freiwillig, und Teams werden oft zur Rechenschaft gezogen für etwas, das sie in dieser Form gar nicht wollten. Am Anfang eines Scrum-Projektes hat man also oft die Situation, dass die Teammitglieder, die noch nicht gewohnt sind, selbst entscheiden zu dürfen, unsicher auf diese neue Situation reagieren. Ihnen ist im Umkehrschluss oft noch nicht klar, dass sie dann für die Erreichung ihres selbstdefinierten Zieles auch verantwortlich sind.

Es hat sich bewährt, die Teammitglieder am Ende des Sprint Plannings zu befragen, ob sie wirklich bereit sind, das Ziel des Sprints zu erreichen. Am besten führt man diese Frage als öffentliche Wahl im Team durch. Bei der Abstimmung darf kein Vorgesetzter im Raum sein, auch nicht der Product Owner. Andernfalls beeinflussen sie das Ergebnis der Abstimmung. Wenn es Teammitglieder gibt, die sich nicht committen wollen, erarbeitet man mit dem Team die Voraussetzungen, die erfüllt sein müssen, so dass sich alle im Team committen können.

Ich gehe in meinem Sprint Planning so weit, jedem Teammitglied anzubieten, bei dem Projekt nicht mitzumachen. Selbst wenn darunter die Velocity meines Teams leidet und ich notfalls zum Product Owner gehen und ihm mitteilen muss, dass mein Team nicht mehr liefern kann. Denn wenn ich schon zu Beginn ein Teammitglied habe, das nicht „mitspielen" will, wie kann ich dann von Menschen im Team ausgehen, die sich für das Team und das Sprint Goal einsetzen?

6.4.2 Das Sprint Planning – Analyse und Design

Sprint Planning zerfällt in zwei Meetings. Im Unterschied zum Planning Game in XP werden in Scrum bewusst die Auswahl der Stories einerseits und die Überlegungen zur Umsetzung der Stories andererseits auseinandergehalten. Die Auswahl der Backlog Items, die in einem Sprint durchgeführt werden, findet im Sprint Planning 1 statt, die Besprechung darüber, wie diese Stories umgesetzt werden sollen, im Sprint Planning 2. Für beide Meetings gilt die Regel, maximal 4 Stunden zu dauern. Beide Meetings sind am selben Tag durchzuführen. Es müssen alle Teammitglieder und alle, die etwas zum Erfolg des Sprints beitragen sollen, anwesend sein. Das Planning ist öffentlich, aber nur der Product Owner, das Team und andere am Sprint beteiligte Personen haben die Erlaubnis, dieses Meeting mitzugestalten. Alle anderen sind Zuschauer und dürfen in das Meeting nicht aktiv eingreifen.

Schauen wir uns die beiden Meetings genauer an.

6.4.3 Sprint Planning 1 – Briefing und Analyse

Stellen Sie sich vor, Sie sind Airforce Pilot und bereiten sich auf Ihre Mission vor. Sie gehen gemeinsam mit Ihren Kameraden in den Briefing-Raum. Dort steht bereits der Staffelführer und ist damit beschäftigt, eine Zeichnung an der Wand zu befestigen. Sie und Ihre Kameraden setzen sich hin und warten gespannt. Der Staffelführer dreht sich um. Er sagt: „Guten Morgen, meine Damen und Herren …Uhrenvergleich!"

So ähnlich beginnt ein Sprint Planning Meeting 1. Der Product Owner hat das Planning so gut wie möglich vorbereitet. Er kennt den aktuellen Stand des Projektes sowie die Backlog Items, die er gerne hätte, er hat sich für den Sprint ein Ziel überlegt, kennt die Fähigkeiten des Teams, schließlich hat er es gemeinsam mit dem ScrumMaster ausgewählt. Er kennt die technische Situation, den Markt und weiß genau, was er will. In den nächsten vier Stunden nehmen sich alle Beteiligten die Zeit, so detailliert wie möglich über das zu Liefernde zu sprechen.

Anwesend ist das Team. Es hat sich durch die Diskussionen, die es während der Estimation Meetings oder während der Planungsphase gab, natürlich schon einige Gedanken gemacht und ist deswegen auf das vorbereitet, was im Sprint Planning 1 kommt.

Anwesend sind auch die Mitglieder anderer Teams oder Abteilungen, wenn bekannt ist, dass man ihre Unterstützung während des Sprints benötigt. Der Grund ist, dass wir auch von ihnen die Zusagen für Lieferungen benötigen. Diese Zusagen müssen spätestens in diesem Meeting klar sein.

Anwesend sind auch die „Anwender" der Applikation. Je nach Projekt sind dies „echte" Anwender, also zum Beispiel die Mitarbeiter von Fachabteilungen, oder es handelt sich um die Vertreter der Anwender, zum Beispiel Interaction Designer. Durch ihre Anwesenheit lässt sich gewährleisten, dass wir innerhalb dieser vier Stunden herausarbeiten, welche Funktionalitäten wie gestaltet und entwickelt werden sollen.

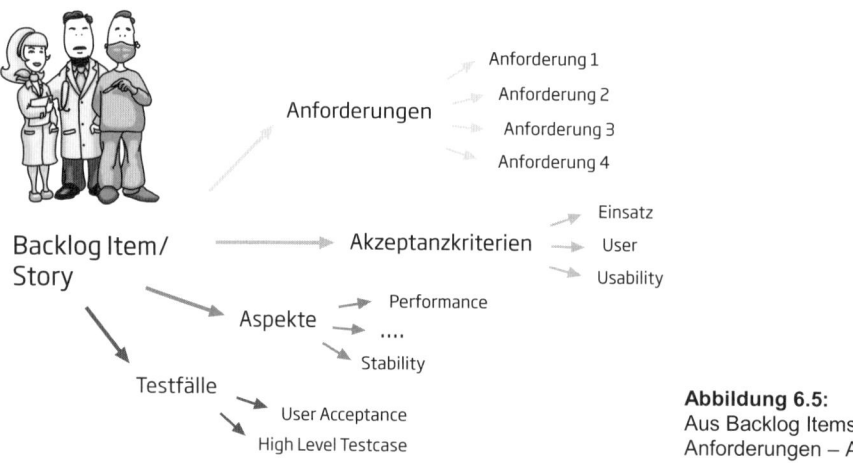

Abbildung 6.5:
Aus Backlog Items werden
Anforderungen – Analyse

Zunächst stellt der Product Owner vor, was er sich für den Sprint vorstellt, anschließend arbeiten alle Beteiligten gemeinsam ein klares Ziel heraus und definieren gemeinsam, wie die Funktionalitäten gestaltet sein sollen. Jetzt geht es darum, eine Anforderungsanalyse zu erstellen (Abbildung 6.5). Die Product Backlog Items sind viel zu ungenau, um sich darauf verpflichten zu können. Daher nehmen die Teammitglieder nun gemeinsam mit den Anwendern und dem Product Owner eine Anforderungsanalyse vor. Sie halten die Anforderungen in geeigneter Form fest, definieren die Kriterien für die Akzeptanz und schreiben die ersten Tests auf. Vergleichbar ist dieses Meeting mit einem Anforderungsworkshop.

Wichtig ist, dass die Teammitglieder die Anforderungen aufschreiben. Sie sind es, die das Produkt liefern, also müssen sie auch die Anforderungen an das Produkt erarbeiten. Den Teammitgliedern wird auf diese Weise klar, was zu tun ist. Auf dieser Basis sind sie in der Lage zu bestimmen, wie viel Funktionalitäten sie liefern können. Die Liste dieser Funktionalitäten nennen wir in Scrum „Selected Product Backlog". Das Selected Product Backlog bestimmt den Scope des Sprints.

Ein gelungenes Sprint Planning Meeting 1 erkennen Sie daran, dass die Teammitglieder aus diesem Meeting herauskommen und miteinander über die Möglichkeiten der Umsetzung reden. Sie zeigen sich bereits engagiert und wollen die gestellte Aufgabe lösen. Hetzen die Teammitglieder zu ihren Workstations und checken E-Mails oder arbeiten an irgend etwas anderem, dann wissen Sie, dass dieses Meeting nicht funktioniert hat. Im Grunde können Sie den Sprint dann sofort beenden, weil die Teammitglieder nicht am Sprint-Ergebnis interessiert sind.

Entscheidend ist, dass am Ende des Sprint Planning Meeting 1 das Commitment des Teams stattfindet. Auf diese Weise wird festgelegt, was am Ende des Sprints geliefert werden muss. Von nun an müssen alle Aktionen und Design-Entscheidungen (Sprint Planning Meeting 2) dem Rechnung tragen.

6.4.4 Sprint Planning 2 – Design

Die Teammitglieder, der Product Owner, Management und die Anwender haben nach der Definition des Sprint Goals und der Klärung der Funktionalitäten eine klare Vorstellung davon, was geliefert werden soll. Jetzt ist es Aufgabe der Teammitglieder, sich zu überlegen, wie diese Funktionalitäten geliefert werden sollen. Dafür tragen sie in den nächsten vier Stunden alle notwendigen Informationen zusammen. Dieses Meeting ist eine Arbeitssitzung in der das Team an Design, Spezifikation, Architektur und allen anderen Dingen arbeitet, die notwendig sind. Das Team erarbeitet hier seine Umsetzungsvorstellungen. Als Resultat dieses Meetings weiß jeder, wie man die gewählten Aufgaben *gemeinsam* bewältigen will. Es wird noch nicht festgelegt, wer welche Aufgaben durchführt.

Der Product Owner und die Anwender sollten weiterhin anwesend sein, aber das Team nicht stören. Falls die Teammitglieder weitere Fragen zu den Funktionalitäten haben, können sie diese stellen. Sollten die Teammitglieder die Notwendigkeit sehen, Experten zu diesem Meeting hinzuzuziehen, dann sollten sie dies so schnell wie möglich tun, sonst sind die Teammitglieder jetzt auf sich alleine gestellt. Die meisten Teams realisieren erst im Sprint Planning 2, dass es auf die eigene Kreativität, ihr Können und ihre Zusammenarbeit ankommt. Sie können um Hilfe bitten, bekommen sie aber nur auf Anforderung.

Oft zerfällt das Meeting in Gruppenarbeiten. Die einen arbeiten die architektonischen Grundüberlegungen aus, andere spezifizieren die notwendigen Datenelemente oder Klassen, wieder andere finden schon mal die Lücken heraus. Aber es wird noch nicht gecodet oder Ähnliches.

Gegen Ende des Meetings erstellt man eine Liste von *Aufgaben*. Diese Aufgaben sollten *nicht größer als acht Stunden* sein. Es hat sich bewährt, wenn alle Teammitglieder mit

Karteikarten oder Haftnotizen ausgestattet durch die Liste der Backlog Items gehen und nun die Aufgaben notieren. Dann hängt man die Notizen zum *Selected Product Backlog* und eliminiert Doubletten. Auf diese Weise erhalten die Teammitglieder schnell einen Überblick über alle Aufgaben, die im Sprint durchgeführt werden müssen.

Das Taskboard – Sichtbarkeit

Ein Taskboard hilft dem Team, seine Aufgaben übersichtlich anzuordnen und immer den Überblick zu behalten. Alle High-Performance-Teams nutzen Taskboards. In der Küche eines Restaurants hängen die Bons, also die Zettel, auf denen die Speisen der Gäste pro Tisch gelistet sind, an einem Board. Auch in der Notfallstation eines Krankenhauses hängen die „Fälle" an einem Board, von dem aus gearbeitet wird.

1. Selected Product Backlog am Taskboard unter „Stories"

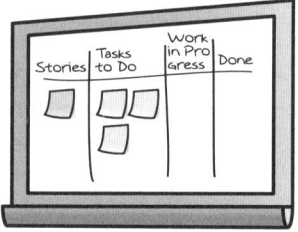

2. Stories aufgeteilt bearbeitbare 1-Tages „Tasks to Do"

3. „Work in Progress" zeigt Tasks, an denen jetzt gearbeitet wird, evtl. verändern sich Tasks, sind zerlegt

4. Tasks sind „done" oder sind mit Punkten (Impediments) markiert, wenn sie nicht fertig wurden

Abbildung 6.6: Das Taskboard

Genau dieses Board nutzen wir auch in Scrum. Stellen Sie sich eine Pinnwand oder ein Whiteboard vor, das von links nach rechts in folgende Spalten unterteilt ist (Abbildung 6.6):

1. Selected Backlog Items oder Stories

2. Aufgaben

3. In Bearbeitung

4. Erledigt

In der Spalte „Selected Backlog Items" hängen die Backlog Items in der priorisierten Reihenfolge. In der Spalte „Aufgaben" hängen die Aufgaben pro Backlog Item. Hier sind Aufgaben gelistet wie: Schreibe die Anforderungen, designe das Userinterface, entwickle die Schnittstelle zur Datenbank, optimiere die Schnittstelle zur Datenbank, schreibe die User Acceptance Test Cases, führe die User Acceptance Tests durch. In dieser Spalte hängen auch die „Bugs" pro Backlog Item/Story. Übernimmt ein Teammitglied eine dieser Aufgaben, so nimmt es die dazugehörige Karte und überträgt sie in die Spalte „In Bearbeitung", die alle begonnenen Aufgaben enthält. Ist eine Aufgabe erledigt, wandert die entsprechende Karte in die Spalte „Erledigt".

Die Aufgaben sollten so zugeschnitten sein, dass die Bearbeitung nicht länger als acht Stunden dauert. Eine Aufgabe sollte sich also innerhalb eines Tages erledigen lassen. Diese Forderung erscheint vielen Teammitgliedern zu Beginn absurd, weil sie bis dahin die Erfahrung machten, dass es viel länger dauert, ein Design zu schreiben oder eine Funktionalität zu implementieren. Das ist richtig, doch die Aufgaben lauten nicht wie bisher „Entwickeln der Funktionalität X", sondern sind so formuliert, dass sie klar anzeigen, wie man von A nach B kommt.

Dieses Prinzip der kleinen Aufgaben führt vor allem dazu, dass eine Aufgabe von Tag zu Tag entweder *nicht begonnen, begonnen oder fertig* ist. Dieses Prinzip zwingt jedes Teammitglied, jeden Tag etwas abzuschließen und ein wenig Fortschritt zu erzielen. Was aber, wenn die Aufgabe zu Beginn größer ist oder sich am Anfang nicht kleiner machen lässt? Dann beginnt ein Teammitglied mit dieser Aufgabe. Und wenn das Teammitglied weiß, welche Dinge noch zu erledigen sind, können wir die Aufgabe in kleinere Teile zerlegen. Das funktioniert absolut immer. Sollte das Teammitglied das nicht können, wissen Sie, dass entweder die falsche Person an der Sache sitzt oder dass noch gar nicht an dieser Aufgabe gearbeitet wurde.

Ein sehr schönes Beispiel für ein Taskboard habe ich aus Rio de Janeiro mitgebracht. Bei Globo.com arbeiten vier Teams mit einem riesigen Taskboard, wie Abbildung 6.7 zeigt.

Abbildung 6.7:
Taskboard bei Globo.com,
Rio de Janeiro, Brasilien

Wir werden im Abschnitt 6.5.3 über das Daily Scrum noch genauer sehen, wie das Team mit dem Taskboard Tag für Tag arbeitet. Entscheidend ist, dass das Sprint Planning 2 mit dieser Liste an Aufgaben beendet wird. Im Team sollte Klarheit darüber herrschen, was am nächsten Morgen zu tun ist. Es ist noch nicht beschlossen, wer an welcher Aufgabe arbeitet, doch es ist allen klar, welche Aufgaben erledigt werden müssen.

Das Sprint Planning ist nun beendet, das Team hat eine deutliche Vorstellung davon erarbeitet, was in diesem Sprint getan werden muss. Die Teammitglieder sollten nach diesem Tag motiviert nach Hause gehen. Sie kennen den Weg, den sie gemeinsam gehen wollen. Es war ein anstrengender Tag, der aber ein gutes Ergebnis erbrachte.

Sprint Planning mit „kleinen Teams"

Oft werde ich gefragt, wie man in Scrum mit sehr kleinen Teams, etwa mit drei Personen, arbeitet. So kleine Teams arbeiten in der Regel nicht mit Scrum. Wenn aber eine Entwicklungsmannschaft mit nur zwei Personen scrummt, muss man sich sofort die Frage stellen: Haben wir die notwendigen Ressourcen an Board? Wo ist der Tester? Wo der Experte, der das Business versteht? Mit Scrum lässt sich auch in sehr kleinen Teams arbeiten, doch drängt sich die Frage auf: Ist es sinnvoll? Das Sprint Planning wird in diesem Fall genauso ablaufen, wie oben beschrieben, aber vermutlich kürzer ausfallen.

6.4.5 Sprint Planning mit großen oder mehreren Teams

Das Sprint Planning mit großen oder mehreren Teams muss derselben Logik folgen wie mit normal großen Scrum-Teams. Alle Mitglieder des Teams müssen die Anforderungen, die Tests und alle anderen nötigen Informationen bekommen, um ihren Sprint zu planen. Schnell wird in diesem Fall jedoch klar, dass die Kommunikation in einer Gruppe von mehr als 14 Personen nicht mehr ohne Weiteres funktioniert. Auf einer Party würden sich Grüppchen bilden, in denen man miteinander diskutiert. Das ist völlig normal und geschieht auch in einem Scrum-Team. Wir können diese Erkenntnis für das Sprint Planning produktiv nutzen.

Mit dem Product Owner, dem Management, den Anwendern und den Teammitgliedern nehmen in der Regel genügend Menschen am Sprint Planning teil, um jedem Team detailliert sagen zu können, was es liefern soll.

Auch für große Teams darf es nur ein einziges Sprint Goal geben, auf das alle hinarbeiten. Gleichzeitig müssen wir uns klarmachen, dass es so oder so zur Team-in-Team-Bildung kommen wird. Daher haben wir ein Schema entwickelt, das sich für die Arbeit mit großen Teams bewährt hat (Abbildung 6.8).

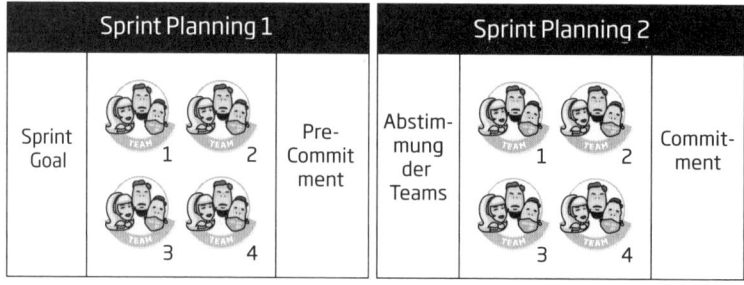

Abbildung 6.8: Schema für das Sprint Planning mit großen Teams

Sprint Planning 1 und 2 zerfallen in diesem Fall in mehrere kleine Meetings, die gut miteinander verzahnt sind:

- **Sprint Planning 1:**

  Zunächst stellt der Product Owner dem gesamten Team seine Vision, das Product Backlog und das Sprint Ziel. Diese Vorstellung sollte ca. 30 Minuten nicht überschreiten. Dann gibt es eine Gelegenheit für Verständnisfragen. Das ist wichtig, weil die Teammitglieder verstehen müssen, für welche Backlog Items sie sich interessieren. Anschließend werden Sub-Teams gebildet. In großen Projektteams gibt es immer auch Experten, die mit den einzelnen Teams arbeiten, um die Vorstellung des Product Owners umzusetzen. Diese fungieren als Sub-Product Owner, um die sich die Sub-Teams bilden. Die Sub-Product Owner geben nun bekannt, für welchen Funktionalitätsbereich des Produkts sie verantwortlich sind, und die Teammitglieder können entscheiden, zu welchem Sub-Team sie gehen wollen. Die Sub-Product Owner haben im Vorfeld bereits jeweils einen Meetingraum gebucht und eine Pinnwand mit den jeweiligen Backlog Items vorbereitet. Teammitglieder, die an diesem Funktionalitätsbereich arbeiten wollen, und an diesen Funktionalitäten interessierte Anwender finden sich mit dem Sub-Product Owner zusammen und diskutieren ca. drei Stunden detailliert die Funktionalitäten. Die Teammitglieder haben in diesen drei Stunden auch die Gelegenheit, bei den anderen Teams Hilfe einzuholen oder anzufragen, ob man gemeinsam an einer bestimmten Funktionalität arbeiten will. Am Ende dieser drei Stunden hat jedes Sub-Team ein klares Bild von dem zu Liefernden. Alle Sub-Teams treffen sich nun wieder im ersten Raum und stellen die Entscheidung für die jeweiligen Backlog Items, also das Selected Product Backlog, vor.

- **Sprint Planning 2:**

  Nach der Mittagspause führen die Sub-Teams parallel jeweils ihr Sprint Planning 2 durch. Wieder können sich die Teams untereinander austauschen, wie sie den Sprint organisieren sollen. Ideal wäre dafür ein großer Raum, in dessen Zentrum ein gemeinsamer Tisch und ein gemeinsames Flipchart stehen und wo es in den Ecken für jedes Team einen Tisch und ein Flipchart gibt. Auf diese Weise können die Teams ihre Aktivitäten jeweils an dem Tisch in der Mitte synchronisieren, und die Sub-Product Owner gehen, wenn sie von ihrem Sub-Team nicht gebraucht werden, zu diesem Zentrum zurück. Wenn es nicht möglich ist, dieses Meeting in einem großen Raum zu organisieren, finden die einzelnen Sub-Sprint-Plannings in den Teamräumen selbst statt. Auf diese Weise wird aber die Kommunikation zwischen den Teams bereits wesentlich eingeschränkt. Gibt es ein gemeinsames Ziel, wird es dennoch funktionieren. Am Ende des Tages stellen alle Teams in einer gemeinsamen Runde ihre Ergebnisse, also ihre Selected Product Backlogs, kurz vor, erklären die geplante Vorgehensweise und mit welchen Teams sie welchen Abstimmungsbedarf haben.

Die Sub-Product-Owner kreieren ein großes Taskboard, das in Wirklichkeit ein Storyboard ist. Hier werden die Backlog Items jedes Teams sichtbar. Diese werden nun auf der Ebene der Sub-Product Owner behandelt als wären sie Aufgaben. Das heißt: Die Backlog Items werden Tag für Tag von „To-Do" über „In Bearbeitung" zu „Erledigt" überführt.

Dieser gemeinsame Sprint Planning Tag für das gesamte Team bzw. für alle Sub-Teams muss es geben, weil wir im Vorfeld die taktischen Entscheidungen für die Teams nicht treffen können. Es ist viel effektiver, wenn die einzelnen Teams sich selbst untereinander abstimmen, welches Team welche Backlog Items abarbeitet. Das klingt zunächst nach Zeitverschwendung und unnötigem Kommunikationsaufwand. Aber wir dürfen nicht vergessen, dass der Kommunikationsaufwand in großen Teams um ein Vielfaches höher ist und die Kommunikation ineffektiver wird. Diese Form der Planung erlaubt es den Teams aber, so flexibel wie möglich die notwendige Kommunikationsstruktur jeweils „on-the-fly" aufzubauen.

Dieses Schema ist aber nur ein Startpunkt. Es kann sich ergeben, dass die Teammitglieder eine andere Aufteilung finden oder während des Sprints merken, dass sie sich in einer anderen Konstellation gruppieren müssen. Dann sollen sie das während des Sprints tun.

Zum Abschluss sei noch auf eine andere Variante des Sprint Planning für große Projekte mit mehreren Teams hingewiesen. Die Idee besteht hier darin, alle Teams in einem einzigen Raum zu versammeln und das Sprint Planning 1 und 2 in diesem Raum gleichzeitig mit einem Product Owner durchzuführen [Kniberg 2007]. Am besten funktioniert die Zusammenarbeit, wenn alle Beteiligten in einem Raum sitzen, sowohl während der Planung als auch im Anschluss daran. Ich habe das Sprint Planning Meeting mit ca. 110 Personen an einem Tag in einem Raum durchgeführt. Es ist extrem anstrengend, für ein großes Team aber der bestmögliche Start.

6.4.6 Sprint Planning 1 und 2 im Überblick

1. Das Meeting startet mit einer Agenda, einem Ziel und einem ersten Überblick darüber, wie es ablaufen soll. Alle an diesem Sprint Beteiligten sind anwesend.

2. Der Product Owner stellt seine Vision, seine Backlog Items und seinen Sprint-Goal-Vorschlag vor.

3. Die Teammitglieder versuchen, so viele Informationen wie möglich vom Product Owner, den Anwendern und weiteren Beteiligten zu bekommen.

4. Die Teammitglieder überlegen gemeinsam, was im Sprint zu schaffen ist, und vereinbaren mit dem Product Owner das Sprint Goal.

5. Das Selected Product Backlog wird erarbeitet und festgeschrieben. Das Commitment des Teams und des Product Owners auf das Ziel findet statt.

6. Im zweiten Teil des Sprint Plannings werden aus diesem Backlog der Plan, die ersten Architekturideen und die Umsetzungsmöglichkeiten erstellt. Das Team kreiert so eine konkrete Vorstellung der Umsetzung.

7. Die Liste der Aufgaben entsteht. Die Aufgaben werden in einem Sprint Backlog festgehalten.

8. Die beiden Meetings dauern jeweils nicht länger als vier Stunden und müssen gemeinsam an einem Tag durchgeführt werden.

6.5 Das Daily Scrum – Tägliche Synchronisation

6.5.1 Der Zweck des Daily Scrum

Das Borland Quattro® Pro-Entwicklungsteam wird in der agilen Community als *das* Beispiel für Produktivität gehandelt. Laut James Coplien war dieses Team 37 mal so produktiv wie ein konventionelles Software-Entwicklungsteam. Eines der Geheimnisse dieses Teams war ein tägliches Meeting am Beginn des Arbeitstages, in dem sich die Entwickler etwa zwei Stunden über die Ergebnisse des Vortages und die Aufgaben des anstehenden Tages unterhielten. Den Rest des Tages entwickelten sie ihr Produkt, ließen über Nacht einen Nightly Build laufen und besprachen am nächsten Morgen wieder die Ergebnisse [Coplien 1994].

Auf der Basis dieses Erfahrungsberichts von James Coplien überlegte Jeff Sutherland, wie man dieses Zwei-Stunden-Meeting auf die wesentlichen Elemente reduzieren könnte. Das Ergebnis ist das heutige Daily Scrum. Sutherland reduzierte das Meeting auf eine Dauer von 15 Minuten und die drei Fragen:

1. Was habe ich seit dem letzten Meeting erreicht?

2. Was will ich bis zum nächsten Meeting erreichen?

3. Was steht mir dabei im Weg?

Diese Fragen müssen jeden Tag innerhalb von 15 Minuten von allen externen oder internen Teammitgliedern, die aktiv am Sprint beteiligt sind, beantwortet werden.

Die Auseinandersetzung mit diesen drei Fragen genügt, um alle Teammitglieder über den aktuellen Stand der Entwicklung auf dem Laufenden zu halten. Die Beantwortung dieser drei Fragen ermöglicht die tägliche Synchronisation aller Beteiligten, denn so können Informationen schnell ausgetauscht, Abstimmungsprobleme gelöst und Impediments sofort erkannt und vom ScrumMaster bearbeitet werden.

Mit den drei Fragen im Daily Scrum lässt sich der tatsächliche aktuelle Status sehr effektiv erheben. Das Daily Scrum unterscheidet sich im Grunde nicht wesentlich von einem traditionellen Status-Meeting. Der Unterschied besteht in der strikten, rituellen Durchführung und im Fokus der Fragen, der auf dem erzielten Resultat liegt. Vor allem die Tasks, die so klein sind, dass sie in der Regel nach einem Tag abgearbeitet sein können, machen deutlich, dass es im Daily Scrum darum geht, Resultate zu benennen oder anzugeben, wieso ein angestrebtes Ergebnis nicht erreicht wurde.

Kommt es zu inhaltlichen Fragen, die nicht in wenigen Sekunden zu beantworten sind, notiert sie der ScrumMaster, und ihre Beantwortung wird auf ein anderes Meeting vertagt. *Die Lösung von Problemen erfolgt nicht im Daily Scrum*. Der Grund für die zeitliche Beschränkung des Meetings auf 15 Minuten ist u.a. die Tatsache, dass allen Teilnehmern klar wird, dass inhaltliche Diskussionen nach dem Meeting stattfinden müssen. Kommt es zu Impediments oder müssen Entscheidungen sofort getroffen werden, so hat der ScrumMaster das Recht, notwendige Entscheidungen zu treffen. Dies geschieht am Ende des Meetings, wenn alle Informationen ausgetauscht wurden.

6.5.2 Die Regeln für das Daily Scrum

1. Das Daily Scrum beginnt *absolut* pünktlich, jeden Tag am gleichen Ort, und ist auf *genau 15 Minuten beschränkt*. Zu spätes Erscheinen wird bestraft.

2. Es werden von jedem Teammitglied die folgenden drei Fragen beantwortet:
   - Was habe ich seit dem letzten Daily Scrum erreicht?
   - Was will ich bis zum nächsten Daily Scrum erreichen?
   - Was steht mir dabei im Weg?

3. Alle Teammitglieder müssen diese Fragen beantworten. Wer nicht physisch anwesend ist, muss sich in das Meeting per Telefon oder Videokonferenz einwählen.

4. Wenn ein Teammitglied an diesem Tag nicht arbeitet (z.B. Urlaub), muss eine Vertretung für dieses Teammitglied sprechen.

5. Das Meeting ist öffentlich. Jeder darf teilnehmen, doch dürfen nur die Teammitglieder sprechen.

6. Das Meeting wird vom ScrumMaster kurz eröffnet, anschließend beginnt das Teammitglied links vom ScrumMaster, die Fragen zu beantworten. Die Fragen werden reihum beantwortet. Das Teammitglied, welches zu spät kommt, setzt sich auf den freien Platz rechts vom ScrumMaster.

7. Werden Impediments erwähnt, notiert sie der ScrumMaster auf der Impediment-Liste.

8. Entscheidungen werden vom ScrumMaster verkündet oder getroffen.

6.5.3 Das Daily Scrum mit Taskboard

Arbeitet man im Daily Scrum mit einem Taskboard, so verläuft es wesentlich konzentrierter und zielgerichteter als in der klassischen Variante, in der alle Teammitglieder um einen Tisch sitzen und sich im Kreis austauschen. Wie man das Taskboard eines Scrum Teams am besten organisiert, haben wir schon in Abschnitt 6.4.4 erörtert.

Die Frage „Was habe ich erreicht" wird nun ganz einfach dadurch beantwortet, dass jedes Teammitglied die Aufgabe, an der es gearbeitet hat, von der Spalte „In Bearbeitung" in die Spalte „Erledigt" umhängt. Anschließend entnimmt es der Spalte „Aufgaben" eine neue Aufgabe, hängt sie in die Spalte „In Bearbeitung" und trägt seinen Namen ein.

Neue Aufgaben hängt man zum jeweiligen Backlog Item, d.h. Aufgaben, die neu hinzukommen oder durch Aufteilung einer Aufgabe entstehen, hängt man zur Spalte „Aufgaben".

Jede Aufgabe ist zum Zeitpunkt des Daily Scrums entweder in der Spalte „Aufgaben" oder „Erledigt". Jede Aufgabe, die zum Zeitpunkt des Daily Scrums „In Bearbeitung" ist, stellt ein Problem dar. Für dieses Problem gibt es drei mögliche Gründe:

1. Die Aufgabe ist zeitlich doch aufwändiger als angenommen.

2. Die Aufgabe konnte wegen eines Problems nicht abgearbeitet werden.

3. Die Aufgabe wurde kurz vor dem Meeting, also am Morgen oder am Abend des letzten Tages, begonnen und lässt sich eigentlich schnell erledigen. Da sie erst begonnen wurde, ist sie aber noch nicht erledigt.

Ist eine Aufgabe zeitlich aufwändiger als gedacht und deshalb nicht erledigt, wird der ScrumMaster das Teammitglied dazu bringen, die Aufgabe in kleinere Aufgaben zu unterteilen. Dadurch entstehen sichtbar mehr Aufgaben, die wiederum andere Teammitglieder übernehmen können. Der neue Teil der alten Aufgabe wird entweder in die Spalte „Aufgaben" gehängt, oder ein anderes Teammitglied übernimmt diese Aufgabe und kommt sofort „In Bearbeitung". Letzteres ist der erwünschte Fall, denn nur so wird das Backlog Item, das sich gerade in Bearbeitung befindet, weiterentwickelt, und die Wahrscheinlichkeit wächst, dass es möglichst schnell fertig wird.

Weitaus unangenehmer ist es, wenn die Aufgabe aus irgendeinem Grund „blockiert" ist. Das Teammitglied konnte an dieser Aufgabe also nicht arbeiten. In diesem Fall schreibt sich der ScrumMaster den Grund für die Blockade auf das Impediment Backlog. Der ScrumMaster wird dann dem Teammitglied dabei helfen zu entscheiden, welche neue Aufgabe erledigt wird, solange die alte blockiert ist.

Der Vorteil der Arbeit mit dem Taskboard ist, dass man auf täglicher Basis jedes kleinste Problem, jede Blockade, sofort identifizieren kann. Bei der traditionelleren Durchführung des Daily Scrums ist das etwas anders. Dort können Blockaden unerkannt bleiben, weil die Aufgaben nicht systematisch in kleine „Ein-Tages-Aufgaben" zerlegt werden, und ein Entwickler kann sehr wohl verschweigen, dass er nicht vorangekommen ist, weil er gestört wurde, oder dass er nicht an der Aufgabe, sondern an etwas anderem gearbeitet hat.

6.5.4 Probleme, die auftreten werden

Bei der Einführung des Daily Scrums wird es zu vielen kleinen Problemen kommen. Das erste Problem ist immer die Tatsache, dass die Teilnehmer nicht pünktlich zum Daily Scrum erscheinen. Wir arbeiten daher in der Regel mit einer kleinen „Strafe", die die Teammitglieder selbst bestimmen und die im Falle des Zuspätkommens fällig wird: einen Euro in die Gemeinschaftskasse, bis morgen einen Kuchen backen, ein Lied singen oder etwas anderes.

Nutzt man nicht das Taskboard zur Unterstützung, geschieht es häufig, dass Teammitglieder nicht mehr wissen, woran sie tags zuvor gearbeitet haben, d.h., sie sind nicht auf das Daily Scrum vorbereitet, was wiederum bedeutet, dass sie keinen Wert darin sehen, sich mit anderen abzustimmen.

Die größten Probleme entstehen jedoch beim Versuch, „Blockaden" zu identifizieren. Die meisten denken, eine Blockade sei etwas, das man selbst lösen müsse und nicht der Rede wert. Viele glauben auch, sie stünden in schlechtem Licht da, wenn sie nicht ständig wiederholen, dass alles in Ordnung sei. Erst mit Hilfe eines ScrumMasters, der mit Hilfe eines Taskboards visualisiert, wo die Probleme liegen, werden die Aktivitäten so transparent, dass Probleme nicht im Verborgenen bleiben können.

Als ScrumMaster werden Sie damit zu kämpfen haben, dass zu Beginn die Selbstorganisation des Teams im Daily Scrum nicht funktioniert. Am Anfang ist das Verhalten im Daily Scrum meistens gleich: Die Teammitglieder berichten Ihnen und erwarten, dass Sie ihnen sagen, was sie heute zu tun haben. Die Teams haben zunächst Schwierigkeiten, die Aufgaben eigenverantwortlich herunterzubrechen und die Aufgaben am Taskboard eigenständig zu verschieben. Hier ist es am besten, sich als ScrumMaster nur coachend einzumischen, also zu sagen, was zu tun ist, es aber nie selbst zu tun. Der ScrumMaster muss unbedingt seine Rolle als Moderator beibehalten, darf aber sehr wohl fordernd auftreten.

6.5.5 Daily Scrum für große oder verteilte Teams – Teil 1

Das Daily Scrum mit verteilten Teams

Das Daily Scrum wird immer am gleichen Ort zur selben Zeit durchgeführt. Alle Teammitglieder sollen beim Daily Scrum physisch anwesend sein, doch gibt es immer wieder die Herausforderung, dass sich manche Mitarbeiter nicht vor Ort befinden. Auch in diesem Fall gilt: sie müssen sich am Daily Scrum beteiligen. Sie müssen entweder physisch beim Daily Scrum erscheinen oder zumindest per Telefon oder Videokonferenz teilnehmen. Die Regeln von Scrum erlauben keine Ausnahme. Bei der Arbeit mit verteilten Teams ist die tägliche Kommunikation sogar wichtiger, als wenn alle Personen im selben Raum sind.

Daily Scrums mit verteilten Teams erfordern die Bereitschaft, sich damit auseinanderzusetzen, dass die Kommunikation schwieriger wird. Umso wichtiger ist es, pünktlich zu erscheinen, die Regeln des Daily Scrums zu befolgen und möglichst diszipliniert am Telefon oder während der Videokonferenz zu agieren. Das ist, glauben Sie mir, leichter gesagt als getan.

Die Problematik verteilter Teams kommt sofort zum Tragen, wenn man es mit Teams in anderen Ländern zu tun hat. Was immer häufiger vorkommt: Organisationen müssen einen Weg finden, auch diese Projekte zu steuern. Das Hauptproblem sind die Sprachunterschiede. Die meisten sprechen und verstehen zwar Englisch, aber nicht so gut wie ihre Muttersprache. Konflikte und Missverständnisse sind daher an der Tagesordnung. Viele Teams lösen diese Probleme, indem sie ihre Daily Scrums schriftlich vorbereiten. Sie legen ein Wiki an, in das jeder seine Informationen einträgt. Zum Zeitpunkt des Daily Scrums liegen dann allen die Informationen zumindest schon einmal schriftlich vor und müssen nur noch mit Worten aufbereitet werden. Wie die Kommunikation im Daily Scrum unterstützt werden kann, sehen wir uns später genauer an (siehe Abschnitt 9.3.7).

Das Daily Scrum mit großen Teams

Ein ähnliches Problem tritt bei zu großen Teams auf. In Scrum fordern wir, dass alle Mitglieder eines Teams das Daily Scrum gleichzeitig durchführen. Eine Runde mit mehr als sieben Personen ist aber nicht mehr effektiv. Deswegen sollten sich große Teams in kleinere aufspalten, um das Daily Scrum effektiv durchführen zu können. Diese kleinen Teams können effektiver zusammenarbeiten als ein großes Team. Entscheidend ist, dass die Teammitglieder selbst entscheiden, wie diese Aufteilung durchzuführen ist. Es ist ihre Aufgabe, sich so zu organisieren, dass sie möglichst effektiv arbeiten können.

Natürlich müssen Sie zusätzlich Strukturen schaffen, in denen die Kommunikation zwischen den kleineren Teams ablaufen kann. Eine Möglichkeit sind die Scrum of Scrums.

Das Daily Scrum als Scrum of Scrums

Ein Scrum of Scrums ist ein Meeting der Teammitglieder verschiedener Teams, die sich miteinander organisiert austauschen müssen (mehr zum Scrum of Scrums finden Sie in Abschnitt 9.2.5). Ein gutes Scrum of Scrums entsteht von selbst, weil die Teammitglieder der einzelnen Teams das Bedürfnis haben, sich mit den anderen Teams, mit denen sie gemeinsam arbeiten, auszutauschen. Die Regel, dass solche Synchronisations-Meetings einmal am Tag stattfinden und nicht länger als 15 Minuten dauern dürfen, führt automatisch zu den Scrum of Scrums (siehe Abbildung 6.9).

Im Grunde ist es bedauerlich, dass die Einführung des Scrum of Scrums als mittlerweile eine bekannte „Best-Practice" gilt. Denn es führt dazu, dass nicht mehr die Teams entscheiden, ob sie ein Scrums of Scrums brauchen, sondern dass diese Struktur vielmehr vom Management vorgegeben wird. Von Selbstorganisation also keine Spur. Das Management kreiert in diesem Fall schon eine Struktur, anstatt nur die Regel auszugeben, dass sich alle Teams über den Status aller anderen Teams informieren müssen. Wie diese Teams dies durchführen wollen, sollte ihnen allein überlassen bleiben. Es sieht immer nur auf den ersten Blick so aus, als wäre es effektiver, den Teams diese Strukturen mitzugeben. Meiner Erfahrung nach ist immer das Gegenteil der Fall. Vorgegebene Strukturen verringern die Produktivität jedes Teams [Austin and Devin 2003].

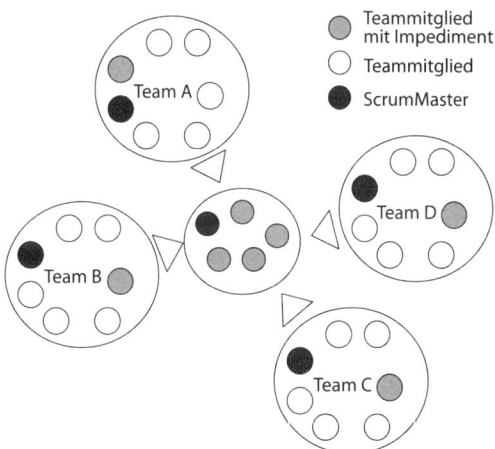

Abbildung 6.9:
Scrum of Scrums

6.6   Sprint Review – das Produkt vorstellen

Am Ende eines Sprints präsentiert das Scrum-Team im Sprint Review seine Ergebnisse. Hier wird überprüft, ob das Ziel des Sprints erreicht wurde. Die Bedeutung dieses Meetings kann nicht genug betont werden. Bei diesem Meeting wird gewissermaßen der Status des Projektes erhoben. Hier entscheidet sich tatsächlich, an welchem Punkt sich das Projekt befindet: Hat das Team geliefert, was es versprach? Haben wir einen Stand erreicht, von dem aus wir weiterarbeiten können?

Das Sprint Review erzeugt eine Deadline. Zu dieser Deadline müssen die zugesagten Funktionalitäten geliefert werden. Als geliefert gilt ausschließlich Software in einem *potenziell* auslieferbaren Zustand. Software, die beispielsweise zum Zeitpunkt des Reviews noch nicht getestet wurde, kann nicht zum Review zugelassen werden und gilt als nicht geliefert.

Sprint Reviews sind Überprüfungen, ob Ihr Plan, Ihre Ziele erreicht wurden. Das Ergebnis ist immer positiv. Alle wissen danach, wo sie im Projekt, in der Produktentwicklung tatsächlich stehen. Es wird sichtbar, was vorhanden ist und was noch verändert werden muss. Im Entwicklungsprozess werden alle Probleme schonungslos offengelegt. Diese Informationen sind für Projekte lebenswichtig und ermöglichen es allen Beteiligten, auf diese Informationen entsprechend zu reagieren.

6.6.1 Die Bedeutung von „Erledigt"

Zu viele Software-Entwicklungsprojekte liefern zum Zeitpunkt des Lieferdatums Software, die zu viele Fehler enthält, nicht fertig ist oder nachgebessert werden muss. In der Regel ist die Applikation unter hohem Druck entstanden, und alle wissen, dass die Maintenance-Teams den Code verbessern müssen.

Immer wieder wird *fast fertige* Software geliefert. Die Aussage „Es ist fast fertig" ist in vielen Organisation schon Standard. Ich betreute einmal ein Projekt, das nach 22 Monaten mit 25 Entwicklern ihrer Fachabteilung eine Funktionalität präsentierte, die beim Benutzen mit mehr als einem Anwender abstürzte. Dennoch war das Software-Entwicklungsteam der Meinung, es hätte „geliefert". Wiederum andere Entwicklungsteams halten eine Applikation für fertig, die zwar auf den eigenen Entwicklungsumgebungen funktioniert, sich auch compilieren lässt und auf den ersten Blick fehlerfrei ist, die aber noch kein Tester gesehen hat.

Das zeigt, dass wir in der Software-Entwicklung tatsächlich noch viel ändern müssen. In Scrum ist nur „Usable Software" am Ende eines Sprints zugelassen. „Usable Software" bedeutet im Grunde genommen nichts anderes als: So, wie die Software geliefert wird, muss nichts mehr getan werden, damit sie genutzt werden kann. Sie ist getestet, die Funktionalität ist integriert, und es dürfte beim Ausrollen an sich nichts passieren. Wenn Teams diese Regel akzeptieren, ändert sich die Haltung sofort.

Scrum liefert am Ende eines Sprints einen gewissen Geschäftswert. Das funktioniert aber nur, wenn die Software tatsächlich brauchbar ist. Muss man noch nacharbeiten, ist noch kein Geschäftswert generiert worden. Wir sprachen beim Planen des Projektes darüber, wie sich der Geschäftswert über die Zeit zusammensetzt (siehe dazu Abschnitt 5.7). Das geht nur, wenn man am Ende des Sprints tatsächlich nutzbare Software kreiert hat.

Die Qualität der Arbeit liegt in der Verantwortung des Teams. Das Team muss zu jedem Zeitpunkt funktionierende Software geschrieben haben. Das Team muss sich darüber im Klaren sein, dass es im Sprint Planning nur das zusagen sollte, was es tatsächlich auslieferbar erstellen kann.

6.6.2 Ablauf und Regeln des Sprint Reviews

Zu einem Sprint Review zugelassen sind all jene, die ein Interesse an dem Projekt haben. Es findet – wie alle Meetings in Scrum – öffentlich statt. Eine mögliche Einladungsliste sieht so aus:

- ScrumMaster
- Product Owner
- Team
- Management
- Customer
- Anwender, die Fachabteilungen
- Externe und interne Lieferanten

Zu Beginn des Sprint Reviews erklärt der Product Owner allen Anwesenden die Aufgabe dieses Sprints, das Sprint Goal und welche Backlog Items ausgewählt wurden. Danach stellt das Team das Ergebnis des Sprints vor. Das Sprint Review findet im Raum des Scrum-Teams statt. Das Team muss sich dafür nicht lange vorbereiten. Die Teammitglieder haben sich nur kurz abgesprochen, wer welches Feature in welcher Reihenfolge zeigt. Sie präsentieren lauffähigen Code, was keiner langen Vorbereitung bedarf. Am einfachsten ist es, wenn nun der Product Owner mit einigen anderen Interessierten zum jeweiligen Teammitglied geht und sich dort, aus erster Hand, die Funktionalität zeigen lässt.

Auch dieses Meeting ist zeitlich klar begrenzt; es darf nicht länger als 90 Minuten dauern. Probleme und neue Ideen für das Produkt sollten nicht hier diskutiert werden (dazu hat man anschließend Zeit, oder man findet einen Termin, bei dem entschieden wird, wie es genau weitergeht).

Hier geht um keine Präsentation, sondern um ein Review. Das Team zeigt die Funktionalitäten, damit alle Anwesenden Gelegenheit haben, die Funktionalität auszuprobieren, um neue Ideen zu generieren und neue Möglichkeiten nutzen zu können.

Die Regeln für das Sprint Review im Überblick

1. Das Sprint Review zeigt am Ende eines Sprints ausschließlich „Usable Software", es sei denn, alle Anwesenden wissen, dass das Team noch nicht in der Lage ist, Software auf diesem Qualitätsniveau zu liefern.
2. Das Sprint Review dauert nicht länger als 90 Minuten.
3. Anwesend sind auf jeden Fall a) der Product Owner und b) das Team.
4. Es ist verboten, das Produkt mit Hilfe einer Power-Point-Präsentation vorzustellen.
5. Die „Usable Software" wird lauffähig demonstriert.

6.6.3 Konsequenzen aus dem Review

Das Review dient der Überprüfung, wie sich die gelieferte Funktionalität darstellt, ob das Ziel erreicht wurde und wie die Umsetzung aussieht. Das Review kann eine Reihe von Konsequenzen nach sich ziehen:

■ **Neue Funktionalitäten**

Die häufigste Folge des Reviews ist, dass den Anwesenden neue Funktionalitäten einfallen. Sie sehen etwas, können sich nun viel besser ausmalen, wie die jeweiligen Funktionalitäten sein sollen, und sind in der Lage, neue Ideen zu entwickeln. Diese neuen Ideen notiert der ScrumMaster und behandelt sie als mögliche Einträge für das Product Backlog.

■ **Nicht gelieferte Backlog Items**

Es kann sich aber auch herausstellen, dass das Team nicht alle ausgewählten Backlog-Einträge liefern konnte. Dafür kann es eine Vielzahl von Gründen geben. Gerade am Anfang liegt dies häufig daran, dass sich die Teams selbst überschätzen, weil sie ihre Velocity nicht kennen. Der Product Owner nimmt diese Backlog Items wieder zurück ins Backlog und priorisiert sie neu.

■ **Veränderung der Priorisierung**

Eine weitere Folge kann sein, dass sich neue Priorisierungen ergeben. Der Product Owner erkennt nun, welche Funktionalitäten als Nächstes wichtig werden, und lässt diese daher vorrangig bauen.

■ **Veränderung der Teamstruktur**

Das Team kann nach einem Sprint neu zusammengestellt werden. Vielleicht benötigt es neue oder erweiterte Kenntnisse, um die nächsten Backlog Items abzuarbeiten. Vielleicht stellt es aber auch fest, dass es einen weiteren Entwickler benötigt, um schneller zu werden. Oder die Teammitglieder finden heraus, dass ihnen bestimmte Kenntnisse fehlen und sie diese unbedingt benötigen. In der Regel sollten solche Überlegungen natürlich schon während des Sprints durchgeführt werden. Manchmal ist es aber nicht so, was im Sprint Review dann offen angesprochen wird. Die Entscheidung, ob das Team verändert wird, muss spätestens bis zum nächsten Sprint Planning getroffen sein.

■ **Einen Release Sprint ansetzen**

Es kann sich beim Review auch herausstellen, dass ausreichend Funktionalität vorhanden ist, um einen Release Sprint einzuschieben. Vielleicht war er geplant, vielleicht auch nicht, jetzt sieht es aber so aus, als wäre es sinnvoll, Funktionalitäten bereitzustellen.

■ **Das Projekt vorzeitig beenden**

Die auf den ersten Blick demotivierendste Folge ist, dass das Projekt vorzeitig beendet wird. Es ist fertig. Es ist genug Funktionalität vorhanden. Betrachtet man es aber völlig neutral, gibt es nichts Besseres, als ein Scrum-Projekt zu beenden. Wir erhalten so die Entwicklungsmannschaft zurück und können es mit einem neuen Projekt beauftragen.

Meine Empfehlung: Feiern Sie am Abend des Sprint Review gemeinsam. Sie haben einen Meilenstein geschafft, erfolgreich etwas abgeliefert und vom Product Owner wertvolle Informationen erhalten, die Sie im nächsten Sprint angehen können.

6.6.4 Das Sprint Review im skalierten Umfeld

In einem skalierten Umfeld, in dem entweder mehrere Teams zusammenarbeiten oder wo wir es mit einem verteilten Team zu tun haben, ist das Review wesentlich schwieriger umzusetzen. Am besten wählen Sie für dieses Meeting einen großen Raum, in dem alle Teams ihren Applikationsteil aufbauen. Dort wandert dann der Product Owner gemeinsam mit dem ScrumMaster wie bei einer Messe von „Stand zu Stand". An jedem Stand präsentiert das jeweilige Team seine Funktionalitäten. Sind die Standorte der Teams zu weit voneinander entfernt, sitzt also zum Beispiel eines in Seattle und das andere in Tokyo, müssen Sie das Review per Videokonferenz durchführen, damit alle Teams gleichzeitig präsentieren.

Ganz entscheidend: Wenn alle Teams an einem gemeinsamen Produkt arbeiten, dürfen sie nur zeigen, was gemeinsam funktioniert. Jedes Team zeigt seine Funktionalitäten auf dem gemeinsam genutzten Integrationsserver. Funktionalitäten, die noch nicht im Verbund funktionieren, können nicht gezeigt werden, weil sie noch nicht tatsächlich vorhanden sind. Diese Forderung zwingt alle Teams, gemeinsam zu arbeiten.

6.7 Kontinuierliches Verbessern – Die sechs Schritte der Sprint-Retrospektive

Die Sprint-Retrospektive ist das Herzstück des Scrum-Prozesses, weil sie den oben vorgestellten Deming-Cycle schließt. Das Scrum-Team hat dank der am Ende eines Sprints durchgeführten Retrospektive die Gelegenheit, seinen Arbeitsprozess zu analysieren und sowohl die Team-internen als auch die Team-externen Arbeitsabläufe zu identifizieren, die sich nicht verbessern lassen.

Die Sprint-Retrospektive stößt einen Lernprozess an. Sie basiert auf der Erkenntnis, dass wir durch Erfahrung am besten lernen. Sie erzeugt Geschichten, und Geschichten sind erzählte Erfahrungen. Damit arbeitet die Retrospektive auf dem Level der Erfahrung und Intuition und nicht auf der Ebene des Verstandes.

Um zu verstehen, wieso die Retrospektive dabei hilft, die Leistung eines Teams kontinuierlich zu verbessern, und wie sie abläuft, machen wir uns zunächst mit ihrer Geschichte vertraut und lernen, was es bedeutet zu lernen. Anschließend schauen wir uns den Ablauf einer Sprint-Retrospektive an.

6.7.1 Geschichte der Sprint-Retrospektive

Die Sprint-Retrospektive ist erst sehr spät in den Prozess von Scrum eingeflossen. Auf der „Agile Development Conference" 2003 in Salt Lake City hielten Rachel Davis, Linda Rising und Diana Larsen Workshops und Seminare über eine neue Form der Aufarbeitung von Projekten. Sie nannten diese Aufarbeitung „Retrospectives" und bezeichneten sich selbst als „Retrospective Facilitator". Ich kann mich noch gut an eine Session erinnern, in der Alistair Cockburn mit Rachel Davis darüber diskutierte, ob die Idee der „Projekt-Retrospektive" nicht illusorisch sei, weil „uns unsere Kunden niemals mehrere Tage für das Durchführen von Retrospektiven geben würden". Man muss dazu wissen, dass zwar die Idee der Projekt-Retrospektiven vorgestellt und diskutiert wurde, die „Agile Community" aber noch kein klares Bild davon hatte, wie man Iterations-Retrospektiven durchführt. Erst auf dem Scrum

Gathering 2004 in Wien, als wir die Retrospective Facilitators und Ken Schwaber zusammenbrachten, machte es richtig „Klick" zwischen den beiden Disziplinen. Ken Schwaber sprach mit Norman Kerth und war von dieser Methode fasziniert. Er nahm die Idee in sein Scrum Master Training auf und seither gehören die Sprint-Retrospektiven offiziell zum Scrum-Prozess und gelten als wesentliches Element von Scrum. Jeff Sutherland bezeichnet die Retrospektive in seinen Vorträgen als unabdingbar. Er geht sogar so weit zu postulieren, dass das Fehlen von Retrospektiven immer zum Scheitern von Scrum-Projekten führe.

6.7.2 Warum funktionieren Retrospektiven? – Storytelling

Unsere Mütter lasen uns Bücher vor oder erzählten uns Gute-Nacht-Geschichten. Dann sahen wir unsere ersten Filme im Fernsehen und „erlebten" die abenteuerlichsten Geschichten in der Sonntags-Matinee im Kino um die Ecke. Wir lernten lesen, lasen über die Abenteuer von Pippi Langstrumpf und lösten gemeinsam mit Justus, Peter und Jonas die spannenden Kriminalfälle der „Drei Fragezeichen". Geschichten, gedruckte, erzählte oder gesehene, prägten unsere Vorstellung von der Welt. Wir „erfuhren" und lernten vieles durch diese Geschichten. Wir alle erzählen uns unablässig Geschichten. Manche Geschichten sind simple Alltagsgeschichten, manche sind hochinformativ und kulturprägend. Geschichten beeinflussen Generationen von Menschen, indem sie immer wieder erzählt werden. Shakespeares „Romeo und Julia", „Hänsel und Gretel" der Gebrüder Grimm oder „Die Meerjungfrau" von Hans Christian Andersen gehören zu letzterer Kategorie. Dabei ist es unerheblich, ob die Menschen diese Geschichten selbst gelesen oder gesehen haben oder sie nur aus „dritter Hand" kennen.

Alle Geschichten erzählen in immer neuer Form die „Reise des Helden". Zunächst lernen wir den Held kennen. Er ist meist eine ganz normale Person, die ihr gewohntes Leben lebt. Plötzlich ereignet sich etwas Dramatisches. Dieses Ereignis zwingt unseren Helden, sein gewohntes Leben aufzugeben. Er muss sich auf eine Abenteuerreise begeben. Eine Reise mit ungewissem Ausgang. Im Laufe dieser Reise wird er viele Gefahren und Abenteuer bestehen. Schließlich findet er die Lösung und kehrt in seine vertraute Welt [Campbell 2003] zurück. Diese Erzählstruktur bestimmt die Handlungen von Rotkäppchen, die Irrfahrten Odysseus und die Ein-Minuten-Story vom morgendlichen Stau Ihres Kollegen. Sie zieht die Zuhörer in ihren Bann und sorgt für Relevanz, damit wir zuhören.

Geschichten überliefern „Erfahrungswissen". Berichte, Gebrauchsanweisungen und die meisten Lehrbücher generalisieren und vermitteln trockene Fakten, betten die Daten aber in keinen Kontext. Geschichten fangen dagegen den Kontext, das Emotionale und das Persönliche ein. Dadurch werden sie für uns relevant, informativ und anschaulich. Man weiß mittlerweile, dass beim Geschichten-Zuhörer die Neuronen in den gleichen Gehirn-Regionen „feuern", die im Gehirn des Erzählers aktiv sind, bei demjenigen also, der die Geschichte erlebt hat. Wir „erleben" beim Hören einer Geschichte tatsächlich das Erlebnis des anderen mit und eignen uns so dessen Erfahrung an. Das ist die ultimative Form des Lernens. Die Interpretation des Gehörten wird also, obwohl mittelbar, da erzählt, zur unmittelbaren Erfahrung des Zuhörenden. Geschichtenerzählen wird also von Menschen seit Beginn der Erzählkunst genutzt, um durch Geschichten Erfahrung weiterzugeben.

Längst hat auch die Wirtschaft die Kraft des Geschichtenerzählens (Storytelling) erkannt. Manager pilgern zu Drehbuchautoren wie Robert McKee[3], um zu lernen, wie das Geschichtenerzählen funktioniert. Es gibt Firmen, die sich darauf spezialisiert haben, die Geschichten von Organisationen zu erfassen und sie für die Mitarbeiter dieser Firmen nutzbar zu machen. Entscheidend bei all diesen Ansätzen ist, dass sie alle zunächst die Geschichten, die in den Organisationen vorhanden sind, aufspüren und sie dann weitererzählen.[4]

Eine Sprint-Retrospektive macht genau das Gleiche. Sie dient den Mitgliedern eines Entwicklungsteams dazu, die Arbeitsabläufe zu verbessern und störende Blockaden zu identifizieren, indem sie die Geschichten des Teams identifiziert und herausarbeitet, welche Geschichten Verbesserungsmöglichkeiten anzeigen. Im Gegensatz zu der Idee, einem Team von außen vorzuschreiben, wie es arbeiten muss, wird in der Retrospektive davon ausgegangen, dass das Team selbst die notwendigen Kenntnisse und Erfahrungen hat, um zu wissen, was verbessert werden muss. Dabei sind nicht die Resultate, die festgehalten werden, sondern vielmehr das Dabeisein wesentlich für den Lernerfolg. Das In-der-Retrospektive-sein ist selbst ein Wert für die Teammitglieder. Das Lernen findet nur in der Retrospektive statt. Der Report, die Maßnahmenliste sind nur Hilfsmittel, um später Dinge umzusetzen oder Neuerungen zu implementieren.

6.7.3 Lernen – *Ent*-täuschte Erwartungen

Wenn eine Retrospektive uns lernen lässt, müssen wir uns fragen, was dabei tatsächlich passiert und wieso die Anwesenheit in der Retrospektive so wichtig ist. Was genau ist Lernen? Ernst von Glasersfeld hat basierend auf den Arbeiten von Piaget eine, wie ich meine, sehr gelungene Definition herausgearbeitet. Danach ist „Lernen das *Ent*-täuschen von Erwartungen."[5]

Immer dann, wenn wir *ent*-täuscht werden, wenn sich also unsere Erwartung nicht erfüllt, aus welchem Grund auch immer, haben wir die Chance einer neuen Erkenntnis. Lassen Sie mich Ihnen dazu eine Geschichte erzählen.

> ◼ Im Flugzeug auf dem Weg nach Peking fiel mir plötzlich ein, dass ich in Peking meine Diät nicht durchführen könnte. Damals unterzog ich mich gerade einer kohlehydratfreien Diät. Reis, Nudeln und Brot waren in meinem Speiseplan verboten. Ich machte mir Sorgen, dass ich im Reich der Mitte nichts zu essen bekommen würde und nahm an, dass man in China Reis in Mengen essen würde. Als wir nach meiner Ankunft am Abend essen gingen, erlebte ich eine Überraschung. Wir bestellten aus einer großen Karte mit vielen Bildern, das Restaurant war definitiv auf Europäer ohne Chinesisch-Kenntnisse eingestellt. Ich dachte, dass der Reis, obwohl nicht abgebildet, in allen Gerichten enthalten sei. Wir bestellten, und es kamen riesige Portionen auf den Tisch: Bohnen, Fleisch, Hühnerknochen – alles, was Sie sich vorstellen

---

[3] Robert McKee, Story-Seminar, http://mckeestory.com/
[4] Siehe dazu u.a. [Frenzel et al. 2006].
[5] „Akkomodation [...] bezeichnet eine Reaktion des Subjekts, die eintreten kann, wenn das Ergebnis der Handlung der Erwartung des Subjekts nicht entspricht. Die Überraschung oder Enttäuschung kann dann nämlich zu einer Änderung der Handlungsschemata oder zur Bildung eines neuen Schemas führen. In beiden Fällen wird das Verhalten des Subjekts durch Erfahrung verändert und man kann also von *Lernen* sprechen." [Glasersfeld 1997]

können. Ich dachte: „Wie soll man denn das alles essen, wenn jetzt noch der Reis kommt. Es kam aber kein Reis. Weil ich das für einen Fehler hielt, fragte ich meinen chinesischen Kollegen, wo denn der Reis bliebe. Ich war richtig „ent-täuscht". Er antwortete, dass man in China nur dann Reis esse, wenn man sich nichts anderes leisten könne oder die Küche des Gastgebers bereits vollkommen leer gegessen sei. ∎

Ich hatte etwas Grundlegendes über die chinesische Kultur gelernt. Diese „Ent-täuschung einer Erwartung" war eine positive Erfahrung. Die Information „In China isst man sehr wenig Reis" wird von nun auch Ihnen im Gedächtnis haften, weil Sie eine Geschichte gehört haben, die Relevanz und einen Kontext hatte. Sie teilen jetzt dieses Wissen mit mir, weil Sie meine Erfahrung teilen.

Eine Geschichte hat einen weiteren entscheidenden Vorteil: *sie ermöglicht eine Distanz zum Ereignis.* Wir erleben die Geschichte mit und sind gleichzeitig distanziert. *Distanz* ist eine zwingende Voraussetzung für das *Lernen aus Erfahrungen.* Wir werden uns zwar immer mit dem Protagonisten identifizieren, also die Distanz verlieren, wissen aber auch, dass wir selbst nicht in der aussichtslosen Lage des Protagonisten sind. Wir sind während der Erfahrung in Sicherheit. Wieso ist das wichtig?

Wir erinnern uns: Lernen ist das *Ent*-täuschen von Erwartungen. Die meisten Menschen reagieren auf das Enttäuscht-werden mit Frustration und Schuldzuweisungen. Das führt in der Regel dazu, dass Menschen sofort nach einem Schuldigen suchen – eine Person, aber auch ein Ding. Der Grund für das Scheitern, die Ent-täuschung wird außerhalb gesucht. Chris Argyris erklärt in [Argyris 1998], dass gerade „Change-Management"-Spezialisten nur sehr schwer in der Lage sind, dieses „Schuldzuweisen" zu unterlassen. Gerade diese gut ausgebildeten Spezialisten sind sehr anfällig für dieses Verhalten, weil sie sich unter dem Druck befinden, es doch richtig zu machen. Sie sind die Spezialisten und müssten es doch am besten wissen. Fatal an dieser Haltung ist, dass sie das Lernen blockiert. Hier verhindert Lernen das Lernen.

6.7.4 Die sechs Schritte der erfolgreichen Retrospektive

Wie lösen wir dieses Dilemma auf? Wie lösen wir das Problem, dass gerade die gut ausgebildeten Mitarbeiter, also zum Beispiel die Software-Ingenieure im beruflichen Umfeld, so schlecht lernen?

Die Retrospektive ist in der Lage, diese paradoxe Situation aufzulösen und viele professionelle Disziplinen wissen bereits darum. Wir finden die Retrospektive unter dem Namen „Einsatz-Nachbesprechung" bei der deutschen Feuerwehr, als „After Action Review" bei der US amerikanische Feuerwehr oder unter dem Namen „Debriefing" beim US-Militär. Ihnen allen ist der Wunsch gemeinsam, aus den Ereignissen vorurteilslos und ohne Schuldzuweisungen zu lernen. Die deutsche Feuerwehr bietet sogar Seminare zur Durchführung der Einsatznachbesprechung an.

Jede Form der Retrospektive hat dabei einen klaren Ablauf, der einzuhalten ist, will man verhindern, dass sich das Lernen selbst blockiert. Ich habe basierend auf der Arbeit Norman Kerths und meinen eigenen Erfahrungen einen Sechs-Punkte-Ablauf (siehe Abbildung 6.10) entwickelt, der eine gelungene Retrospektive garantiert:

Abbildung 6.10: Die sechs Schritte der Retrospektive

1. **Schaffe Sicherheit.**
   Eine gute Retrospektive benötigt einen geschützten Raum, in dem sie durchgeführt wird. Alle Beteiligten müssen sich sicher sein, dass ihnen während und nach einer Retrospektive nichts geschehen kann.

2. **Sammle Fakten.**
   Frage: Was waren die wichtigen Ereignisse, die im Gedächtnis geblieben sind?

3. **Finde funktionierende Prozesse.**
   Frage: Was lief gut? Alle Beteiligten werden nach den guten Momenten während der letzten Iteration gefragt.

4. **Finde nicht-funktionierende Prozesse.**
   Frage: Was könnte verbessert werden? In diesem Schritt werden die Anwesenden nach den nicht funktionierenden Prozessen gefragt.

5. **Leite Veränderungen ein.**
   Frage: Wer hat die Kontrolle über die Veränderungsmöglichkeiten? In diesem Schritt wird eruiert, wer etwas tun kann oder tun muss, um die Veränderung zu bewirken.

6. **Entscheide über die Wichtigkeit.**
   Im sechsten Schritt werden die Quellen der Verbesserungsmöglichkeiten nach Wichtigkeit und Nutzen für das Team priorisiert.

Dieser Prozess hat sich bewährt und führt schnell zu Resultaten. Im Folgenden schauen wir uns nun jeden einzelnen Schritt genauer an.

Schritt 1: Sicherheit schaffen

Eine Retrospektive wird gelingen, wenn sie einen Rahmen hat, der es den Teilnehmern ermöglicht, sich auf die Lernerfahrung einzulassen.

> ■ Die Feuerwehrmänner sind aus dem Einsatz zurück. Nach der Dusche, einem Kaffee und etwas zu essen treffen sich alle im Einsatzbesprechungsraum. Sie beginnen über ihre Erlebnisse während des letzten Einsatzes zu reden. Sie sind in Sicherheit. Die Feuer sind gelöscht, die Anspannung ist gewichen, und die ersten Witze machen die Runde. ■

Das ist die Atmosphäre, die Sie als Retrospektiven-Moderator erzeugen wollen. Sicherheit und die entspannte Stimmung einer Gruppe, die sich zusammensetzt, um Erfahrungen zu teilen. Software-Entwickler sind keine Feuerwehrmänner, erleben aber ebenfalls Dinge, die es wert sind, mitgeteilt zu werden. Damit Sie die Retrospektive eines Software-Ent-

179

wicklungsteams in einer sicheren, entspannten Atmosphäre durchführen können, sollten Sie einen Raum wählen, in dem Sie ungestört sind. Eingeladen werden nur an den Aktionen Beteiligte und Menschen außerhalb des Teams, die das Team selbst einladen möchte. Als Nächstes präsentieren Sie das oberste Retrospektiven-Prinzip:

> Prime Directive
> „Regardless of what we discover,
> we understand and truly believe
> that everyone did the best job they could,
> given what they knew at the time, their skills and abilities,
> the resources available, and the situation at hand." [6]

Sprechen Sie dieses grundlegende Prinzip mit Ihrem Team durch. Erklären Sie, woher dieser Grundsatz stammt und wieso er so wichtig ist. Machen Sie deutlich, dass Sie tatsächlich alles in Ihrer Macht Stehende versuchen, damit jeder Teilnehmer im Rahmen der Retrospektive frei und offen reden kann.

Als nächsten Schritt können Sie die Übung: „Sicherheit erzeugen" durchführen: Für eine geheime Umfrage teilen Sie an jeden Teilnehmer einen Zettel aus. Dann fragen Sie die Gruppe, ob jeder offen und frei über seine Erlebnisse aus der letzten Iteration berichten mag. Sie bitten alle Teilnehmer, auf dem ausgeteilten Zettel mit JA oder NEIN zu antworten, sammeln die Zettel ein und prüfen, ob es einen Teilnehmer gibt, der mit NEIN gestimmt hat.

Wenn Sie einen Zettel mit dem Wort NEIN finden, müssen Sie zunächst versuchen, für mehr Sicherheit zu sorgen. Bitten Sie dafür die Gruppe, in den nächsten zehn Minuten einen entsprechenden Vorschlag zu erarbeiten, um einen höheren Sicherheitslevel zu erreichen. Danach setzen Sie diesen um und befragen wiederum alle Teilnehmer, ob sie jetzt bereit sind, sich offen zu äußern. Erhalten Sie diesmal wieder ein NEIN, würdigen Sie diesen Umstand und führen die Retrospektive weiter durch. Wir wissen nun, dass es mindestens einen Teilnehmer gibt, der noch nicht bereit ist, offen zu reden. Das ist in Ordnung, darf uns aber nicht aufhalten. Jeder weiß jetzt, dass mindestens ein Teilnehmer kein ausreichendes Vertrauen in den Prozess, die Gruppe oder den Moderator hat. Es bleibt uns nichts übrig, als diese Tatsache zu akzeptieren. Die Erfahrung zeigt, dass das Vertrauen und die Bereitschaft, sich offen zu äußern, mit jeder Retrospektive wächst. Das Vertrauen in den Prozess entsteht, weil die Teilnehmer die Erfahrung machen, dass die Retrospektive einen Gewinn für ihre Arbeit darstellt.

Schritt 2: Fakten sammeln

Nachdem wir die Retrospektive durch das Erzeugen von Sicherheit vorbereitet haben, folgt der erste entscheidende Schritt: das Sammeln von Fakten in Form kleiner Mini-Geschich-

---

[6] Egal, was wir entdecken werden, wir verstehen und glauben ehrlich, dass jeder unter der Voraussetzung seines derzeitigen Wissensstandes, seiner derzeitigen Fähigkeiten und Kenntnissen, mit den vorhandenen Ressourcen in der gegebenen Situation, seine bestmögliche Leistung erledigt hat. (Übersetzung vom Verfasser)

ten. Die effektivste Form, Fakten zu sammeln, entstammt der Moderationsmethode.[7] Die Teilnehmer schreiben dabei die aus ihrer Sicht signifikanten Ereignisse aus der letzten Iteration (Sprint) auf Karten oder Haftnotizen und heften die Notizen dann an eine vorbereitete Pinnwand oder ein Whiteboard, auf der ein Zeitstrahl dargestellt ist (Abbildung 6.11).

Abbildung 6.11: Fakten sammeln – Timeline

Jeder Teilnehmer geht dabei zur Pinnwand, heftet sein Ereignis an die Wand und erzählt in ein oder zwei Sätzen, wieso dieses Ereignis für ihn oder sie wichtig war. Die Teilnehmer erzählen auf diese Weise eine kurze Geschichte über das Ereignis.[8]

Durchführung: Sammle Fakten

1. Der Moderator teilt einen Block mit Haftnotizen an jeden Teilnehmer aus. Jeder Teilnehmer hat einen Flip-Chart-Marker.

2. Die Gruppe bekommt maximal fünf Minuten Zeit, um signifikante Ereignisse aufzuschreiben.

3. Jeder arbeitet dabei für sich. Jeder Teilnehmer schreibt eine Haftnotiz pro Ereignis.

4. Nach diesen fünf Minuten gehen die Teilnehmer im Uhrzeigersinn an die Pinnwand und heften ihr Ereignis an die passende Stelle des Zeitstrahls.

5. Zu jedem Ereignis erzählen sie eine kurze Geschichte – nur zwei oder drei Sätze.

6. Der Moderator fragt dann, was ihnen zu den Ereignissen einfällt, ob sie noch einen Kommentar haben.

7. Die Teilnehmer beantworten die Frage, und diese „Zusammenfassung" dient der Integration der Geschichten.

---

[7] Die Moderationsmethode wurde in den 80er-Jahren entwickelt. Herbert Namokel ist ein bedeutender Vertreter dieser Methode und machte sie gemeinsam mit den Begründern der Firma Neuland in Deutschland berühmt (Namokel, Herbert (1994): Die moderierte Besprechung, Offenbach).

[8] Norman Kerth hat diese Übung ausführlich in [Kerth 2001] beschrieben. Für die Sprint-Retrospektiven wandelte ich seinen Prozess leicht ab.

Zwei Dinge sind hier entscheidend:

- Wir sammeln „subjektive Fakten" und wollen an dieser Stelle zunächst wertneutral erheben, was innerhalb der letzten Iteration geschehen ist.

- In diesem Teil entsteht der „Ton" der Retrospektive. Wird es ein motivierendes Treffen oder eher eines, in dem die Teilnehmer „Dampf ablassen" müssen? Dies gibt dem Moderator einen entscheidenden Hinweis darauf, wie er mit der Gruppe weiterarbeiten muss.

Am Ende des Erstellens der Timeline sollte der Moderator alle Teilnehmer darauf hinweisen, wie viel sie bereits erreicht haben. Die Erfahrung zeigt, dass Anzahl und Aufteilung der Haftnotizen an sich bereits eine Aussage implizieren. Allen Beteiligten wird klar, wie viele interessante Ereignisse es in der letzten Iteration gegeben hat. Meistens ist das Team selbst erstaunt darüber. Schnell gewinnt dann die Freude darüber, was alles geleistet wurde, Oberhand, und es entsteht eine von Erfolg geprägte Atmosphäre. Das Team erfährt, wie es jedem Einzelnen ergangen ist. Das erzeugt ein gemeinsames Bewusstsein der vergangenen Erfahrungen. Aspekte, die das Team zuvor nicht wissen konnte, treten in das Bewusstsein der Gruppe und können dort reflektiert werden.

> - In einer Retrospektive erzählte ein Teilnehmer, dass er gerade dabei sei, seine Dissertation zu schreiben und daher viele Aufgaben innerhalb des Teams nicht durchführen könne. Er könne sich nicht – wie gewohnt – vollständig für sein Team einsetzen. Er wirkte zerknirscht. Er wollte nicht erzählen und schämte sich sogar dieser Tatsache. Es stellte sich jedoch heraus, dass die übrigen Teammitglieder großes Verständnis für den Studenten hatten. Sie waren sich darüber im Klaren, dass sie nicht die volle Produktivität erreichen konnten, solange einer von ihnen durch etwas abgelenkt war. Ihre Lösung war, ihm einige Zeit lang den notwendigen Freiraum zu gewähren. Sogar sein Chef zeigte sich hilfsbereit und bot ihm an, die für ihn notwendigen Kontakte herzustellen. Das Team begann, dem Studenten Hilfe anzubieten, weil man wusste, dass sich ihr Kollege wieder mehr für sie einsetzen würde, wenn er eine Sorge weniger hatte. ■

Schritt 3: Funktionierende Prozesse finden

Hat das Team ein deutliches Bild von der letzten Iteration, ist nun der Zeitpunkt gekommen, die Frage zu stellen, was sich bewährt hat und somit „gut" gelaufen ist. Die Bedeutung des dritten Schrittes der Retrospektive liegt darin, die „guten" Dinge zu identifizieren und sie als Teil des Arbeitsprozesses des Teams sichtbar zu machen. Wieder gilt, dass das gemeinsame Erarbeiten dessen, was gut lief, mehr zählt als das nachträgliche Dokumentieren.

Durchführung: Was lief gut?

1. An der Wand hängt ein Flipchart, oder es existiert eine Pinnwand mit der Überschrift: „Was lief gut?"

2. Der Moderator teilt an jeden Teilnehmer einen Block mit Haftnotizen aus. Jeder Teilnehmer hat einen Flip-Chart-Marker.

3. Die Gruppe bekommt maximal fünf Minuten Zeit, um die Frage zu beantworten: Was lief gut?

4. Jeder Teilnehmer arbeitet für sich und verfasst eine Notiz für alles, was gut lief.

5. Nach diesen fünf Minuten gehen die Teilnehmer im Uhrzeigersinn an die Pinnwand und heften ihr Ergebnis an die Pinnwand.

6. Zu jedem Ereignis erzählen sie eine kurze Geschichte – nur ein oder zwei Sätze.

7. Der Moderator fragt zuletzt die Gruppe, ob es Ergänzungen gibt oder ob jemand noch einen Kommentar hat. An einem Flipchart oder an der Pinnwand hängen nun viele Ideen und Beobachtungen dazu, was in diesem Team gut lief.

Beispiele für Dinge, die in einem Team gut abgelaufen sein können:

- Wir haben gut miteinander gearbeitet.
- Die Kommunikation mit dem Product Owner war besser.
- Wir haben es geschafft, den Daily Build zu bauen.

Sollte es unter den Beobachtungen etwas geben, das alle Teammitglieder als hervorhebenswert erachten, so wird diese Sache gesondert behandelt und gegebenenfalls zu einer für dieses Team gültigen allgemeinen Verfahrensvorschrift erklärt. Nach meiner Erfahrung werden die Teammitglieder aber alles, was für sie gut funktioniert, in Zukunft beibehalten, auch ohne explizite Verfahrensvorschrift.

Oft hängen ScrumMaster die Ergebnisse dieses Schrittes im Teamraum auf. So werden sie zu sichtbaren Prozessanweisungen, an die sich Teammitglieder im Laufe der Zeit gewöhnen. Unnötig ist es meiner Erfahrung nach, diese Prozesse noch weiter zu formalisieren. Denn sollten die Teammitglieder die guten Dinge „verlernen", werden die dadurch auftretenden Probleme in Form eines neuen Verbesserungsvorschlags als Haftnotiz in einer der nächsten Retrospektiven wiederauftauchen. Funktionierende Prozesse werden also nicht nur transparent, sondern, umgekehrt, mit der Zeit institutionalisiert.[9] Gleichzeitig werden sie durch die wiederkehrenden Retrospektiven ständig reflektiert.[10]

Qualitätsbeauftragte wollen in der Regel die Ergebnisse dieses Schrittes dokumentieren. Sie benötigen die Daten für den Nachweis, dass dieses Meeting stattgefunden hat. Nichts ist leichter als das. Sie „bewaffnen" sich mit einer Kamera, bannen das Ergebnis auf Film. Schon haben Sie eine ausreichende Dokumentation.

Zwischenschritt: Separator

Es hat sich bewährt, zwischen dem Schritt 3 „Was lief gut?" und dem Schritt 4 „Was könnte verbessert werden?" einen „Separator" einzubauen. Keine Kaffeepause, sondern ein kurzes Verlassen des gemeinsamen Denkraums. Bei kreativen Arbeitstechniken geschieht dies auf unterschiedlichste Weise: Eine kurze Atemübung, einen kurzen Film zeigen oder einen Witz erzählen. Wählen Sie aber einen Film oder einen Witz, der Heiterkeit erzeugt. Dieser

---

[9] Die Bedeutung der Institutionalisierung kann nicht genug betont werden. Dadurch werden Prozesse nicht ad hoc immer wieder neu erschaffen, sondern sie werden zu selbstverständlichen Arbeitsweisen.

[10] Ikujiro Nonaka beschreibt in [Nonaka 1998], wie „Tacit Knowledge" zu „Explicit Knowledge" wird. Vergleicht man diese Beschreibung mit dem, was durch eine Retrospektive erreicht wird, so wird klar, dass die Retrospektive ein entscheidendes Werkzeug des Wissensmanagements ist.

Zwischenschritt teilt die Retrospektive deutlich in zwei Teile – in die Beschäftigung mit dem, was gut gelaufen ist, und mit den zu verbessernden Dingen. Würden Sie die Trennung nicht durchführen, besteht das Risiko, dass die positive Energie aus dem ersten Teil nicht konserviert, sondern durch die Beschäftigung mit den „negativen" Aspekten neutralisiert wird.

Schritt 4: Nicht-funktionierende Prozesse finden

Nach dem Separator folgt der vierte Schritt, in dem es um die Frage geht: Was können wir an der Art und Weise, wie wir arbeiten, verbessern? Dazu muss uns zunächst wieder klar sein, dass wir nicht nach Fehlern suchen, sondern nach Verbesserungsmöglichkeiten. Erinnern wir uns: Wir haben die Retrospektive damit begonnen, Sicherheit zu erzeugen, indem wir alles so nehmen, wie es ist. Es gibt daher kein „schlecht" oder „unzulänglich", sondern nur die Möglichkeit, Dinge zu verbessern.

Durchführung: Was könnten wir verbessern?

1. An der Wand hängt ein Flipchart, oder es existiert eine Pinnwand mit der Überschrift: „Was könnte verbessert werden?"
2. Der Moderator teilt an jeden Teilnehmer einen Block mit Haftnotizen aus. Jeder Teilnehmer hat einen Flip-Chart-Marker.
3. Die Gruppe bekommt maximal fünf Minuten Zeit, um die Frage zu beantworten: Was ließe sich verbessern?
4. Jeder Teilnehmer schreibt für jeden Verbesserungsvorschlag eine Notiz. Jeder arbeitet dabei für sich und schreibt seine eigenen Karten.
5. Nach diesen fünf Minuten gehen die Teilnehmer nacheinander (im Uhrzeigersinn) an die Pinnwand und heften ihre Haftnotizen an die Pinnwand.
6. Zu jedem Vorschlag erzählen sie eine kurze Geschichte – nur ein oder zwei Sätze.
7. Der Moderator fragt dann die Gruppe, ob es Ergänzungen gibt oder ob jemand einen Kommentar hat.

Nach dieser Übung hängen einige Dutzend Zettel an der Pinnwand oder am Flipchart. Jeder einzelne Punkt zeigt eine Blockade auf. Das Brechen jeder einzelnen Blockade würde die Arbeit des Teams beschleunigen. Mögliche Blockaden (Impediments) können sein:

- Wir müssen häufiger testen.
- Uns fehlen Tester.
- Wir besitzen nicht die nötigen Informationen.
- Der Product Owner ist nicht verfügbar.
- Es ist zu laut.
- Es fehlt eine Klimaanlage.
- Wir machen kein Code Review.

Die Teammitglieder selbst zeigen dabei die einzelnen Blockaden auf. Die Betroffenen selbst denken über die Blockaden als Quelle der Verbesserungsmöglichkeiten nach. Wir befragen also die Personen, die selbst in der Situation stecken und ihr eigenes Wissen einbringen wollen und können. Wir wollen ihre Ideen und Meinungen herausarbeiten und das Wissen der Personen heben, die ein Interesse daran haben, ihren Arbeitsprozess zu verbessern. Wir wollen den Teammitgliedern nicht von außen sagen, wie sie sich zu verändern haben. Die einzige Ausnahme: der ScrumMaster darf Hinweise von außen geben, er darf seine Verbesserungsvorschläge einbringen. Er sollte dies jedoch erst nach dem Team tun und die Vorschläge genau wie die Teammitglieder an das Flip-Chart hängen. Auf diese Weise sind diese Themen schnell ent-personalisiert.

Natürlich sind nicht alle Blockaden sofort zu durchbrechen und viele von ihnen vielleicht sogar so massiv, dass sie jedem „Angriff" standhalten. Wir haben aber die Personen gefragt, die es wissen müssen: die Teammitglieder.

Jetzt haben wir die Blockaden identifiziert, aber noch keine Maßnahmen, um sie zu lösen. Letzteres ist auch nicht Gegenstand der Retrospektive. Wir wollen in der Retrospektive, nur die möglichen Ursachen und die vorhandenen Blockaden (Impediments) identifizieren.

Uns liegt jetzt die Liste der Blockaden vor, und im nächsten Schritt wollen wir herausfinden, wer die Macht hat, diese Blockaden zu lösen.

Schritt 5: Die Veränderung einleiten

Wer hat die Kontrolle über die Situation? Wer kann etwas tun? Diese beiden Fragen prägen den nächsten Schritt. Beide Fragen gehören nicht zum ursprünglichen Repertoire der Retrospektive. Ich habe sie nach einem entscheidenden Erlebnis bei einer Implementierung von Scrum hinzugefügt. Jede Veränderung, jede Verbesserung, die ich durchführen wollte, die uns allen sinnvoll erschien und die sogar immer erste Erfolge zeigte, wurde im Nachhinein von der Geschäftsleitung verhindert oder zerstört. Weil ich nicht mehr weiterwusste, rief ich bei meinem Mentor Norman Kerth an. Norman fragte mich immer als Erstes Gibt es noch Hoffnung? Seine Grundthese: Solange es Hoffnung gibt, gibt es die Möglichkeit, etwas zu tun. Wenn die Frage mit „Ja!" beantwortet wird, kann man mit der Frage Nr. 2.: „Worüber hast du noch Kontrolle?" aus der vermeintlich aussichtslosen Lage aussteigen. Diese Frage ist mächtiger, als es zu Beginn den Anschein hat. Sie macht sehr schnell deutlich, was in der eigenen Macht liegt und was nicht. Von dort aus kann ein Team selbst beginnen, mögliche Maßnahmen zur Verbesserung zu evaluieren und gegebenenfalls einzuleiten.

Mit Hilfe dieser zweiten Frage werden die identifizierten Verbesserungspunkte oder Hindernisse gruppiert in:

- Dinge, die etwas betreffen, was das Team selbst verändern und verbessern kann, und
- Dinge, die außerhalb des Teams stehen und die von der Organisation, vom Management oder von einem Kunden verändert werden müssen.

Dazu nimmt der Retrospektiven-Moderator einfach ein weiteres Flipchart und teilt es durch ein „T" in zwei Spalten: Team / Organisation. Dann verteilt das Team alle Verbesserungsmöglichkeiten auf die entsprechenden Spalten. Jetzt haben wir die Information darüber, was das Team und was die Organisation verändern sollte, um produktiver zu sein. In der Spalte „Team" stehen typischerweise Dinge wie Testumgebung, Coding Standards, Dokumentation, bessere Absprachen mit dem Kunden, klare Formulierung von Stories. In der Spalte Organisation: Der Product Owner fehlt, das Product Backlog ist nicht priorisiert, es fehlt eine Vision, mangelnde Hardware, der Raum ist zu groß oder zu klein, mangelnde Ressourcen oder zu wenig Beteiligung der Testabteilung …

Schritt 6: Über die Wichtigkeit entscheiden

Die Listen der Blockaden sind oft sehr lang, und es gibt sehr viel zu tun. Deshalb müssen wir nun entscheiden, wann wir an welchen Verbesserungen arbeiten sollten.

Dafür priorisiert das Team die Listen nach der Überlegung, welches Impediment sofort gelöst werden sollte und welche Veränderungen dem Team den meisten Produktivitätsgewinn bringen. Die Teammitglieder priorisieren dabei sowohl die Spalte, die das Team selbst im Griff hat, als auch die Spalte, die von der Organisation bearbeitet werden muss. Auf diese Weise erhalten wir einen klaren Überblick darüber, was das Team angehen möchte und was es vom ScrumMaster erwartet.

Die „Organisationsliste" wird vom ScrumMaster verwaltet und dient als Input für sein Impediment Backlog. Weil er die Aufgabe hat, Impediments so schnell wie möglich zu lösen, ist hier der klare Arbeitsauftrag an ihn, sich um diese Dinge in der entsprechenden Reihenfolge zu kümmern. Der ScrumMaster wird sich also in den nächsten Tagen und Wochen um die Lösung dieser Impediments kümmern.

Wer kümmert sich aber um die andere Seite der Tabelle? Die Teammitglieder. Wir hatten identifiziert, dass diese Impediments vom Team gelöst werden müssen. Allerdings stellen sich jetzt natürlich die Fragen: Wie und von wem? Sie zielen auf die taktische Ebene der Planung von Projekten. Damit haben wir einen klaren Ort identifiziert, an dem sich das Team Gedanken darüber machen sollte: das Sprint Planning.

Die Maßnahmen für die Veränderung – das Sprint Planning

Am Ende der Sprint-Retrospektive liegen zwei Listen als Ergebnis vor:

1. Die Liste der Impdediments, die das Team lösen kann, und
2. die Liste der Impediments, die der ScrumMaster lösen muss.

Die dort genannten Impediments müssen nun angegangen werden. In Scrum gibt es genau ein Meeting, in dem darüber diskutiert wird, was in einem Sprint an Arbeiten angenommen wird: das Sprint Planning 1. Also wird im Sprint Planning 1 auch darüber gesprochen, welches Impediment das Team im nächsten Sprint behandeln sollte. Dafür sichert der Scrum-Master am Ende der Retrospektive die Liste der Impediments und bringt das so entstandene oder angereicherte Impediment Backlog in das nächste Sprint Planning mit.

Im Sprint Planning 1 verhandeln die Teammitglieder mit dem Product Owner, welche Items aus dem Impediment Backlog bearbeitet werden sollen. Das Team wird in diesem Meeting kurz schätzen, wie viel Aufwand es erfordert, die Impediments, die das Team lösen kann, zu bearbeiten. Es bleibt dem Product Owner überlassen, ob er diese Aufwände akzeptiert, denn es bedeutet, dass er weniger Funktionalität bekommen kann, als er zunächst annahm. Damit hat sich der Kreis geschlossen. Wir stehen wieder am Anfang des Sprints. Der Zyklus kann von vorne beginnen.

6.8 Der Sprint selbst – zwischen den Meetings

Wir wissen jetzt, welche Meetings in Scrum dazu führen, dass das Produkt entstehen kann. Was passiert aber zwischen den Meetings? Scrum ist keine Software-Entwicklungsmethode. Scrum sagt nicht, wie etwas zu tun ist. Wie kann dann ein Produkt entstehen?

6.8.1 Der Ablauf des Sprints – Kommunikation, Kommunikation, Kommunikation

Der Sprint startet mit dem Sprint-Planning-Tag. An diesem Tag werden die Weichen dafür gestellt, was im Sprint passieren soll. Die Teammitglieder legen gemeinsam mit dem Product Owner das Sprint Goal fest und stellen das Selected Product Backlog zusammen. Gemeinsam mit Anwendern, externen und internen Fachabteilungen entstehen Vereinbarungen und Absprachen darüber, wer was erledigen kann.

Dann beginnt der erste Tag, und die Teammitglieder arbeiten an den einzelnen Aufgaben, wie es in Abschnitt 6.5 über das Daily Scrum beschrieben wurde. Der Idealfall könnte so aussehen:

Alle Projektbeteiligten sitzen in einem Raum, und man *hört*, wie gearbeitet wird. Teammitglieder reden miteinander, sie besprechen vor den Flipcharts die Details der Implementierungen. Software-Entwickler gehen zum Tester und starten gemeinsam die Testläufe. Sie finden gemeinsam heraus, wo es „klemmt", und lösen gemeinsam die auftretenden Probleme. Gleichzeitig arbeitet ein Business Analyst mit einem Anwender aus der Fachabteilung und zeigt dem Anwender einige Teile der Funktionalität. Auf diese Weise bekommt der Business Analyst ein sofortiges Feedback und kann gegebenenfalls mit anderen Teammitgliedern weiter an diesem Stück Funktionalität arbeiten.

Der Fokus des Teams wird durch das Taskboard aufrechterhalten. Alle Teammitglieder arbeiten gemeinsam an jeweils einem Product Backlog Item. Alle wissen, worum es gerade geht, und man arbeitet sich gemeinsam Stück für Stück voran. Alle zwei oder drei Tage entsteht eine neue Funktionalität und wird einem ausgewählten Kreis präsentiert.

Während die meisten Entwickler an den gerade aktuellen Funktionalitäten arbeiten, helfen der Architekt und der Senior-Entwickler des Teams den Teamkollegen bei Fragen und entwerfen die notwendigen Ideen für die Schnittstellen zu den Systemen, die in Zukunft entstehen sollen. Der Architekt hat gemeinsam mit dem Business-Analyst die Fachabteilung nach den genauen Anforderungen befragt und sie in Use-Case-Diagrammen notiert, die er als Basis für seine architektonischen Überlegungen verwendet. Er entwickelt ca. 50 Prozent seiner verfügbaren Zeit an den Funktionalitäten mit und kreiert so gemeinsam mit seinem Team eine lebende Architektur. Er hat auch die Richtlinien für das Codieren und

Testing vorgeschlagen und dann gemeinsam mit den anderen Teammitgliedern beschlossen. Am Ende des Sprints liefert das Team die versprochene Funktionalität.

6.8.2 Gemeinsamer Fokus

Die Arbeit eines Scrum-Teams folgt dem Prinzip *First things first* und der Idee des „*one-piece-flow*" (also: „Immer nur eine Sache gleichzeitig" [Liker 2003]). Das sind Prinzipien – keine Regeln! Im Klartext bedeuten die beiden Prinzipien für die Arbeit im Sprint, dass

1. Backlog Items, die im Selected Product Backlog weiter oben stehen, zuerst bearbeitet werden und

2. immer nur ein Backlog Item in Arbeit sein sollte, d.h., alle Teammitglieder arbeiten immer an nur einem Backlog Item.

Diese Prinzipien sorgen dafür, dass das Team während eines Sprints kontinuierlich liefert und dass alle im Team an jedem Backlog Item interessiert sind und mitbekommen, wie eine gewisse Funktionalität entwickelt wurde. Auch kann nicht mehr der Fall eintreten, dass am Ende eines Sprints alle Backlog Items zwar begonnen, das Sprint-Goal aber dennoch nicht erreicht wurde, weil man nichts fertigstellte.

Es klingt vielleicht merkwürdig, aber genau das passiert in vielen Scrum-Teams zu Beginn, wenn die Mitglieder in den Scrum-Teams immer gleichzeitig an verschiedenen Backlog Items arbeiten. Haben zum Beispiel fünf Entwickler in einem Team acht Backlog Items zu liefern, sind nicht selten alle acht Backlog Items gleichzeitig „in Arbeit", am Ende aber keines „erledigt". Noch fataler ist es, wenn das gesamte Team beginnt, an einem Framework zu arbeiten, und damit innerhalb des Sprints nicht kontinuierlich liefert, sondern versucht, am Ende des Sprints die kompletten Funktionalitäten zu liefern.

Nicht selten ist die Folge, dass Teams am Ende eines Sprints sagen, dass die Funktionalitäten zwar fertig sind, aber noch nicht dokumentiert wurden oder dass die Integrationstests noch fehlen. Damit erreichen sie aber nicht ihr Ziel, prinzipiell einsetzbare Software zu liefern.

6.8.3 Die Aufgabe des Teams im Sprint

Im Sprint organisiert sich das Team selbst. Es übernimmt die Aufgaben eines Projektmanagers, der auf der taktischen Ebene die Arbeit verteilt. Weil sich bei Scrum die Teammitglieder die Aufgaben selbst zuteilen und das Abarbeiten selbstständig miteinander absprechen, ist ein Projektmanager auf dieser Ebene nicht mehr erforderlich. Dabei hat das Team auch die Autorität, alles zu tun, was notwendig ist, um die gesteckten Ziele zu erreichen. Jedes von außen an das Team herangetragene Problem wird dem ScrumMaster berichtet und gehört in dessen Verantwortungsbereich.

Die Teammitglieder sprechen untereinander ab, wer etwas tut. Das führt so weit, dass die Teammitglieder auch untereinander definieren, wer mit anderen Teams, die Teile der Software zuliefern sollen, kommuniziert. Das Team arbeitet das Selected Product Backlog vollständig ab. Es sorgt für die Entwicklung der einzelnen Stories, kümmert sich um das

Testen der Funktionalitäten und schreibt die Dokumentation. Als Basis dient ihm dafür das Taskboard, auf dem alle Aufgaben festgehalten sind.

Darüber hinaus gibt es aber auch Aufgaben, die nicht im Sprint Backlog stehen und dennoch anfallen: Die Vorbereitung des nächsten Sprints, das Schätzen der Stories mit dem Product Owner, der eine oder andere Bugfix, der dann doch sein muss, weil sonst wirklich alles stünde. Teams tun einfach alles, was notwendig ist, um das Projekt erfolgreich abzuwickeln.

Was aber passiert, wenn ein Teammitglied eine Arbeit nicht durchführen will, wenn beispielsweise die Dokumentation liegen bleibt und keiner diese Aufgabe annimmt. Für dieses Problem gibt es zwei Lösungsmöglichkeiten:

1. Der ScrumMaster stellt sicher, dass alle erledigen, was sie sich vorgenommen haben.

2. Der ScrumMaster führt folgende Regel ein: Die einzelnen Teammitglieder können nicht an etwas Neuem arbeiten, wenn zuvor nicht alle Aufgaben eines anderen Backlog Items erfüllt sind.

Viele Teammitglieder, die Scrum zum ersten Mal erleben, müssen sicherlich erst lernen, dass sie nun tatsächlich selbstständig arbeiten. Es ist ungewohnt und einige haben zu Beginn Probleme damit. Sie wissen schlicht nicht, wie sie mit dem Tatbestand umgehen sollen, dass ihnen niemand sagt, wie und wann sie etwas tun sollen. Andererseits geschieht die Umstellung bei den meisten Teammitgliedern recht schnell. Denjenigen, die sich damit schwerer tun, muss der ScrumMaster helfen. Er arbeitet mit ihnen daran, dass sie verstehen, dass sie sich selbst die Arbeit nehmen müssen. Im Idealfall bekommen diese Personen im Team Hilfe von ihren Teamkollegen, die wissen, wie sie am besten einzusetzen sind. Sollte das nicht funktionieren, ist es Aufgabe des ScrumMasters, steuernd und coachend einzugreifen.

6.8.4   Die Aufgabe des Product Owners im Sprint

Der Product Owner ist für jedes Produktentwicklungsteam entscheidend. In einem Scrum-Projekt sollte er ständig verfügbar sein. Es ist seine Applikation, die das Team erstellt. Er sollte sich um diese Applikation kümmern, sie hegen und pflegen und das Team so gut wie möglich unterstützen.

> ▪ Die Product Ownerin war erst sehr spät im Projekt jeden Tag für das Projektteam verfügbar. Gegen Ende des Projektes hatte sie jedoch den Ausschlag gegeben. Sie war es, die die notwendigen Informationen rechzeitig verfügbar machte. Kurz nachdem die Applikation in ihrer ersten Version fertig war und alle sich auf das nächste Release vorbereiteten, schickte sie eine Mail mit dem Inhalt, dass die Business-Seite keine Zeit mehr hätte, gemeinsam mit dem Team an den Aufgaben des Projektes zu arbeiten. Dass man schon gar nicht in der Lage sei, sich mit technischen Fragestellungen zu befassen und dass spezielle Fragen mit der entsprechenden Abteilung direkt zu klären seien. ▪

So etwas geschieht häufig. Besonders traurig an diesem Beispiel ist die Tatsache, dass die Leute aus den Fachabteilungen erlebten, wie gemeinsam mit den eher technisch geprägten Teams ein Produkt erstellt werden kann. Aber anstatt aus diesem Umstand zu lernen und dieses Wissen für das nächste Projekt als Lernerfahrung zu nutzen, versuchten sie, zurück-zurudern und zu einer Verfahrensweise zurückzukehren, die zuvor nicht funktionierte.

Im Idealfall ist der Product Owner für das Team ständig da. Er sollte mit ihm in einem Raum sitzen und gemeinsam mit den Teammitgliedern die Applikation erstellen. Auf diese Weise erkennt er sofort , ob eine Funktionalität seiner Vorstellung entspricht oder ob etwas geändert werden muss. Der Product Owner sollte zu den Daily Scrums erscheinen und hier mit dazu beitragen, dass Impediments sofort gelöst werden. Der Product Owner stiftet aber auch den Sinn des Projektes. Er muss dem Team jeden Tag die Vision seines Projektes vermitteln. Diese Sinnstiftung ist essenziell und absolut notwendig, erzeugt sie doch die Motivation im Team.

6.8.5   Die Aufgabe des ScrumMasters im Sprint

Der ScrumMaster hat im Sprint die Aufgabe, sein Team dabei zu unterstützen, dass es so schnell wie möglich ans Ziel kommt. Er richtet das Daily Scrum ein, hilft den Teammitgliedern dabei, pünktlich zum Daily Scrum zu erscheinen, räumt die Impediments aus dem Weg und arbeitet mit dem Product Owner daran, dass dieser seine Aufgabe versteht.

Seine Hauptaufgabe bei der Arbeit mit einem Team ist, diesem das Gefühl zu vermitteln, dass es erfolgreich sein wird. Er wird es mit allen Mitteln abschirmen. Möglicherweise greift er dabei auf klassische Projekt-Management-Methoden zurück, vielleicht lässt er sich aber auch andere Varianten einfallen, um sein Team abzuschirmen. Er moderiert die meisten Meetings und sorgt so dafür, dass sie produktiv sind. Wenn er Scrum ein wenig versteckt eingeführt hat, also erreichen will, dass die „Außenwelt" zunächst nicht viel da-von erfährt, dass hier Scrum betrieben wird, sorgt er zunächst dafür, dass sie erhält, was sie erwartet, also Statusreports, Projektpläne oder auch andere Dokumente.

Er ist auch derjenige, der sich darum kümmert, dass das Team zusammenwächst. Viel-leicht organisiert er dazu einmal in der Woche einen Teamabend. Wir hatten zum Beispiel ein Projekt, bei dem der ScrumMaster jeden Donnerstag einen Grillabend organisierte. Lassen Sie sich als ScrumMaster etwas einfallen, wie Sie Ihr Team schnell zusammen-wachsen lassen können.

Der ScrumMaster ist dabei in erster Linie dafür da, sicherzustellen, dass die Teammitglie-der ihre Aufgaben erledigen. Er wird ihnen nie mitteilen, welche dies sind oder wie sie etwas durchführen sollen, wird aber dafür sorgen, dass die Teammitglieder tun, was sie sich vorgenommen haben. Hat ein Teammitglied eine Aufgabe übernommen, stellt der ScrumMaster sicher, dass sie erledigt wird – von diesem Teammitglied oder einem ande-ren. Er sorgt auch dafür, dass die Teammitglieder die Anforderungen des Prozesses exakt einhalten und Konflikte innerhalb des Teams sofort behoben werden.

Die Kurzformel für die Aktivitäten des ScrumMasters im Sprint ist sehr einfach: Tue alles, damit das Team produktiver wird.

6.8.6 Was kann während eines Sprints alles passieren?

„Alles, was schiefgehen kann, wird schiefgehen!" – Das erste Murphysche Gesetz trifft leider immer noch zu, denn: *Die Wirklichkeit ist mächtiger als der Plan.* Das Team hat sicherlich bereits im Sprint Planning Risiken und Eventualitäten identifiziert, dennoch wird immer alles anders kommen, als man es sich vorgenommen hat.

Der gesamte Kontext, in dem das Team agiert, kann zum Problemfall werden:

- **Technische Probleme:**
  Alle Probleme, die Ihnen zum Thema Technik einfallen, sind hier zu nennen.

- **Organisatorische Schwierigkeiten:**
  Krankmeldungen, Teamkonflikte, Änderungen von Deadlines, vergessene Marketing-aktivitäten, neue Arbeitszeitvorgaben, Lieferanten verbummeln einen Termin, eine Massenentlassungswelle, Umzug innerhalb der Organisation ...

- **Design:**
  Die architektonischen Überlegungen sahen auf dem Flipchart gut aus, funktionieren aber leider nicht. Die Skizzen der Designer sahen vielversprechend aus, passen aber bei näherer Betrachtung nicht.

- **Informationen fehlen:**
  Die Anforderungen können nicht weiter spezifiziert werden, die Fachabteilung entscheidet sich nicht, weil gerade jemand im Urlaub ist. Oder es gibt fachliche Überlegungen, die zu spät einbezogen werden.

Bei vielen dieser Probleme lässt sich mit geschickten Lösungen innerhalb des Teams ein größerer Schaden vermeiden. Es gibt aber auch Fälle, in denen das größte Geschick auf der taktischen Ebene nicht ausreicht. In diesem Fall wird der Sprint abgebrochen.

6.8.7 Wann kann ein Sprint abgebrochen werden?

> Spielstand 78 zu 80, noch zwei Minuten zu spielen. – „Auszeit", ruft der Coach. Der Schiedsrichter pfeift, und beide Teams sammeln sich, um zu hören, was ihre Coaches zu sagen haben. ▨

Ein Sprint wird in der Regel dann abgebrochen, wenn das Sprint-Goal nicht mehr erreicht werden kann. Das ist an sich kein Problem, aber die meisten verbinden mit dem Wort „Abbrechen" etwas wie Verlust oder Aufgeben – was hier absolut nicht der Fall ist.

Cathy O'Dowd, die mit der ersten südafrikanischen Mount-Everest-Expedition den Mount Everst über die South Col Route bestieg, erzählt in ihrem Vortrag von den Fehlschlägen dieser Expedition. Sie schildert, wie sie nur wenige Stunden vor Erreichen des Gipfels zurück ins Basis Camp mussten. Der Wetterbericht hatte schlechtes Wetter vorhergesagt. Sie gingen zurück und mussten wochenlang auf den nächsten Versuch warten. Eine andere Gruppe, die glaubte, sie müsse unbedingt den Gipfel erreichen, *kehrte nie wieder zurück*. War dieser Abbruch ein Fehlschlag? Nein! Er war die logische Konsequenz des Prinzips, von dem unser Buch handelt: *Hinschauen und Handeln*. Hätte der Kapitän der Titanic nicht unbedingt einen Zeitplan einhalten wollen, obwohl er die Eisbergwarnung erhielt, wäre die Titanic heute vielleicht ein Museumsschiff.

Am Ende siegt immer die Wirklichkeit. Die Realität ist nun einmal anders als jeder Plan. Wir müssen unser Ziel zwar erreichen wollen, sollten uns aber gleichzeitig klarmachen, dass es Bedingungen gibt, unter denen das nicht zu schaffen ist. Dann hat es keinen Sinn mehr, dem Ziel nachzulaufen.

Der Sprint kann vom Team beendet und später neu aufgesetzt werden, wann immer die Teammitglieder meinen, sie könnten ihr Ziel nicht mehr erreichen. Natürlich kann ihn auch der Product Owner beenden, wenn er der Meinung ist, dass das Ziel nicht mehr sinnvoll ist.

Vergleichbar ist diese Art der Beendigung des Sprints mit einer Auszeit beim Basketball. Der Coach oder die Mannschaft nimmt eine Auszeit, um die taktischen Entscheidungen zu korrigieren und die Mannschaft neu auszurichten, damit sie ihr übergeordnetes Ziel, das Spiel zu gewinnen, doch noch erreicht. Eine Auszeit wird nicht leichtfertig angesetzt und ist immer, von taktischen Auszeiten abgesehen, vom Coach vorbereitet. Er weiß, was er seiner Mannschaft zu sagen hat und wie er sie möglicherweise doch noch zum Ziel führen kann – doch sie muss einen neuen Anlauf, eine neue Route nehmen.

So ähnlich sollte es auch in einem Scrum-Umfeld sein. Wenn der Sprint abgebrochen wird, ist die nächste Aktion die sofortige Neuplanung und die Ausrichtung auf ein neues Ziel. In Scrum gibt es kein *Time-out*, sondern ein Meeting, in dem der gegenwärtige Prozess analysiert wird: die Sprint-Retrospektive. Und es gibt das Sprint Planning, bei dem über die anstehenden Aufgaben gesprochen wird. Folglich sind nach einem Sprint-Abbruch zwei Meetings anzusetzen: die *Retrospektive* und – im Anschluss daran – das *Sprint Planning*. In der Regel sind diese beiden Meetings wesentlich kürzer als sonst. Die Sprintlänge des nun folgenden Sprints richtet sich dann nach den Bedürfnissen des Teams und der Organisation. Ist das Team in mehrere andere Teams eingebettet, kann es zum Beispiel sinnvoll sein, die Sprintlänge so zu wählen, dass unser Team wieder synchron mit den anderen Teams läuft. Es kann aber auch sein, dass man asynchron wird und erst beim übernächsten Sprint den Anschluss findet.

6.8.8 Konflikte – es menschelt

Jeder, der mit Teams arbeitet, weiß: Wo Menschen miteinander arbeiten, gibt es zwischenmenschliche Konflikte. Soziologen und Arbeitspsychologen versuchen zwar seit Jahrzehnten herauszuarbeiten, was getan werden muss, damit Gruppen von Menschen besser miteinander arbeiten, aber wirklich erfolgreich sind sie nicht. Die Gründe für Konflikte sind so vielschichtig, wie es unterschiedliche Menschen gibt:

■ **Machtkonflikte – Rangordnung**
Die häufigste Form der Konflikte in Teams sind Macht- oder Rollenkonflikte. In guten Teamstrukturen gibt es keine *eindeutige* Machtstruktur. Die Führung des Teams wechselt ständig zwischen den Teammitgliedern. Dies bedeutet, dass die Teammitglieder die Führung immer an den abgeben, der gerade augenscheinlich weiß, wie man die Aufgaben löst. Aus den unterschiedlichsten Gründen kann genau dies aber auch nicht funktionieren, und bis die Rangordnung der Teammitglieder hergestellt ist, kann es einige Zeit dauern.

■ **Finanzielle Ungerechtigkeiten – Kompensationsmodelle**

Teammitglieder werden unter Umständen für die gleiche Arbeit unterschiedlich bezahlt. Das kann zu großen unterschwelligen Konflikten führen. Hier ist die Personalabteilung in vielen Firmen gefordert, neue Kompensationsmodelle zu entwerfen. Der ScrumMaster kann die Veränderungen anregen und mit den Verantwortlichen neue Modelle entwerfen.

■ **Status-Konflikte**

Macht ist nicht zwingend gleichzusetzen mit dem Status einer Person, obwohl sie grundsätzlich miteinander korrelieren. Statuskonflikte treten oft auf, wenn Mitarbeiter nicht anerkannt werden. Der Status eines Menschen ist die Verfestigung seiner Anerkennung innerhalb einer Gruppe. Dies bedeutet umgekehrt: Wenn es gelingt jeden Mitarbeiter zu würdigen und dafür zu sorgen, dass jeder das Gefühl hat, er werde wertgeschätzt, dann sind Statuskonflikte selten bis gar nicht vorhanden.

■ **Rassismus**

Traurig, aber wahr. Es gibt immer wieder den Fall, dass Mitarbeiter nicht miteinander arbeiten können, weil sie unterschiedlicher Herkunft sind. Dieses Problem existiert in deutschen Unternehmen – obwohl wir es oft nicht wahrhaben wollen.

■ **Sexismus**

Die Software-Entwicklung braucht Frauen. Es ist an der Zeit, dass endlich ihre Sichtweise, ihre Art, die Dinge zu sehen und die Welt zu betrachten, ihre Art, mit Menschen umzugehen, in der Software-Entwicklung stärker Einzug hält. Wir alle wissen, dass Teams, in denen es Männer und Frauen gibt, weit besser funktionieren und viel produktiver arbeiten als Unisex-Teams. Dennoch gibt es auch hier das Problem von Konflikten, zum Beispiel wenn sich Männer zurückgesetzt fühlen, weil eine Frau offensichtlich besser ist als sie.

■ **Erotik**

Ein weiteres Tabuthema. Wo Frauen und Männer zusammenarbeiten, entsteht Erotik. Seien wir einmal ehrlich, meine Herren. Die „schöne Hälfte" der Menschheit braucht nur High Heels anzuziehen, die Figur etwas zu betonen und sich nett zu kleiden, und schon sind wir nicht mehr ganz zurechnungsfähig. Das muss gar nicht zu Konflikten zwischen Männern und Frauen führen, in Wahrheit beflügelt diese erotische Spannung die Teams sogar, aber es kann zu offenen oder auch unterschwelligen Konflikten zwischen den Männern eines Teams führen. Software-Entwicklungsteams sind dafür besonders anfällig, weil dort das Verhältnis von Frauen zu Männern unausgewogen ist. ScrumMaster, die hier korrekt beobachten, werden feststellen, dass der Faktor Mann-Frau viel mehr Auswirkungen auf die Teamdynamik hat, als allgemein angenommen wird.[11]

---

[11] Diese Feststellungen treffe ich basierend auf meinen Erfahrungen mit Teams und meinen Beobachtungen dieser Teams sowie aus offen geführten Diskussionen sowohl mit Männern als auch mit Frauen über diesen Aspekt der Teamdynamik.

■ **Stress**

Welchen Einfluss hat Stress auf Teams? Stress ist eine Reaktion auf Angst. Wir wissen, dass es den sogenannten Di- und Eu-Stress gibt. Di-Stress tritt in der Regel dann auf, wenn Menschen in Situationen stehen, die sie nicht mehr bewältigen können oder von denen sie meinen, sie könnten sie nicht bewältigen. Teams, die sich auf dem berühmten „Todesmarsch" befinden, bei dem jeder weiß, das Projekt lässt sich nicht zu den geforderten Bedingungen abwickeln, kreieren ausschließlich Di-Stress. In diesen Situationen führen die kleinsten Vorfälle zu Katastrophen. Hier lässt sich leicht gegensteuern, indem man sein Team nicht in solche Situationen geraten lässt. Ein ScrumMaster kann dafür sorgen, dass Teammitglieder früh genug nach Hause gehen, ihre Wochenenden mit ihren Familien verbringen und ausreichend Zeit für ein Leben außerhalb der Arbeit haben. Sorgen ScrumMaster nicht für diese Erholungsphasen, oder lassen die Unternehmen sie nicht zu, sind die Folgen oftmals gravierend. Der Stress wird chronisch, das Aggressionsniveau steigt, und allzu oft wissen die Menschen in solchen Situationen nur einen Ausweg: Kündigung. Das ist jedoch immer eine kleine Katastrophe, weil damit das Wissen dieser Menschen aus dem Unternehmen verschwindet.

Sie sollten Konflikte immer als Chance verstehen, sie sind nur auf den ersten Blick Behinderungen. In Wirklichkeit sind sie die Grundlage für Verbesserungen und Indizien für Bereiche in unseren Teams oder Unternehmen, die nicht funktionieren. Am eigenen Leib erfuhr ich zum Beispiel, wie wichtig es sein kann, Konflikte mit Mitarbeitern auszutragen, weil erst dadurch deutlich wird, was an den Beziehungen nicht geklärt ist. Ein ScrumMaster sollte sich gerade in den größten Krisen immer wieder vor Augen führen: Ein Konflikt birgt viel Energie in sich und auch immer die Kraft, ihn zu lösen.

Scrum ist geschaffen, Konflikte heraufzubeschwören, um allen Beteiligten die Chance zu geben, Verbesserungen einzuleiten. ScrumMaster wollen das Potenzial des jeweiligen Konfliktes nutzen, ihn aufdecken und die Informationen, die in ihm stecken, nutzen, um Verbesserungen zu erzielen. Der ScrumMaster *markiert* Konflikte durch rigoroses Aufschreiben dieser Konflikte als Impediments. Er macht sie auf diese Weise transparent und erzwingt die Lösung des Konfliktes. Der ScrumMaster *muss* dabei die Menschen an der Konfliktlösung aktiv beteiligen. Er macht die Problematik für alle Beteiligten transparent und kann so den Konflikt als Quelle für eine bessere Zusammenarbeit nutzen. Bekanntlich schweißen Probleme und Katastrophen, die gemeinsam durchgestanden werden, Menschen zusammen.

Nicht zu verwechseln ist dieser produktive Umgang mit dem klassischen Konfliktmanagement, das darauf zielt, Konflikte aufzulösen, denn die Konfliktlösung selbst ist Aufgabe der Teammitglieder. Ein ScrumMaster zeigt Teams, wie sie ihre Konflikte lösen, oder er erzeugt eine Situation, in der die Beteiligten ihre Konflikte lösen müssen. Ricardo Semler schreibt in seinem Buch "The Seven-Day Weekend" [Semler 2004], dass ein Manager möglichst überhaupt nicht eingreifen sollte, weil die Mitarbeiter selbst am besten wüssten, wie sie mit einem Konflikt umgehen.

Konflikte ermöglichen Lernen und dienen dazu, neue Auffassungen zu generieren, indem sich die eigenen Überzeugungen in der Auseinandersetzung mit den Auffassungen der anderen bewähren und anpassen müssen.

6.8.9   Verlängerungen des Sprints

Ein Sprint dauert immer so lange, wie es am Beginn des Sprints vereinbart wurde. Während des Sprint Plannings wird festgelegt, wie lange der Sprint dauert. Sprints sollten allerdings immer gleich lange sein. Wir ScrumTrainer empfehlen, dass ein Sprint 30 Kalendertage lang sein sollte. Allerdings hat sich in der Praxis bewährt, aus diesen 30 Kalendertagen 28 Tage zu machen und damit auf einen konstanten 4-Wochen-Rhythmus zu wechseln. Die Länge der Sprints sollte immer konstant sein – nur wenn die „Timebox" immer gleich lang ist, kann man die Kapazität eines Teams annähernd korrekt bestimmen.

Entscheidend ist: Ein Sprint wird nicht verlängert. Es gibt keinen Grund, weshalb ein Sprint verlängert werden sollte. Die Begrenzung, die die Timebox des Sprints erzeugt, ist wesentlich für die Generierung der Struktur, die das Team selbstständig erzeugt. Lassen wir das Team aus der Begrenzung der Timebox heraus, steigt dadurch nicht etwa die Produktivität, nein, sie wird sinken. Das Ende eines Sprints ist wie eine"Deadline". Nur durch die harte Realität, dass zu diesem Zeitpunkt eine Abnahme fällig ist, entsteht genügend Druck, der die Organisation und das Team dazu zwingt, die Entwicklungsprozesse so zu verändern, dass ein Produkt entsteht.

Auch in Scrum-Teams kommt es leider immer noch häufig vor, dass die Teammitglieder kurz vor Sprint-Ende erklären, sie müssten noch dringend einen oder zwei Tage „drauflegen", um schnell noch etwas fertigzustellen. Lässt man das zu, ist das Signal an die Organisation und an das eigene Team ganz deutlich: Es ist erlaubt, unsere Verabredungen nicht einzuhalten, wir sind unzuverlässig. Und – noch entscheidender: Es ist okay und hat keine Konsequenzen, wenn wir als Team unsere Absprachen nicht einhalten. Im Grunde lässt man die Verlängerung des Sprints zu und wiederholt nur im Kleinen, was im Großen gängige Praxis ist: Software-Entwicklungsprojekte verlängern ihre Laufzeit, weil sie ihre Deadline nicht einhalten.

Natürlich gibt es viele unterschiedliche Gründe, weshalb ein Team am Ende eines Sprints ins Schlingern geraten kann. Durch die Analyse dessen, was im Sprint geschehen ist, lernt das Team und macht es beim nächsten Mal besser.

Ich habe mit Organisationen gearbeitet, die es akzeptierten, dass ihre Teams Sprints verlängerten, weil es externe Gründe gab oder man erreichen wollte, dass ein Release-Zeitpunkt doch noch eingehalten werden konnte. Die Folge war immer, dass sich in diesen Scrum-Teams die Einführung von Scrum schwieriger gestaltete. Der Grund ist dabei sehr einfach: Das Verlängern des Sprints kommt einem Selbstbetrug gleich. Statt der „brutalen, nackten" Realität schonungslos zu begegnen und dann Lösungen zu finden, werden ständig Ausweichstrategien entwickelt, die am Ende zu Produktivitätseinbrüchen führen.

6.8.10   Die Scrum Engine – Zermürbende Monotonie

Wenn Scrum-Teams erfolgreich sind und tatsächlich eine Story nach der anderen abarbeiten, wenn alle Teammitglieder untereinander einschätzen können, wer was tut, wenn die Aufgaben immer gleich sind und sich nur wenig voneinander unterscheiden, dann entsteht die „Scrum Engine". Als Scrum Engine bezeichne ich das Phänomen, dass erfolgreiche Scrum-Teams eine konstante Velocity haben, einen Sprint nach dem anderen ohne große Probleme absolvieren und es keine Aufregung mehr gibt. Die tägliche Arbeit wird vergleichbar mit der Fließbandproduktion. Diesen Zustand kann man u.a. bei Teams beobachten, die erfolgreich mit Jeff Sutherland arbeiteten. Er schrieb mir selbst, als ich ihn fragte, ob ich mir ansehen könne, wie seine Teams arbeiten, dass da nichts zu „sehen" sei. Die Software-Entwickler beträten am Morgen in Ruhe das Gebäude und verließen es um 17 Uhr ohne große Aufregung wieder. Das klingt nicht nur nach einer Fertigungslinie, es ist eine. Das Team wird zu einer Scrum Engine mit einer ganz klar definierten Leistung. Der Rhythmus, der in einem Scrum-Team entsteht, wird zu einem monotonen Beat. Charlie Chaplins „Moderne Zeiten" hat uns deutlich gezeigt, wie diese Monotonie aussieht. Anders ausgedrückt: Aus Salsa ist Techno geworden.

Monotonie zermürbt die beiden wichtigsten Ressourcen eines Scrum-Teams: Kreativität und Emotionalität. Monotonie entsteht, wenn die Tätigkeit, die man durchführt, einerseits ständige Aufmerksamkeit fordert und andererseits bedeutungsleer ist. Es entsteht das Gefühl der Langeweile. Langeweile führt aber sofort zu Leistungsminderung. Teammitglieder mit wechselnden Aufgaben – die also ständig neue Dinge bewältigen müssen – sind produktiver.

Die Kunst besteht darin, einen Rhythmus mit seinem Team zu kreieren, der ständig Wiederholung zulässt, aber nie langweilig werden kann. Wie bei einem Tanz. Dort werden immer die gleichen Figuren und Drehungen vollführt, sogar die Musik ist oftmals immer wieder die gleiche, und doch wird Tanzen niemals monoton. Der Grund dafür ist, dass es beim Tanz eine sinnliche Komponente gibt. Es geht hier ums Fühlen, um Emotionen und um das Miteinander.

> ■ Der sanfte Gong einer buddhistischen Klangschale erklingt. In einer Software-Entwicklungsabteilung beginnt ein Entwicklungsteam die Arbeit an einer neuen Story. Die Klangschale ertönt immer, wenn dieses Entwicklungsteam die Arbeit an einer neuen Story aufnimmt. Beendet dieses Team eine Story, dann „verkündet" sie dieses Ereignis immer mit dem Erklingen eines „Ratsch" des buddhistischen Frogs. Nun weiß die ganze Firma, dass das Entwicklungsteam die Story erfolgreich abgeschlossen hat. ■

Der Ausweg aus der Scrum-Engine ist daher die Rückbesinnung auf Sinnlichkeit. So wie es das Team aus dem Beispiel vormachte. Sie haben den Anfang eines Sprints und jedes Beginnen einer Story ritualisiert und auf diese Weise aus dem Beat des Techno den Rhythmus des Salsa erzeugt. Sinnlich erfahrbar und für alle nachvollziehbar.

Der Rhythmus dieses Teams ist in der gesamten Firma spürbar und beeinflusst damit wie ein Herzschlag den Rhythmus der Firma. Wir sahen bereits, wie Zaha Hadid den Rhythmus der Produktionsstraße eines Automobilwerks in der gesamten Firma erfahrbar machte. Das gleiche Prinzip wendete auch das Team an, das mit dem Gong einer Klangschale alle in einer Firma beeinflusst.

Teams haben Hochs und Tiefs. Sie sind mal mehr, mal weniger engagiert, sprinten das eine Mal, und kommen das andere Mal nur mühsam voran. Sie variieren ihre Frequenz, angepasst an die jeweilige Situation. ScrumMaster müssen erkennen, in welcher Phase und in welcher Situation sich ein Team gerade befindet, und entsprechende Maßnahmen setzen. Sie müssen spüren, dass es etwa eine Pause braucht, oder dass umgekehrt dringend eine neue Herausforderung ansteht. Ich benutze hier bewusst das Wort „spüren", weil der Herzschlag eines Teams etwas Sinnliches, körperlich Erfahrbares ist. Wer als ScrumMaster in sich hineinspürt, fühlt die Geschwindigkeit seines Teams.

Gelingt es einem ScrumMaster, die Scrum-Engine zu vermeiden und dennoch das Team zu Höchstleistungen zu bringen, dann hat er keine Engine erschaffen, sondern einen hochperformanten Organismus, eine biologische Einheit, die durch Synchronisation, also die sinnhafte Verknüpfung und rhythmisches Abstimmen ihrer Handlungen, Wunder vollbringen kann.

6.9 Fallstudie – Scrum @ bwin

■ Nach all der Theorie, wie ein Sprint abläuft, beschließe ich dieses Kapitel mit einer Fallstudie. Sie stammt von Peter Beck, SPRiNT iT. Peter Beck hat das unten stehende Projekt im März 2007 als Interims-ScrumMaster übernommen. Es war und ist Teil der Bestrebungen, Scrum bei der bwin-Gruppe in Wien einzuführen. Er war so freundlich, für dieses Buch eine Fallstudie über dieses Projekt zu schreiben. ■

Die bwin-Gruppe ist der weltweit führende Anbieter von Online-Wettspielen und Poker mit Glücksspiellizenzen für eine Vielzahl von Ländern. Die IT-Abteilung von bwin in Wien steht vor der Herausforderung, ein Portal in 21 Sprachen mit länderspezifischen Inhalten zu betreiben und kontinuierlich neue, innovative Produkte zu entwickeln. Auf Initiative des Head of Software Development Vienna entschloss sich das Management von bwin Anfang 2007, Scrum einzuführen. Ausschlaggebend war die Vision, dass multidisziplinäre Teams im Hinblick auf die sich stetig verändernde Marktsituation von bwin gezielt den Wert des Portals für den Kunden maximieren.

Zum ersten Mal sollte Scrum für das Projekt „b'inside" eingesetzt werden. Ziel war es, die Kunden durch ein von Fluggesellschaften her bekanntes Bonus- und Statuspunktesystem zu belohnen und damit langfristig an das Portal zu binden. Auf einem Marktplatz kann der Kunde seine Punkte verwalten und verschiedenste hochwertige Produkte mit seinen Bonuspunkten oder Geld erwerben.

6.9.1 Vorbereitung des Sprint 0

Zusammen mit dem Product Owner wurde ein Backlog mit User Stories innerhalb von zwei Tagen erstellt und priorisiert. In der Zwischenzeit hatte das aus acht Entwicklern und Testern bestehende Team die Projekträume bezogen und konnte am dritten Tag in einem Training die Grundlagen von Scrum kennenlernen. Architektur-Workshop, Schätzung des Backlogs, Planning I und II des Sprint 0 fanden an den darauffolgenden drei Tagen statt.

6.9.2 Sprint 0

Ziel von Sprint 0 war es, eine stabile Architektur zu entwickeln und das notwendige Tooling zu etablieren. Zusammen mit dem Team wurden die größten Risiken und nicht-funktionalen Requirements identifiziert. Diese sowie vier User Stories, die möglichst die Richtigkeit der Architekturentscheidungen zeigen sollten, wurden für das Sprint Backlog selektiert. Jede gelieferte Story sollte automatisiert getestet werden. Das Ziel wurde erreicht, auch wenn sich die Architektur in den nächsten Sprints noch änderte. Die grundlegenden Arbeitsabläufe des Teams wurden aber in diesem Sprint etabliert und die Risiken wurden eingegrenzt. Die Zuversicht, tatsächlich als Team das Projektziel zu erreichen, war nun vorhanden.

6.9.3 Sprint 1-3

Nach dem ersten Sprint stand nun auch ein Release-Plan mit einem Burn-Down-Graphen zur Verfügung, der deutlich zeigte, dass das gesetzte zeitliche Ziel nicht erreicht werden konnte. Nach und nach wurde daher das Team mit weiteren Entwicklern und Testern bis zu einer Größe von 15 Personen verstärkt und das Release-Datum mit der Geschäftsführung angepasst. Nach dem dritten Sprint teilte sich das Team in zwei Gruppen, die jeweils einen eigenen funktionalen Bereich entwickelten. Die wesentlichen vom Team aufgezeigten Hindernisse waren die uneffiziente Zusammenarbeit mit der Business-Abteilung und einem am Projekt beteiligten Team in Schweden. Beide Hindernisse wurden durch zeitweise Zusammenarbeit der Gruppen in den Projekträumen, gemeinsame Planning Meetings und gemeinsame Daily Meetings behoben. Mitglieder dieser Gruppen nahmen auch an den Sprint-Retrospektiven teil und konnten so in den Verbesserungsprozess mit einbezogen werden.

> *„Scrum, wie es im Lehrbuch steht, ist ein Anfang – Fakt ist, dass der Prozess so wie jeder andere an das Unternehmen angepasst sowie eingebettet werden muss. Jedem muss klar sein, dass Scrum einen Kulturwandel bedeutet. Letztendlich gehören auch die agilen Software-Engineering-Praktiken dazu, um den Prozess erfolgreich umzusetzen."*
>
> *– Christoph Haas, Head of Software Development Vienna, bwin*

6.9.4 Sprint 4-6

Im Sprint drei stieg die Geschwindigkeit des Teams auf das Siebenfache gegenüber Sprint 0. Allerdings sorgten verschiedenste Hindernisse dafür, dass die Geschwindigkeit des Teams in den folgenden Sprints zum Teil wieder sank. Diese Hindernisse wurden vom Team unverzüglich kommuniziert, sodass das Linien- und Projektmanagement bis zum nächsten Sprint notwendige Verbesserungen erwirken konnte. So wurde z.B. ein Daily Scrum of Scrum mit allen am Projekt beteiligten Gruppen in der IT eingeführt sowie die Test-, Stresstest- und Integrationsumgebung verbessert. Der Umfang des Product Backlogs hatte sich bis zum Sprint 5 mehr als verdoppelt. Mit dem Product Owner und den Stakeholdern wurden daher die unbedingt notwendigen Backlog Items für den ersten Release markiert und entsprechend priorisiert.

6.9.5 Sprint 7

Die in den vorhergehenden Sprints erreichten Verbesserungen machten sich nun bemerkbar, und das Team konnte alle noch für das erste Release notwendigen User Stories implementieren und testen. Mit Sprint 7 wurde die Anwendung erstmals in einer Beta-Umgebung installiert.

6.9.6 Sprint 8

Sprint 8 war kein Sprint im herkömmlichen Sinn, es handelt sich eher um ein End Game. Den wichtigsten Fachspezialisten wurden zum Testen der Anwendungen Arbeitsplätze in den Projekträumen eingerichtet. Bugs wurden ein- bis zweimal täglich gemeinsam besprochen und auf einem Pinboard in zwei Kategorien eingeteilt: Release-kritisch oder nach dem Release realisierbar. Die Entwickler und Tester konnten den Bug zusammen mit den Fachspezialisten unmittelbar beheben und die funktionalen Tests entsprechend anpassen. Das Engagement der Projektbeteiligten war enorm. Jedes Problem wurde sofort als gemeinsame Aufgabe begriffen und proaktiv angegangen. Mehrarbeit wurde geleistet, ohne dass sie jemand anordnete. Die Anwendung ging mit diesem Sprint ohne technische Zwischenfälle live.

6.9.7 Sprint 9-12

Ziel von Sprint 9 war es, kleinere funktionale Erweiterungen zu liefern, die Anwendungen zu monitoren und eventuell auftretende kritische Live-Defekte sofort zu beheben. Einige Teammitglieder wechselten nun in andere Projekte. Das eingespielte Kern-Team konzentrierte sich darauf, die Abläufe zu optimieren und neue Features zu entwickeln. Die Sprint-Länge wurde von 2 1/2 Wochen auf 4 Wochen verlängert. Die Team-Velocity betrug seitdem etwa 25 User Stories pro Sprint.

> *„Die methodische Einbettung von Scrum in unsere IT-Kernprozesse hat es uns erlaubt, erhebliche Produktivitätssteigerungen, Transparenz und Flexibilität in den Entwicklungsabteilungen zu realisieren. Die Scrum-Methode in Verbindung mit den bewährten Planungs- und Steuerungsinstrumenten konventioneller IT-Projektplanung stellt den Kernprozess dar, um die bwin IT als performanten und agilen Partner der Business-Abteilungen zu positionieren."*
>
> *– Thomas Kiessling, CTO, bwin*

Auf Business- wie auch auf IT-Seite war das Projekt ein Erfolg. So wurde das angestrebte Business-Ziel nach drei Monaten voll und ganz erreicht. Das Kunden-Feedback war sehr positiv, was auf die hohe Qualität der Anwendung zurückzuführen ist.

Die proaktive Arbeitsweise und die hohe Produktivität des Teams haben viele Mitarbeiter bei bwin von Scrum überzeugt. Die Zahl der Scrum-Teams wächst stetig. Das Management hat begonnen, ein Scrum Steering zu bilden, um die Teams beim Beseitigen von Hindernissen zu unterstützen und die Scrum-Methodologie in die anderen IT-Kernprozesse einzubetten. Das Projekt zeigte, dass eine Scrum-Implementierung kein abschließbares Projekt ist. Vielmehr erkannte die IT von bwin, dass Scrum ein wichtiger Rahmen ist, um ein lebenslanges Lernen der Organisation zu garantieren.

 Fragen an den Certified ScrumMaster

- Worin besteht der Zweck des Daily Scrums?
- Was sind die Aufgaben des ScrumMasters während des Meetings?
- Wie lauten die acht Regeln des Daily Scrums?
- Wer geht zum Daily Scrum?
- Worauf muss der ScrumMaster beim Daily Scrum besonders achten?
- Wer aktualisiert das Taskboard?
- Wieso kann es überaus sinnvoll sein, einen Sprint abzubrechen?
- Notieren Sie ein Beispiel aus Ihrer Berufspraxis, bei dem es besser gewesen wäre, Ihr Projekt einen Tag lang anzuhalten und neu zu planen.
- Welche Meetings werden nach einem Sprint-Abbruch sofort durchgeführt?
- Welche Aspekte sind beim Aufsetzen des neuen Sprints möglicherweise zu berücksichtigen?
- Was ist Lernen?
- Warum darf ein Sprint nicht verlängert werden?
- Wieso sind Geschichten so wichtig?
- Skizzieren Sie den Prozess einer Retrospektive.
- Wie lautet die Prime Directive?
- Wie begegnet man der Monotonie der Scrum Engine?
- Wer löst die Konflikte im Team?
- Wie nutzen Sie Konflikte am besten?

7

7 Reporting – Wissen, wo wir stehen

Positionsbestimmungen sind für jedes Scrum-Team, für das Management und für die Product Owner absolut notwendig. Das Prinzip „Inspect and Adapt" funktioniert nur, wenn jeder Einzelne in einem Scrum-Team genau hinschaut und erkennen kann, wie die gegenwärtige Situation tatsächlich ist. Es ist zwingend notwendig, *immer* zu wissen, wo ein Scrum-Team in der Entwicklung steht.

> *Nur wer weiß, wo er steht, kann wissen, wie er an sein Ziel gelangt.*

In Scrum benutzen wir für die Positionsbestimmungen und das Reporting sog. Burn-Down-Charts. Die Burn-Down-Charts erfüllen die Anforderungen des modernen Berichtswesens:

■ sie sind einfach zu erstellen;

■ sie werden vom Team erzeugt;

■ sie sind sichtbar und einfach in ihrer Präsentation;

■ sie zeigen unverfälschte Primärdaten;

■ sie zeigen die Informationen, die für das Scrum-Team entscheidend sind;

■ sie erzeugen das allgemeine Gefühl der Dringlichkeit.

Das Burn-Down-Chart basiert auf Flipcharts und Stiften und kann im Raum des Teams sichtbar aufgebaut werden. Die Forderung, dass die Menschen, die die Arbeit tun, also die Teams, die Berichte selbst schnell und mit wenig Aufwand erstellen können, ist damit erfüllt [Peters 1987, S. 483].

Bevor wir uns die einzelnen Berichte genauer ansehen, ist es wichtig zu verstehen, was wir mit diesem Reporting erreichen wollen: Wir messen die tatsächliche Leistungsfähigkeit eines Teams. Die Berichte, die die Teammitglieder – nicht der ScrumMaster! – erstellen, zeigen die gegenwärtige Erfüllung der Aufgabe. Sie zeigen nicht, wie viel gearbeitet worden ist. Das ist wesentlich. Wir wollen in Scrum nicht wissen, wie lange oder wie hart ein Teammitglied oder das gesamte Team gearbeitet hat, sondern wir wollen wissen, welche Funktionalität bereits geliefert wurde. Wir wollen also genau wissen, wo wir in der Produktentwicklung stehen.

Das sind die Berichte, die ein Scrum-Team nutzt, in der Reihenfolge ihrer Wichtigkeit:

1. Das Taskboard
2. Sprint Burn-Down-Chart
3. Das Taskboard
4. Product Burn-Up-Chart
5. Release Burn-Down-Chart
6. Parking Lot Chart
7. Velocity Burn-Up-Chart

Die Bedeutung jedes einzelnen Graphen oder Reports zeige ich Ihnen im weiteren Verlauf dieses Kapitels. Aber zunächst müssen wir uns noch einmal klarmachen, was es heißt, Reportingverfahren in einem Team anzuwenden, und welche Gefahren damit verbunden sein können.

7.1 Die richtigen Metriken finden

7.1.1 Die Leistung des Teams messen

Menschen richten sich danach, was gemessen und honoriert wird. Daher muss sich das Management eines Unternehmens sehr genau überlegen, welche Daten es von seinen Mitarbeitern erheben will. Schnell führt man eine Metrik ein, die vollkommen andere Auswirkungen hat, als man beabsichtigt. Das gängigste Beispiel kennen wir alle: das Zählen von Lines of Code. Beginnt man Produktivität daran zu messen, wie viele Zeilen Code ein Entwickler geschrieben hat, bekommt man sicherlich keinen schlanken, gut geschriebenen Code. Daher gilt es, sehr genau zu überlegen, welche Form von Metrik man einführt. Die Metrik muss mit den Zielen des Teams und der Organisation übereinstimmen und zeigen, ob die Ziele erreicht wurden. Für Berichte, die im Grunde auf Metriken basieren, gilt das Gleiche.

Das Berichtswesen von Scrum geht einen sehr einfachen Weg. Ziel ist es, am Ende des Sprints funktionierende Software zu liefern. Noch besser ist es, wenn das Team während eines Sprints kontinuierlich Software ausliefert. Es zählen nur funktionierende Software und die Realität. Daher basiert jeder Report in Scrum auf Fakten, die in unmittelbarem Zusammenhang mit dem Entwickeln des Produktes stehen. Die individuelle Leistung zählt in Scrum sehr viel, denn ohne die Kreativität, das Engagement und die Leistungsbereitschaft der einzelnen Teammitglieder lassen sich keine qualitativ hochwertigen Produkte schaffen. Aber gemessen wird die Leistung des ganzen Teams, denn die Teammitglieder liefern gemeinsam. Die Leistung des Einzelnen wird nicht nach außen berichtet, Scrum hat für die Bewertung des Einzelnen keine Mechanismen. In Scrum wird ausschließlich über die Kapazität des Teams und seine Ergebnisse berichtet.

7.1.2 Zeitaufzeichnungen

Scrum orientiert sich an den Resultaten. Alle Charts zielen darauf, anzuzeigen, wo das Team mit seiner Produktentwicklung bei der Erstellung der Backlog Items tatsächlich steht. Dazu werden die verschiedenen Burn-Down-Charts erstellt. Diese Berichte zeigen nicht an, wie lange an einem Backlog Item gearbeitet wurde. Solche Informationen sind für Scrum unwesentlich, sie spielen im Ablaufprozess Scrums keine Rolle.

Für viele Organisationen ist diese Aussage nicht nachvollziehbar. Viele Manager und Führungskräfte wollen wissen, wie viel Zeit für bestimmte Aufgaben benötigt wurde. Diese Informationen sind in gewissen Bereichen notwendig. Viele Consulting-Unternehmen und Dienstleister rechnen ihre Leistung in Stunden ab. Dafür müssen auch Stundenaufzeichnungen erstellt werden. Aber müssen wir tatsächlich wissen, wie viele Stunden einem Kunden in Rechnung gestellt werden? – Dazu sollten wir uns überlegen, ob dies wirklich die entscheidende Frage ist. Geht es wirklich um Zeit? Oder um die Leistung? Müssen wir uns in der Software-Industrie tatsächlich darauf beschränken, unsere Mitarbeiter dafür zu bezahlen, wie viele Stunden sie arbeiten? Möchten wir tatsächlich, dass uns unsere Kunden dafür bezahlen, wie lange wir arbeiten? Wollen wir nicht viel eher, dass wir dafür bezahlt werden, was wir leisten? Es sollte doch vollkommen unwichtig sein, wie lange eine Person an einem Stück Software arbeitet. Einzig relevant kann doch nur sein, was uns dieses Stück Software wert ist.

Der Standpunkt Scrums dazu ist eindeutig: Wir müssen nicht wissen, wie viele Stunden an einem Stück Software gearbeitet wurde.[1] Scrum Reports zeigen das nicht an, sie zeigen stattdessen, wie weit ein bestimmtes Produkt gediehen ist.

Scrum Reports wollen auch nicht zeigen, wie weit die einzelnen Aufgaben abgearbeitet sind. Eine Ausnahme bildet das Taskboard. Das Taskboard ist wie das Navigationssystem einer Cockpit-Crew. Es zeigt dem Scrum-Team ständig an, wohin es steuert. Auf diesem Board wird auf Aufgabenebene berichtet, denn hier geht es um die taktischen Abläufe im Spiel.

7.2 Reports

Grundidee der Reports in Scrum ist, dass jeder, der einen Blick auf den Report wirft, den Status der Produktentwicklung und die Leistung des Scrum-Teams schnell erkennt. Das können Sie mit einem oder mehreren einfach aufgebauten Graphen erreichen, die in Scrum Charts heißen. Schauen wir uns die einzelnen Charts der Reihe nach an.

7.2.1 Der Sprint Burn-Down-Chart

Sutherland und Schwaber hatten eine großartige Idee. Wenn man weiß, wie viel Arbeit in einem Sprint zu erledigen ist, wenn man also alle Aufgaben in einem Sprint kennt und für jede Einzelne die Dauer abschätzt, dann erhält man die geschätzte, verbleibende Gesamtarbeit der Teammitglieder in Gesamtarbeitsstunden. Errechnet sich das Scrum-Team auf

---

[1] Die Zahlen sind ohnehin falsch. Oder haben Sie Ihrem Chef einmal in Rechnung gestellt, dass Sie einen Einfall auf dem Weg nach Hause oder während des Joggens am Sonntag Morgen hatten?

diese Weise jeden Tag die verbleibenden Gesamtarbeitsstunden, so erhalten Sie eine Übersicht über die täglich abnehmende Anzahl noch zu leistender Stunden. Vorsicht – das ist nicht zu verwechseln mit einer Zeitaufzeichnung. Wir wissen nicht, wie lange eine Person an einer Aufgabe bereits gearbeitet hat. Wir erfahren nur, wie lange es noch schätzungsweise dauert.

Ein Beispiel: Das Scrum-Team muss nach dem Sprint Planning bis zum Ende des Sprints 80 Aufgaben erledigen. Die Gesamtstundenzahl, die das Team für diese Aufgaben aufbringen muss, liegt bei 900 Stunden. Also wird die Aufgabensäule am ersten Tag 900 Stunden anzeigen. Wenn man diese Zahl täglich auf einem Graphen abträgt, sieht man einen Graphen, der am ersten Tag bei 900 Stunden steht und kontinuierlich bis zum Ende des Sprints auf null abnehmen wird. Diesen Graph nannten Schwaber und Sutherland „Sprint Burn-Down-Chart"(Abbildung 7.1).

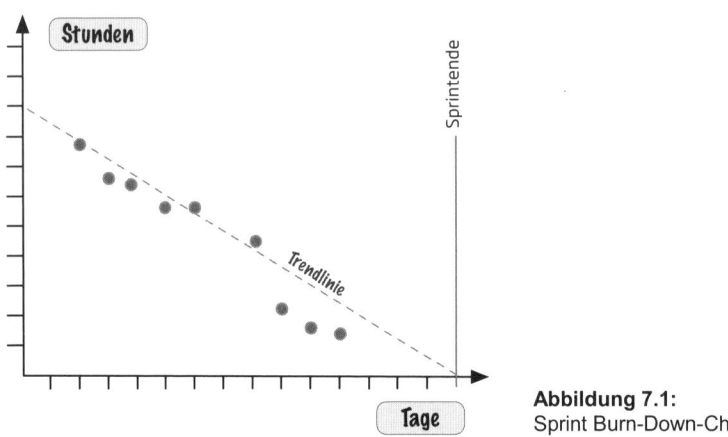

Abbildung 7.1:
Sprint Burn-Down-Chart

Die Erstellung dieses Graphen ist sehr einfach und nimmt nur wenig Zeit in Anspruch. Das Scrum-Team erkennt mit seiner Hilfe, ob Arbeit dazukommt, ob die Arbeit in der notwendigen Geschwindigkeit abnimmt oder ob das Sprint-Ziel in irgendeiner Weise gefährdet ist. Alles, was man dazu braucht, ist ein Spreadsheet, in dem man täglich für jede vorhandene Aufgabe die noch zu leistende Arbeit schätzt, und eine Graphik, die durch dieses Spreadsheet erstellt wird.

Wir alle arbeiteten mit dieser Methode und hatten große Erfolge. Aber es gab einen Haken: Viele Teams arbeiteten kontinuierlich die Aufgaben ab, doch am Ende des Sprints waren nicht jede Funktionalität und nicht alle Backlog Items geliefert worden. Wie konnte das sein?

Der Grund war relativ einfach: Der Burn-Down-Chart und die Idee, jeden Tag die Restarbeitszeit zu schätzen, zwingen nicht dazu, eine Aufgabe auch tatsächlich zu erledigen. Es ist möglich, die Aufgaben mit jeweils einer oder sogar mehreren Stunden offen zu lassen. Es wird also nicht transparent, dass diese Aufgaben zwar fast, aber nicht ganz erledigt sind. Erst die Idee Tobias Mayers, dass man, anstatt die Restarbeitszeit pro Aufgabe zu schätzen, nur noch darstellt, ob eine Aufgabe erledigt oder nicht erledigt ist, brachte den

Durchbruch bei der Sichtbarkeit (siehe dazu auch Abschnitt 6.4.4). Für unseren Sprint Burn-Down-Chart bedeutet dies: Wir zählen einfach nur noch die Anzahl der nicht erledigten Aufgaben. Auf diese Weise erhält man ebenfalls einen Graphen, der grundsätzlich abnimmt. Wie der Sprint Burn-Down-Chart kann dieser aber selbstverständlich auch nach oben tendieren, wenn die Anzahl der Aufgaben zunimmt oder *nicht* abnimmt. Wir nennen diesen neuen Chart *Task-Burn-Down/Up* (Abbildung 7.2).

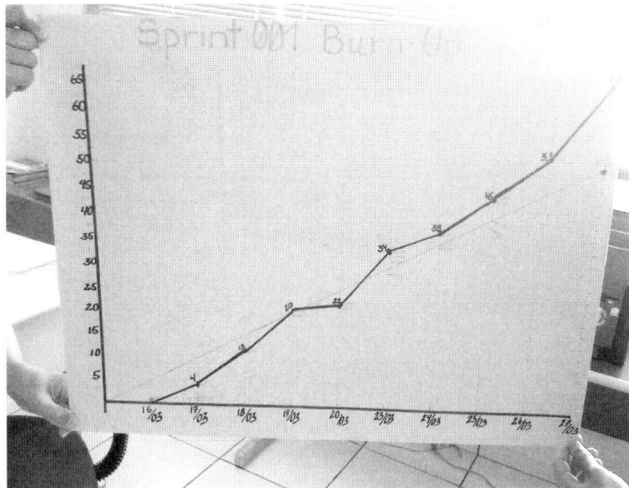

Abbildung 7.2:
Task-Burn-Up-Chart mit
einfachsten Mitteln

Der Task-Burn-Down-Chart ermöglicht es einem Scrum-Team zu erkennen, ob die Anzahl der Aufgaben wie erwartet abnimmt, oder ob es irgendwie geartete Impediments gibt. Aber der Task-Burn-Down-Chart zeigt genauso wenig wie der ursprüngliche Sprint-Burn-Down-Chart von Sutherland und Schwaber, ob ein Scrum-Team tatsächlich vorankommt. Diese Information kann das Scrum-Team nur erkennen, wenn sie ein weiteres Chart erstellen: das Sprint-Product-Burn-Down-Chart.

7.2.2 Das Taskboard

Wir haben ausführlich über den Einsatz des Taskboards während des Sprints gesprochen (siehe Abschnitt 6.5.3). Dieses Board kann auch als Instrument zum Berichten genutzt werden. Sie können jeden Tag ein Foto davon machen und es an alle interessierten Personen verschicken. So sieht jeder, wie die Aufgaben von links nach rechts über das Board wandern. Der Fortschritt wird so veranschaulicht.

7.2.3 Der Sprint-Product-Burn-Down-Chart

Der *Sprint-Product-Burn-Down-Chart* (auch *Story-Burn-Down-Chart* genannt) gibt dem Scrum-Team und allen anderen Interessierten die Möglichkeit, auf einen Blick zu erkennen, wie viele Stories oder Backlog Items abgearbeitet sind. Die Grundidee ist ähnlich wie beim Sprint-Burn-Down-Chart, aber anstatt nicht-erledigte *Aufgaben* zu zählen, werden die noch nicht-erledigten *Backlog Items* des Sprints gezählt und als zeitlicher Verlauf dargestellt. Das Resultat ist eine *Treppenkurve*, die von oben nach unten verläuft. Man kann dazu die Anzahl der offenen Stories zählen, genauer und besser ist es allerdings, den Story-Burn-Down basierend auf den Story Points zu erstellen. Werden die Stories in Story Points geschätzt, so kann man bei der Festlegung der Backlog Items für den Sprint auszählen, wie viele Story Points das Team durch die Lieferung der Backlog Items liefern will (siehe dazu das Thema Velocity, Abschnitt 5.8.4). Nehmen wir an, die Summe der Backlog Items beläuft sich auf 38 Story Points. Diese sind verteilt auf sechs Stories zu 8, 8, 13, 2, 1, 3. Dann beginnt das Team, eine Story nach der anderen abzuarbeiten, und es entsteht aus den jeweils noch zu liefernden Story Points das Sprint-Burn-Down-Chart, eine einfache Treppenkurve (siehe Abbildung 7.3).

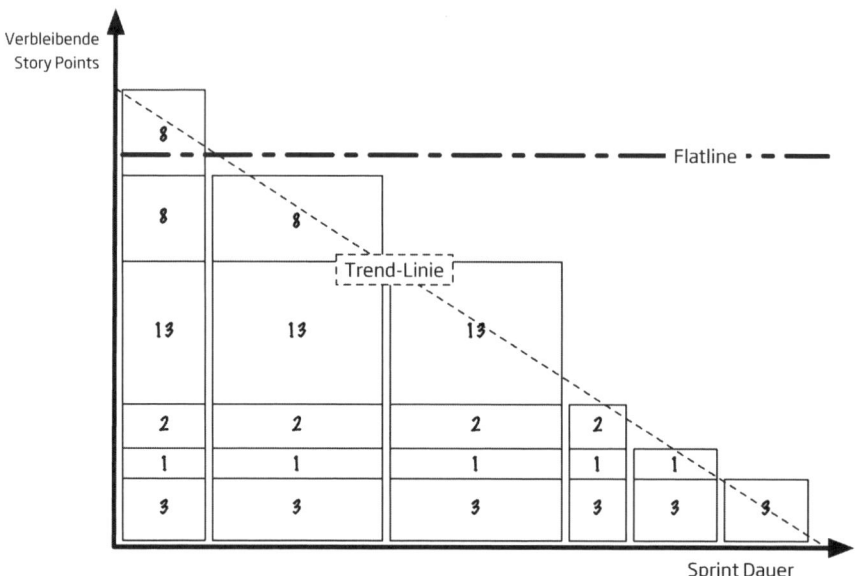

Abbildung 7.3: Sprint-Product-Burn-Down / Story-Burn-Down

Der Story-Burn-Down-Chart zeigt sehr plastisch und einfach, wie viel Funktionalität in einem bestimmten Zeitraum geliefert wurde und wie viel noch zu liefern ist. Die Trendlinie des Graphen sollte nach unten zeigen, auch wenn sie nie so perfekt aussehen wird wie in Abbildung 7.3. Problematisch wird es für das Scrum-Team dann, wenn sich die Trendlinie in eine „Flatline" verwandelt hat. Dies indiziert, dass das Team keine neue Funktionalität in einem gegebenen Zeitraum erzeugt. Dafür kann es meiner Erfahrung nach drei Gründe geben:

1. Das Team arbeitet an mehr als einem Backlog Item gleichzeitig.

2. Das Team arbeitet an einem oder mehreren Backlog Items, wird aber gleichzeitig von einem Impediment blockiert und kommt nicht dazu, das Backlog Item abzuarbeiten.

3. Die Implementierung des Backlog Items wird aufwändiger, es entstehen immer weitere neue Aufgaben.

In jedem Fall wird dieses Team sofort sehen, dass es Gefahr läuft, möglicherweise nicht alle Stories in der vorgegebenen Zeit zu liefern. Ist das der Fall, sollte das Team so schnell wie möglich die Gründe für das Nicht-Liefern von Backlog Items identifizieren und entsprechend handeln. Dieser Graph ist besonders für alle Beteiligten außerhalb des Teams von Bedeutung. Sie können hier mit einem Blick sehen, was im Team vor sich geht, und sie sind auf diese Weise in der Lage zu reagieren. Nervös reagieren Product Owner immer dann, wenn die Trendlinie in eine Flatline übergeht.

7.2.4 Der Release-Burn-Down-Chart

Der Release-Burn-Down-Chart funktioniert so ähnlich wie der Sprint-Burn-Down-Chart. Der Unterschied liegt in der zeitlichen Betrachtung. Das Release-Burn-Down listet alle Backlog Items des gesamten Releases auf der x-Achse und die Dauer der Sprints auf der y-Achse. Auf diese Weise können Scrum-Team und Product Owner jederzeit sehen, wie viel Funktionalität das Scrum-Team für den jeweiligen Release bereits geliefert hat und wie viel noch geliefert werden muss. Für diese Art des Reporting sind die weiter unten beschriebenen Scrum-Management-Tools gut geeignet. Für ein einziges Team gilt wieder, dass ein Aufmalen dieses Graphen auf einem großen Stück Papier an der Wand vollkommen ausreicht (Abbildung 7.4).

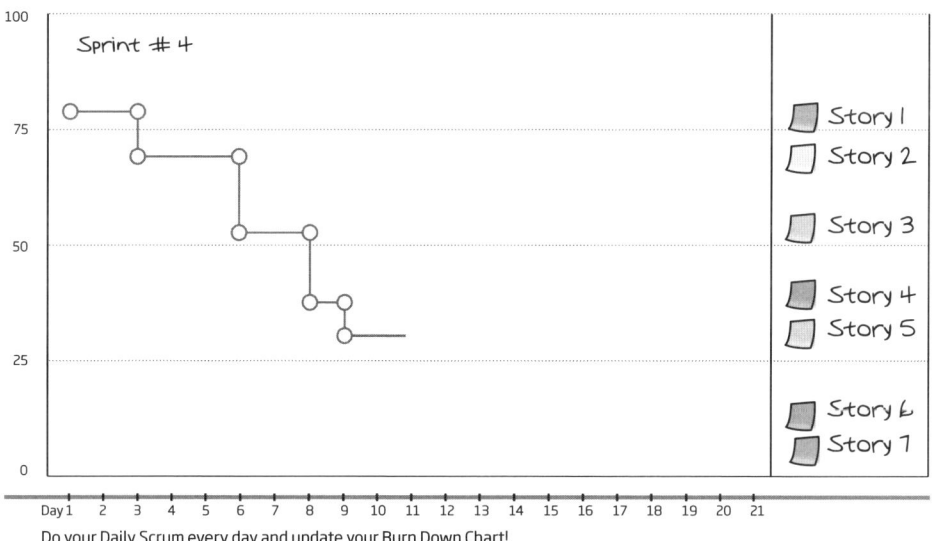

Abbildung 7.4: Eine andere Darstellung des Sprint-Product-Burn-Down Charts mit allen Stories des Release auf der y-Achse = Release-Burn-Down

7.2.5 Das Parking-Lot-Chart

In einem *Parking-Lot-Chart* (Abbildung 7.5) werden die Backlog Items nach ihrer Katego-
risierung gezählt und aufgezeigt, wie viele von ihnen pro Kategorie abgearbeitet sind. Das
Parking-Lot-Chart ist sehr hilfreich, um bei unterschiedlichen Funktionsbereichen einer
Applikation anzuzeigen, wie sich die Applikation entwickelt. Das Parking-Lot-Chart kann
auch sehr schön dafür genutzt werden anzuzeigen, ob architektonische Anforderungen bereits erfüllt sind. Ich habe Kunden, die diese Parking-Lot-Charts auf Plasmabildschirmen
in ihren Büros ständig anzeigen. Sie werden automatisch, basierend auf den Nightly
Builds, erstellt. Auf diese Weise wird jeden Morgen der Status der Applikation angezeigt.
Viele Kunden nutzen dieses Reportingtool auch, um anzuzeigen, wo die Testabdeckung
steht. Sie zeigen also beispielsweise die Anzahl an automatisierten Unit Tests an. Der Füll-
standanzeiger des Parking-Lot-Charts ist sehr hilfreich, will man einen schnellen Überblick über den Status des Projektes und der Applikation bekommen.

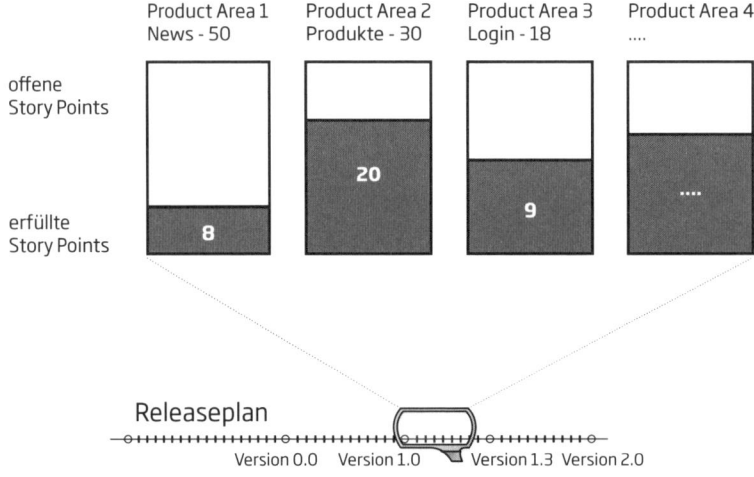

Abbildung 7.5: Parking-Lot-Chart

7.2.6 Das Velocity-Chart

Das *Velocity-Chart* (Abbildung 7.6) zeigt dem Team und der Umgebung die Veränderung
der Velocity eines Teams an. Dieses Chart ist bei längeren Projekten oder bei Applikationsteams von Bedeutung. Es verschafft dem Team und dem Management die Möglichkeit
zu erkennen, ob ein Team *gesund* ist. Ich schreibe gesund wegen der Parallele zum Bild einer
Fieberkurve. Die bisher gezeigten Charts waren produktbezogen. Das Velocity Chart ist
wie die Fieberkurve eines Patienten. Es zeigt uns nach einer Weile an, ob es dem Team gut
geht. Wenn sich die Velocity nach einiger Zeit eingependelt hat, dann kann man anhand
des Charts erkennen, ob ein Team gerade eine Hoch- oder Tiefphase hat. Man sieht auch,
ob es erklärbare Gründe für den Abfall der Velocity gibt, z.B. Urlaube, oder ob es unerklär-

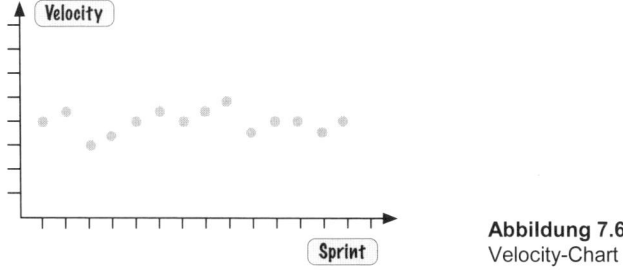

Abbildung 7.6:
Velocity-Chart

bare Einbrüche oder Performance-Steigerungen gibt. Wie jedes Chart im Scrum Reporting ist es als Indikator, als Anzeigeinstrument gedacht. Diese Charts dürfen nie als Hilfsmittel für die Überwachung verstanden oder eingesetzt werden. Eine Fieberkurve ist eine Information, die sorgfältig interpretiert werden muss. Geht man mit diesen Reports fahrlässig um, bekommen die Manager einer Organisation sehr schnell unsinnige Reports, und die Idee der Transparenz ist gestorben.

7.3 Das Logbuch

Neben den Charts gibt es noch andere Formen des Berichtens in Scrum. Beginnen wir mit dem Logbuch. Das Product Backlog verändert sich über die Zeit. Was liegt also näher, als diese Änderungen in geeigneter Form festzuhalten? Das kann in unterschiedlichster Form geschehen. Arbeitet ein Team mit Story-Cards (siehe Abschnitt 5.6.1), dann reicht es möglicherweise, die Stories mit einem Datum zu versehen, um zu indizieren, dass sie neu hinzugekommen sind. Arbeitet ein Team mit einem Spreadsheet, kann ein Datumsfeld anzeigen, wann es Änderungen an diesem Backlog Item gab.

Sinnvoll ist es, ein Änderungsdokument zu führen. In diesem Dokument wird festgehalten, wieso diese Änderungen erfolgen. Es ist wie ein *Logbuch* des Projektes. Dieses Logbuch enthält auf der einen Seite alle Informationen über das Hinzufügen oder Ändern von Product-Backlog-Einträgen, auf der anderen Seite die Informationen über das Projekt, die jeder kennen sollte.

Es geht in Scrum nie um langes, mühsames Berichten. Vor allem bei Änderungen an den Backlog Items sollte der Grund dafür nur in ein oder zwei Sätzen im Logbuch festgehalten werden. Gab es wichtige Erkenntnisse, die es notwendig machten, diese Story zu ändern? Vielleicht gibt es dazu ein Besprechungsprotokoll? Wenn Backlog Items gelöscht werden, sollte das auf jeden Fall notiert werden, denn es handelt sich hierbei um Änderungen am Projektumfang. Dies hat immer Auswirkungen auf die Zeit und das Budget des Projektes.

Informationen, die in einem Logbuch stehen sollten:

- geplante Abwesenheiten
- wichtige Events
- Teilnahmen an Trainings
- Ergebnisse aus den Reviews und aus den Retrospektiven

■ die Impediments

■ Entscheidungen

Das Logbuch kann und sollte meiner Meinung nach auch dazu genutzt werden, Persönliches einzubringen. Es kann täglich ein kurzer Eintrag sein, z.B:

■ *„Die Stimmung des Teams ist hervorragend, wir haben viel gelacht."*

■ *„Der Product Owner kam mit Informationen, die uns fertiggemacht haben. Wir können die Architektur noch mal anpassen."*

■ *„Stacia hatte Geburtstag – war ne lange Nacht, wir waren im Floridita."*

Das Logbuch sollte auch geplante Abwesenheiten der Teammitglieder im Sprint sichtbar machen. Der ScrumMaster und das Team können auf diese Weise einfach erkennen, wer im Sprint verfügbar ist.

Das Logbuch ist eine großartige Sache, wenn es gepflegt wird und wenn jedes Teammitglied sich tatsächlich täglich fünf Minuten Zeit nimmt, die wichtigsten Ereignisse des Tages festzuhalten. Wie jede Art von Dokumentation erfordert auch diese die Disziplin, sie zu erstellen. Wieder gilt, dass nur das Team entscheiden kann, welche Informationen festgehalten werden sollen.

7.4 Das Impediment Backlog – Riskmanagement

Ein Sonderteil des Logbuchs ist das *Impediment Backlog*. Es muss vom ScrumMaster sehr bewusst geführt werden und sollte jederzeit einsehbar sein. Ich hänge das Impediment Backlog immer sichtbar in den Team-Raum, um für alle anzuzeigen, welche Impediments wir haben und an welchen gearbeitet wird. Eine gute Idee ist es, täglich ein Foto vom Impediment Backlog in das Logbuch aufzunehmen oder es noch einmal separat zu führen.

In vielen Teams führen wir einen Indikator ein, der uns die täglichen kleinen Schwierigkeiten dokumentiert. Das einfachste und gleichzeitig sehr effektive Mittel dafür ist die *„Snake"*. Die Snake macht die täglichen Dinge, die nicht zum eigentlichen Sprint gehören, sehr deutlich sichtbar. Das funktioniert so: Jedes Teammitglied, das sich um eine kleine Störung kümmern muss, schreibt diese Störung auf einen Zettel, am besten auf ein rotes DIN-A4-Blatt, und befestigt es an einer Wäscheleine oder entlang einer imaginären Linie an der Wand. Auf diese Weise dokumentiert man gegenüber allen Interessierten höchst eindrucksvoll, was ein Team davon abhält, produktiv zu arbeiten.

Vielen ScrumMasters und Teammitgliedern fällt es schwer, die Impediments offen an die Wand zu hängen. Sie haben die Befürchtung, dass ihnen etwas passieren könnte, wenn sie deutlich machen, wo die Probleme liegen. Das ist verständlich, denn in den meisten Unternehmen ist das offene Ansprechen von Problemen nicht gewollt und wird schon gar nicht gefördert. Menschen, die mit Scrum arbeiten, wissen jedoch, dass nur das offene und direkte Ansprechen von Problemen, Missständen, Unzufriedenheiten und Konflikten dazu führt, dass diese schnell und produktiv gelöst werden.

7.5　Die Retrospektive

Die Retrospektive zeigt uns, wo wir mit unseren Prozessen stehen. Die Teammitglieder geben sich untereinander darüber Rechenschaft, wie ihre Arbeitsabläufe sind und welche Probleme sie daran hindern, erfolgreicher zu sein. Sie nutzen ihre eigene Erfahrung und reflektieren darüber, um ihre eigenen Prozesse und Abläufe zu verbessern. Diese Form des Feedbacks, des Berichtens ist die meiner Meinung nach bedeutendste für ein Team. Sie ermöglicht es, die Risiken im Projekt frühzeitig zu erkennen und entsprechend gegenzusteuern.

Die Informationen aus der Retrospektive fließen auf unterschiedlichen Wegen zurück in die Organisation:

- Sie fließen als Impediments in das Impediment Backlog ein, und
- sie werden zu Maßnahmen für das Team und auf diese Weise nutzbar für die Organisation.

Darüber hinaus kann das Team die erstellten Flip-Charts offen im Raum aufhängen und auf diese Weise das Gelernte präsentieren.

7.6　Sprint Review

Berichten kann auch eine ganz andere Funktion haben, als man zunächst annimmt: Es kann motivieren. Die Darstellung dessen, was das Team am Ende eines Sprints geliefert hat, besitzt nicht nur den Aspekt des Zeigens, wie weit die Applikation momentan tatsächlich entwickelt worden ist. Sie hat auch den wichtigen Aspekt, allen vor Augen zu führen, was man geschafft hat und worauf ein Team, das hart an diesem Teil der Applikation gearbeitet hat, stolz sein kann und soll.

Mit der Demonstration der *fertigen* Funktionalitäten fordert das Scrum-Team auch den Respekt und die Anerkennung durch das Projekt-Umfeld ein. Durch die Teilnahme am Sprint Review und die Kommentare der Anwender und anderer Beteiligter geben diese dem Team ebenfalls Feedback. Aus der Einbahnstraße des üblichen Berichtens wird so eine Zwei-Wege-Kommunikation, und Berichten wird zum Dialog.

Das Sprint Review zeigt den gegenwärtigen Stand der Entwicklung ohne jeden Deckmantel. Es zeigt allen Beteiligten, was existiert. Und damit ist das Sprint Review der Zeitpunkt, an dem die Positionsbestimmung auf harten Fakten und nicht auf den Aussagen von Teammitgliedern oder Projektmanagern basiert. Hier findet die empirische wissenschaftliche Methode ihre Anwendung. Der Sprint kann so gesehen als Experiment im wissenschaftlichen Sinne gesehen werden, und wir erhalten sein Resultat am Ende des Sprints.

7.7   Berichten im skalierten Umfeld

Das Berichten in einem Umfeld, in dem mehr als ein Team an einer Produktentwicklung arbeitet, sowie die Berichte für Projekte, in denen mehr als zehn Teammitglieder arbeiten, folgen grundsätzlich den gleichen Prinzipien und Überlegungen wie das Berichten bei einem Scrum-Team mit ca. 7 Personen. Es basiert auf dem Berichten harter Fakten auf täglicher Basis. Wir nutzen die gleichen Tools, wie oben beschrieben. Schauen wir uns an, ob auch die oben beschriebenen Methoden wieder zur Anwendung kommen:

■ **Task-Board**

Das Task-Board, in dem die Teams jeden Tag anzeigen, wie sich eine Aufgabe über das Board hinwegbewegt, wird nur ein klein wenig verändert. Die Stories in der Spalte "Selected Product Backlog" werden zu den Teams und die Aufgaben zu Stories (Abbildung 7.7). Dieses einfache Hilfsmittel ist viel anschaulicher als alle elektronischen Verfahren. Und es ermöglicht den Product Ownern der Teams das sofortige Eingreifen.

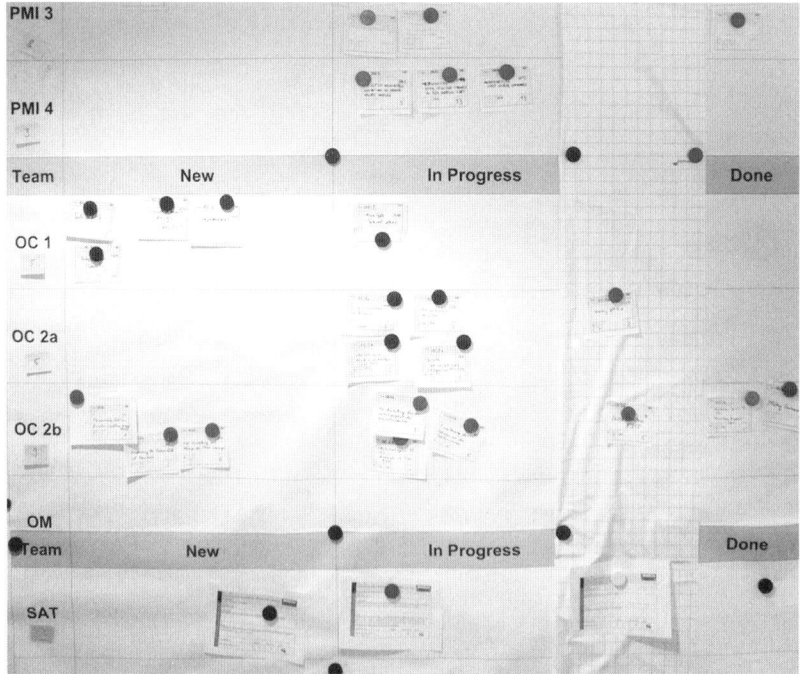

Abbildung 7.7: Monitoring mehrerer Teams mit einem Task-Board

■ **Sprint Product-Burn-Down-Chart**

Es gibt auf dieser Ebene keine Notwendigkeit für einen Task-Burn-Down mehr, es zählen nur die abgearbeiteten Stories. Die einfache Aggregierung in ein gemeinsames Bild aller abgearbeiteten Stories, als Product-Burn-Down, bringt die notwendige Sichtbarkeit für alle Beteiligten.

■ **Release Product-Burn-Down-Chart**

Der Release-Product-Burn Down ist eine Aggregation der gemeinsam abgearbeiteten oder noch zu bearbeitenden Stories. Er setzt sich aus der einfachen Addition der Stories aller Teams zusammen.

■ **Das Parking-Lot-Chart**

Besonders bei mehreren Teams, die in der Regel mehrere Anforderergruppen bedienen, ist das Parking-Lot-Chart hilfreich. Es besteht, wie bei dem Einzelteamprojekt, aus der Darstellung der gelieferten Stories in Gruppen. Zusätzlich zur Aggregation der Stories, nach Geschäfts- oder Anwendungsebene, kann man auch die Anzahl der abgearbeiteten Stories pro Team anzeigen.

■ **Das Velocity-Chart**

Die Aggregation kann hier nur auf Storyebene erfolgen. Sie zählt die Gesamtzahl der gelieferten Stories und bezeichnet das Velocity des Gesamtprojektes. Auf diese Weise erkennt man sehr schnell, ob es Einbrüche in der Velocity gibt. Erinnern wir uns: das Velocity Chart ist die Fieberkurve des Teams. Die Fieberkurve über alle Teams zeigt dem Product Owner sehr schnell die Probleme des Gesamtprojekts an.

■ **Das Logbuch**

Es versteht sich von selbst, dass das Logbuch auch bei großen Teams sinnvoll einsetzbar ist. Bei verteilten Teams kann man es als Wiki anlegen oder ein Forum nutzen. Es sollte öffentlich zugänglich sein, und alle Teammitglieder können hier Eintragungen vornehmen.

■ **Das Impediment Backlog**

Das Impediment Backlog des Gesamtprojektes ist nicht die Summe aller Impediments, sondern es beinhaltet die Impediments, die auf der Ebene der Gesamtorganisation des Projektes gelöst werden müssen. Die Impediments der einzelnen Teams werden jeweils von deren ScrumMaster erfasst und bearbeitet.

■ **Das Sprint Review**

Die Teams zeigen ihre fertig gelieferte Funktionalität gemeinsam. Alle Teams zeigen ihre Einzelleistung. Und sie zeigen nur das, was gemeinsam funktioniert. Dieses Meeting zeigt sehr genau, wo alle Teams in der Entwicklung gemeinsam stehen.[2]

■ **Die Retrospektive**

Um einen Überblick über die notwendigen Verbesserungsmaßnahmen zu bekommen, ist auch im skalierten Umfeld die Retrospektive das Mittel der Wahl. Allerdings werden die Retrospektiven auf der Ebene der Teams durchgeführt. Das bedeutet also, dass jedes Team die Retrospektive ganz normal durchführt. Daneben führen auch das Team der Product Owner (siehe Abschnitt 9.2.5) und die Gruppe der ScrumMaster eine Retrospektive durch. Jedoch dürfen die ScrumMaster in ihrer Gruppe nur die Ergebnisse aus den Team-Retrospektiven weitergeben, die das Team weitergeben will.

---

[2] Mehr zur Organisation dieses Meetings in Abschnitt 6.6.4.

7.8   Elektronische Hilfsmittel

Sobald eine Scrum-Organisation mehr als zwei oder drei Teams hat und ein Überblick geschaffen werden muss, sind elektronische Hilfsmittel für die Verwaltung der Backlog Items und für das schnelle Berichten der jeweiligen Informationen unerlässlich. Die Erfahrung hat aber auch hier gezeigt, dass sich mit Hilfe elektronischer Tools Entscheidungen weniger gut voranbringen lassen als mit einer Wand, auf der alle Backlog Items für eine Organisation zu erkennen sind und auf der die Verantwortlichen die Backlog Items verschieben. Das ist viel anschaulicher als jedes elektronische Werkzeug. Deshalb sollten sich beide Werkzeuggruppen, also Flip-Chart, Pinnwand und Boardmarker einerseits und elektronische Berichtssysteme andererseits, ergänzen. Das Berichten mit elektronischen Hilfsmitteln erleichtert die Auswertung und ermöglicht den schnellen Zugriff auf Informationen. Entscheidungen werden einfacher und bewusster getroffen, wenn man Karten in der Hand hat und diese in die verschiedenen Sprints einsortieren soll. Das Whiteboard oder die Pinnwand ist auch dann das Mittel der Wahl, wenn man es mit einem Projekt zu tun hat, an dem drei Teams an einem Standort zusammenarbeiten müssen. Erst bei mehreren Teams mit mehr als zehn Mitgliedern und/oder mehreren Standorten kommt das Management einer Organisation ohne ein elektronisches Tool nicht mehr aus.

Fragen an den Certified ScrumMaster

- Worin besteht der Unterschied zwischen Sprint- und Task-Burn-Down?
- Welcher Burn-Down-Chart ist für den Product Owner interessant?
- Was tun Sie, wenn der Task-Burn-Down exakt die Ideallinie treffen sollte?
- Wer aktualisiert die Burn-Down-Charts?
- Führt Ihr Scrum-Team ein Burn-Down-Chart? Wie aktuell ist es?

8 Professionalität – Test, Integration, Release

▪ Sprint Review, fünf Entwickler, ein Product Owner – Das Product Backlog Tool, das wir entwickeln, sieht wunderbar aus, die Funktionalitäten sind alle wie gewünscht geliefert worden. Das Team hat gute Arbeit geleistet. Ich, der Product Owner, freue mich und sage: „Toll! Dann können wir ja jetzt in die nächste Phase gehen und ab morgen unsere eigene Arbeit mit diesem Tool unterstützen." Der verantwortliche Entwickler entgegnet: „Na ja, nicht wirklich, wir können das Tool für uns selbst noch nicht einsetzen." „Wieso, ich meine klar, dass es noch nicht alle Prozesse unterstützt, aber die Basisdinge funktionieren doch", antworte ich. „Ja, aber die Datensynchronisierung, die funktioniert noch nicht. Wir können nicht verhindern, dass sich zwei Entwickler gegenseitig die Daten zerschießen." Ich schaue ihn entgeistert an. Das Team hatte mir doch gerade gezeigt, dass die Applikation vorhanden war, und behauptet, sie hätten das Sprint Goal erreicht. „Heißt das, ihr habt zwar das Front-End, könnt aber mit der Applikation gar nicht arbeiten?" Das Team blickt mich betreten an, und der Verantwortliche nickt mit dem Kopf. Bei genauerem Hinsehen stellt sich heraus, dass das Team noch mindestens drei Monate arbeiten müsste, um die Applikation auch nur annähernd fertig zu stellen. ▪

8.1 Professionalität und Risiko

Der Product Owner in diesem Beispiel ist nicht der erste Kunde, der diese Erfahrung macht. Es passiert jeden Tag bei irgendeinem Software-Entwicklungsprojekt. Funktionalitäten werden gezeigt, doch es stellt sich heraus: sie sind nicht nutzbar. Ich habe erlebt, wie mir Teams unmittelbar vor dem Review mitteilten, die Applikation laufe, aber nur auf diesem einen Laptop.

Das *muss* aufhören! Scrum ist entwickelt worden, um diesen Zustand zu beenden. Scrum verlangt vom Scrum-Team, *usable Software* zu liefern. Daher darf es im Review nur zeigen, was tatsächlich funktioniert. Damit will Scrum erreichen, dass wir in der Software-Entwicklung aufhören, unser Versagen hinter der Veränderung der Definition dessen, was

„fertig" bedeutet, zu verstecken. Ken Schwaber hat sehr klar aufgezeigt, wie wir dieses Versagen als normal verkaufen.[1]

■ Wir reduzieren die Qualität dessen, was wir liefern. Das Fehlen der Dokumentation ist der Klassiker.

■ Wir verändern die Definition von „fertig" durch:

  ▪ eine Stabilisationsphase: Wir lassen viele Kunden ausprobieren, was wir geliefert haben, in dem Wissen, dass es noch nicht vollständig fertig ist, und nennen das die Stabilisationsphase des Projektes;

  ▪ Verifizierung durch freundliche Nutzer, Alpha Release: Wir liefern aus, und zwar an eine uns freundlich gesinnte Kundengruppe und lassen diese die Fehler für uns finden;

  ▪ Beta-Releases, Pre-Release-Phase – der beste Trick: Wir sagen: „Nutze die Applikation auf dein eigenes Risiko." Bei näherer Betrachtung völlig absurd, oder würden Sie in einen Aufzug steigen, auf dem „Beta" steht?

Wir – auch ich – betrachten diese Praktiken als etwas vollkommen Normales. Software wird so entwickelt. Diese Haltung steht dem Wunsch, etwas auszuliefern, das fehlerfrei funktioniert, entgegen. Erst die Aufforderung Ken Schwabers, wir als Software-Produzenten sollten uns doch nichts vormachen, ermöglicht es uns, eine Veränderung herbeizuführen.

Das Problem ist die Tatsache, dass die meisten Software-Entwicklungsorganisationen, kleine wie große, nicht in der Lage sind, Software so zu entwickeln, dass zum Projekt-Endtermin tatsächlich fehlerfreie Software vorliegt. Es hört sich völlig unglaubwürdig an, aber viele Entwicklungsmannschaften beherrschen die drei wesentlichen Entwicklungspraktiken neben dem Schreiben von Code nicht:

■ Das Testen des eigenen Codes

■ Die kontinuierliche Integration des Codes

■ Das Releasemanagement

In den letzten zehn Jahren, als ich bei großen und kleinen Firmen in Deutschland, Österreich, Spanien und in anderen Ländern arbeitete, fiel mir immer wieder auf, dass Organisationen an diesen drei Stellen ständig Probleme mit ihrem Software-Entwicklungs-Lebenszyklus haben, angefangen von der ersten programmierten Zeile Code bis zum Ausliefern.

Mike Beedle veröffentlichte vor vier Jahren auf der Website www.balancedagility.com[2] eine Aussage, die von der Scrum Community zunächst heftig diskutiert und dann nicht weiter beachtet wurde. Er sagte, wir bräuchten neben Scrum in der Software-Entwicklung noch drei Entwicklungspraktiken, damit Scrum-Teams verlässlich Software schreiben könnten. Er nannte die Kombination aus Scrum und den drei oben genannten Entwicklungspraktiken *Balanced Agility*. Seiner (von mir geteilten) Meinung nach sind diese drei Entwicklungspraktiken „minimal, aber ausreichend", also gerade gut genug, um verlässlich

---

[1] http://www.infoq.com/presentations/agile-quality-canary-coalmine
[2] http://www.e-architects.com/balancedagility/

Software zu entwickeln. Werden weitere Entwicklungspraktiken benötigt, können sie hinzugefügt werden. *Balanced Agility* gibt eine klare Anweisung: Fang mit diesen drei Entwicklungspraktiken an und erweitere dann nötigenfalls dein Spektrum an Entwicklungspraktiken. Nach meiner Beobachtung führen Software-Entwicklungsteams diese drei Praktiken in der Regel problemlos ein, wenn man es von ihnen verlangt und sie im Gegenzug auch die Zeit für die notwendigen Maßnahmen erhalten. Umso erstaunlicher ist es, dass diese Konzepte in vielen Firmen nur auf dem Papier existieren.

Die Konsequenzen dieser Forderung:

1. Ein Team muss zunächst das Testing auf der Entwicklerebene beherrschen. Bas Voode, ein Certified ScrumTrainer, sagt dazu: "The first things I introduce to a new Scrum team are: Continuous Integration. And Testing. And Testing." Jeder einzelne Entwickler muss in der Lage sein, seinen eigenen Code fehlerfrei in der eigenen Entwicklungsumgebung laufen zu lassen. Diesen Code muss er dann absichern, bei modernen Entwicklungsverfahren geschieht dies durch automatisierte Unit-Tests. Der Schritt zur Automatisierung ist eine Beschleunigung und qualitative Verbesserung der Entwicklung, da nun Tests immer gleich ablaufen.

2. Wird dieser Aspekt des Entwicklungsprozesses von allen Entwicklern beherrscht, dann können wir die Integration des entwickelten Codes in die Team-Umgebung verbessern und systematisieren. Wir lassen nur Unit-getesteten Code in die Teamintegrationsumgebung. Einige Firmen haben zusätzlich eine Systemintegrationsumgebung. Sie ist von der Teamtestumgebung getrennt, in ihr werden die unterschiedlichen Systeme integriert. Hier wird der Code entweder von Hand oder bereits automatisiert getestet. Moderne Integrationsumgebungen nehmen den meisten Entwicklungsteams die Arbeit ab, diese Umgebungen selbst zu schaffen. Dennoch gibt es keine Standardlösung für jede Form der Software-Entwicklung, und manchmal müssen sich Teams ihre eigenen Integrationsumgebungen schreiben.

   Bis zu diesem Moment sind noch keine Funktionalitäten geliefert. Sie sind noch immer in den Testumgebungen, und sollte es zu Problemen kommen, werden sie behoben. Es gibt keine „Defects", denn wir haben noch keinen Code ausgeliefert. Wir sind immer noch in der Entwicklungsphase.

3. Von der Systemintegrationsumgebung geht es dann in die User-Acceptance-Testumgebung, die in einigen Firmen durch eine Pre-Live-Umgebung (im Web-Business oft eine Staging-Umgebung) ergänzt wird. An dieser Stelle geschieht der Übergang der Verantwortung für die Tests: Die User-Acceptance-Testumgebung liegt in der Verantwortung des Empfängers der Applikation, des internen oder externen Kunden. Hier kommt es zur entscheidenden Zusammenarbeit zwischen dem Entwicklungsteam und dem End-User oder Repräsentanten des End-Users, sollte dieser nicht bereits Teil des Teams sein. Die UATs müssen von diesen spezifiziert sein, und in der Regel müssen Letztere auch ihren Teil dazu beitragen, indem sie die UATs durchführen. Daher ist in meinen Augen die UAT-Umgebung bereits in der Verantwortung des Kunden oder Endabnehmers, obwohl in der agilen Welt der UAT noch zur Entwicklung gerechnet werden muss. Dieser Übergang von den Entwicklungs- und Testumgebungen in die Live- und

Live-nahen Umgebungen ist bereits Teil des Releasemanagement-Prozesses, den Entwicklungsteams gemeinsam mit den Applikationsteams aufsetzen müssen. In den meisten Organisationen dauern Roll-Outs oder Auslieferungen viel zu lange, und manchmal vergehen Tage, bis alles an Ort und Stelle ist. Erstaunlicherweise werden diese Zeiträume akzeptiert.

Software-Entwicklungsmannschaften müssen die Prozesse so erstellen, dass dieser grob skizzierte Ablaufprozess reibungslos funktioniert und im Idealfall auf der Ebene des Entwicklers Sekunden und auf allen anderen Ebenen Minuten dauern sollte. Wieder gilt: Dieser Ablaufprozess ist keine Frage der Hilfsmittel, die diesen Prozess unterstützen, sondern eine Disziplinfrage:

1. Der Entwickler darf nur Unit-getesteten Code erzeugen. Er ist dafür verantwortlich, dass er jeden Tag mit einem frischen Stand des Codes beginnt und am Abend so eincheckt, dass alles, was er in die Teamintegrationsumgebung einbringt, lauffähigen Code erzeugt.

2. Das Team muss einen Prozess etablieren, so dass die Systemintegrationsumgebung genutzt wird, um dort jede Nacht die Systeme zu bauen. Auf diese Weise erhält man am nächsten Morgen eine Liste der Fehler, die gemeinsam im Scrum of Scrums (siehe Abschnitt 6.10) besprochen werden können.

3. Wenn eine Funktionalität, eine Story erfolgreich durch den Systemintegrationstest gekommen ist, darf sie in die Testumgebung des Test-Teams. Hier versucht die Test-Mannschaft, den Code zu brechen.

4. Stories, die diese Tests und die nochmalig durchgeführten User-Acceptance-Tests bestanden haben, können in die Pre-Live-Umgebung gespielt und dort noch einmal getestet werden. Dort warten sie auf ihren Release in die Live-Umgebung.

Dieses hier beschriebene Modell der Verantwortungsbereiche (siehe Abbildung 8.1) muss für jedes Team und jede Applikation, für jede Art Software sehr genau überlegt und entwickelt werden. Meine Erfahrung ist, dass die meisten Teams sich ihrer Verantwortung nicht bewusst sind und dass der Prozess, wie diese Verantwortung umgesetzt wird, oft nicht deutlich ist.

> ▪ Dienstagmorgen, das gesamte Team ist anwesend, wir gehen live. Bei uns herrscht eine Atmosphäre wie beim Start der Saturn Five im Kontrollstand der NASA. Spannung. Wir beginnen mit dem Roll-Out. Files werden von den entsprechenden Servern per Hand kopiert. Das dauert ein halbe Stunde. Jedes einzelne File wird von der Liste gestrichen. „Diesmal muss es doch klappen." Die Server werden nacheinander runtergefahren, wieder gestartet, und auf den ersten Blick sieht alles gut aus. Fünf Minuten später ruft Ute an: „Der Login geht nicht mehr – unsere Server beginnen auf Volllast zuzugehen." Wir suchen fieberhaft den Fehler. Da! Die falsche Web-XML ist auf dem Server gelandet. Der richtige Name, das falsche Datum. Wir hacken auf der Live-Umgebung. Alles beruhigt sich.
>
> War ich zufrieden damit, dass wir den Fehler in 15 Minuten gefunden hatten? Nein! Der Aufwand war höllisch, die gesamte Entwicklungsmannschaft war involviert, der Stress viel zu groß. Doch wir kannten wenigstens den Roll-Out-Prozess, wussten genau, was zu tun war.

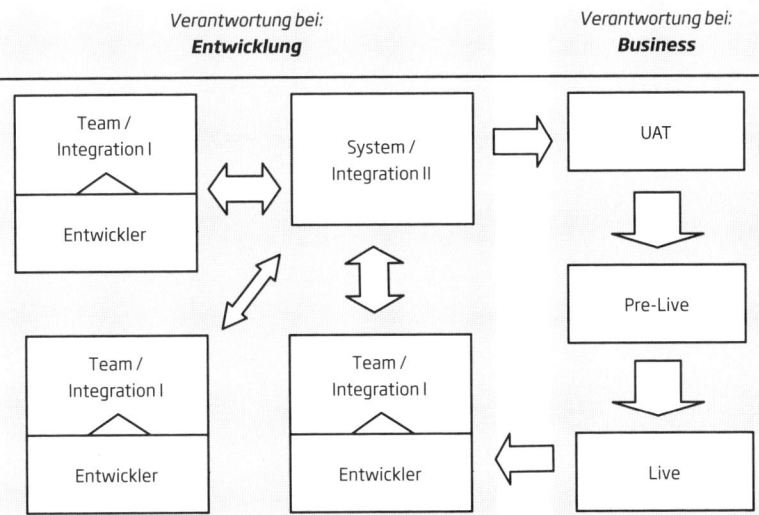

Abbildung 8.1: Verantwortungsbereiche

> Unser Problem: Wir hatten damals niemanden, der diesen Prozess automatisieren konnte. Ich beriet mich mit meinen Chef, und wir stellten einen Mitarbeiter ein, der über die richtigen Skills verfügte. Als er nach drei Wochen den Prozess automatisiert hatte, dauerte der Roll-Out noch drei Minuten und war fehlerfrei. Ein paar Monate später war ein Roll-Out alle zwei Wochen nur noch Routine und konnte von den Systemadminstratoren ohne unsere Hilfe durchgeführt werden. ■

Entwicklungsteams bringen damit den Kunden in eine sehr gefährliche Lage – sie riskieren, je nach Bedeutung der Applikation vielleicht sogar das Geschäft des Kunden. Der Kunde trägt immer das Risiko. Er ist es, der letztendlich mit all den Problemen, die das Team erzeugt hat, mit all den Verzögerungen umgehen muss. Er muss Marketing-Termine verschieben, kann nicht wie gewünscht die eigenen Prozesse laufen lassen oder muss Leute dafür abstellen, die Work-Arounds am Leben zu erhalten. Entwicklungsmannschaften glauben immer, sie hätten das Risiko. Tatsächlich geschieht ihnen aber in der Regel nichts. Das Risiko liegt beim Kunden. Wenn die Autowerkstatt vergisst, die Bremsflüssigkeit nachzufüllen, wer hat dann den Schaden, wenn die Bremsen am Abhang versagen?

Wie könnte ein Prozess aussehen, der die oben dargestellten Verantwortungsbereiche klarstellt und gleichzeitig verdeutlicht, wie die Abläufe sein müssen? Auf der Systemebene (siehe Abbildung 8.2 auf der nächsten Seite):

1. Systemanforderungen müssen erarbeitet werden. Die ersten Überlegungen dazu wird das Team vor dem ersten Sprint anstellen müssen. Während des Sprint Plannings wird allerdings ebenfalls noch einmal über die Anforderungen an das System in diesem Sprint gesprochen.

2. Spätestens im Sprint Planning 1 müssen die *Abnahmekriterien* an das System erarbeitet werden. Nur wenn diese klar herausgearbeitet worden sind, kann sich das Team auch zum Liefern verpflichten.

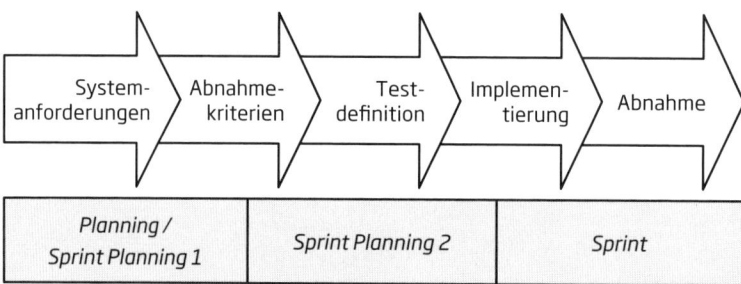

Abbildung 8.2: Systemtest – Ein Prozess-Vorschlag

3. Im Sprint Planning 2 wird dann die *Testdefinition* durchgeführt: Wie sollen die Tests aussehen, wer kann sie durchführen, welche Tests brauchen wir? Wie können wir diese Tests automatisieren?

4. Im Sprint selbst finden dann die *Implementierung* und die *Abnahme* statt. Die Abnahme findet nicht im Review statt, sondern schon vorher. Im Idealfall wird sie nach jeder Story neu durchgeführt. Es ist extrem wichtig, dass die Tests und die Abnahmen Teil des Sprints sind, will man die Tendenz vermeiden, dass schleichend der „Wasserfall" zurückkommt.

Auf der Storyebene sieht der Prozess ganz ähnlich aus, schauen wir ihn uns auch im Detail an (siehe Abbildung 8.3):

1. Story Definition – Zunächst müssen die Stories geschrieben werden. Wir wissen schon, dass sie vom Team geschrieben und verfeinert werden. Die Stories werden in Workshops erstellt. Die letzte Möglichkeit, eine Story zu verändern und zu verfeinern, besteht im Sprint Planning 1.

2. Zu jeder Story wird ein *User-Acceptance-Test* definiert (UAT-Definition), der zeigt, wie die Funktionalität tatsächlich aussehen soll, wenn sie geliefert wird.

3. Das *Design* des UAT und der Story.

4. Der *UAT wird implementiert* und automatisiert.

5. Die Story wird implementiert.

6. Es findet eine *Verifikation* des UAT statt.

7. Schließlich der *Regressionstest* über alle bereits implementierten Stories. Er muss schnellstmöglich automatisiert werden, da sonst die Entwicklung der Stories von Monat zu Monat langsamer wird.

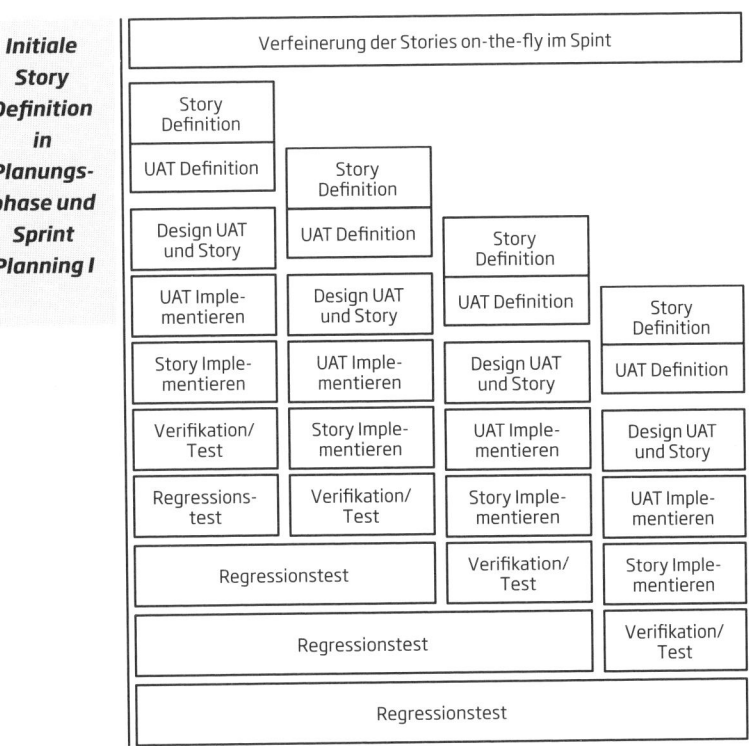

Initiale Story Definition in Planungs- phase und Sprint Planning I	Verfeinerung der Stories on-the-fly im Spint			
	Story Definition			
	UAT Definition	Story Definition		
	Design UAT und Story	UAT Definition	Story Definition	
	UAT Imple- mentieren	Design UAT und Story	UAT Definition	Story Definition
	Story Imple- mentieren	UAT Imple- mentieren	Design UAT und Story	UAT Definition
	Verifikation/ Test	Story Imple- mentieren	UAT Imple- mentieren	Design UAT und Story
	Regressions- test	Verifikation/ Test	Story Imple- mentieren	UAT Imple- mentieren
	Regressionstest		Verifikation/ Test	Story Imple- mentieren
	Regressionstest			Verifikation/ Test
	Regressionstest			

Abbildung 8.3: Die User-Acceptance-Tests – ein Prozess-Vorschlag

8.2 Auswirkung der schlechten Qualität

Angenommen, der Kunde weiß, dass wir den oben beschriebenen Ablauf nicht einhalten, oder er verlangt das sogar, weil er sehr aufwändig und damit derzeit in den meisten Organisationen langsam und in der Regel auch teuer ist. Der Kunde lässt sich also bewusst darauf ein, die Tests zu vernachlässigen. Ist dann die Welt für die Entwickler in Ordnung? Ist es dann ok, qualitativ schlechte Software zu liefern? Das Argument der Software-Entwickler, die ich in den letzten zehn Jahren getroffen habe, und von den Teilnehmern in den Trainings ist immer: „Der Kunde will ja, dass wir den Quick-Fix machen." Ich kenne diese Haltung der Kunden auch. Aber sind nicht wir die Experten, wissen wir es nicht besser?

Der Patient möchte vom Arzt die schnellste Lösung, die auch die günstigste sein soll. Er fragt, ob es kein billigeres Medikament gibt. Darf ein Arzt das günstigere Medikament geben, wenn es Nebenwirkungen hat, die er nicht einschätzen kann oder die auf lange Sicht die Therapie gefährden?

Ken Schwaber stellt in seiner Präsentation „Canary in a Coal-Mine"[3] klar, dass wir in der Software-Entwicklung diesbezüglich unprofessionell arbeiten. Er will die Professionalität

---

[3] http://www.infoq.com/presentations/agile-quality-canary-coalmine

der Entwickler anheben, die begreifen sollen, dass sie selbst es sind, die durch das Schreiben von Spaghetti-Code dafür sorgen, dass die Entwicklung einer Applikation über die Jahre immer langsamer wird.

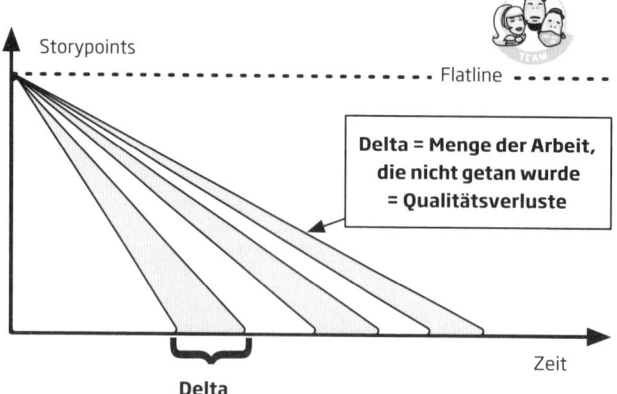

Abbildung 8.4:
Nicht durchgeführte Arbeit

Werfen wir einen Blick auf Abbildung 8.4: Die Geschwindigkeit und Kapazität eines Teams kann durch den *Anstieg* der fallenden Geraden im Burn-Down-Chart dargestellt werden (zur Erinnerung siehe Abschnitt 7.1). Wenn der Product Owner oder der Kunde vom Team verlangt, schneller zu sein, als sie es nach seiner Schätzung wären, dann wird die Steigung größer, und es entsteht eine Differenz (in der Graphik der graue Raum zwischen den ersten beiden fallenden Geraden). Dieses Delta beschreibt die nicht erledigte Arbeit. Die Entwickler werden dem Product Owner im nächsten Sprint Planning mitteilen, dass sie in diesem Sprint nicht so viel Funktionalität liefern können, da sie noch Nacharbeiten durchzuführen hätten. Wieder wird der Product Owner das nicht vollständig akzeptieren und daher entsteht wieder ein Delta zwischen der Qualität der Arbeit, wie sie sein müsste, und der Realität. Führt ein Applikations-Entwicklungsteam mit oder ohne iterative Entwicklung dieses Spiel mit dem Product Owner lange genug durch, wird die Applikation unwartbar, und die Aufwände für die Weiterentwicklung steigen ins Astronomische.

■ *Eine kleine Software-Entwicklungsfirma, der CEO und der Chef der Software-Entwicklung befinden sich im Raum –*

CEO: Soeben habe ich einen Anruf von unserem Kunden bekommen. Ihr habt ihm gesagt, Ihr braucht zwei Wochen, um ein einziges Feld auf der Suchmaske zu verändern?

LEITER SE: Ja! Die Applikation ist so schlecht entwickelt worden, dass meine Jungs jetzt zwei Wochen benötigen. Wir müssen etliche Files anfassen, und das Testen alleine dauert mindestens eine Woche.

CEO: Das ist ja Wahnsinn – was sollen wir tun?

LEITER SE: Meine Empfehlung: Werd' den Kunden los. Wir verzichten auf ihn.

CEO: Was? Das ist doch nicht dein Ernst!

LEITER SE: Wir machen mit dem Kunden fast keinen Umsatz mehr. Er will für das Schreiben eines einzigen Feldes auch nicht zwei Wochen Arbeit bezahlen. Ich habe schon gefragt, ob wir ihm die Applikation neu schreiben sollen. Die Antwort lautete: „Nein!" Also ist es für uns finanziell die beste Option, nicht mehr mit ihm weiterzuarbeiten. Er bindet meine Teamressourcen.

War das richtig? Ja – weil ich den Kunden damals über die Lage informierte. Ich teilte ihm mit, dass wir es uns nicht mehr leisten könnten, ihn zu betreuen. Er befolgte, was ich ihm geraten hatte. Die Applikation wurde neu geschrieben – aber nicht von uns. ∎

Sie können dieses Phänomen in großen Firmen beobachten, in denen es die so genannten Legacy-Systeme gibt. Jahr für Jahr werden mehr Mitarbeiter eingestellt, um diese Systeme zu warten und weiterzuentwickeln, und von Jahr zu Jahr wird es schwieriger, diese Applikationen zu betreuen. Die Applikationsteams der Systeme haben eine negative Velocity erreicht.

8.3   Entwicklungspraktiken der Balanced Agility

Schauen wir uns jetzt die drei Entwicklungspraktiken kurz an. Welche Aspekte muss man beherrschen, um agil zu entwickeln?

8.3.1   Kontinuierliche Integration – Das Produkt entsteht

"Frequent Integration (configuration management, check-in, check-outs, intra day integration, etc.)" [4]

Eines der Kernprobleme in der Software-Industrie scheint mir zu sein, dass Software-Entwickler ständig Verbesserungen an der Code-Basis ihrer Systeme durchführen. Sie erzeugen dadurch permanent neue Versionsstände der Code-Basis, die später wieder in ein Produkt hineinintegriert werden müssen. Die Integration der verschiedenen Versionsstände findet in den meisten Teams und Organisationen nicht häufig genug statt. Dadurch wird sie nach einigen Entwicklungstagen meist aufwändiger als die Entwicklung selbst.

Die Lösung dieses Problems liegt nicht darin, ständig neue Ideen dafür zu suchen, wie man die Integration noch besser durch Hilfsmittel unterstützt. Vielmehr sollte man die Integration ständig durchführen. Sie wird also im Minutentakt von den Entwicklern auf dem eigenen System und im Stundentakt auf den Systemen durchgeführt. Das ist ohne Hilfsmittel zwar nicht sinnvoll möglich, doch sind diese Hilfsmittel nicht entscheidend. Gelingen wird sie nur, wenn die Entwickler über die nötige Disziplin verfügen, um diesen Prozess regelmäßig durchzuführen.

Ein weiterer Aspekt dieses Kernproblems ist, dass sich die Versionsstände auf den Entwicklungs-Servern von den Versionen auf den Produktions-Servern unterscheiden, und zwar deshalb, weil die Fehler im Code der Produktions-Server durch Hot-Patches verändert werden. Wenn dann die Entwickler ihren neuen Code und die neuen Funktionalitäten ausrollen wollen, muss zuerst wieder die Code-Basis beider Umgebungen vereint werden. All das geschieht, weil der Weg, den ich oben in Abbildung 8.1 vorstellte, nicht eingehalten wird.

---

[4] http://www.e-architects.com/balancedagility/

Die technische Lösung dieses Aspektes ist einfach, wenn man das Prinzip aus dem Toyota Production System nützt: die Produktionsstraße anhalten, den Fehler beheben und dann erst weiterarbeiten. Übertragen auf die Softwareentwicklung, bedeutet dies: Wenn ein Fehler in der Produktion oder vom Kunden gefunden wird, beheben ihn die Entwickler in ihren Entwicklungsumgebungen. Die Applikation wird neu ausgerollt, und wenn sie wieder läuft, arbeiten die Entwickler an den neuen Funktionalitäten weiter.

Dieses Vorgehen ist heute für die meisten undenkbar, denn sie erleben ständig Fehler und Krisen beim Ausrollen neuer Produkte, die dann dennoch lauffähig sein müssen. Aber die Ursache dafür, dass man so nicht vorgehen will, liegt schon in der Entwicklung selbst, beim Testen.

8.3.2 Qualität – Testen, Testen, Testen

„Testing (unit, regression, integration, system, acceptance)"[5]

Fragen Sie einen Software-Entwickler oder Manager, wie viel Aufwand in das Entwickeln fließt und wie viel ins Testen, dann erhalten Sie die Antwort „50/50" (siehe Abbildung 8.5).

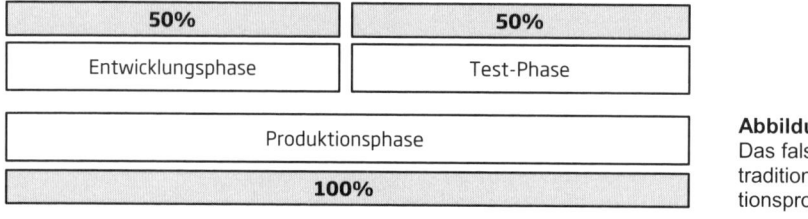

Abbildung 8.5:
Das falsche Bild vom traditionellen Produktionsprozess

Fragt man, wie viel Aufwand denn in der Test-Phase für das Beheben der Fehler, also für das Fertig-Entwickeln der Funktionalität aufgewandt wird, dann erhält man die Antwort „etwa 50 Prozent". Dadurch verändert sich natürlich das Bild: Der Aufwand für das Schreiben des Codes liegt bei mehr als 50 Prozent, und die Entwicklungsphase dauert bis zur Auslieferung der Applikation. Die Testphase fängt allerdings erst in der Mitte der Entwicklungsphase an. Dass man Entwickler und Tester voneinander getrennt hatte, verstärkte

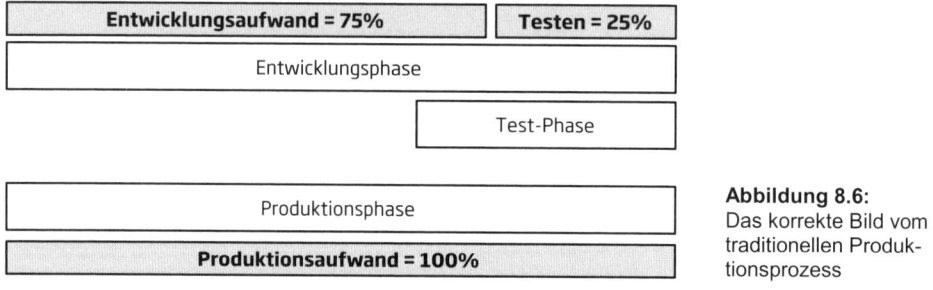

Abbildung 8.6:
Das korrekte Bild vom traditionellen Produktionsprozess

---

[5] http://www.e-architects.com/balancedagility/

die Vorstellung, das Bild aus Abbildung 8.5 wäre korrekt. Tatsache ist jedoch, dass es mit der Realität nichts zu tun hat.

Scrum-Teams kämpfen immer darum, die Tester wieder ins Team zu integrieren, denn in der Produktionsphase (= im Sprint) muss sowohl entwickelt als auch getestet werden. Sie müssen darum kämpfen, weil die Software-Entwicklungs-Organisationen auf einem falschen Bild basieren und die Tatsache noch nicht akzeptieren, dass die Entwicklung so langedauert, bis die fehlerfreie Software beim Kunden ankommt. In Scrum gilt: *Es gibt keine Testphase. Es gibt nur eine Entwicklungsphase, die Testaktivitäten einschließt.*

Teams müssen also gemeinsam und unterstützt vom Management das Testen als integralen Bestandteil der Entwicklung begreifen. Test Driven Development (TDD) [Beck 2002] gibt dem Entwickler die Sicherheit, dass er Code produziert, der funktioniert und den Code anderer nicht bricht. Scrum verlangt die Auslieferung von fertiger Business-Funktionalität. TDD ist nur ein erster Schritt dahin, ein wichtiger Schritt zwar, der aber bei weitem nicht ausreicht. Teams müssen, so wie es Beedle definiert, Unit-, Regressions-, Integrations-, Systemintegrations- und Akzeptanztests durchführen. Teams haben dabei verschiedene Test-Reifegrade. Nur mit viel Aufwand innerhalb der Organisation ist es möglich, all diese Tests innerhalb eines einzigen Sprints durchzuführen. Das ist übrigens auch ein Grund, wieso die Länge eines Sprints vom Vermögen der Teams abhängt. Je besser die Entwicklungspraktiken des Teams, je automatisierter dort die Test-Prozesse gestaltet sind, desto schneller und effektiver können sie durchgeführt werden und desto kürzer kann ein Sprint sein – im Idealfall dauert er einen Tag.

Das Testteam

Ist das Testteam somit gestorben, und brauchen wir keine Tester mehr? Nein – aber wir brauchen in der agilen Software-Entwicklung Tester, die innerhalb der Teams dafür sorgen, dass die Software keine Fehler enthält. Das ist in den meisten Entwicklungsorganisationen der erste Schritt, um den wasserfallähnlichen Entwicklungsprozess aufzulösen.

Daneben muss es aber auch ein Testteam geben, das die Aufgabe hat, das gelieferte Produkt auf Herz und Nieren zu prüfen: Entspricht es den Qualitätsstandards der Organisation? Ist das Produkt zum Beispiel robust genug, um Fehlanwendungen zu kompensieren? Die Aufgabe dieses Teams ist es, alles zu tun, um das Produkt an seine Grenzen zu bringen und auf diese Weise nicht die Funktionalitäten des Systems zu testen, sondern das Produkt selbst.

> *Ist die Aufgabe des Testers im Scrum-Team, die Fehler zu finden, so ist es die Aufgabe des Testteams, zu prüfen, ob die Anforderungen der Organisation an die Qualität des Produktes erfüllt sind.*

Diese Art von Tests sind auf keinen Fall mit End-to-End-Tests oder User-Acceptance-Tests zu verwechseln. Das Testteam arbeitet nicht im eigentlichen Sinne Test Cases ab, sondern es versucht, dem Produkt alles abzuverlangen.

8.3.3 Release-Durchführung – Das Produkt zur Verfügung stellen

„Release management (labeled releases, release notes, migrations, platforms, sandboxes, deployment, etc.) "[6]

Die Durchführung der Releases[7], also der Prozess des Ausrollens einer Applikation, der Inbetriebnahme, einer neuen Funktionalität eines Webportals oder einer neuen Funktionalität einer Client-Server-Applikation, ist oft viel zu kompliziert. Oft vergehen Tage, es sind Dutzende von Menschen involviert, und extrem viel Abstimmung zwischen allen Beteiligten ist notwendig.

Meiner Erfahrung nach läuft der Prozess des Ausrollens einer neuen Funktionalität in den meisten Fällen a) nicht einfach und b) nicht ohne kleinere Katastrophen ab. In den meisten Organisationen werden Roll-Out-Termine zu größeren Ereignissen. Das muss nicht sein und sollte auch nicht so sein. Das Ausrollen einer neuen Funktionalität muss so einfach durchführbar sein, dass es niemandem auffällt. Es muss zu einem Standardprozess werden, der völlig geräuschlos abläuft.

Das ideale Szenario für einen Ausrollprozess ist, dass am Tag des Reviews alle Funktionalitäten gezeigt werden, die fertig sind. Dann kann der Product Owner gemeinsam mit allen anderen Verantwortlichen entscheiden, welche Funktionalität ausgerollt wird, die man am nächsten Morgen oder zu einem anderen Zeitpunkt einspielt.

> ■ Bei einem unserer Scrum-Teams entschied die Organisation, mit einer nicht-getesteten Funktionalität online zu gehen. Letztere sollte erst danach getestet und für den Fall, dass sie funktionieren würde, „scharf" gemacht werden. Dies führte allerdings dazu, dass das Team im nächsten Sprint mit den Fehlern dieser Funktionalität konfrontiert wurde. ■

Die einzig richtige Vorgehensweise wäre gewesen, diese Funktionalität nicht auszurollen, sie als nicht geliefert zu bezeichnen und sie erst mit dem nächsten Monats-Release zu liefern. Nur so wäre klar geworden, dass die Prozesse nicht funktionieren, dass das Team noch einiges mehr an Erfahrung und Courage benötigt, um sagen zu können, was es liefern kann und was nicht. Im genannten Beispiel erzeugt man einen Work-Around nach dem anderen, weil man die tatsächlichen Ursachen nicht sehen und nicht beseitigen will.

Sie wollen nun sicher wissen, wie man dabei vorgeht. Ich habe keine Ahnung. Ich weiß aber, dass es möglich ist. Jede Organisation hat ihre Spezialisten, die wissen, was man tun muss, um diese Art von Prozessen automatisch ablaufen zu lassen. In der Regel werden aber nicht genügend Anstrengungen unternommen, um an den nötigen Stellen so zu arbeiten, dass Fehler fast ausgeschlossen werden.

Häufig werden Prozesse nicht automatisiert, weil es zu viel Zeit in Anspruch nehmen würde. In den Projekten, die ich als ScrumMaster und Chef der Entwicklung leitete, nahmen

---

[6] http://www.e-architects.com/balancedagility/
[7] Die Durchführung von Releases ist nur ein Teil des Releasemanagements. Feature-Zuteilung, Terminfestlegung etc. sind wichtige Aufgaben des Releasemanagements und werden u.a. vom Product Owner vorgenommen.

wir uns diese Zeit. Es hat gedauert, meistens ein bis zwei Monate, aber dann konnten wir zu jedem beliebigen Zeitpunkt ausrollen. Wie das ging? Ich bat meine Entwickler, die entsprechenden Prozesse zu entwickeln und zu automatisieren. Sie wussten immer, was man tun muss, um es zu erreichen:

- Die Programmteile, die zum Release gehören sollen, sind gekennzeichnet.
- Die Release-Notes werden automatisch aus dem Code generiert.
- Die Migrationen zwischen den einzelnen Workstations und Plattformen sind automatisiert und basieren auf den gekennzeichneten Programmbestandteilen.
- Es gibt einen automatisierten Deployment-Prozess, der die getesteten Bestandteile produktiv setzt.[8]
- Die Organisation investiert in die entsprechenden Umgebungen. Systemintegrations-Umgebungen und Beta-Umgebungen sind nicht billig, gehören aber dazu.

---

[8] Auf seinem Blog: http://timothyfitz.wordpress.com/2009/02/08/continuous-deployment/ hat Timothy Fitz gezeigt, dass es sogar möglich ist, ständig, d.h. in seinem Fall alle 10 Minuten, kontinuierlich zu deployen.

9 Einführung von Scrum in großen Projekten und Organisationen

Kann man Scrum auch in Organisationen anwenden? Lassen sich die Prinzipien von Scrum, die für das Führen von Scrum-Teams entwickelt wurden, auch für das Managen großer Projekte mit mehr als sieben Personen einsetzen? Lässt sich Scrum nutzen, um ganze Abteilungen oder gar Firmen zu steuern? Ja, das geht. Jeff Sutherland beschreibt in *Agile Software Development with Scrum* [Schwaber et al. 2001], dass er und sein Team Scrum in der gesamten Organisation angewandt hatten und dass ihr größtes Problem war, die Scrum-Implementierungen qualitativ gut durchzuführen. Auf der Agile 2006, beim Leadership Summit, berichteten Steven Ambros, Director DTE Energy, Israel Gat, Vice President for Development der BMC aus Austin, Peter George, Senior VP Engineering und CTO Kronos, und Bud Phillips, VP of Decisioning Services, CapOne, wie sie begonnen hatten, ihre gesamten Organisationen auf Agile und Scrum umzustellen,[1] und wie sie dabei vorgingen.[2]

> ■ Das vielleicht eindrucksvollste andere Beispiel für den Erfolg von Scrum in einer ganzen Organisation ist die Geschichte der Firma eCards aus Florida. Dort hatte man Scrum mit einem Team begonnen. Bereits zwei Monate später aber waren alle Teams, insgesamt 27, auf Scrum umgestellt und ihr gesamtes Businessmodell geändert worden. Die Teams waren so erfolgreich, dass die Banken, für die sie arbeiteten, akzeptierten, dass eCards ihnen Entwicklungsteams schickte, um die Anwendungen innerhalb der Bank selbst zu schreiben. Die Abrechnung dieser Leistungen wurde von Werksverträgen auf Dienstverträge geändert. ■

Ich selbst habe nach meinen ersten Erfahrungen mit einem Scrum-Team in einem weiteren Schritt eine kleine Entwicklungsabteilung einer kleinen Entwicklungsfirma als Head of Development auf Scrum umgestellt. Als mich dann die ComBOTS in Karlsruhe bat, die gesamte Entwicklung auf Scrum zu heben, konnte ich nicht ablehnen und begann, Scrum dort einzuführen. Die Jahre bei ComBOTS und bei weiteren Kunden zeigten mir sehr klar,

---

[1] Diese Panel-Diskussion wurde von Bob Payne für seine Podcast-Serie *Agile Toolkit* aufgenommen und kann dort angehört werden: http://agiletoolkit.libsyn.com/index.php?post_year=2006&post_month=08

[2] Auf www.slidehare.net finden Sie eine wunderbare Präsentation zur Einführung von Scrum bei Salesforce.com. Hier wird das erste Mal über die immensen Vorteile berichtet.

wie man Scrum in einem ganzen Unternehmen verwirklicht. Ich erzähle Ihnen dies, um zu zeigen, dass die folgenden Überlegungen in der Praxis erprobt wurden. Diese Praktiken haben sich evolutionär entwickelt und funktionieren so oder ähnlich auch in anderen Organisationen.

Sie werden feststellen, dass es bei der Einführung von Scrum für die gesamte Organisation in Wahrheit nicht um das Einführen von Scrum geht, sondern darum, selbstbestimmtes, kreatives Arbeiten und das reibungslose Kommunizieren von Teams untereinander zu ermöglichen.

9.1 Die Prinzipien skaliert

Mit der Einführung von Scrum will ein ScrumMaster vier Prinzipien immer und immer wieder zur Anwendung bringen (siehe Kapitel 3):

- Selbstorganisation
- Pull-Prinzip – Kontrolliere den Input
- Timebox – Grenzen
- Nutzbare Business-Funktionalität – Potential Shippable Code

Wenn wir über das Skalieren von Scrum nachdenken und große Projekte sowie ganze Abteilungen auf diese Art führen und managen wollen, dann müssen wir diese Prinzipien nicht nur in unsere Arbeit einfließen lassen, sondern auch lernen, sie zu unseren Leitlinien für das Steuern von Projekten und Organisationen werden zu lassen. Das ist keineswegs einfach und kostet viel Zeit!

Schauen wir uns nun an, wie man Scrum in den verschiedenen Anwendungsfeldern skaliert. Im Folgenden stelle ich die folgenden Fälle vor:

- **Das große Projekt:**
  Das große Projektteam dient uns als Ausgangspunkt der Überlegungen dazu, ein Scrum-Umfeld zu skalieren. Wir werden alle Prinzipien zur Anwendung bringen, die notwendig werden, um ein großes Projekt mit mehr als 30 Personen zu steuern.

- **Das Steuern verteilter Teams:**
  Scrum kann selbstverständlich auch dazu verwendet werden, um verteilte Teams weltweit zu steuern und zu koordinieren. Wenn wir verstanden haben, wie man große Teams steuert, lässt sich leicht verstehen, wie man verteilte Teams managt.

- **Die Abteilung mit Scrum managen:**
  Die Prinzipien des Skalierens von Scrum lassen sich wunderbar auf das Steuern von Abteilungen in Organisationen anwenden.

- **Das Unternehmen mit Scrum managen:**
  Wie führt man Scrum in der gesamten Firma ein? Wie müsste eine moderne Organisation aussehen, die die Prinzipien Scrums tatsächlich anwendet? Firmen wie Toyota, Semco und Patient Keeper haben uns das gezeigt.

Bevor Sie weiterlesen, möchte ich Sie bitten, immer zu bedenken, dass ich Ihnen nur die Prinzipien, aber *keine* Schablonen zeige. Sie müssen für Ihr Projekt, für Ihre Organisation genauestens hinschauen und die geeigneten Maßnahmen finden, damit Ihre Projekte „wachsen" können.

9.2 Scrum und das große Projekt – ein Skalierungsmodell

„Don't do it!" – Diesen Rat möchte ich Ihnen als Erstes mit auf unsere Reise geben. Große Projekte, viele Mitarbeiter im Team, große Teams, verteilt auf viele Räume, all das verlängert Ihr Projekt, gestaltet die Arbeit schwieriger und verringert die Produktivität des einzelnen Mitarbeiters und somit des Gesamtteams. Daher mein zweiter Rat:

„Don't do it!" – Auf dem Gebiet der Softwareentwicklung hat sich immer wieder gezeigt, dass gerade große Teams nicht erfolgreich sind. Es gibt zahlreiche Beispiele von Projekten mit vielen Mitarbeitern, manchmal bis zu einigen Hundert, die nach einem Jahr oder auch später ergebnislos eingestellt wurden. Es kommt auch vor, dass Applikationen, an denen große Teams gescheitert sind, später von kleinen Teams in kürzester Zeit problemlos entwickelt werden.

Im Januar 2006 erzählte mir eine kleine Gruppe, die gemeinsam zum Training in Seattle gekommen war, dass sie verantwortlich dafür sei, eine Verwaltungssoftware für die Gefängnisse in ihrem Staat zu schreiben. Dieses Projekt sei nun bereits zehn Jahre alt. Man habe es schon zweimal begonnen, das erste Mal mit 60 Personen und das zweite Mal mit circa 100 Personen. Beide Male scheiterte man. Die Gruppe sei gekommen, um herauszufinden, ob ihnen Scrum helfen könne. Ich traf sie im April 2007 wieder. Freudestrahlend erzählten sie mir, sie hätten die Applikation unterdessen mit einem Scrum-Team in neun Monaten erstellt.

Angenommen, wir müssen tatsächlich skalieren, angenommen, wir wissen, dass wir mit einem Team, das aus acht Personen besteht, tatsächlich nicht die nötigen Ergebnisse in der Zeitspanne bekommen, die uns zur Verfügung steht. Was tun wir dann? Dann werden wir nicht umhin können und doch versuchen müssen, die Kapazität unseres Teams durch mehr Mitarbeiter zu erhöhen. Allerdings sollten Sie das erst in Erwägung ziehen, wenn das Scrum-Team bereits die höchstmögliche Kapazität erreicht hat. Und wer entscheidet dann, dass das Scrum-Team weitere Mitarbeiter bekommt? Das Management? Der Product Owner? Der ScrumMaster?

Die einzig richtige Antwort, die das Prinzip der Selbstorganisation zulässt: *das Scrum-Team*. Nur das Scrum-Team kann wissen, ob es mehr Mitarbeiter benötigt, um die geforderten Ziele zu erreichen. Nur die Mannschaft selbst hat Kenntnis darüber, welche Art von Mitarbeitern benötigt werden.

Schauen wir uns im Detail an, wie ein Team skalieren sollte.

9.2.1 Der Projektstart

Am Anfang des Projektes benötigen wir einen Product Owner, einen ScrumMaster und das initiale Scrum-Team. Der Product Owner erstellt die initiale Vision und das initiale Backlog und muss sich dann sein Scrum-Team aufbauen. Weil er weiß, dass es sich um ein großes Projekt handelt, sucht er sich für sein erstes Team *erfahrene Leute*. Er stellt es aus Fachleuten aller Fachbereiche zusammen, die seiner Meinung nach für das Produkt wichtig sind. Im Idealfall hat er nun sein Dream-Team gefunden, das aus Entwicklern, Testern, Interaction Designern, Datenbankenexperten, einem Architekten und einem Graphik-Designer besteht. Hier ist wichtig, dass es um die Skills geht, nicht um Positionen. Wenn der Graphik-Designer auch testen kann, umso besser. Entscheidend ist, der Product Owner engagiert für sein großes Projekt erfahrene Mitarbeiter, die sich auskennen und ohne Anweisungen arbeiten können. Kurz: erfahrene Senior-Entwickler. Ich würde nur Teammitglieder auswählen, die mindestens fünf Jahre Entwicklungserfahrung haben und schon mindestens drei Applikationen geschrieben haben.

Der ScrumMaster wird ihm bei der Suche nach den geeigneten Personen behilflich sein. Aufgabe des Managements in dieser Phase ist es, die geeigneten Personen zu identifizieren und für dieses Projekt freizugeben.

Die Mitglieder des initialen Scrum-Teams arbeiten in den ersten Tagen eng mit dem Product Owner zusammen. Der Product Owner erläutert seine Vision, und im Laufe der Zeit entsteht ein gemeinsames Verständnis davon, was wann geliefert werden soll. Das Team schätzt die Stories und hilft dem Product Owner dabei, das Product Backlog aufzustellen.

Anders als bei kleinen Teams reicht es bei großen nicht aus, am Ende des ersten Sprints potenziell funktionstüchtigen Code zu liefern. Hier geht es im ersten Sprint neben dem ersten Produktteil auch um die Infrastruktur, die das Scrum-Team benötigt, um später skalieren zu können. Daher ist es Aufgabe des initialen Scrum-Teams, zu Beginn des Projekts Lösungen für die folgenden Aspekte des Projektes zu finden:

- **Kommunikation:**
  Das Scrum-Team muss die Kommunikationsmittel bereitstellen, um skalieren zu können. Das Team wird sich möglicherweise für Wikis entscheiden oder ein Videokonferenz-System anschaffen.

- **Technische Infrastruktur:**
  Das Team kümmert sich um die geeignete technische Entwicklungsinfrastruktur. Es setzt die Systeme für die tägliche Integration auf und erstellt die Entwicklungsumgebung, die beim Arbeiten in verteilten Teams benötigt wird.

- **Architektonische Richtlinien und Überlegungen:**
  Das Team erstellt eine Architektur, die skalieren kann.

- **Release-Plan:**
  Das Team muss mit dem Product Owner gemeinsam einen Release-Plan erstellen, der zeigt, welche Teams welche Produktfunktionalitäten erstellen sollen. Dieser Plan wird vom Product Owner gemeinsam mit dem Team von Sprint zu Sprint angepasst.

■ **Dokumentation und Richtlinie:**

Das Team legt fest, welche Coding-Standards zur Anwendung kommen, wie und wo Dokumente abgelegt werden. Es definiert einen Weg, die Dokumentation kurz zu halten und doch so zu gestalten, dass die Dinge ausreichend dokumentiert sind.

■ **Neue Teammitglieder:**

Da es in der Hand des Scrum-Teams liegt, wann es seine Produktivität durch weitere Teammitglieder erhöhen will, kann auch nur das Scrum-Team entscheiden, wer in das initiale Team aufgenommen wird oder in den neuen Teams mitarbeiten soll. Daher müssen sich die Teammitglieder Zeit nehmen, um die Mitarbeiter für das nächste Team auszuwählen. Sie schreiben Stellenbeschreibungen für die neuen Teams und prüfen, ob die neuen Mitarbeiter in das Team passen. Selbstverständlich erhalten sie bei diesem Vorgang Hilfe vom Management. Das Scrum-Team kann in der Regel keine Mitarbeiter einstellen und benötigt das Management, um die administrativen Vorgänge durchzuführen.

Hat das Team alle Vorarbeiten erledigt, wird es zu einem Zeitpunkt, der ihm sinnvoll erscheint, weitere Teammitglieder aufnehmen. Bis zu diesem Zeitpunkt hat das Team in jedem Sprint bereits fertige Funktionalitäten geliefert. Es gibt prinzipiell zwei Möglichkeiten, wie sich das Team weiterentwickelt:

■ Organisches Wachstum oder

■ sprunghaftes Skalieren.

Das organische Wachstum ist prinzipiell das Mittel der Wahl. Teams sollten kontrolliert wachsen und sich zu geeigneten Zeitpunkten spalten können. Das sprunghafte Skalieren wird dann zum Einsatz kommen, wenn das Team sehr schnell wachsen muss. Schauen wir uns das im Einzelnen an.

9.2.2 Organisches Wachstum

Das organische Wachstum eines Teams ist vergleichbar mit dem Wachstum und der Ausbreitung einer biologischen Zelle. Die Zelle wächst und wächst, und irgendwann teilt sie sich in zwei genetisch identische Zellen. Zuvor hat sie alle Informationen, ihre Gene, verdoppelt, so dass es zu keinem Informationsverlust kommen kann (Abbildung 9.1). Das Ska-

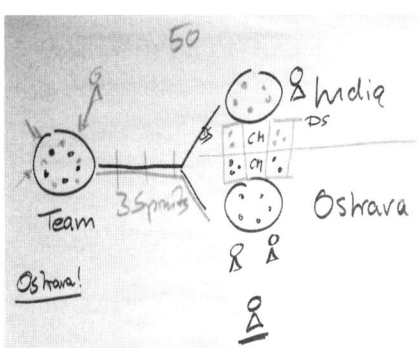

Abbildung 9.1:
Organisches Wachstum eines Teams

233

lieren eines Scrum-Teams nach dem Vorbild einer biologischen Zelle ist allen anderen Skalierungsmethoden vorzuziehen.

Dieser Skalierungsweg ist langwierig. Das Team muss sich Zeit nehmen, die neuen Mitarbeiter einzuarbeiten, sein Wissen über die Applikation an die neuen Teammitglieder weiterzugeben und seine Arbeitsweise gemeinsam einzuüben. Wenn die Teammitglieder die Notwendigkeit sehen, auseinanderzugehen, um zu wachsen, wird sich das Team aufteilen.

Das organische Wachstum ist zwar effektiv, hat aber auch seine Nachteile: Das Team befindet sich im Zustand des kontinuierlichen Wandels. Ständig kommen neue Teammitglieder hinzu und müssen eingearbeitet werden. Die neuen Teammitglieder stören die Strukturbildung des Teams, es bleibt also wesentlich länger in der Storming-Phase (Abschnitt 4.3.5) als ein Team, das sich nicht verändert.

Der zweite schwierige Aspekt betrifft die Tatsache, dass es Teams schwerfällt, die Spaltung durchzuführen. Sie wollen in der Regel nicht auseinandergehen. Wird die Trennung nur ungenügend vorbereitet, ist also beispielsweise unklar, wie die Kommunikation mit dem Product Owner aussehen soll, kann es nach der Trennung schnell zu schwerwiegenden Missverständnissen kommen.

Der größte Nachteil aber ist, dass es in diesem Modell keine vorgegebene Lösung dafür gibt, wie die übergreifende Koordination der strategischen Planung durchgeführt werden soll. Die Abstimmung während des Sprints kann ganz einfach durch die Einführung des *Scrum of Scrums* (SoS) erfolgen. Doch wer kümmert sich zusammen mit dem Product Owner um die Ausrichtung auf die Zukunft und erstellt die Product Roadmap oder die nächsten Milestones? Das ist nur dann kein Problem, wenn man sich vorab darüber verständigt hat, anderenfalls kann es schnell zu einem Problem werden, das die ScrumMaster beider Teams lösen müssen.

Diese Probleme bekommt man beim organischen Wachstums vergleichsweise einfach in den Griff, weil die Teams Zeit haben, sich vor der Teilung um die Probleme zu kümmern.

9.2.3 Sprunghaftes Skalieren

Eine andere Situation ergibt sich, wenn man ein Projekt schnell skalieren will. Auch in diesem Fall muss das Team zunächst die Vorbereitungen treffen. Wenn es die passenden Mitglieder für die neuen Teams gefunden hat, „vermehrt" es sich sprunghaft (Abbildung 9.2).

Schauen wir uns das genauer an: Wenn das Team skalieren will, muss das Wissen der einzelnen Teammitglieder in die anderen Teams überführt werden. Das ist nur dann möglich, wenn die Mitglieder des initialen Teams eine neue Rolle übernehmen: die des *Sub-Product-Owners*. Nur die Mitglieder des initialen Teams kennen die Vision des Product Owners, nur sie kennen die genaue Applikationsstruktur, nur sie wissen, warum sie welche Entscheidung zu einem früheren Zeitpunkt getroffen haben. Damit sie diese Vision und dieses Wissen an die neu entstehenden Teams weitergeben können, übernehmen sie für diese die Rolle des Sub-Product-Owners

Jedem Sub-Product-Owner wird dann ein eigener ScrumMaster zur Seite gestellt, mit dem er gemeinsam die Mitglieder für das neue Team auswählt. Es gibt jedoch noch einen ande-

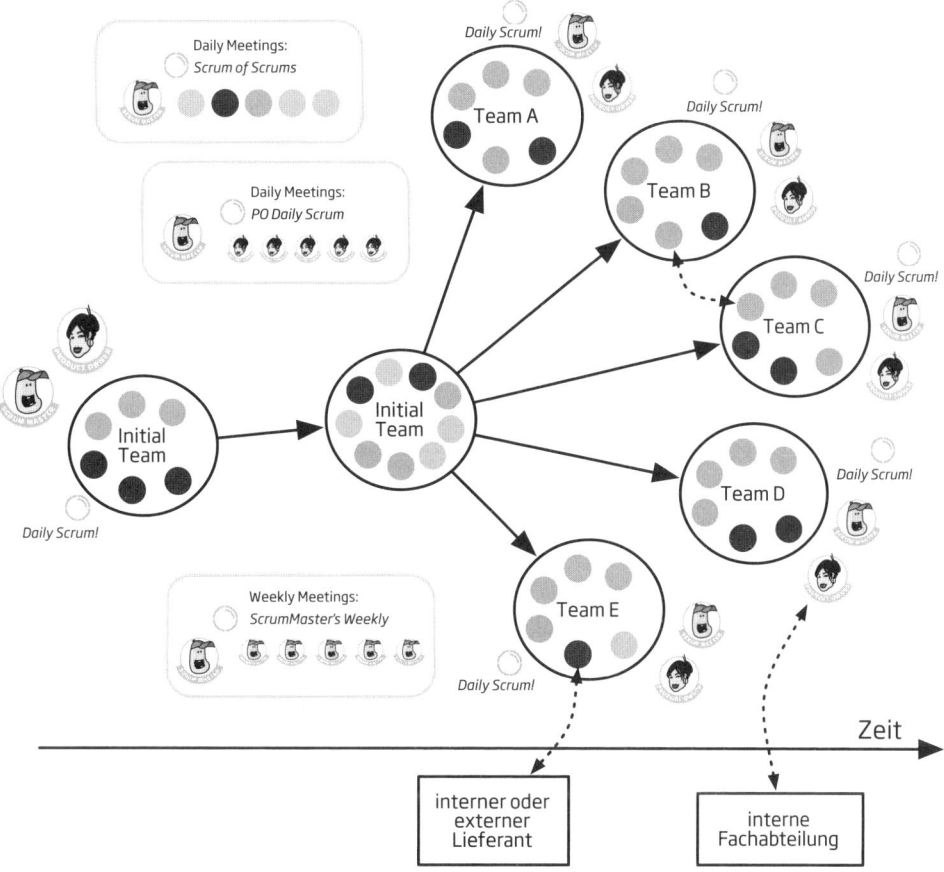

Abbildung 9.2: Das schnelle Skalieren zu einem fixen Zeitpunkt

ren Grund, weshalb der Sub-Product-Owner sofort einen ScrumMaster an die Seite gestellt bekommt:

Stellen Sie sich vor, Sie haben bereits einige Monate an dem Produkt gearbeitet und übernehmen nach drei oder vier Monaten das neue Team als Sub-Product-Owner. Dieses neue Team kennt die Applikation noch nicht und konnte noch keine Erfahrung mit dem Code machen. Folglich wird es andere Schätzungen abgeben als Sie. Das führt unweigerlich zu Konflikten und diese sind nur behebbar, wenn ein ScrumMaster darauf drängt, dass jeder seine Rolle korrekt wahrnimmt.

Die Rolle des ScrumMasters ist an dieser Stelle entscheidend. Der ScrumMaster muss die Transition der Teammitglieder des initialen Teams zu Sub-Product-Ownern der neuen Teams sehr sorgfältig begleiten. Gelingt das nicht, kann es passieren, dass die Teams zwar wachsen, die Sub-Product-Owner in ihrer neuen Rolle aber weiterhin die Kontrolle über die Durchführung behalten wollen und so die Selbstorganisation in den Sub-Teams verhindern. In der Folge entsteht dann das bekannte Problem: Die Entwickler in den Sub-Teams geben die Verantwortung an die Sub-Product-Owner ab.

Der ScrumMaster des neuen Teams wird auch darauf achten, dass der Sub-Product-Owner lernt, sein technisches Wissen über die Applikation sinnvoll an das Team weiterzugeben und nicht mehr als Entwickler mitzuarbeiten. Auf diese Weise verlieren wir anscheinend einen wichtigen Entwickler. Er gehört zu den besten, die wir haben, und nun soll er nicht mehr entwickeln? Von außen sieht es so aus, als müsse man für das Skalieren einen hohen Preis zahlen. Genau betrachtet hat aber doch dieses Teammitglied vorgeschlagen zu vergrößern, weil es der Meinung ist, dass die Arbeit für eine Person zu viel geworden ist. Aus diesem Grund ist es nur logisch, dass dieser Entwickler nun beginnt, andere Personen mit seinem Wissen auszustatten, damit er selbst nicht mehr so überlastet ist.

9.2.4 Das Team-übergreifende Ziel: Vision und Sprint Goal

Gruppen von Menschen haben einen sehr einfachen Mechanismus dafür entwickelt, ein Zugehörigkeitsgefühl zu bilden: Zwei Menschen, die miteinander arbeiten wollen, die sich kennenlernen wollen, reden so lange miteinander, bis sie *eine* Gemeinsamkeit finden. Ist dieser kleinste gemeinsame Nenner gefunden, dann bauen sie darauf ihre gemeinsame Beziehung auf [Brandes 1991]. Dieser Mechanismus kann sich sehr positiv auf die Teamentwicklung auswirken. Auf Projektteams, die wachsen und sich spalten, kann er aber auch katastrophale Auswirkungen haben. Und zwar dann, wenn die Mitglieder der neu gebildeten Teams ihren gemeinsamen Nenner darin sehen, anders zu sein als die übrigen Teams. Diese Gefahr droht bei jeder Spaltung, denn der Mechanismus der Abgrenzung ist leider der am schnellsten wirksame. Sie brauchen als Anführer einer Gruppe nur einen Gegner zu deklarieren, und schon haben Sie Ihr Team hinter sich.

Die andere Möglichkeit, Menschen zu vereinen, ist *das gemeinsame Ziel*. Diese Methode funktioniert sowohl innerhalb eines Teams als auch bei der Steuerung und Ausrichtung vieler Teams. Auf der Ebene des Produktes und der Strategie dient hierzu die *Vision*. Sie ist es, die alle Teams in die gleiche Richtung lenkt. Im skalierten Umfeld ist daher die Rolle des Product Owners von entscheidender Bedeutung. Der Product Owner muss die Teams durch seine Vision auf ein Ziel ausrichten und auf diese Weise die Zusammenarbeit der Teams fördern.

> **Regel: Vision im skalierten Umfeld**
> *Ein großes Projekt benötigt eine vereinende Vision, die alle Aktivitäten fokussiert.*

Eine Vision zu erzählen und die Bedeutung des Mitarbeiters für dieses Produkt herauszuarbeiten, ist keine leichte Aufgabe. Ist es gelungen, dann sind die Auswirkungen sofort spürbar.

> ■ Wir hatten den ersten Sprint hinter uns. Wir arbeiteten in vier Teams, aber von einem Miteinander war nichts zu spüren. Obwohl drei der vier Teams im selben Großraumbüro saßen, ging es dort sehr leise zu. Jedes Team hatte seine Aufgabe, und niemand sah einen Nutzen darin, miteinander zu reden. Das Ergebnis war entsprechend: Jedes Team glaubte, alles richtig gemacht zu haben, aber das Gesamtprodukt war mangelhaft. Die Lösung, die wir dann fanden, war so einfach wie plausibel. Wir kreierten ein Sprint Goal für alle Teams. Wir suchten uns eine Story, eine einzige, die so beschaffen war, dass alle Scrum-Teams sich mit ihr auseinanderzusetzen hatten und jedes Team seinen Beitrag dazu liefern musste. Das Unglaubliche ge-

> schah: Innerhalb eines einzigen Tages hatte sich alles verändert. Die Teams fingen an, miteinander zu reden. Die Teammitglieder standen von ihren Tischen auf, gingen zu den anderen Teams hinüber, begannen Fragen zu stellen und sich miteinander abzustimmen. ▪

Wir hatten ein klares Sprint Goal ausgegeben, und dieses Goal war der Grundstein für alle Aktivitäten in diesem Sprint. Was auf der Ebene des Sprint Goals funktioniert, wirkt ebenso auf der Ebene der Vision. Allen Beteiligten muss klar sein, was sie miteinander erreichen sollen. Die Bedeutung der Vision im skalierten Umfeld kann gar nicht genug betont werden. Nur wenn tatsächlich alle Teams gemeinsam an dieser einen Vision arbeiten, entsteht eine klar ausgerichtete Truppe, die weiß, was sie will.

9.2.5 Die Kommunikation der Teams – Meetings

Große Projekte scheitern in der Regel daran, dass die Kommunikation der Teams untereinander nicht funktioniert. Daher ist es ganz wesentlich, dass beim Skalieren die Kommunikation der Teammitglieder untereinander erhalten bleibt. In kleinen Teams stellt Scrum die Kommunikation durch das täglich stattfindende Daily Scrum sicher. Dieser regelmäßige Austausch von Informationen wird im skalierten Umfeld nicht nur bedeutender, er wird auch wesentlich schwieriger.

Die Grundlage der Kommunikation bleibt das Daily Scrum, das bei großen Teams im skalierten Umfeld jedoch anders durchgeführt wird, und es gibt drei zusätzliche Meetings, um die zweite Ebene abzudecken: *Scrum of Scrums*, *Product Owner Daily Scrum* und *Weekly Scrum* der ScrumMaster Group.[3] In der Praxis hat sich gezeigt, dass es tatsächlich zwingend notwendig ist, diese drei zusätzlichen Meetings durchzuführen. Nur sie stellen sicher, dass die Kommunikation der Teams untereinander gewährleistet bleibt.

Scrum of Scrums – Die Teammitglieder treffen sich

Die Idee des Scrum of Scrums als Mittel der Inter-Team-Kommunikation geht auf Ken Schwaber und Jeff Sutherland [Schwaber et al. 2001] zurück und wurde von Mike Cohn verfeinert. Das Scrum of Scrums ist das Meeting, in dem die Teams ihre Abhängigkeiten untereinander auflösen und ihre Probleme direkt besprechen können, also ohne die Vermittlung eines ScrumMasters oder Managers (siehe Abbildung 6.10). Mike Cohn ist der Meinung, dieses Meeting solle so lange dauern, wie es notwendig ist . Diese Meinung teile ich nicht, ich finde, auch hier muss das Prinzip der Timebox gelten.

Wer geht zum Scrum of Scrums? Aus jedem Team geht jenes Teammitglied hin, das ein Impediment oder eine Frage an ein anderes Team hat. Wenn zwei Teammitglieder ein Problem haben, gehen beide. Welches Teammitglied zum Scrum of Scrums geht, wird im Daily Scrum vom Team festgelegt. Gibt es kein Impediment oder keine Frage an andere Teams, wird trotzdem ein Teammitglied zum Scrum of Scrums geschickt.

---

[3] Zum Daily Scrum im verteilten Umfeld siehe Abschnitt 9.2.

Ginge der ScrumMaster zu diesem Meeting, würde sich seine Rolle schnell vom Hüter des Teams hin zum Manager des Teams entwickeln. Würde das gleiche Teammitglied mehr als einmal zum Scrum of Scrums gehen, wäre das Herausbilden einer Hierarchie im Team nicht zu verhindern.

> ### Regel: Teilnahme am Scrum of Scrums
> *Die Teilnahme am Scrum of Scrums ist für mindestens ein Teammitglied verpflichtend. Dasselbe Teammitglied darf nicht mehrere Male hintereinander zum Scrum of Scrums gehen, die Teilnahme am Scrum of Scrums muss rotieren. Es geht niemals der ScrumMaster zum Scrum of Scrums.*

> ■ In einem Scrum-Coaching-Projekt arbeiteten zwei meiner Mitarbeiter mit dem Kunden in unterschiedlichen Teams. Es bestanden inhaltliche Abhängigkeiten zwischen den Teams, und es zeigte sich, dass diese Abhängigkeiten Auswirkungen auf weitere Teams dieses Kunden hatten. Deswegen luden meine Mitarbeiter zu einem Scrum of Scrums ein. Es ging nicht um die Koordination eines Projektes, sondern um das Identifizieren von Team-Abhängigkeiten auf dem Hintergrund unterschiedlicher Projekte. Nach einigen Tagen begannen die Teams dieses Meeting zu schätzen. Es half ihnen, ihre Arbeit besser aufeinander abzustimmen. Sie standen ihnen positiv gegenüber, weil sie selbst einen Nutzen darin sahen, nicht weil ein Manager oder ScrumMaster sie ihnen aufgetragen hatte. Das Meeting dokumentiert der jeweilige rotierende ScrumMaster; es wird ein täglich aktualisiertes Impediment-Backlog geführt. ■

Aber was ist dann noch die Aufgabe des ScrumMasters, wenn die Teammitglieder selbst zum Scrum of Scrums gehen? Er löst wie gewohnt die Impediments des Teams auf, und zwar die nicht aus einer Abhängigkeit der Teams untereinander resultierenden. Er wird keineswegs arbeitslos, sondern hat sogar noch mehr Verantwortung zu tragen, weil er dafür sorgen muss, dass die Teilnahme am Scrum of Scrums funktioniert, dass es die notwendigen Follow-ups gibt und dass sein Team nur die Probleme ins Scrum of Scrums trägt, die nur dort zu lösen sind.

Product Owner Team – Die Verantwortung für die Lieferung

Kehren wir zu unserem Ausgangsteam zurück. Das initiale Team, das die Strukturen erstellt hatte, die jetzt dazu führen, dass wir in einem skalierten Umfeld arbeiten, existiert noch. Ich nenne dieses Team das *Product Owner Team*. Es trägt noch immer die Verantwortung dafür, das Produkt zu liefern. Das Product Owner Team hat sich dafür entschieden, sich aufzuspalten und mit mehr Personen zu arbeiten, um das Produkt schneller ausliefern zu können. Seine grundlegende Aufgabenstellung hat sich dadurch nicht geändert. Geändert hat sich nur die Art und Weise, wie dieses Team seine Aufgabe ausführt.

> ### Bedeutung des Product Owner Teams
> *In einem großen Projekt liefern die Product Owner gemeinsam als Team das Produkt.*

Die Aufgabe des initialen Teams hat sich nicht nur verlagert, sondern auch erschwert. Seine Aufgabe ist jetzt, die Sub-Teams zu befähigen zu verstehen, wie das Produkt beschaffen sein soll, wie die ursprüngliche Architektur gedacht war und wieso die Entscheidungen genauso gefallen sind. Im Einzelnen haben Product Owner Teams folgende Aufgaben:

- Sie müssen mit dem Product Owner weiter an der Vision arbeiten und sie in die Scrum-Teams hineintragen.
- Sie erstellen die Richtlinien für die Produkt-Entwicklung. Es ist ihre Aufgabe, dafür zu sorgen, dass in allen Teams nach den gleichen Standards gearbeitet wird.
- Sie arbeiten aus dem Gesamt-Product Backlog die jeweiligen Themen für die einzelnen Teams heraus.
- Sie müssen jetzt darauf achten, dass der Return On Investment für das Projekt stimmt.
- Sie arbeiten mit den Teams daran, dass die Teams die Domain, die Richtlinien und die Standards verstehen.
- Sie koordinieren alle Lieferungen der Sub-Teams und planen sie mit den Teams gemeinsam.
- Sie decken die Probleme, die bei der Entwicklung entstehen, auf und lösen sie gegebenenfalls.

In der Anfangsphase, kurz nach der Spaltung, ist die Aufgabe der Sub-Product Owner, gemeinsam mit den Sub-Teams zu arbeiten und gleichzeitig coachend aktiv zu sein.

Es besteht die Gefahr, dass dieser Übergang nicht funktioniert und die Produkt Owner es nicht schaffen, ihre Verantwortung so zu gestalten, dass sie nicht *kontrollieren*, sondern *lehren*. Um das zu verhindern, benötigen sie zunächst die Einsicht, dass sie mit ihrer Einzelleistung nicht besser oder schneller sein können als ihre Teams. Dies war das ursprüngliche Ziel. Sie hatten sich aufgespalten und vergrößert, weil mehr Personen in der Lage sein sollten, mehr zu leisten.

Aber wieso passiert es dann immer wieder, dass große Teams langsamer werden und weniger leisten als kleine? Wieso geht die Rate der Lieferungen pro Teammitglied nach unten, und wieso sind die Resultate von großen Teams in der Regel schlechter als die von kleinen?

Häufig wird als Grund die von Tom Allen dokumentierte Tatsache angegeben, dass der Kommunikationsaufwand exponentiell wächst [Allen 1984]. Der wahre Grund liegt meiner Meinung nach aber woanders. Stellen wir uns doch einmal die Frage: Wie kann eine Führungskraft die Kontrolle über die Situation behalten, wenn das Team ein viel höheres Potential hat als der Teamleiter alleine? Die Antwort ist einfach und verhängnisvoll: Der Teamleiter reduziert den Ausstoß seines Teams dadurch, dass er es verlangsamt. Er sorgt durch Meetings, durch Überprüfungen, durch eine geschickte Informationspolitik oder dadurch, dass er alle Entscheidungen treffen muss, dafür, dass ihm sein Team nicht „davonlaufen" kann. Wenn es ihm nicht gelingt, es zu bremsen, zerstört er es: Er nimmt neue Leute hinzu, entlässt Teammitglieder oder gibt den Personen neue Aufgaben. Tom DeMarco und Tim Lister haben in ihrem Buch „Wien wartet auf dich" dokumentiert, dass hochperformante Teams nie lange überleben [DeMarco and Lister 1999a]. Einen Grund dafür sehe ich in der Tatsache, dass Teamleiter und Vorgesetzte keinen Vorteil davon haben, wenn ihre Teams tatsächlich schnell und hochproduktiv sind.

Die Arbeit kreativer Teams lässt sich von Natur aus nicht genauso managen wie ein standardisierter Produktionsprozess. Die Leistung kreativer Teams kann nur gesteigert werden, wenn die Führungskraft nicht managt, sondern führt (zum Unterschied Management und Führung siehe [Buckingham 2005]); wenn sie versteht, dass das Team die Leistung erbringt und nicht sie selbst. Teamleiter, die nicht verstehen, dass ihre Teams die Leistung bringen müssen, verhalten sich zwanghaft: Sie kontrollieren nachts den Code der Entwickler, fordern Statusreports dann, wenn man sie gar nicht benötigt, kontrollieren den Informationsfluss und halten ihre Teams darüber im Unklaren, was von ihnen verlangt wird.

> ■ Wir arbeiteten einmal neben einem Schwester-Team im gleichen Raum und schrieben Software unter Einsatz von Scrum. Jeder von uns wusste, was der andere gerade tat. Das Schwester-Team hatte einen Teamleiter, der alles kontrollierte. Die Teammitglieder besaßen nicht den geringsten Überblick. Sie kannten ihre jeweilige Aufgabe, doch das war es auch schon. Sie bekamen gar nicht die Chance, effektiv miteinander zu arbeiten. Ein einziger professioneller Entwickler hätte dieses Team mit Leichtigkeit überboten. In Wahrheit wurde für dieses Team fast alles von einem externen Entwickler geschrieben, und die Teammitarbeiter waren – mehr oder weniger – Statisten. ■

Ein sich selbst-skalierendes Scrum-Entwicklungsteam muss dieses Phänomen von Blockade durch Kontrolle unbedingt verhindern. Aus diesem Grund gibt es vom Moment an, in dem die Aufspaltung in mehrere Scrum-Teams beginnt, sofort neue ScrumMaster. Sie sorgen dafür, dass die Selbstorganisation der Sub-Teams sichergestellt ist und zeigen ihren Teams, wie sie mit dem Sub-Product Owner, der alle Informationen hat, die sie zum Produzieren der Applikation benötigen, arbeiten. Der Sub-Product Owner seinerseits muss verstehen lernen, wie er das Team führt, wie er es mit den notwendigen Informationen versorgt und wie er gleichzeitig die Selbstorganisation der Teams durch klare Vorgaben und Richtlinien steuert.

Für manche Sub-Product Owner ist es sehr schwer zu verstehen, dass ihre Teams einige Zeit benötigen, bis sie in der Lage sind, miteinander zu arbeiten, dass die neu zusammengestellten Teams in der Regel drei Sprints benötigen, bis sie ihre volle Leistungsfähigkeit erreichen. Diese drei Sprints muss man investieren und sich darüber im Klaren sein, dass der Sub-Product Owner in ihnen viel Zeit darauf verwenden muss, die neuen Teams anzuleiten, ihnen Hilfestellung zu geben und sie in der Domain auszubilden. Skalieren selbst hat also seinen Preis! Diesen Preis werden Sie immer bezahlen müssen, und nur wenn sich die Sub-Produkt-Owner die Zeit nehmen, mit den Teams gemeinsam zu arbeiten, sie einzuarbeiten, erzielt man die gewünschten Skalierungseffekte.

Das Arbeiten mit großen Projektteams ist also von sich aus nur etwas für Projekte, die so umfangreich sind, dass es tatsächlich einen Mehrwert bringt, so viel Zeit in die Ausbildung der Teams zu investieren. Wenn man sich das nicht vor Augen hält, kommt es in der Regel zu dem von Brooks beschriebenen Effekt: *Das nachträgliche Einbringen zusätzlicher Mitarbeiter in das Projektteam wird das Projekt noch weiter verlangsamen* [Brooks 1975, 1005].

Product Owner Daily Scrum – Die Sub-Product Owner koordinieren

Weil die Sub-Product Owner als Product Owner Team weiterhin für die Lieferung des Produktes verantwortlich sind, ist es nur logisch, die Meetings, die dieses initiale Team bis zur Aufspaltung durchgeführt hat, weiterhin durchzuführen: das Daily Scrum. Um es von dem Daily Scrum der Sub-Teams und vom Scrum of Scrums zu unterscheiden, nenne ich es *Product Owner Daily Scrum*.

Im Product Owner Daily Scrum besprechen sie jetzt nicht ihre einzelnen Tasks, sondern den Status der von den einzelnen Teams zu liefernden Backlog Items. Sie machen sich auf diese Weise klar, wo die einzelnen Teams stehen, welche Backlog Items geliefert sind und welche noch ausstehen. Zum Festhalten der Statusinformationen dient ihnen in diesem Fall eine modifizierte Variante des Task-Boards: das Storyboard (siehe Abbildung 7.7).

Das Storyboard hilft dem Product Owner Team, auf sehr einfache Weise den Überblick zu behalten. Das einfache Verschieben von Stories von links nach rechts über das Storyboard hinweg zeigt deutlich und ohne viel Aufwand, wo das Projekt zu jedem Zeitpunkt steht. Es ist sogar relativ einfach zu erkennen, ob ein Team vorankommt. Wenn eine Story länger als einen Tag *In Bearbeitung* ist, markiert der Sub-Product Owner dieses Teams die Story mit einem roten Punkt. Ist sie länger als drei Tage *In Bearbeitung* sollte man sehr genau prüfen, was die Ursache dafür ist. Oftmals hat sich ein Impediment eingestellt, dass nicht schnell genug gelöst wurde.

Das *Product Owner Team* kann auf diese Weise täglich auf Impediments reagieren. Es erhält die volle Kontrolle über den Prozess. Das führt wiederum dazu, dass die notwendigen Maßnahmen schnell durchgeführt werden können.

ScrumMaster Group

Bei der Implementierung von Scrum in großen Organisationen stellte sich schnell heraus, dass sich die ScrumMaster untereinander ebenfalls synchronisieren müssen. Der einfache Grund war der, den auch Jeff Sutherland schon in [Schwaber et al. 2001] angesprochen hatte: Die Qualität des Scrum-Prozesses muss überall sichergestellt werden. Eine *Scrum Checklist*, die die Scrum-Standards für das Unternehmen definiert, reicht da nicht aus, wie wir zunächst dachten.[4] Es stellte sich heraus, dass sich die ScrumMaster der einzelnen Sub-Teams miteinander austauschen mussten. Weil die ScrumMaster immer wieder an die gleichen Probleme gerieten und jeder für sich die Probleme immer wieder neu lösen musste, lag es nahe, für eine Plattform zu sorgen, auf der die Informationen darüber, wie ein bestimmtes Problem gelöst worden war, ausgetauscht werden können.

Diese Plattform ist die ScrumMaster Group, die sich zu Beginn einmal pro Woche trifft. Die ScrumMaster tauschen sich dort über die Impediments aus, die sie gelöst haben, und setzen Standards dafür, wie die einzelnen Teams arbeiten.

---

[4] Inspiriert dazu hatte mich das Buch *Flowless Execution* von James D. Murphy [Murphy 2006].

■ Bei einem meiner Kunden halfen sich die ScrumMaster gegenseitig mit Pinnwänden aus und etablierten Standards dafür, welche Form von Karten für die Arbeit an den Pinnwänden genutzt werden sollte. Diese Gruppe identifizierte organisationsweite strukturelle Probleme und konnte diese dann gemeinsam mit dem Management angehen. ■

Die übrigen Scrum-Meetings

Die Skalierung der Scrum Planning Meeting 1 und 2 (siehe Abschnitt 6.4), des Daily Scrum (siehe Abschnitt 6.5.5), des Sprint Reviews (siehe Abschnitt 6.6.4) und der Sprint-Retrospektive (siehe Abschnitt 6.7) habe ich in den jeweiligen Kapiteln bereits behandelt. An dieser Stelle sei nur noch einmal erwähnt, wie wichtig die zielführende Moderation dieser Meetings ist. Der ScrumMaster des Product Owner Teams muss dafür sorgen, dass diese Meetings in einer Form ablaufen, die eine Selbstorganisation ermöglicht. In all diesen Meetings muss immer das Pull-Prinzip gelten: Also nur die Scrum-Teams selbst haben das Recht zu bestimmen, wer etwas durchführt und wie viel Arbeit in einen Sprint aufgenommen wird.

9.2.6 Das gemeinsame Liefern – Usable Software

Regel: Usable Software
Am Ende eines Sprints muss Usable Software liegen.

Dieses Prinzip ist gerade in einem skalierten Umfeld die treibende Kraft für innovative Ideen. Doch Vorsicht! Diese Regel, die so selbstverständlich scheint, wird in großen Organisationen sehr schnell über Bord geworfen. Plötzlich werden Applikationen erstellt, die in verteilen Umfeldern funktionieren sollen, die Daten aus den unterschiedlichsten Systemen anfordern, und niemand weiß, ob die Zusammenarbeit der einzelnen Bereiche funktioniert. In viel zu vielen Projekten stellt sich erst in den Testläufen am Ende des Projektes der wahre Zustand der Applikationsentwicklung heraus. Und immer wieder passen die von verschiedenen Teams entwickelten Komponenten nicht zusammen. Manchmal sind es die Schnittstellen, manchmal werden die falschen Daten übergeben, manchmal funktionieren die Prozessabläufe nicht – es gibt eine ganze Reihe möglicher Fehlerquellen.

■ Ein Team fragte mich, wie Scrum funktioniert, wenn man nicht innerhalb eines Sprints liefern kann. Sie hätten einen Testzyklus, der vier Monate dauere und am Ende des Entwicklungszyklus läge. Es stellte sich heraus, dass während dieses viermonatigen Testzyklus die einzelnen Funktionalitäten, die Plattform-übergreifend entwickelt worden waren, gemeinsam integriert wurden. Vorher wusste niemand, ob eine Anwendung tatsächlich funktionierte. Provokativ fragte ich, was denn in diesen vier Monaten geschehe, wie man das Beheben der Fehler bewerkstelligen würde. Die Antwort lautete … – Die verantwortlichen Entwickler trafen sich jeden Tag, besprachen die Probleme und lösten sie, so schnell es ging. Als ich dann fragte, ob es vorstellbar wäre, dieses Meeting und diese Arbeitsweise früher, vom ersten Tag des Projektes an durchzuführen, schaute mich der verantwortliche Manager an, blickte zur Decke hoch und sagte: „Ja – aber dann würde man ein Testpad viel früher benötigen, aber klar, machbar ist das." Mein Kunde hat gerade die Lösung des Problems selbst erkannt, er musste dafür sorgen, dass die Teams integrativ miteinander arbeiten. ■

Es sind meistens organisatorische Probleme, die Systeme daran hindern, effektiver zu arbeiten. Goldratt hatte in „The Goal" [Goldratt and Cox 2004] gezeigt, dass die meisten Impediments, die Systeme daran hindern, performanter zu sein, in den durch die Organisation erschaffenen Rahmenbedingungen liegen. Im obigen Beispiel war die Lösung denkbar einfach. Die Anschaffung eines weiteren Testpads löste das Problem, dass nicht gleichzeitig entwickelt und getestet werden konnte. Wie übergreifend integriert wird, wussten die Ingenieure dieser Organisation sehr wohl, da bei einem Release alle Bestandteile der verschiedenen Applikationen miteinander integriert wurden.

Wenn mehrere Teams gemeinsam liefern sollen, gibt es grundsätzlich zwei Aspekte, die bedacht werden müssen:

1. Die Kommunikation zwischen den Teams muss funktionieren, und die Teams müssen eine gemeinsame Ausrichtung, einen gemeinsame Fokus haben. Die Kommunikationsbeziehungen werden durch die skalierten Meetings, der Fokus wird durch die Arbeit des Product Owners gewährleistet.

2. Die Teams müssen gemeinsam an einer Lieferung arbeiten und alle Anstrengungen auf diese Lieferung hin bündeln. Das ist im skalierten Umfeld eine große Herausforderung. Unterstützung erhalten die Teams in Scrum durch die Forderung, dass am Ende eines Sprints potenziell usable Software vorliegen muss. Diese Forderung zwingt die Teams vom ersten Tag an, miteinander zu arbeiten und ihre Entwicklung aufeinander abzustimmen. Die Teams dürfen ihren Code nicht erst am Ende einer Iteration integrieren und erst nach der Lieferung die Fehler suchen, sondern müssen einen Weg finden, um vom ersten Tag an gemeinsam funktionierende Software zu liefern.

Die Teams müssen also die Backlog Items nacheinander bearbeiten und liefern, und sie müssen jedes Backlog Item über alle Teams hinweg vollständig integriert liefern; sie müssen also eine geeignete Integrationsumgebungen erstellen und pflegen und die drei Entwicklungspraktiken anwenden, die wir oben bereits angesprochen haben: kontinuierliche Integration, Testen und Release Management.

Entscheidend ist: Die Teams müssen sich *gemeinsam* darum bemühen. Es darf auf keinen Fall ein bestimmtes Team geben, das für die Integration oder das Testen der Applikationsteile verantwortlich ist, denn sonst geschieht das, was in vielen Entwicklungsabteilungen passiert: Dieses eine Team wird verantwortlich, und die anderen Teams verlieren ihren Qualitätsanspruch und überlassen es den „anderen", die Qualität hineinzutesten.

Ein Scrum-Team, das sich spaltet, um durch den Zuwachs an Mitgliedern eine höhere Produktivität zu erfahren, muss aber nicht nur dafür sorgen, dass die technischen Voraussetzungen gegeben sind, um verteilt arbeiten zu können. Es muss auch dafür sorgen, dass die einzelnen Mitarbeiter die Infrastruktur beherrschen und vor allem auch die Disziplin mitbringen, diese Infrastruktur korrekt zu verwenden.

Meiner Erfahrung nach können Sie aber die Infrastruktur entwickelt, die teuerste Configuration Management Software eingekauft und die ausgeklügeltsten Testsysteme entwickelt haben – wenn die Entwicklungsmannschaften nicht miteinander *ein* System liefern wollen, wird es nicht funktionieren. Der Schlüssel ist, dass die Teams gemeinsam liefern wollen.

So wie die Scrum of Scrums fast von alleine entstehen, wenn das Management diese Entwicklung zulässt, so entstehen die notwendige Infrastruktur und die notwendigen Prozesse fast von alleine, wenn die Teams miteinander liefern wollen. Dann unterhalten sich die Teammitglieder darüber, wie sie was wann einchecken, und reden sofort miteinander, wenn es Probleme gibt. Sie haben ein Interesse daran, dass auch das andere Team liefern kann, denn nur dann hat auch ihre Arbeit die Chance, beim Review qualitativ hochwertig zu sein.

9.2.7 Balanced Agility skaliert

Viel wird über die Probleme in der Software-Entwicklung geschrieben, die entstehen, wenn viele Teams miteinander arbeiten sollen, und doch gibt es offensichtlich nur zwei grundsätzliche Modelle, wie man Teams architektonisch gruppiert [Pichler 2007, Leffingwell 2007, Schwaber et al. 2001]:

■ nach Features/Funktionalitäten, dann erhält man sogenannte Feature-Teams;
■ nach Komponenten, so erhält man Komponenten-Teams.

Pichler schreibt richtig, dass es die reinen Formen im Grunde nicht gibt und sie je nach Organisation kombiniert werden müssen.

Vor diesem Hintergrund müssen wir nun die Entwicklungspraktiken, die nach Beedle minimal, aber ausreichend sind, einführen.

Gemeinsames Integrieren

Die wirkliche Herausforderung für alle Projektteams der Welt ist, eine Entwicklungsumgebung zu schaffen, mit der die Entwickler jeden Tag jede Minute ihre Codebasis gemeinsam integrieren. Das Erwähnen dieser Anforderung ist deshalb so bedeutend, weil die Realität zeigt, dass sie in der Regel während der Entwicklungsphase zwar gefordert, aber für die meisten Organisationen nicht umsetzbar ist. Erst in der Endphase, von Peter Beck in seiner Fallstudie (siehe Kapitel 6.9) mit „Endgame" bezeichnet, kommt es dann zur eigentlichen Integration. Erst jetzt liegen alle Bestandteile vor. Zu diesem Zeitpunkt gestaltet sich der Zusammenbau der Applikation jedoch schwierig. Im Idealfall integrieren die Entwicklungsteams einmal am Tag die in den Teams erstellten Bestandteile der Applikation teamübergreifend.

Gemeinsames Testen

Das gemeinsame Testen, das gegenseitige Testen, das „Daraufschauen", dass die Integrationstests funktionieren und erfolgreich durchlaufen, ist die nächste Herausforderung für die Teams. Nicht indem eine Testmannschaft nach der Entwicklung die Ergebnisse testet und dann die Teams wieder an die Arbeit gehen, sondern in einer Weise, dass jeden Tag Tests durchgeführt werden und jedes Team sofort wieder daran geht und seinen Teil des Problems behebt. Dazu ist es aber zwingend notwendig, das Testen in die Teams zurückzuverlagern. Im Scrum of Scrums werden dann die Probleme besprochen, und gegebenenfalls wird in einem zweiten Meeting die Lösung gemeinsam erarbeitet.

Gemeinsames Release

Das gemeinsame Release ist an sich einfach, wenn es ein Team gibt, das die Standards so setzt, dass nur einwandfreie Programmteile zum Release gehören. Bewährt hat sich für uns, dass jedes Team ein Teammitglied abstellt und diese Gruppe am Ende des Sprints das Release gemeinsam erstellt. Auch hier gilt das Prinzip, dass die Teams vollständig selbst verantwortlich dafür sind, wie sie diese Aufgaben bewerkstelligen wollen.

9.2.8 Skalierte Retrospektiven – gemeinsam verbessern

Auch und besonders in einem skalierten Umfeld müssen wir einen Weg finden, die Erfahrungen der Teams nutzbar zu machen. Dies geschieht in der Retrospektive. Auch im skalierten Umfeld basiert die Retrospektive genau wie in Abschnitt 6.7 beschrieben auf den Teams. Zusätzlich müssen wir aber die Informationen aus den Retrospektiven für die nächsten Teams und die Organisation nutzbar machen.

Auf den ersten Blick verletzt das die „Erste Direktive" (Prime Directive). Wie kann ein Team noch frei sprechen, wenn es Gefahr läuft, dass die Informationen, die dort besprochen werden, nach *oben* gemeldet werden? Das ist für viele Teams tatsächlich problematisch. Aber es lässt sich lösen, indem nicht die Inhalte der Retrospektive berichtet werden, sondern nur die Resultate. Meiner Erfahrung nach ist es für kein Team problematisch, die Verbesserungsmöglichkeiten weiterzugeben, wenn sie anonymisiert sind und keiner erkennen kann, wer sich „beschwert" hat.

Wenn aber nicht mehr alle an der Retrospektive teilnehmen und nicht mehr direkt an den erzählten Erfahrungen teilhaben können, dann verlangsamt sich auch der Lernprozess. Dann wird es ab einem bestimmten Punkt auch notwendig, die Erfahrungen und Ergebnisse schriftlich festzuhalten und als Dokumente zu verteilen. Die Organisation muss irgendwann die Regeln und Prozesse systematisch festhalten und gegebenenfalls ändern.

Der Zeitpunkt des Übergangs zu der Situation, in der es notwendig wird, tatsächlich die Regeln und Prozesse in Dokumenten zu fassen, ist von Organisation zu Organisation unterschiedlich. Dieser Übergang muss aber stattfinden, wenn die narrative Kultur – die mündliche Überlieferung – nicht mehr ausreicht.

Retrospektiven im skalierten Umfeld müssen beide Formen des Lernens unterstützen: die narrative, schnelle Form, die sich auf den nächsten Sprint aller Teams auswirken muss, und das Lernen in Form von Berichten und Veränderung von Prozessen.

Qualitätssicherungsabteilungen und Prozess-Verbesserungs-Gruppen,[5] wie es zum Beispiel das Capability Maturity Modell fordert, erhalten die notwendigen Informationen durch die Berichte, die man nach den Retrospektiven schreiben kann. Oder noch einfacher dadurch, dass sie ein Foto von „lesbaren" Veränderungsideen bekommen. Diese Abteilungen können die Informationen dann systematisch bearbeiten und auf diese Weise die Prozesse innerhalb einer Firma ständig verbessern und anpassen.

---

[5] Software Engineering Process Group, SEPG

Eine Konsequenz dieser Art zu lernen sind beispielsweise Checklisten, die aus den Retrospektiven hervorgehen können. Checklisten enthalten das Wissen und die Best Practices einiger Scrum Teams. Diese Idee der Checkliste in Scrum ist wieder den Checklisten der Airforce entlehnt. Die Checklisten repräsentieren eine Wissensbasis, die in der Vergangenheit dazu geführt hat, dass Missionen erfolgreich abgeschlossen wurden.

Aber Checklisten sind nur dann sinnvoll, wenn der Anwender seinen Verstand nicht ausschaltet, die Realität ständig beobachtet und sie so berücksichtigt, dass er sich im Fall des Falles eben gerade nicht an die Checkliste hält.

Hier besteht die Gefahr der Verschriftlichung: Checklisten und Best Practices könnten für veränderte Situationen, für Anwendungsfälle, die so noch nie da gewesen sind, unpassend sein. Daher dürfen Regeln und Strukturen immer nur Richtlinien sein, die das Team im Notfall verändert. Wenn Organisationen das nicht zulassen, verhindern sie die Akzeptanz und die Lernerfahrung auf der Teamebene.

Zusammenfassend ist für den Moderator einer Retrospektive im skalierten Umfeld wichtig, zwischen den drei Arten von Resultaten aus den Retrospektiven zu unterscheiden:

- Die teambezogenen Resultate: Arbeitsweisen des Teams, interne Teamkonflikte, technische Aspekte, die für dieses Team in diesem Moment wichtig sind.
- Projektbezogene Resultate: Schnittstellen, gemeinsame Arbeitsweisen, gemeinsame, strukturelle Probleme, gemeinsame technische Umgebungen. Diese sind ebenfalls noch durch die schneller Form der narrativen Überlieferung zu verbessern und zu erfassen.
- Organisatorisch relevante Resultate: strukturelle Probleme, die auf organisatorische Gegebenheiten zurückzuführen sind.

Der ScrumMaster muss erkennen oder mit dem Team übereinkommen, auf welcher Ebene eine Verbesserung anzusiedeln ist, denn die Einordnung der Resultate in die jeweilige Ebene entscheidet über die nächsten Schritte zur Lösung der Probleme.

Die teambezogenen Resultate bleiben selbstverständlich im Team. Wenn es sich um Impediments handelt, kümmert sich der ScrumMaster um ihre Beseitigung. Teamübergreifende Resultate stellt das Team gemeinsam mit dem ScrumMaster den Teams vor. Sie können zum Beispiel im nächsten Scrum of Scrums oder im nächsten gemeinsamen Sprint Planning besprochen werden. Wenn es sich um einen Notfall handelt, wird sofort gehandelt. Organisatorisch relevante Informationen werden dem Management vorgestellt. Der ScrumMaster des Gesamtprojektes hat die Aufgabe, diese Informationen nicht nur an die entsprechenden Stellen weiterzuleiten, sondern auch dafür zu sorgen, dass die Organisation entsprechend handelt. Er arbeitet mit der Software-Prozessverbesserungsgruppe oder mit den Managern seiner Abteilung an den notwendigen Verbesserungen.

Die Durchführung der skalierten Retrospektive

Die Durchführung der skalierten Retrospektive ist denkbar einfach und bedeutet keinen großen Aufwand. Sie basiert auf den Team-internen Retrospektiven. Diese werden wie in Abschnitt 6.7.4 beschrieben durchgeführt. Anschließend, noch am gleichen Nachmittag, findet die Vorstellung der Ergebnisse für alle Teams statt. Diese Ergebnisvorstellung ist nur eine Präsentation, keine Diskussion darüber, ob die Resultate der Teams richtig oder falsch sind.

Wir haben skalierte Retrospektiven mit großem Erfolg nach folgendem Beispiel durchgeführt:

> ■ Fünf Projektteams mit insgesamt 48 Entwicklern, nach dem ersten Sprint – Wir hatten eine Timebox von zwei Stunden für die gesamte Retrospektive eingeplant. Die Teams führten in den ersten 70 Minuten parallel ihre teambezogene Sprint-Retrospektive durch. Danach wurden die Flipcharts mit der Timeline und mit den Ergebnissen „Was lief gut" und „Was könnte verbessert werden" eingesammelt und in einem großen Meetingraum aufgehängt. Zehn Minuten später startete die Vorstellung, in der alle Teams kurz auf ihre Ereignisse eingingen und dann die Verbesserungsvorschläge präsentierten. Zu dieser Vorstellung der Retrospektiven-Resultate wurden sowohl das Management als auch alle anderen Stakeholder eingeladen. Jedes Team hatte fünf Minuten Zeit für diese Vorstellung. Auf diese Weise bekamen alle Beteiligten innerhalb von 30 Minuten einen guten Überblick darüber, was im Sprint passiert war und woran gemeinsam gearbeitet werden musste, um die Projekt-Situation und die Produktivität zu verbessern. ■

Dieses Schema ist wie alle Ideen, die ich Ihnen vorstelle, nur eine Möglichkeit. Es gibt Organisationen, die ihre skalierten Retrospektiven per Telefoninterviews durchführen, oder sich am Ende eines Projektes zu einer ausführlichen Projektretrospektive treffen. Entscheidend dabei ist, dass die Teams auch in einem skalierten Umfeld ihre Sprint-Retrospektiven beibehalten müssen. Im Projektverlauf ist es, wie die Erfahrung zeigt, wichtiger, dass die Teams miteinander reden und die Informationen aus den Retrospektiven sofort, vielleicht über die ScrumMaster Group, allen anderen Teams zugänglich gemacht werden. Das organisationale Lernen wird stattfinden, selbst wenn es in keine Veränderung der Prozesse mündet, denn die Menschen werden ihre Erfahrungen beibehalten und beginnen sich nicht mehr prozesskonform zu verhalten. Das wiederum wird dazu führen, dass die Organisation ihre Prozesse anpassen muss. Besser ist es, wenn die ScrumMaster Group Sorge dafür trägt, dass die erhaltenen Informationen sich auf die Gestaltung der Unternehmensprozesse auswirken. Gelingt diese Auseinandersetzung, hat eine Organisation ein robustes System für die kontinuierliche Prozessverbesserung entwickelt.

Quantitative Fragen – scheinbare Objektivität

Die oben vorgestellte Art der Retrospektive kümmert sich im Wesentlichen um qualitative Fragen. Selbstverständlich könnte man auch *quantitative* Fragen stellen. Dazu werden in Organisationen gerne Fragebogen verteilt, um Daten zu erheben. Ich möchte an dieser Stelle jedoch davor warnen. In der Soziologie und in der Marktforschung werden große Anstrengungen unternommen, um bei quantitativen Fragebogen-Erhebungen keine falschen Werte zu erhalten, weil jede Erhebung von Zahlen immer interpretierbar ist [Hartmann and Dymond 2005]. Hartmann und Dymond haben gezeigt, dass es bei quantitativen Erhebungen darauf ankommt, dass man sich die jeweiligen Metriken sehr genau ansieht. Was will man warum erheben? Welche Informationen benötigt das Team tatsächlich, um sich zu verbessern? Das unhinterfragte Erheben von Daten, wie es zum Beispiel Leffingwell vorschlägt, halte ich dagegen für grob fahrlässig. Die Anzahl der Funktionalitäten, die ein Team erzeugt, sagt nur etwas aus, wenn alle im Team und um das Team herum wissen, warum man diese Information benötigt. Das Zählen von Fehlern, das in der Software-industrie so gerne durchgeführt wird, sagt in Wahrheit ebenfalls nichts über die Qualität der produzierten Software aus [Leffingwell 2007, S. 181].

Verstehen Sie mich nicht falsch, ich glaube, dass es sehr sinnvoll ist, quantitative Daten zu erheben, aber die Maßzahl, die man erhebt, muss in einem direkten Zusammenhang mit dem Erkenntnisgewinn und dem Erkenntnisinteresse stehen. Messen lässt sich alles, aber es ist entscheidend, welche Absicht dahintersteht. Lassen Sie es mich Ihnen an einem Bei-spiel erklären. Leffingwell schlägt vor, dass man „Conformance to Release Date" misst [Leffingwell 2007, S. 185]. Das klingt absolut logisch. Wie oft schafft es ein Team, ein Releasedatum zu treffen? Schauen wir uns die Praxis an:

> ■ Der Tag des Releases, 14:00 Uhr – Der Sprint ist fast vorbei. Heute soll der Roll-Out statt-finden. Alles ist entwickelt, da geschieht es – die Tester finden ein weiteres Problem. Der Bug ist schnell gefixt, aber die Komponente des Systems muss noch einmal getestet werden. … Fertig! Es ist 15:30. Das Team könnte die neuen Funktionalitäten online stellen. Da greift der ScrumMaster ein. Er fragt die Teammitglieder, ob sie sich wohl damit fühlen, die Applikation jetzt, um diese Uhrzeit, noch zu releasen? In Anbetracht der Tatsache, dass die Tester am nächsten Morgen um 4:30 Uhr wieder anwesend sein müssen, wenn zu diesem Zeitpunkt released wird, und das, obwohl sie zuvor bereits einige Tage Überstunden gemacht haben, sagen alle, dass sie es für kritisch halten zu releasen. Der ScrumMaster sagt den Release ab. ■

Dieses Team hat den Releasetag nicht geschafft. Die von Leffingwell vorgeschlagene Me-trik würde in diesem Fall zu Recht aufzeigen: Nein – nicht geschafft. Aber das ist meiner Meinung nach nicht aussagekräftig. Sie zeigt nicht, dass der Releasetag eingehalten wurde. Sie zeigt nicht, dass es organisatorische Unzulänglichkeiten gegeben hat, sie zeigt nicht, wieso es in diesem speziellen Fall nicht sinnvoll gewesen wäre zu releasen.

Quantitative Metriken sind riskant, weil sie interpretierbar sind und die Zahlen immer nur die halbe Wahrheit sagen. Nur wenn die Teammitglieder die Maßzahlen selbst definieren, lassen sich diese Probleme vermeiden. Weil das Team das Sprint Goal definiert und weiß, was es erreichen will, können die Teammitglieder auf dieser Basis auch bestimmen, was sie messen und wie sie es messen wollen. Geht ein Team mit dem ScrumMaster diesen Weg, dann werden die Teammitglieder nicht zum Gegenstand eines Managers oder einer Führungskraft, die bestimmte Vorgaben erfüllen muss. Auch der Umstand, dass die Verifi-kation, also die Stimmigkeit der Daten, so besser gewährleistet ist, spricht für die Defini-tion der Maßzahlen durch das Team. Nehmen sich die Teammitglieder selbst vor, einen Erkenntnisgewinn durch bestimmte Messungen zu erhalten, kann man auch davon ausge-hen, dass die Teammitglieder gültige Daten erheben werden. Das *Erkenntnisinteresse* geht von den Teammitgliedern aus.

Ein sehr schönes Beispiel für diese Art der Messung finden wir in der Geschichte, die uns Ricardo Semler in seinem Buch „Maverik" erzählt. Eines der Produktionsteams hatte sich vorgenommen, eine bestimmte Menge an Geschirrspülern zu liefern. Als sich zeigte, dass der Lieferant von Komponenten für diesen Geschirrspüler Lieferprobleme hatte, sprachen sprach das Produktionsteam selbst mit den Kollegen in der Produktion des Lieferanten. Sie erklärten ihnen, dass sie sich ein Ziel gesetzt hatten und diese Teile unbedingt benötigten. Daraufhin taten die Mitarbeiter in der Produktion des Lieferanten alles, um die Teile herzustellen. Als es weitere Probleme gab, blieb das ganze Team sogar am Wochenende, weil es sein Ziel unbedingt erreichen wollte [Semler 1995].

In krassem Gegensatz dazu stehen Messungen, bei denen die Messkriterien von außen, vom Management, vorgegeben werden. Hier ist der Übergang zur Kontrolle so schleichend, dass mir persönlich das Risiko zu groß ist, diese Art von Messungen durchzuführen. Die Konsequenzen für das Team könnten fatal werden. Möglicherweise wird genau das Falsche gemessen. Weil die Teammitglieder beginnen, sich nach dem Gemessenen auszurichten, wird die Messung unüberlegt durchgeführt und richtet mehr Schaden an, als Nutzen zu bringen.[6]

9.3 Scrum in verteilten Teams – Collocation

9.3.1 Probleme verteilter Teams

Bei Projekten mit Teams, die auf verschiedene Standorte verteilt sind, muss unbedingt die Kommunikation zwischen allen Beteiligten sichergestellt werden. Scrum ist, wie wir gesehen haben, optimal geeignet für die Arbeit mit kleinen Teams. Die Erfahrung zeigt, dass kleine Teams wesentlich effektiver arbeiten, als große, unter anderem weil sie wesentlich effizienter sind und weil die Kommunikation viel effektiver abläuft. In Abschnitt 9.2 haben wir gesehen, dass Scrum für den Einsatz in großen Teams geeignet ist, wenn bestimmte Prinzipien eingehalten werden und sich die Kommunikationsbeziehungen zwischen den Beteiligten aufrechterhalten lässt.

Wie sieht es aber aus mit dem Einsatz von Scrum in Projekten, in denen die Teams auf mehrere Standorte verteilt sind. In der Praxis muss man häufig auf externe Mitarbeiter, die sich nicht vor Ort befinden, zurückgreifen. Ein Hauptgrund dafür ist der Mangel an Software-Entwicklern in den westlichen Industrienationen. Dieser Mangel führt dazu, dass immer mehr Software-Entwicklungsprojekte von immer größeren und immer weiter verteilten Teams durchgeführt werden. Da die Verteilung des Projektes auf Teams, die in einem angrenzenden Gebäude sitzen, fast ebenso produktivitätshindernd ist wie die Verteilung des Projektes auf Teams in Niedriglohnländern, hat man in jedem Fall mit den gleichen Problemen zu tun:

- **Mangelhaftes Domain-Wissen**
  Software-Entwicklung ist eine Form von Wissensmanagement. Das Wissen über das Anwendungsgebiet, über das Geschäft des Users und seine Rahmenbedingungen muss beim Schreiben von Software mitgedacht werden. Dieses in den meisten Fällen *nicht-*

---

[6]Eine gute Übersicht über die Problematik der Soziometrik finden Sie bei Wikipedia [mes].

aufschreibbare Wissen geht bei der Arbeit mit Software-Entwicklern in anderen Ländern unweigerlich verloren. Alle Spezialfälle aufzuschreiben, wäre viel zu aufwändig. Die Einbeziehung des Users funktioniert in verteilten Umfeldern oft nicht mehr.

Zu viele junge, unerfahrene Entwickler

Wenn man sich Software-Entwicklungs-Factories oder Offshore-Entwicklungsfirmen genauer ansieht, stellt man meistens fest: dort arbeiten Hundertschaften von Software-Entwicklern, die alle unter 30 Jahre alt sind und maximal ein bis drei Jahre Software-Entwicklungserfahrung haben. Diese Entwickler haben in der Regel nicht die nötige Erfahrung, um eigenverantwortlich Software-Applikationen zu entwickeln. Das geben alle Beteiligten offen zu. Oft wird sogar argumentiert, man müsse aus diesem Grund wasserfallähnlich entwickeln. Die Entwickler könnten nur von der Spezifikation weg entwickeln.

Misslingende Kommunikation

Sprachprobleme, Zeitverschiebung, kulturelle Unterschiede, Annahmen auf der einen Seite über den anderen und umgekehrt sowie ein nicht ausgesprochenes Machtgefälle führen zu einer Vielzahl von Kommunikationsproblemen bei verteilten Teams. Der Einsatz moderner Hilfsmittel wird zwar immer einfacher, und die Voice-Over-IP-Telefonie hat die Kosten für die Kommunikation drastisch reduziert, aber selbst Videokonferenzsysteme können an der Tatsache nichts ändern, dass verteilte Teams hohe Produktivitätsverluste erleiden, weil sie verteilt sind. Allen zeigte bereits 1984, wie drastisch die Effektivität der Kommunikation abnimmt, wenn Teams verteilt sind [Allen 1984].

Mangelnde Identifizierung führt zu De-Motivation

Die Motivation eines Teams, das seinen Kunden nie gesehen und nie mitbekommen hat, wie der Kunde auf die geschriebene Software reagiert, ist nicht so groß wie die Motivation eines Teams, das für den Kunden vor Ort arbeitet. Teams in der Tschechischen Republik oder in Polen haben mir immer wieder bestätigt, dass sie der Meinung sind, die Produktmanager wüssten in der Regel nicht, was sie wollen. Die Tatsache, dass diese Teams vom Kunden sowohl durch die Sprache als auch die Entfernung getrennt sind, hilft nicht zu verstehen, wie die Applikation aussehen sollte. Sie sind nicht nur durch die Entfernung und die Fremdsprache vom Kunden getrennt, sondern zusätzlich durch Business-Analysten beim Kunden, Business-Analysten und Architekten in der eigenen Organisation sowie möglicherweise durch das Management.

Die Qualitätssicherung findet am Ende statt

Die meisten verteilten Teams werden so aufgesetzt, dass die Qualitätssicherung von den Teams, die mit dem Kunden arbeiten, durchgeführt wird. Diese Form der Endkontrolle ist notwendig. Die Qualitätssicherungsabteilung, die am Ort der Entwicklung angesiedelt ist, beurteilt daher in der Regel nicht die Qualität des Produktes. Sie beurteilt, ob die Prozesse, die für die Entwicklung des Produktes vorgeschrieben sind, eingesetzt und den Regeln gemäß umgesetzt wurden. Dies hat zur Folge, dass sich die Qualitätssicherung immer weiter von der Entwicklung entfernt und zu einer reinen „Prozesspolizei" wird.

■ **Mangelhafte fachliche Kompetenz**

Entwickler in Indien oder in osteuropäischen Ländern sind in der Regel nicht so gut ausgebildet wie Software-Entwickler in westeuropäischen Ländern oder in den USA [Röder]. Große bekannte Entwicklungsorganisationen im Ausland werden von den jungen Entwicklern gerne als Arbeitgeber ausgewählt, weil sie sich dort eine gute Ausbildung erhoffen.

■ **Hoher Reisestress**

Die outsourcende Organisation hat in der Regel Menschen, die vor Ort mit den Kunden reden. Wollen sie mit den Software-Entwicklern auf der anderen Seite der Welt arbeiten, unterliegen sie einem erhöhten Reisestress. Diesem Problem müssen Firmen wiederum in Form von Urlaub oder Überstundenregelungen begegnen.

■ **Zentralistisches Denken – Macht**

Der Umstand, dass alle wichtigen Entscheidungen in der Unternehmenszentrale getätigt werden, verhindert, dass Mitarbeiter gerne die Zentrale verlassen. Die Vermutung, dass internationale Erfahrung für Mitarbeiter von Konzernen immer sinnvoll für die Karriere ist, trifft nur eingeschränkt zu. Oft ist es so, dass die Mitarbeiter, die für ein oder zwei Jahre den Unternehmensstandort in Deutschland verlassen haben, von diesen Erfahrungen bei der Rückkehr nicht profitieren. Die Karrierechancen nehmen oft sogar rapide ab, wenn man tatsächlich den Schritt wagt und sein Glück im Ausland versucht. Die andere Seite des Problems des Hauptquartier-Syndroms ist, dass die Ideen, die bei den Teams im Ausland während des Entwickelns entstehen, in der Unternehmenszentrale nicht wahrgenommen werden. Die Kommunikation läuft oft nur in eine Richtung – aus der Zentrale hinaus, in die Teams hinein.

■ **Architektonische Aufspaltung**

Oft werden die architektonischen Überlegungen in der Unternehmenszentrale von hauptamtlichen Architekten durchgeführt. Diese bestimmen die Ausrichtung der Software und legen fest, wie etwas entwickelt werden soll, sie reden aber eher selten mit den Teams, die die Applikation entwickeln, oder entwickeln selten selbst mit. Diese Architekten können nach einiger Zeit nicht mehr mit den Teams Schritt halten, und doch geben sie vor, wie die Applikationen geschrieben werden sollen.

■ **Fachliche Aufspaltung**

Fast immer basiert die Aufspaltung eines Teams in verteilte Teams auf der Trennung in Fachdisziplinen. Die Software-Entwickler bekommen von den System-Architekten oder den Informations-Architekten, die in der Zentrale arbeiten, ihre Vorgaben. Die Tester arbeiten basierend auf den Spezifikationen, ohne mit den Software-Entwicklern ausreichend zu reden. Die Integrationsteams, die die Programmteile der einzelnen Teams aus Indien, den USA und Irland bekommen, sitzen in den USA und versuchen ihr Bestes, können aber nur dafür sorgen, dass die Software läuft. Verteilte Teams, aufgesetzt nach Fachdisziplin, haben mit der Umstellung auf agile Arbeitsweisen am meisten zu kämpfen. Die Teammitglieder und die Manager dieser Teams können sich nur sehr schwer vorstellen, wie das Zusammenarbeiten über Länder hinweg funktionieren soll.

Trotz all dieser Probleme werden immer mehr Software-Entwicklungs-Aufgaben in die Niedriglohnländer verschoben. Umso erstaunlicher ist es, dass immer mehr Firmen, die diesen Weg gegangen sind, ihre verteilten Teams der Reihe nach auf Scrum umstellen. Da drängt sich die Frage auf: Hat das Verteilen der Software-Entwicklung auf verschiedene Kontinente und viele Länder möglicherweise nicht funktioniert? Offenbar bekommen die großen internationalen Software-Entwicklungsfirmen nicht die Resultate, die sie benötigen, und erhoffen sich nun die Lösung durch Scrum.

Meine Vermutung ist, es hat nicht so funktioniert, wie es sich die großen, international operierenden Firmen vorstellten. Doch wir müssen auch sehen, mit welchen Problemen die Firmen zu kämpfen haben: sie brauchen immer mehr Software-Applikationen, die immer schneller entwickelt werden müssen, und haben möglicherweise tatsächlich keine andere Wahl, als mit Entwicklern aus der ganzen Welt zusammenzuarbeiten. Der Fachkräftemangel in Deutschland und in Europa zwingt Firmen, auf die Suche nach gut ausgebildeten Menschen in anderen Ländern zu gehen.

Auf der einen Seite gibt es in den westlichen Industrienationen nicht genügend Entwickler, auf der anderen Seite funktioniert das Modell Outsourcing nicht so gut wie erhofft. Wie kann hier Scrum, das auf kleine Teams an einem Ort ausgelegt ist, helfen?

9.3.2 Scrum – Sichtbarmachen der Probleme

Scrum zeigt die oben genannten Probleme des Themas Outsourcing schonungslos auf. Scrum macht jedem, der mit offenen Augen hinschaut, klar, was man ohnehin bereits weiß, aber gerne verschweigt. Zum Beispiel wird Folgendes schnell deutlich:

- Im Daily Scrum sieht jeder Teilnehmer sofort, ob ein Team in der Lage ist zu liefern.
- Es wird sofort sichtbar, wenn die Senior-Entwickler ihre Zeit damit verbringen, Juniors auszubilden.
- Die Kommunikationsprobleme zwischen der Zentrale und den externen Teams sind sofort zu erkennen.
- Wenn die Skills der Teams nicht ausreichen, wird das schnell deutlich.
- Die kulturellen Unterschiede zwischen den Ländern treten schnell zutage.

Das klingt so, als wäre die Einführung von Scrum in verteilten Umfeldern keine gute Idee. Doch das Gegenteil ist der Fall: Scrum in verteilten Umfeldern ist dann erfolgreich, wenn die Firmen erkennen, dass Scrum hilft, die Probleme sichtbar zu machen. Die outsourcenden Firmen können die aufgedeckten Problem nutzen, um ihre Produktivität zu steigern. Allerdings nur dann, wenn klar wird, dass diese Probleme nicht von Scrum als Prozessmodell gelöst werden können, sondern nur durch eine rigorose Anwendung der Prinzipien von Scrum, was die Chance birgt, diese Organisationen in die Lage zu versetzen, ihre Software-Entwicklung zu verbessern.

Scrum kann in verteilten Organisationen dazu eingesetzt werden, die geeigneten Lösungen für die jeweiligen Situationen zu finden, um die Produktion von Software zu vereinfachen und auf eine Basis zu stellen, die dann dazu führen kann, dass die Organisation schneller als jemals zuvor Software liefert.

Dafür gibt es herausragende Beispiele in der Software-Entwicklungsindustrie, etwa die Ping Identity Corporation, Denver, Colorado oder BMC Software, Inc. in Austin [Leffingwell 2007].

Die Lösungsbeispiele und -ideen, die ich Ihnen nun vorstellen möchte, können bei der Einführung von Scrum für verteilte Teams helfen, sind aber bitte nicht als Standardlösungen zu verstehen, sondern sollen Ihnen als Anregung dienen, Ihre eigenen Lösungen zu finden. Sie entstammen meiner eigenen Arbeit und der Literatur [Leffingwell 2007, Tabaka 2006, Kniberg 2007]:

9.3.3 Team-Set-up-Szenarios

Komponenten oder Layer-Teams

Wenn klare Interfaces, klare Anforderungen und technisch getriebene Entwicklung als Voraussetzung gegeben sind, dann sind Komponenten-Teams eine geeignete Möglichkeit, ein Scrum-Team zu skalieren. Darin stimme ich Leffingwell und vielen Kunden, mit denen ich in den letzten Jahren gesprochen habe, zu. Die Grundidee dieses Set-Ups besteht in isolierten Komponenten, die getrennt voneinander entwickelt werden können. Jedes Team ist für eine oder mehrere unabhängige Komponenten des Systems zuständig. Dieses Modell erfordert aber, dass es ein Architektur-Team gibt, das die System-Architektur plant und entwirft. Dieses Architektur-Team könnte das initiale Team sein, das entscheidet, in dieser Form zu skalieren.

Der Vorteil dieser Methode: Es ist verhältnismäßig einfach, die „Plattform" zu entwickeln. Auf diesen Code, der über entsprechende Interfaces zugänglich wird, können dann Applikations- oder Funktionalitäts-Teams aufsetzen. Ein Modell, das bei einem meiner Kunden gut funktioniert. Doch warum? Hier besteht die Voraussetzung, dass die Plattform-Teams unabhängig von sich verändernden Anforderungen die eigentliche Anwendungslogik entwickeln können, da sich diese durch die Natur der Applikation selbst nicht wesentlich verändern kann. Sie müssen nicht auf sich verändernde Anforderungen reagieren, da die Logik ihres Systems sich nicht ändert.

Dieser Ansatz hat allerdings drei entscheidende Nachteile.

■ Das Komponenten-Team wird durch Architekten gesteuert, nicht durch den Anwender. Die Funktionalitäten werden basierend auf Spezifikationen geschrieben, nicht basierend auf der Kommunikation mit dem Anwender. Die Komponenten-Teams arbeiten in einer künstlichen Blase und sehen das Gesamtbild nicht mehr.

■ Funktionalitäts- oder Feature-Teams sind auf die Komponenten-Teams angewiesen und müssen zwangsläufig auf diese Teams warten.

■ Diese Arbeitsweise führt in der Regel zu einem erhöhten Kommunikationsaufwand, da die Teams ständig miteinander über die Funktionalität reden müssen.

Feature Teams/Cross-Component-Teams

Funktionalitätsgesteuerte Teams sind agiler, wenn es darum geht, auf geänderte Geschäftsfunktionalitäten zu reagieren. Jedes Team besteht aus den für die Entwicklung von Funktionalitäten notwendigen Personen mit den entsprechenden Fähigkeiten.

Der Vorteil dieses Modells:

■ Die Teams sind immer dicht an den Anforderungen aus Sicht des Kunden oder Anwenders. Der Fokus der Teams bleibt immer am Puls des Endanwenders, und die Beweglichkeit der Teams bleibt nicht eingeschränkt, denn sie können den Code so verändern, wie sie ihn für das jeweilige Einsatzgebiet benötigen.

■ Die Motivation kommt aus der Lieferung der Anwendungslogik. Die Teammitglieder liefern nach jedem Sprint ein Stück der Applikation, die sie präsentieren können.

■ Die Teams müssen nicht auf andere Teams warten. Es gibt keine technischen Abhängigkeiten von einer Komponente, die nicht vom Team selbst gelöst werden könnte.

Der Nachteil: Möglicherweise wird die gleiche Funktionalität mehrmals entwickelt und existiert an unterschiedlichen Stellen in der Codebasis.

Feature Teams mit virtuellen Komponenten-Teams

Die agilste Variante des Team Set-ups ist die für viele Organisationen befremdlichste: Feature-Teams, die sich selbstständig zu neuen Einheiten gruppieren, wenn an einer bestimmten Komponente gearbeitet werden soll (Abbildung 9.3). Dieses Modell funktioniert in der Open-Source-Gemeinde jedoch extrem gut. Hier wird die Applikation auf einer gemeinsamen Codebasis, die von einem initialen Team entwickelt wurde, weiterentwickelt. Diese Codebasis wird vom initialen Team verwaltet, das dafür sorgt, dass beim Integrieren mit dieser Codebasis die entsprechenden Standards eingehalten werden. Jedes Feature-Team hat jedoch die Möglichkeit, jede Komponente basierend auf seinen Bedürfnissen zu verändern und an die neuen Anforderungen anzupassen. Diese Variante ist sicherlich am schwersten durchzuführen, denn sie widerspricht den meisten organisatorischen Set-Ups. Sie ist aber auch die effektivste, denn sie erzeugt keinerlei Engpässe. Das Product Owner Team kann darüber wachen, dass die Richtlinien aus der Vorbereitungsphase erhalten bleiben.

Die Vorteile:

■ Teams arbeiten an den Funktionalitäten, die für den Anwender wichtig sind. Sie bleiben durch das Geschäft gesteuert.

■ Technologische Überlegungen der Teams werden immer zugunsten des Anwendungsfalls geklärt.

■ Die Teams, die die Komponenten weiterentwickeln, entwickeln diese Komponenten aus der Sicht des Kunden, nicht aus der Sicht der Technik.

■ Es gibt kein Engpässe bei den Komponenten-Teams, denn sie existieren nur so lange, wie sie benötigt werden.

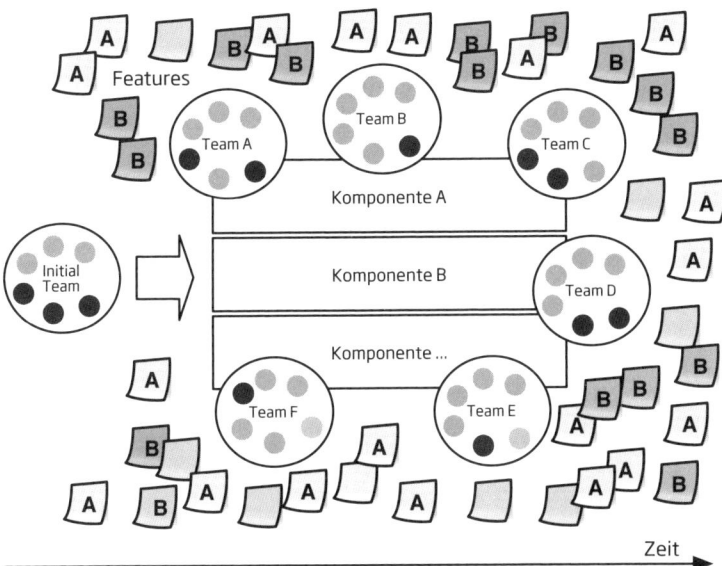

Abbildung 9.3:
Jedes Team
arbeitet an jeder
Komponente

- Benötigen zwei oder mehr Teams die gleiche Komponente, kann diese von dem gemeinsam gebildeten Komponenten-Team erzeugt werden. Das Wissen über die Funktionalität der neuen Komponente wird sofort weitergegeben.

- Die neuen Komponenten werden sofort von den Teams, die auch die Applikationslogik schreiben müssen, genutzt; und so wird verifiziert, ob die Komponente die notwendigen Funktionalitäten bietet.

Die Problematik dieses Ansatzes besteht darin, dass es gelingen muss, die Teams zumindest zum Sprint Planning miteinander kommunizieren zu lassen. Sie müssen erkennen können, dass sie an gemeinsamen Komponenten arbeiten. Eine andere Lösung wäre, das Modell der Open-Source-Gemeinde weiterzutreiben und einen Verantwortlichen (den Maintainer, [BerliOS]) für die Qualität des eingecheckten Codes zu definieren und alle anderen als Contributors zu bestimmen.

Geteilte Teams

Eine auf den ersten Blick nicht eingängige Variante, verteilte Teams zu bilden, ist, alle Teams eines Projektes auf die verschiedenen Standorte zu verteilen (Abbildung 9.4).

Die Grundidee ist, dass alle Teams auf diese Weise einen Standort beim Product Owner haben und „gezwungen" sind, sowohl über die Standorte hinweg als auch über die Teams am jeweiligen Standort hinweg zu kommunizieren. Die Inter-Team-Kommunikation findet über die technisch unterstützten Daily Scrums und mit Hilfe von Telefon, Instant Messaging und Videokonferenzen statt. Die teamübergreifende Kommunikation geschieht an den Standorten fast von selbst, weil sich die Teammitglieder an den Standorten unweigerlich treffen werden. Schaffen es die Teams, diesen Ansatz und den aus der Open-Source-Welt entliehenen Ansatz zu vereinen, gelingt ein Höchstmaß an Kommunikation.

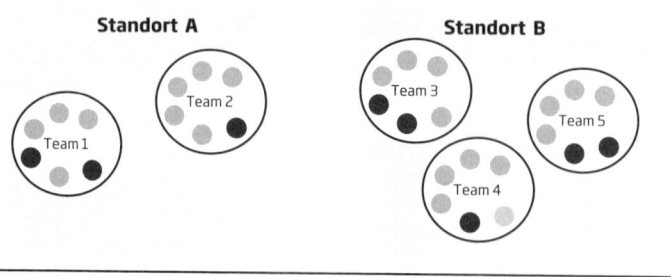

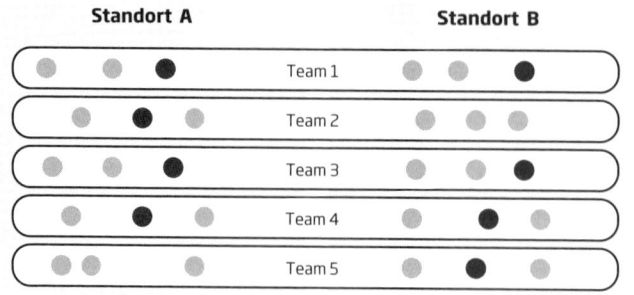

Abbildung 9.4:
Jedes Team ist verteilt

Test Teams/Black Team

Die Tester gehören ins Team. Daran ändert auch eine skalierte Umgebung nichts. Allerdings gibt es eine Anforderung, die im skalierten Umfeld bedeutender wird, als sie es beim Einzelteam-Projekt war: *Es muss mindestens ein Team geben, das versucht, den Code der anderen Teams zu brechen*. Tom DeMarco hat in Peopleware die Idee des Black Teams vorgestellt [DeMarco and Lister 1999b, Kapitel 19]. Dieses Team spielt im skalierten Umfeld eine entscheidende Rolle. Seine Aufgabe ist es, nicht die Funktionalität, die mit dem Product Owner oder Kunden vereinbart war, zu gewährleisten, sondern den Code zu brechen. Die Verantwortung für die Lieferung der vereinbarten Funktionalität liegt bei den Scrum-Entwicklungsteams. Sie müssen dem Testteam funktionierende Software, also getestete und lauffähige Software-Funktionalitäten liefern. Das Black Team besteht aus Super-Testern, Menschen, die sich beim Finden von Fehlern in der Vergangenheit hervorgetan haben. Ihre Aufgabe und Verantwortung besteht darin, den getesteten und lauffähigen Code einem Härtetest zu unterziehen. Die Mitgliedschaft in diesem Team ist eine Auszeichnung, nur die besten Tester werden aufgenommen.

9.3.4 Bedeutung schaffen

In einem skalierten Umfeld müssen alle Teammitglieder ihre Bedeutung und ihre Rolle im Gesamtprojekt kennen. Die Aufgabe des Product Owner Teams ist es, diese Bedeutung zu schaffen und sie im Bewusstsein der Teammitglieder in den verteilten Teams zu erhalten. Jean Tabaka, Certified ScrumTrainerin, hat in ihrem Buch ein wichtiges Hilfsmittel für die Arbeit mit verteilten Teams erwähnt: die Metapher. Sie hilft dabei, den Rahmen zwischen den Kulturen und geographischen Grenzen zu spannen [Tabaka 2006]. Für die Generierung der Bedeutung sind neben der Metapher auch die Vision, ein Product Owner und gemeinsame Sprint Goals notwendig.

- **Vision und Metapher**
Die Metapher unterscheidet sich von der Vision dadurch, dass sie auf der intuitiven Ebene die Vorstellungswelt der Teammitglieder anspricht. Nonaka beschreibt die Metapher als Möglichkeit, etwas intuitiv durch Vorstellung und Symbole zu verstehen. Zeigt die Vision das Ziel und erzeugt die Motivation, so steht die Metapher für das Selbstverständnis und die Kultur eines Teams [Nonaka 1998].

- **Product Owner**
Der Product Owner in einem verteilen Umfeld stellt die Bedeutung her. Er muss präsent sein. Er sorgt dafür, dass jeder weiß, wo sein Platz ist und wie die Rahmenbedingungen des Projektes sind. Er sorgt für die Sinnstiftung durch Geschichten oder Metaphern. Der Product Owner muss darauf achten, ob Teams den Kontext verloren haben, und muss ihn wiederherstellen.

Wir hatten schon gesehen (Abschnitt 4.4.1.), wie wichtig diese Sinnstiftung ist und wie sie durch die Generierung einer Vision vorgenommen werden kann. In einem durch verteilte Teams charakterisierten Umfeld muss diese Sinnstiftung auch durch die Sub-Product-Owner des Product Owner Teams erfolgen. Sie müssen den Zusammenhang immer wieder herstellen. Können sie nicht vor Ort sein, dann müssen sie einen Weg finden, symbolisch vor Ort zu sein. Das heißt, sie sollten durch ständige Kommunikation oder durch entsprechende Sinnstiftung ihre Präsenz zeigen.

- **Gemeinsame Sprint Goals**
In verteilten Teams ist es wie bei großen Teams notwendig, das gleiche Sprint Goal für alle Teams zu benennen. Dann werden die Teams zwangsläufig miteinander arbeiten. Das gilt sowohl für Teams, die fachlich, als auch für Teams, die nach Funktionalitäten aufgeteilt sind. Das gemeinsame Sprint Goal erzeugt den notwendigen Druck und die Bereitschaft zur Selbstorganisation der Teams.

9.3.5 Kommunikation

Verteilte Projekte müssen die Frage lösen: Wie sichern wir die Kommunikation?

Menschen haben, wie schon erwähnt, die Eigenschaft, Artgenossen, die vermeintlich nicht zu ihrer Gruppe gehören, auszugrenzen. Bei verteilten Teams verstärkt sich dieser Mechanismus. Fehler, Kommunikationsprobleme und Missverständnisse wiegen umso schwerer, je weiter die Teams auseinander liegen. Daher ist es unumgänglich, dass die Teams täglich miteinander kommunizieren. In allen erfolgreichen Scrum-Projekten mit verteilten Teams wurde die Grundvoraussetzung geschaffen, dass die Teams täglich miteinander sprechen. Ob bei Ping, bei BMC oder bei Projekten mit Kunden, die ich selbst durchführte – erfolgreich waren diese Projekte, weil das tägliche Daily Scrum sehr schnell funktionierte.

Nur die ständige Kommunikation und Bereitschaft zur Kommunikation stellt sicher, dass es nicht zu sich selbst verstärkenden Missverständnissen kommt. Das berühmteste Beispiel dafür, welche Folgen eine Annahme und der Gedanke, wie der andere reagieren könnte, hat, findet sich bei Paul Watzlawick:

> *Ein Mann will ein Bild aufhängen. Den Nagel hat er, nicht aber den Hammer. Der Nachbar hat einen. Also beschließt unser Mann, hinüberzugehen und ihn auszuborgen. Doch da kommen ihm Zweifel: Was, wenn der Nachbar mir den Hammer nicht leihen will? Gestern schon grüßte er mich nur so flüchtig. Vielleicht war er in Eile. Aber vielleicht war die Eile nur vorgeschützt, und er hat etwas gegen mich. Und was? Ich habe ihm nichts angetan; der bildet sich da etwas ein. Wenn jemand von mir ein Werkzeug borgen wollte, ich gäbe es ihm sofort. Und warum er nicht? Wie kann man einem Mitmenschen einen so einfachen Gefallen abschlagen? Leute wie dieser Kerl vergiften einem das Leben. Und dann bildet er sich noch ein, ich sei auf ihn angewiesen. Bloß weil er einen Hammer hat. Jetzt reicht's mir wirklich. – Und so stürmt er hinüber, läutet, der Nachbar öffnet, doch noch bevor er „Guten Tag" sagen kann, schreit ihn unser Mann an: „Behalten Sie Ihren Hammer, Sie Rüpel!"*

> *[Watzlawick 2000, S. 37]*

Das von Watzlawick so anschaulich beschriebene Verhalten lässt sich häufig beobachten. Eine E-Mail landet im Eingangskorb, und der Empfänger beginnt sofort lautstark darüber zu reden, wie man solch eine E-Mail schreiben könne. Anstatt den Hörer in die Hand zu nehmen und den Absender zu fragen, was denn mit dieser E-Mail gemeint sei, wird der nächste Kollege infiziert, und es entsteht eine ungemütliche Atmosphäre in diesem Team an diesem Standort. Dieses Phänomen kann nur eingedämmt werden, wenn es gelingt, eine ständige Zwei-Wege-Kommunikation mit regem Austausch einzuführen.

9.3.6 Daily Scrum mit verteilten Teams – Teil 2

Das Daily Scrum liefert den Teams das Herzstück ihrer Kommunikation. Die oben beschriebene Zwei-Wege-Kommunikation findet zumindest ein- oder zweimal am Tag statt [Leffingwell 2007, S. 254]. In einem verteilten Umfeld muss das Daily Scrum vorbereitet werden und kann nicht mehr so spontan wie bei einem einzigen Team stattfinden.

Prinzipien

Es hat sich gezeigt, dass die Daily Scrums im verteilten Umfeld wesentlich stärker strukturiert und noch disziplinierter durchgeführt werden müssen und in der Regel vorbereitet sein sollten:

- **Agenda:**
  Die Daily Scrums sollten nicht nur die drei Fragen beantworten, sondern einer klaren Agenda folgen.

Agenda für das Daily Scrum in verteilten Umfeldern

1. Begrüßung – Jeder sagt kurz „Hallo!"

2. Der ScrumMaster fragt, ob es einen wichtigen Punkt gibt, der im Anschluss besprochen werden muss.

3. Alle Teammitglieder geben der Reihe nach Auskunft zu den folgenden Fragen:
   - Was habe ich seit dem letzten Meeting erreicht?
   - Was will ich heute erreichen?
   - Was steht mir dabei im Weg?

4. Mit wem will ich heute zusammenarbeiten, wen brauche ich, um meine Ziele zu erreichen?

5. Festgehalten wird:
   - Entscheidungen, die getroffen worden sind.
   - Impediments, die erledigt worden sind.
   - Gibt es noch etwas, was erwähnt werden muss?

6. Der Moderator schließt das Daily Scrum.

- **Timelimit:**
  Die klare Beschränkung auf eine vorgegebene Zeit ist wesentlich. Das gilt für die Daily Scrums bei verteilten Teams noch mehr. Der ScrumMaster muss unbedingt darauf achten, dass die Timebox des Meetings eingehalten wird.

- **Keine Diskussionen zulassen:**
  Das Daily Scrum ist ein Meeting zum Austausch von Informationen und zur Synchronisation von Aktivititäten. Es ist kein Diskussions- oder Profilierungsmeeting. Der ScrumMaster sollte Diskussionen sofort beenden und dafür sorgen, dass die Teilnehmer im Anschluss an das Meeting miteinander reden können.

- **Schriftliche Vorbereitung:**
  Die Daily Scrums schriftlich vorzubereiten, hat sich besonders bei der Arbeit mit Nicht-Muttersprachlern bewährt. Die Mitglieder der Teams beschreiben kurz in einem Wiki, was sie getan haben und was sie vorhaben. Jeder liest diese Informationen vor dem Meeting. Damit kommen auch jene zu Wort, die in der jeweiligen Meetingsprache nicht so gut kommunizieren.

Reisen und technische Hilfsmittel

In einem verteilten Umfeld geht es nicht mehr ohne technische Hilfsmittel. Dies bedeutet, dass die Kosten für die Kommunikation der Teammitglieder untereinander steigen. Videokonferenzsysteme, Telefone, Headsets und Workstations, die man für das zügige Arbeiten mit diesen neuen Kommunikationsmitteln benötigt, sind in der Regel ein beträchtlicher Kostenfaktor. Diese Kosten sind aber unerheblich im Vergleich mit den Folgen, wenn man die Mittel nicht anschafft.

Ein zweiter Kostenfaktor, der beim Arbeiten in verteilten Teams anfällt, ist das Reisen. Die Kosten für die Reisen sind hoch, aber diese Reisen sind unumgänglich. Wir wissen alle, dass eine Vielzahl von Problemen aus der Welt geschafft werden kann, wenn man sich mit seinem Gegenüber für ein paar Stunden an einen Tisch setzt und bei einer Tasse Kaffee oder beim Mittagessen die Probleme und die unterschiedlichen Standpunkte austauscht.

■ **Initiale Besuche**

Der beste Start für ein Projektteam ist, zu Beginn gemeinsam an einem Ort zu arbeiten. Bringen Sie die Teammitglieder aus verschiedenen Standorten für zwei bis vier Wochen zusammen. Fliegen Sie die Mitarbeiter aus der Zentrale zum Standort der Kollegen oder umgekehrt. Oder bringen Sie alle Teammitglieder an einen dritten Ort, ein Haus in den Bergen zum Beispiel. Die Teams sollen dort gemeinsam für einige Wochen die notwendigen Schritte überlegen und planen. Dann geht jeder wieder zurück an seinen Arbeitsplatz. Diese Form des Arbeitens, die in der Beraterbranche schon lange üblich ist, wird sich meiner Ansicht nach auch in der nicht-beratenden Branche durchsetzen. Wer einmal das Gesicht, den Arbeitsplatz, den Chef, die Stadt und das Pub des neuen Kollegen gesehen hat, geht mit diesem neuen Freund anders um.

■ **Kontinuierliches Reisen**

Die Reisebereitschaft aller Teammitglieder sollte in verteilten Teams groß sein. Teammitglieder sollten sich gegenseitig während des Sprints besuchen. Es hat sich bewährt, am Ende des Sprints, in der Integrationsphase, ein Teammitglied aus jedem Team an einem Standort zu versammeln und dieses zusammengestellte Team die Integration durchführen zu lassen.

■ **Unbegrenztes Telefonieren/Voice-Over-IP**

Die wichtigste und einfachste Möglichkeit, den Kommunikationsfluss aufrechtzuerhalten, ist das Telefonieren. Ein Telefonanruf kann viele E-Mails ersetzen. Er ist in der Regel schneller und produktiver als das Schreiben von E-Mails. Für das Telefonieren gilt allerdings: Die Gespräche sollten nah am Thema bleiben. Wenn das Telefonieren in Tratschen oder Quatschen ausartet, wird es zum Produktivitätskiller. Hier ist die Disziplin der Teammitglieder gefragt.

Ein wunderbares Tool sind die Voice-Over-Ip-Technologien, wie sie von Skype™ iChat™ oder GoogleTalk™ angeboten werden. Sie können Scrum-Teammitglieder, die sich an unterschiedlichen Standorten befinden, in Realzeit miteinander verbinden.

Versuchen Sie es mal – öffnen Sie einen Skype Video Call zu einem Freund, und lassen Sie ihn geöffnet. Nun arbeiten Sie an Ihren eigenen Themen. Ab und zu unterhalten Sie sich ein wenig mit Ihrem Freund auf der anderen Seite. Das ist fast so, als säße Ihnen die andere Person gegenüber.

■ **Instant Messaging/Virtual Café – Google Docs**

Mit meinen Mitarbeitern habe ich mit Hilfe eines Instant-Messenger-Systems einen permanenten Chat eingerichtet: Das Virtual Café. Dieser (Chat-)Raum ist ständig offen, und jeder, der eine Frage hat, der etwas kommentieren oder einfach nur etwas loswerden will, schreibt einen Eintrag. Dieses einfache Hilfsmittel führt dazu, dass sich die Mitglieder meines Consulting-Teams bei ihren Kunden nicht vollkommen alleine fühlen. Sie erhalten schnell Hilfe, weil immer jemand online ist. Ein Instant Messenger und eine kollaborative Arbeitsumgebung, wie sie zum Beispiel Google Docs ™ bietet, ist für viele Einsatzgebiete ebenfalls sehr hilfreich.

- **Konferenztelefon, Videokonferenz-Equipment**

  Für das Daily Scrum sind die Instant Messenger nicht die beste Lösung. Es bietet sich an, für dieses Meeting eine professionelle Videokonferenzlösung einzusetzen. Die Qualität ist in der Regel wesentlich besser, und die Verbindungen zum Gegenüber sind stabiler. Sollte eine Videokonferenzlösung nicht in Frage kommen, sollten Sie auf jeden Fall ein gutes Konferenztelefon einsetzen. Meiner Erfahrung nach lohnt es sich nicht, ein billiges Telefon zu kaufen – die Sprachqualität ist oft nicht ausreichend. Das führt wieder zu Missverständnissen. Insbesondere beim Telefonieren in Englisch, wenn nicht alle gleich gut Englisch sprechen, ist die Sprachqualität oft entscheidend.

- **Wiki, Foren, Dokumentenablage**

  Die nächste große Hürde ist das gemeinsame Ablegen von Dokumenten. Wikis, Foren und Dokumentenmanagement-Systeme – sie alle haben Vor- und Nachteile. Entwickler mögen meist Wikis, und diese lassen sich auch schnell anlegen. Wikis sind aus der Sicht des Schreibenden genial, aus der Sicht des Lesenden jedoch sub-optimal, weil häufig zu wenig Struktur vorhanden ist. Informationen werden zu häufig mehrfach abgelegt, und es kommt zu Zweideutigkeiten. Wird ein Wiki jedoch von Anfang an von einem Redakteur betreut, kann es zu einer Quelle des Wissens werden. Wikipedia.org hat gezeigt, wie es funktionieren kann.

  Hier gilt wieder: das Team sollte selbst den geeigneten Weg für die Ablage von Informationen finden. Vorgaben von außen führen beim Thema Dokumentation zu Widerstand, was zur Folge hat, dass sich nur wenige Teammitglieder bemühen, die Ablage von Dokumenten sinnvoll zu gestalten. Erst wenn die Teammitglieder einen Nutzen darin sehen, etwas aufzuschreiben, werden sie die nötigen Informationen dort nutzbar ablegen. Es gibt eine Reihe von Versuchen, das Ablegen von Informationen für verteilte Teams einfach und sinnvoll zu gestalten. Unsere eigenen Recherchen und Versuche zeigen jedoch, dass die vorhanden Hilfsmittel und Tools weit davon entfernt sind, die Informations- und Dokumentationsbedürfnisse von verteilten Teams integriert zu lösen.

9.3.7 Scrum-Tools – technische Hilfsmittel

Sind Teams über Städte, Länder oder gar Kontinente hinweg verteilt, kommen sie nicht mehr ohne elektronisch unterstütztes Backlog Management aus. Karteikarten und das Taskboard sind auf der Ebene des Teams auch hier noch immer das Mittel der Wahl, aber was mit Karteikarten nicht mehr sinnvoll abzuwickeln ist, ist der Austausch der Informationen über die Zukunft des Backlog Items. Für diesen Zweck sind elektronische Hilfsmittel besser geeignet.

Ein Fehler wird beim Einsatz elektronischer Hilfsmittel aber leider immer wieder begangen: Auch die Aufgaben werden in die Tools eingegeben. Das führt zu unnötigem Verwaltungsaufwand und erschwert die Arbeit der Teams. Die Kommunikation darüber, ob eine Aufgabe erledigt worden ist, kann auch im verteilten Scrum-Team sehr einfach über die

Aktualisierung des Taskboards durchgeführt werden, indem man das Board nach dem Daily Scrum fotografiert und das Bild in ein Forum oder Wiki stellt.

Elektronische Tools sind meiner Meinung nach für drei Aufgaben in verteilten Teams sinnvoll einsetzbar:

1. **Backlog Management**

   Das Festhalten von Ideen über Ländergrenzen hinweg lässt sich sehr gut mit elektronischen Tools durchführen. Die einfachste Variante ist das Spreadsheet, die komplexeste der Einsatz eines Scrum-Tools wie Version One. Diese Tools nehmen alle Informationen zu den einzelnen Backlog Items auf, sei es in Form von Stories oder Anforderungen. Manche Tools sind sogar in der Lage, Anlagen zu den Stories zu speichern.

2. **Berichte**

   Für das Erstellen der Burn-Down-Charts sind die elektronischen Tools natürlich perfekt geeignet. Sie sind in der Lage, jede nur erdenkliche Auswertung zu fahren, und zeigen weit mehr Informationen an, als benötigt werden.

   Bewährt hat es sich, die Burn-Down-Charts der Teams zu fotografieren und in ein Wiki zu stellen. Diese Form des Berichtens ist die schnellste und unkomplizierteste und liefert im Allgemeinen die gleichen Ergebnisse wie das Einarbeiten der Informationen in ein elektronisches Tool, das anschließend den Report automatisch generiert.

3. **Just-In-Time-Ausarbeitung von Anforderungen/Stories**

   Der Vorteil des elektronischen Backlog Managements ist gleichzeitig auch der Nachteil. Schnell werden Hunderte von Einträgen in diesem Tool gespeichert, und die Listen werden länger und länger. Die Tools kategorisieren, gruppieren und sortieren die Backlog Items, aber sie können nicht verhindern, dass diese Listen unübersichtlicher werden. Wichtig ist daher, dass die Teams die Aufgliederung von großen Backlog Items/ Stories erst vornehmen, wenn es notwendig wird. Dieses Prinzip, das auch für die Arbeit mit den Backlog Items bei kleinen Teams gilt, ist bei der Arbeit großer verteilter Teams entscheidend. Die Aufspaltung in kleinere Backlog Items und in genaue Anforderungen läuft so, wie in Kapitel 5 dargestellt. Wieder gilt: Die Sub-Teams selbst sollten die Anforderungen aufteilen – gemeinsam mit ihrem Sub-Product Owner.

9.4 Scrum im Multi-Projekt-Umfeld

9.4.1 Das Chaos bewältigen – Das Projekt-Backlog

Eine Organisation mit mehreren Tausend Mitarbeitern wollte auf Scrum umstellen. Die Frage, die man mir stellte: Wie funktioniert Scrum in einem Multi-Projekt-Umfeld mit Multi-Teams und Multi-Locations (Abbildung 9.5)?

Die Antwort auf diese Frage ist offenbar für viele Organisationen entscheidend, die Scrum einführen wollen, denn häufig müssen sich Applikations-Teams mit den Anforderungen aus

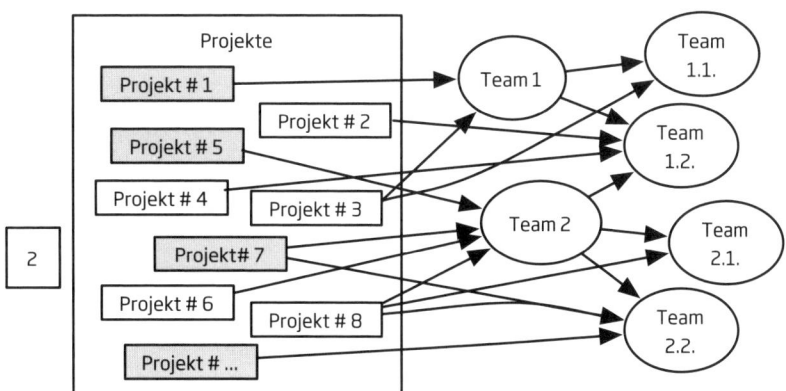

Die Teams arbeiten an mehreren Projekten gleichzeitig --- Alles ist in Arbeit

Abbildung 9.5: Multi-Projekt-Management ohne Projekt-Backlog

vielen Projekten gleichzeitig befassen. Oft sind diese Teams auf unterschiedliche Standorte verteilt. Zudem bestehen die Teams nicht aus allen erforderlichen Spezialisten, sondern benötigen die Hilfe einer oder mehrerer anderer Teams, um die an sie gestellten Anforderungen erfüllen zu können.

So nachvollziehbar diese Frage deshalb ist, sie führt uns auf den berühmten Holzweg. Die Hoffnung hinter dieser Frage besteht darin, dass Scrum dieses Projektchaos besser verwalten kann und damit beherrschbar macht. Aber wieso sollte eine Arbeitsweise, die keine Methode sein will, etwas vermögen, was die traditionellen Projektmanagementmethoden mit all ihren Skalierungsansätzen nicht vermochten? Die Grundproblematik in diesen Firmen bleibt: Dort herrschen chaotische Verhältnisse im Projekt- und Portfoliomanagement. Die Informationen über diese Projekte sind oft unzureichend, falsch und irreführend. Projektmanager reden ihre Projekte schön, und bei Problemen verliert derjenige, der zuerst zugibt, dass er den Termin nicht halten kann.

Scrum dient nicht dazu, dieses Wirrwarr an Projekten zu managen, sondern Scrum zeigt, dass man es entflechten kann, indem es den tatsächlichen Status der Projekte aufzeigt, die politischen Probleme entwirrt und dann ein Projekt nach dem anderen, mit einem oder mehreren Scrum-Teams erfolgreich zu Ende bringt.

Der erste Schritt zur Lösung der Problematik in diesen Organisationen ist das Aufstellen eines firmenweiten, alles umfassenden Projekt- oder Product Backlogs. Dieses Backlog beinhaltet jedes Projekt, das diese Organisation durchführen will oder zur Zeit durchführt (siehe Abbildung 9.6 auf der nächsten Seite).

Bis alle Informationen für die Aufstellung des Backlogs zusammengetragen sind, vergehen einige Wochen und Monate [Schwaber 2007]. Meine Erfahrung mit Kunden zeigt, dass das Zusammentragen der Backlog Items aus vielen unterschiedlichen Projekten eine Aufgabe ist, die ein bis zwei Personen vollständig beschäftigen kann. Dieses Backlog zu priorisieren, ist an sich die Aufgabe eines Geschäftsführers oder eines Chief Executive Officers. Doch ein CEO oder ein COO hat nicht die Zeit, sich hauptsächlich mit der Erstellung und

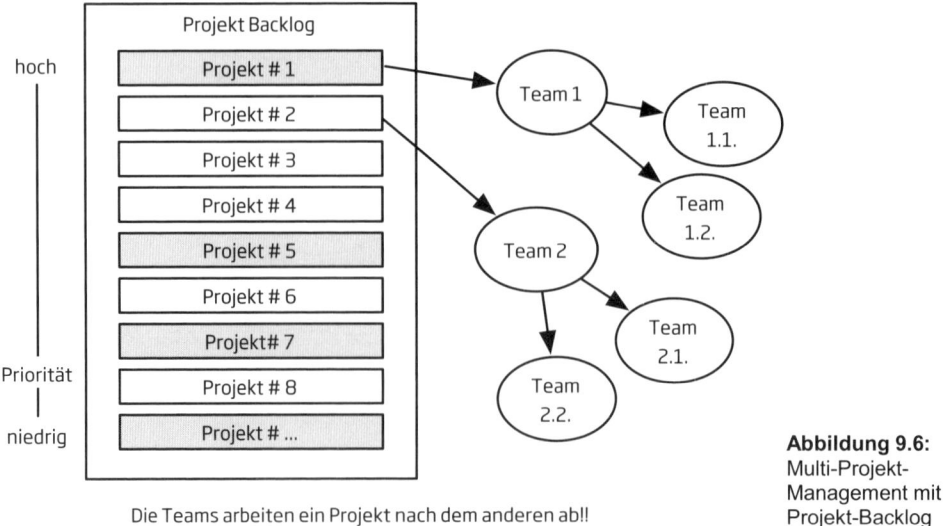

Abbildung 9.6:
Multi-Projekt-
Management mit
Projekt-Backlog

Priorisierung des Product Backlogs der Firma zu befassen. Die Lösung eines meiner Kunden wurde mir in einem Gespräch mit Jeff Sutherland auf der JAOO´07 als richtig bestätigt: Der CEO oder COO ernennt oder sucht eine Person, die diese Aufgabe hauptamtlich und hauptverantwortlich durchführt. Sie wird der Product Owner der Firma. Er wird daran gemessen, ob der Return On Investment der Firma steigt. Erinnern wir uns: Die Hauptverantwortung eines Product Owners besteht darin, den Return On Investment einer Firma zu maximieren (siehe Abschnitt 5.7.1).

Viele Firmen wollen diesen Weg nicht gehen. Die Unternehmensleitung will die Projekte nicht in eine geordnete Reihenfolge bringen, weil die Ausarbeitung des Product Backlogs anstrengend ist. Unzählige Konflikte sind zu lösen und unzählige Meinungen einzuholen. Die Frage nach dem Geschäftsnutzen wird ungern beantwortet, denn sie erfordert Entscheidungen und damit das Übernehmen von Verantwortung.

Oft reden sich die Entscheidungsträger heraus, dass alle Projekte für die Firma aus unterschiedlichen Gesichtspunkten wichtig seien. Es mag sein, dass unterschiedliche Abteilungen ihre Prioritäten in den verschiedenen Projekten anders einschätzen, aber es ist Aufgabe der Unternehmensführung, Klarheit darüber herzustellen, was das Unternehmen voranbringt und was nicht. Jedes Unternehmen muss hier seinen eigenen Weg und jede Firma ihre eigene Art und Weise finden, die Priorisierung des Backlogs – existiert es erst einmal – vorzunehmen. Ricardo Semler löste diese Frage durch demokratische Abstimmungen. Google lässt Entwickler selbst wählen, an welchen Projekten sie arbeiten wollen, und zahlt denen, die an den erfolgreicheren Projekten arbeiten, höhere Bonuszahlungen. Und Steve Jobs reduzierte am Anfang seines Siegeszuges die Produktlinien von Apple radikal und fokussierte sich auf wenige Produkte.

Welche Strategie Sie wählen, ist im Grunde gleich, denn jede bringt Sie zum gleichen Ziel: *Fokus*. Der Fokus ist in einem Multi-Projekt-Umfeld entscheidend für den Erfolg der Projekte. Das gilt meiner Meinung nach auch für Großprojekte, die in einigen Firmen Programme genannt werden. Die klassische Lösung, um den Fokus herzustellen, ist die Darstellung des kritischen Pfads oder die Critical Chain [Goldratt 1997].

Es geht immer um Fokussierung: Im Blick behalten, was wirklich wichtig ist.

Scrum als *Managementmethode* für Multi-Projekte basiert vollständig auf diesem Prinzip. Die Projekte werden von den Entscheidungsträgern in einem Unternehmen nach ihrer Bedeutung, Wichtigkeit und Dringlichkeit sortiert und anschließend von den Teams abgearbeitet. Entscheidend ist, dass vom Product Backlog ausgehend nur so viele Projekte wie unbedingt nötig in Arbeit sind.

9.4.2 Mehrere Teams liefern an viele Projekten – Teambacklog

Sehen wir uns das im Einzelnen an. Die Ausgangslage in den meisten Unternehmen sieht so aus: Mehrere Applikationsteams müssen gemeinsam etwas liefern, damit zu einem bestimmten Tag tatsächlich alles fertig ist. Jedes Team muss dabei nur einen kleinen Teil liefern, und ansonsten arbeiten diese Teams an anderen Projekten, kleineren Verbesserungen oder Bugfixes. Ein allgemeingültiges Product Backlog ist noch nicht vorhanden. Dies hat zur Folge, dass es für jedes Team mehrere Projekte gibt und dass die Teams daher für alle Projekte gleichzeitig arbeiten und liefern müssen.

Eine Lösung für dieses Szenario: Jedes Team kreiert ein Teambacklog für sich. Die Arbeit des Teams wird nicht über das Product Backlog gesteuert, sondern über das Teambacklog. Es ergibt sich zu Anfang daraus, dass alle Teams jeweils auflisten, was sie gegenwärtig zu tun haben (Abbildung 9.7).

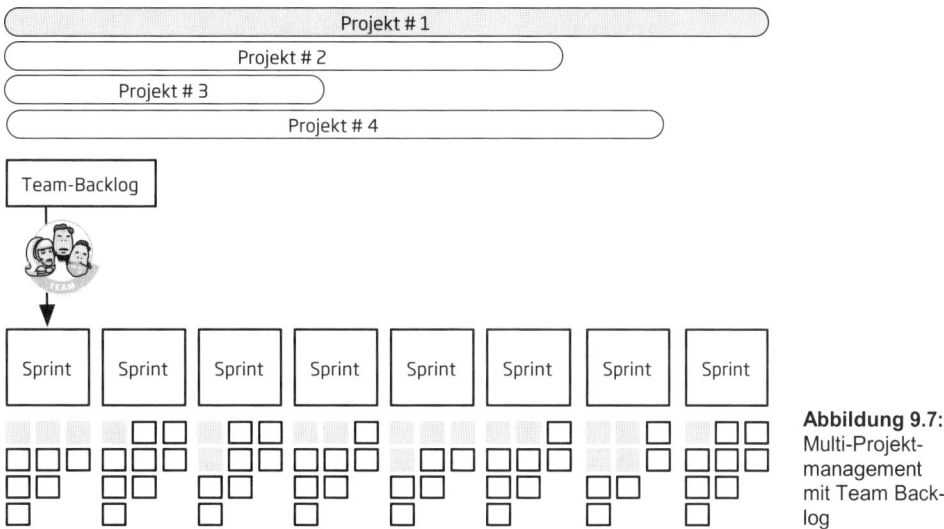

Abbildung 9.7:
Multi-Projekt-management mit Team Back-log

Das Grundproblem, die mangelnde Fokussierung, wird auf diese Weise nicht gelöst, aber es ist möglich, die einzelnen Teams geordnet mit Backlog Items zu versorgen. Die Projekte müssen sich nun bei ihrer Planung an den Lieferzyklen der Teams ausrichten.

Das führt sofort zum nächsten Problem. Oft akzeptieren Organisationen nicht, dass die Teams die Geschwindigkeit steuern, mit der die Projekte liefern. Die scheinbar schnelle Lösung, mehr Mitarbeiter in die Teams zu geben oder einfach höhere Geschwindigkeit zufordern, ist nicht mit Scrum vereinbar. Das grundlegende Prinzip, dass die Teams bestimmen, wie viel Arbeit sie in ihren Sprint aufnehmen, wäre sonst verletzt und die Autorität der Teams somit nicht mehr gegeben. Die langfristigere und nachhaltigere Lösung ist deshalb, dieses Modell über die Zeit so zu verändern, dass die Projekte untereinander priorisiert sind und sich die Teams fokussiert um ein oder zwei Projekte kümmern können. Dies führt auch zu einer höheren Produktivität der Teams.

9.4.3 Aufspalten der Applikations-Teams – Fokus

Wenn ein Projekt mehrere Applikationen betrifft und wir mehr als ein Team für die Abarbeitung der Backlog Items benötigen, dann ist die oben vorgestellte Lösung eine mögliche Lösung. Es geht aber auch wesentlich eleganter, indem man die Applikations-Teams in reine Projektteams aufspaltet. Voraussetzung ist, dass es ein firmenweites Backlog gibt. In diesem Fall können sich die Teams auf die Projekte mit der jeweils höchsten Priorität konzentrieren. Möglicherweise arbeiten in den projektbezogenen Sprints nicht nur die Teammitglieder eines Applikationsteams, sondern Teammitglieder aus mehreren Applikationsteams. Diese Sprint-Teams sind dann in der Lage, die applikationsübergreifend zu erarbeitenden Funktionalitäten gemeinsam und autark zu erstellen. Gibt es mehr als ein Projekt und haben wir genügend Teammitglieder mit den richtigen Skills, dann kann eine Organisation mehr als ein Projekt gleichzeitig durchführen (Abbildung 9.8).

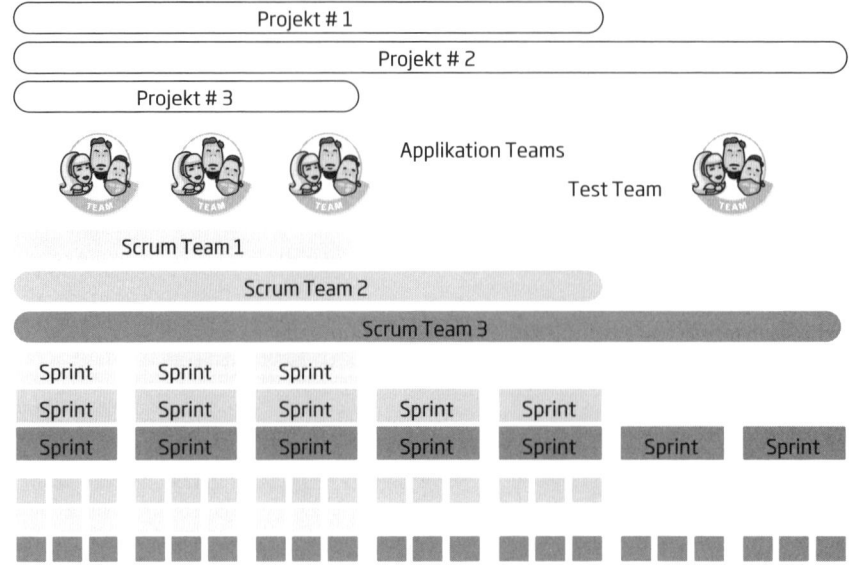

Abbildung 9.8: Multi-Projektmanagement mit Applikations-Teams

Der Unterschied dieser Vorgehensweise zur zuerst vorgestellten liegt darin, dass tatsächlich Sprint-Teams gebildet werden, die für diesen *einen* Sprint *nur* dieses *eine* Projekt zu erledigen haben. Das ist eine andere Arbeitsgrundlage als das Arbeiten in einem Team, das sich auf mehrere Projekte verteilen muss. Im Fall der Konzentration auf ein Projekt entsteht sehr schnell der Effekt, dass sich die Teammitglieder als Teil einer Mission empfinden.

> ▪ Ein Scrum-Team bekam den Auftrag, einen Teilaspekt einer Applikation zu erstellen. Dieses Team bemerkte nach kurzer Zeit, dass es weitere Skills, weitere Personen aus anderen Entwicklungsteams benötigte. Zu Beginn versuchte es, ohne neue Teammitglieder auszukommen, indem es Aufträge an andere Teams erteilte. Aber von den anderen Teams erschien niemand in ihrem Daily Scrum, und die Lieferungen verzögerten sich. Anstatt dieses Team zu unterstützen, hatten es die Entwickler der anderen Teams mit täglich wechselnden Anforderungen, definiert durch ihre anderen Projektleiter, zu tun. Sie konnten sich nicht darauf konzentrieren, das Scrum-Team zu unterstützen. Nach einigen Wochen wurde diese Situation unhaltbar. Die nicht erfolgten Fremdleistungen blockierten das Team und somit seine Lieferungen. Eine Lösung ergab sich, als sich der ScrumMaster durchsetzen konnte und die Personen, die sein Team von den anderen Teams benötigte, Mitglieder seines Scrum-Teams wurden. Das Team wuchs zwar auf mehr als 20 Personen an und musste daher geteilt werden, doch als die Entwickler aus den anderen Teams auf dieses Projekt fokussiert waren, konnte das Team insgesamt rechtzeitig liefern. ▪

9.4.4 Multi-Projekt-Management und das Pull-Prinzip

> ▪ Morgens, Flughafen, São Paulo, vor der Passkontrolle – Gerade aus dem Flugzeug ausgestiegen, reihen wir uns in die vorgegebene Schlange vor der Passkontrolle ein. Erst kurz vor der Kontrolle sucht jeder Einzelne den gerade frei werdenden Passkontrolleur auf.
>
> Abends, Flughafen Stuttgart, Echterdingen, Check-In – Ich stehe in der Schlange vor den Check-in-Schaltern. Es geht nur schleppend voran. Ein Mann, der offensichtlich zur Fluggesellschaft gehört, ruft: Nach London? Hinter mir melden sich zwei Pärchen. Er nimmt sie mit nach vorne zum Counter. ▪

Kombinieren wir das Vorgehen aus den beiden Beispielen, dann wissen wir, wie wir eine Organisation aufstellen müssen, damit Multi-Projekte bei gleichbleibenden Teams mit vielen Anforderern durchgeführt werden können. Die Anforderer sind die Fluggäste und die Teams die Schaltermannschaften, die alle ihre bestimmte Aufgabe haben. Der Product Owner ist der Mann, der die Priorisierung der Fluggäste in der Schlange vornimmt (siehe Abbildung 9.9 auf der nächsten Seite).

Die Organisation wird durch die Geschwindigkeit der Produktion, also der Teams, gesteuert. Die Teams haben bestimmte Hauptaufgaben. Sie sind reine Produktentwicklungsteams mit bestimmten Produktaufgaben: Web-Business (Java, Design, HTML), Finanzapplikationen (SAP, Java, Oracle), Banking (Cobol, Mainframe, Finance, Broker). Die Organisation hat diese Teams so zusammengestellt, weil sie die Kernaufgaben des Geschäfts repräsentieren.

Wie bei einer Fluggesellschaft ist das riskant: Man muss die Flieger kaufen, ihnen Lande- und Startslots in den Flughäfen verschaffen, dort Hangars mieten, eine Boden-Crew organi-

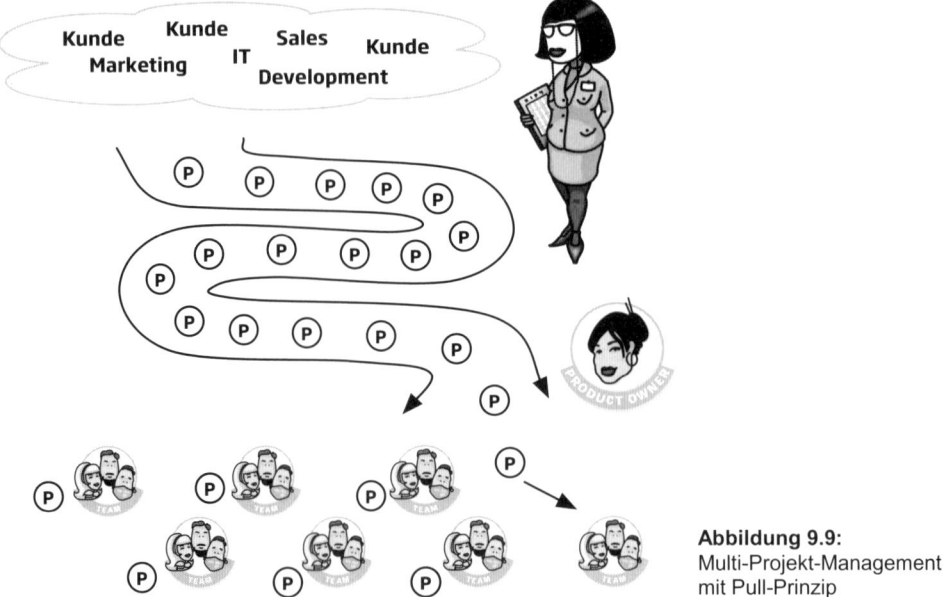

Abbildung 9.9:
Multi-Projekt-Management
mit Pull-Prinzip

sieren und hundert andere Dinge organisieren und vorsehen. Hat sich das Management mit der Einschätzung der Kapazitäten vertan, dann kommt es bei einem Flug zu Über- oder Unterforderung von Mensch und Maschinen.

Die Fluggäste, unsere Anforderer, kommen nun auf die Entwicklungsmannschaften zu und reihen sich in die Schlange ein. Zunächst gilt das First-in-First-Out-Prinzip, eine einfache Reihung. Aber es gibt noch einen Product Owner. Er verändert diese einfache Reihung basierend auf dem Geschäftswert des jeweiligen Projektes. Der Geschäftswert setzt sich, wie in unserem Beispiel mit den Fluglinien, aus Dringlichkeit, aus freien Kapazitäten und aus dem zu erwarteten Return On Investment zusammen.

Wenn ein Projekt gerade erst reinkommt, also am Ende der Schlange steht, aber ein Team, das sonst nichts zu tun hat, genau dieses Spezialthema beherrscht, dann wird der Product Owner dieses Projekt, obwohl es vielleicht nicht den größtmöglichen Gewinn abwirft, vorziehen. Sonst wäre eines seiner Teams nicht ausgelastet. Hat eine Organisation viele Teams mit einem bestimmten Profil und stellt sich jetzt heraus, dass diese Teams langsam keine Arbeit mehr bekommen, dann kann der Product Owner systematisch an seinen Verkauf melden, dass wir mehr Projekte für diese Teams benötigen. Entscheidend ist, diese Teams arbeiten vollständig nach dem Pull-Prinzip. Sie wählen die Projekte, die sie durchführen, aus und geben an, wann sie mit welchem Projekt fertig sind. Das führt letztendlich dazu, dass die Organisation sehr genau weiß, wie viele Projekte sie mit welchen Anforderungen in welchem Zeitintervall bewältigen kann.

Dieses Modell hat gegenüber den beiden zuvor genannten den entscheidenden Vorteil, dass es hohe Transparenz auf allen Seiten erzeugt, aber es hat auch einen Nachteil: Es fordert, dass die Organisation beginnt, wichtige Prinzipien Scrums zu leben und den dadurch entstehenden Druck als Motor zu nutzen, um die richtige Organisationsform zu finden:

- Das *Pull-Prinzip* muss tatsächlich gelebt werden. Die Teams bestimmen die Geschwindigkeit und was geliefert werden kann.

- Die *Teams sind Einheiten*, die nicht getrennt werden. Sie sind hochspezialisierte Teams, die bestimmte Aufgaben beherrschen und andere nicht. Sie haben die volle *Autorität*, ihren Job zu tun.

- Alle wissen, dass es darum geht, den *Return On Investment* der Gesamtorganisation zu verbessern.

- Es wird ein Projekt nach dem anderen abgearbeitet: *Fokussierung*.

Meine Erfahrung zeigt, dass dieses Modell sehr schwer umzusetzen ist, weil es an den Widerständen der Organisation scheitert. Der Grund liegt meines Erachtens in der mangelnden Bereitschaft zu sehen, was eine Organisation tatsächlich leisten kann. Es ist viel einfacher, die Augen zu schließen und zu glauben, die Leute müssten nur besser sein oder mehr arbeiten, anstatt zu akzeptieren, dass es klare Grenzen gibt, die man zwar ein wenig dehnen kann, die aber trotzdem da sind.

9.4.5 Ein gemeinsames Ziel

In all den oben beschriebenen Varianten zum Skalieren von Projekten müssen die Teams dafür sorgen, dass die Integration des Codes zu einem Produkt, zu einer gemeinsamen Codebasis gegeben ist. Das ist in Fall 2 und 3, mit autarken Sprint-Teams, wesentlich einfacher darzustellen als im Fall 1. Bei getrennten Applikationsteams führt das Aufteilen der Projekte auf Teambacklogs, die noch dazu quer über alle Projekte priorisiert werden müssen, sehr schnell zu Unklarheiten und Abhängigkeiten zwischen den Teams. Diese können zwar im Scrum of Scrums besprochen werden, doch die Ursache für die Abstimmungsprobleme, die auf mangelnder Priorisierung beruht, ist damit nicht gelöst.

Es sei an dieser Stelle noch einmal erwähnt, wie wichtig gerade in einem Multi-Projekt-Umfeld die Definition der Sprint Goals ist. Jedes Team muss auf das gleiche Ziel hinsteuern. Gelingt es, das zu vermitteln, werden viele Abstimmungsprobleme nicht auftreten, weil jeder weiß, dass es auf ihn ankommt.

9.5 Scrum mit externen Zulieferern

Die Arbeit mit externen Zulieferern stellt uns vor viele Herausforderungen, doch im Wesentlichen läuft es darauf hinaus, dass man Absprachen mit den Zulieferern treffen muss und diese Absprachen erfüllt werden [Chrissis et al. 2001]. Wie kann Scrum diese Forderung erfüllen, obwohl Scrum auf den ersten Blick nichts über das Lieferanten-Management sagt? Das Lieferanten-Management ist in Scrum nicht explizit beschrieben, aber es ist ableitbar, wenn man sich vor Augen führt, welche Voraussetzungen erfüllt sein müssen: Alle Entscheidungen und alle Informationen gehen vom Scrum-Team aus. Das heißt aber nicht, dass das Scrum-Team jede Frage selbst lösen muss. Das Lieferanten-Management ist eine typische Aufgabenstellung, bei der das Scrum-Team an sein internes Management einiges abgeben kann.

Das Scrum-Team kann die inhaltliche Arbeit mit den Zulieferern selbstverständlich nicht an das Management abgeben, diese Arbeit muss aus dem Team selbst kommen. Aber die Randthemen, die das Arbeiten mit Zulieferern oft erschweren, sollten vom Management einer Organisation übernommen werden: *Verträge und Finanzen*.

Die Vertragsgestaltung mit externen Zulieferern ist keine triviale Aufgabe. In Scrum wird sie allerdings durch die Forderung, dass am Ende eines Sprints „Usable Software" vorhanden sein muss, erleichtert. Der Rahmenvertrag regelt die finanziellen Absprachen und die Zusammenarbeit. Der Zulieferer muss sich auf Folgendes einlassen, will er mit einem Scrum-Team arbeiten:

- **Strategische Planung**

  Der Zulieferer muss beim strategischen Planen anwesend sein. Seine Teilnahme an den Estimation Meetings ist zwingend.

- **Sprint Planning Meeting**

  Ein kompetenter Vertreter des Zulieferers mit Entscheidungsbefugnis muss beim Sprint Planning 1 anwesend sein. Ein technischer Vertreter mit hoher Produktkompetenz muss im Sprint Planning 2 verfügbar sein. Er plant dort gemeinsam mit dem Team, was er wie und zu welchen Zeitpunkten im Sprint liefern wird.

- **Daily Scrum**

  Vor allem beim Daily Scrum muss der Lieferant anwesend sein: persönlich oder telefonisch. Wir erleben immer wieder, wie schnell sich die Produktivität steigern lässt, wenn auch der Lieferant täglich seinen Status meldet.

- **Liefern während des Sprints**

  Der Lieferant muss die Zusagen, die er im Sprint Planning 1 und 2 gegeben hat, einhalten und bereits während des Sprints liefern.

- **Gemeinsame Integrationsverantwortung**

  Der Zulieferer muss während der Integration seiner Komponenten einen Vertreter zum Scrum-Team vor Ort senden und nötigenfalls dafür sorgen, dass Fehler innerhalb seiner Organisation sofort gelöst werden können.

- **Das Sprint Review**

  Seine Anwesenheit während des Sprint Reviews ist unbedingt erforderlich.

Sind diese Dinge erfüllt, kann ein Scrum-Team sich auch auf ein Sprint Goal *verpflichten*, das nicht von ihm alleine abhängt. Sie haben das Commitment des Zulieferers während des Sprint Plannings, dass dieser seinen Teil der Aufgabe beiträgt. Unter der Annahme, dass dieses Commitment hält, können sich auch die Teammitglieder auf das Ziel einstellen.

Was aber, wenn der Lieferant während des Sprints Probleme bekommt und nicht liefern kann? Zunächst gilt: Der Lieferant muss jeden Tag im Daily Scrum erklären, was er gerade tut und wie weit seine Zusagen noch einzuhalten sind. Das Product Owner Team wird ihn eng überwachen und möglicherweise sogar verschärfte Kontrolltermine einziehen. Immerhin hängt die Lieferung eines ganzen Teams davon ab, ob der Lieferant seine Aufgaben, wie versprochen, erledigt. Geschieht der größte anzunehmende Unfall, dass der Lieferant nicht liefern kann, dann liegt die Konsequenz auf der Hand: Der Sprint wird abgebrochen, es werden neue Termine vereinbart, und die Teams starten den nächsten Sprint.

Die wirkliche Herausforderung beim Arbeiten mit externen Zulieferern besteht aber nicht darin, den Abwicklungsprozess zu managen. Das schafft jeder geübte ScrumMaster, und jeder erfolgreiche Projektmanager weiß, wie das funktioniert. Dass am Ende des Sprints tatsächlich lauffähige Software geliefert werden kann, ist aber die eigentliche Herausforderung. Hier ist der Schwierigkeitsgrad ungleich höher als beim Managen des Prozesses. Das Scrum-Team muss gemeinsam mit dem externen Zulieferer einen Weg finden, die tägliche Iteration durchzuführen und die entsprechenden Entwicklungs- und Build-Systeme aufzusetzen.

Zusammen liefern – zusammen lernen

Scrum setzt auf Qualität von Sprint zu Sprint. Der externe Zulieferer muss die Standards des Teams, für das er liefert, einhalten und sich selbst gemeinsam mit dem Team, für das er liefert, weiterentwickeln. Die Lieferstandards erzeugt das Team erst im Laufe des Projekts und wird sie immer weiterentwickeln, sie werden von Sprint zu Sprint genauer und ausgereifter sein. Bei der Umstellung auf Scrum erzeugt die Forderung, potenziell auslieferbaren Code zu erzeugen, auf alle Beteiligten, also auch auf den Zulieferer, extremen Druck. Diesen wird der Zulieferer nur aus zwei Gründen akzeptieren wollen: *Verträge und finanzielle Erwartungen*. Verträge und die finanziellen Rahmenbedingungen müssen so gestaltet sein, dass nur eine Win-Win-Situation entstehen kann. Scrum erfordert Vereinbarungen, die so gestaltet sind, dass alle Parteien sich als Partner verstehen und in die gleiche Richtung streben – auf das gemeinsame Ziel hin. Eine für viele Firmen gut funktionierende Methode, dies zu erreichen, sind sogenannte *Target-Cost-Verträge* zwischen Auftraggeber und Lieferant [Eckfeldt et al. 2005].

Am Beispiel Toyota kann man sich die Bedeutung guter Kunden-Lieferanten-Beziehungen noch einmal klarmachen. Dort werden Beziehungen zu Zulieferern über Jahre hinweg aufgebaut, und alle, die in diesem Verbund mitarbeiten, wissen, dass dies zu ihrem Besten ist. Toyota, natürlich kostenbewusst, würde einen Zulieferer nicht wechseln, nur weil ein anderer das gleiche Produkt um einige Cents günstiger anbietet. Toyota setzt vielmehr auf wachsende Beziehungen, die geeignet sind, die Qualitätsstandards zu erhalten oder zu verbessern [Liker 2003].

Dieses Prinzip versuchen wir mit Scrum in der Kunden-Lieferanten-Beziehung ebenfalls einzuführen. Der Lieferant ist in den Sprint Planning Meetings dabei, damit er uns jederzeit darüber informieren kann, was seiner Meinung nach möglich ist und was nicht; er ist beim Review dabei und muss jeden Tag Rede und Antwort stehen. Diese Art der Zusammenarbeit führt zwangsläufig zu Transparenz und schließlich zu Vertrauen und gegenseitigem Respekt. Wie weit dieser Ansatz führen kann, sieht man bei Toyota. Toyota hat ein ganzes Eco-System aus Zulieferern entwickelt, auf das man sich auch in Notfällen verlassen kann und mit dem man gemeinsam lernt und gemeinsam erfolgreich ist [Liker 2003, S. 216].

9.6   Software-Entwicklungsabteilungen managen

Wie managt man eine Software-Entwicklungsabteilung mit Scrum? Das war die Frage, die ich mir stellte, als ich bei Uptime in Wien Head of Software Development wurde. Gut – es war nur eine kleine Firma, wir hatten in Wahrheit zwei vergleichsweise kleine Teams. Deshalb erschien mir die Aufgabe auf den ersten Blick als nicht viel schwieriger, als ein Software-Entwicklungs-Team mit Scrum zu managen. Aber nur auf den ersten Blick – es war dann doch wesentlich komplizierter. Plötzlich war ich damit konfrontiert, nicht nur Scrum und die Entwicklungsprozesse zu betrachten, sondern ich musste mir überlegen, wie mit Scrum ein ganzes Umfeld gemanagt wurde:

- Wie soll man die Prozesse bei der Arbeit mit externen Kunden gestalten?

- Wie könnten agile Verträge mit externen Kunden aussehen?

- Wie führt und entwickelt man eine Abteilung mit Scrum, wie führt man die Mitarbeiter und wie schaffe ich die Balance zwischen den eigenen Vorstellungen und der Selbstorganisation des Teams?

- Wie manage ich meinen Chef, der klare finanzielle Erwartungen an eine Software-Entwicklungsabteilung hat?

- Wie arbeite ich mit unserem Team in Bratislava? Wie kann man mit Scrum Offshore (in unserem Fall war es Near-Shore) Teams managen?

- Wie priorisiere und beherrsche ich alle Anforderungen, sowohl von Seiten unserer Kunden als auch von Seiten meiner eigenen Firma?

Ich war zuversichtlich, dass es funktonieren musste. Es dauerte zwar eine Weile, wir hatten eine Menge zu lernen, um Scrum in dieser Situation einzusetzen, doch es funktionierte schließlich. Man konnte mit Scrum die Abteilung verwalten und die notwendige Transparenz herstellen. Es war auch möglich, die Teams zu professionalisieren, wichtige strategische Entscheidungen zu treffen und umzusetzen und die Produktivität der Teams signifikant zu steigern.

9.6.1   Transition zu Scrum

Eine Software-Entwicklungsabteilung auf Scrum umzustellen bedeutet in Wahrheit, ein größeres Change-Management-Projekt umzusetzen. Es ist Aufgabe des Managements, diese Umstellung durchzuführen. Die ScrumMaster arbeiten auf der Teamebene, und das Management schafft die Organisation, die es ermöglicht, dass die Teams selbstorganisiert arbeiten können. Ein ScrumMaster auf der Team-Ebene, der möglicherweise als Teamleiter begonnen hat, sein Team mit Scrum zu führen, kann schon den nächsten Level nicht mehr gegen die Organisation verändern. Er ist auf die Mitarbeit des Managements der Organisation angewiesen. Ohne die Hilfe des mittleren Managements, ohne neue Ideen, wie Führungsarbeit geleistet werden sollte, ohne neue Ideen, wie sich Teams bilden, ohne neue Ideen, wie die Mitarbeiter untereinander kommunizieren können, selbst wenn sie nicht im gleichen Projekt arbeiten, kann der ScrumMaster den nächsten Schritt nicht mehr vollziehen: die Änderung der Abteilungen.

Wenn die Initiative zur Umstellung auf Scrum nicht von der Abteilung, sondern von einem Manager ausgeht, dann sollte dieser sich über eines im Klaren sein: er muss die Prinzipien, die ich angeführt habe (Kapitel 3.1), bei der Transition zu Scrum in seiner Abteilung berücksichtigen: Selbstorganisation, das Pull-Prinzip, die Timebox und das Liefern von Business-Funktionalität.

Im Folgenden schauen wir uns an, wie der Transitionspfad zu Scrum auf der Ebene der Abteilung durchgeführt werden kann. Dazu beschreibe ich, welche Voraussetzungen gegeben sein müssen, wie Sie Ihre Führungspraxis als Leiter einer Abteilung verändern sollten, und schließlich gebe ich noch praktische Hinweise, wie ein Abteilungsleiter die Einführung von Scrum auf der Teamebene begleitet.

Vorraussetzungen schaffen – Das Abteilungs-Backlog

Der erste Schritt auf dem Weg zum Managen der Abteilung mit Scrum besteht darin, ein umfassendes Abteilungs-Backlog zu entwickeln. Es umfasst alle von der Abteilung durchzuführenden Aktivitäten. Alle Projekte, alle Maintenance-Arbeiten, alle künftigen Projekte, alle Anforderungen an die Teams. Dieses Backlog soll die komplette Transparenz hinsichtlich der Abteilung liefern. Das kann Wochen in Anspruch nehmen.

Die erste Quelle sind nicht die Kunden oder der Vorgesetzte, sondern die eigenen Mitarbeiter. Sie sorgen zunächst für Transparenz, wenn Sie Ihre Mitarbeiter aufschreiben lassen, was sie täglich alles tun. Sie werden erschrecken. Nein, nicht weil sie faul sind, sondern weil sie hart arbeiten , viel zu hart, an Dingen, von denen Sie gar nichts wussten. Sie arbeiten an Bugfixes. Sie helfen Kollegen anderer Abteilungen. Sie arbeiten in Projekten, aber tun dort nicht das, was sie tun sollten, sondern beschäftigen sich gerade mit einem anderen Problem, oder sie kämpfen mit der eigenen Workstation, weil sie gerade ein schönes neues Tool im Internet gefunden haben.

Bei der Erhebung dieser Daten müssen Sie sehr behutsam vorgehen, denn Sie tun etwas, was als Kontrolle ausgelegt werden könnte, und das ist zu vermeiden. Sie brauchen die Informationen von Ihren Mitarbeitern. Wenn diese das Gefühl bekommen, sie sollen nur kontrolliert werden, führt das zu keiner realistischen Darstellung dessen, was derzeit zu tun ist, sondern zu noch mehr verdecktem Arbeiten und noch mehr Dingen, von denen Sie nichts wissen.

Nach einigen Tagen ist das Backlog zusammengetragen. Anschließend fügen Sie die Dinge hinzu, von denen Sie denken, dass sie getan werden müssen. An welchen Projekten sollte gearbeitet werden, welche Kunden benötigen welche Unterstützung? Welche strategisch wichtigen Arbeiten sollten erledigt werden? Welche Anforderungen hat Ihr Vorgesetzter an Sie, welche Dinge müssen bis wann erledigt sein?

Im Anschluss daran führen wir den Scrum-Planungsprozess durch. Nachdem wir das Backlog haben, müssen wir es priorisieren. Es gibt offensichtlich Dinge, die so wichtig sind, dass sie weitergeführt werden müssen, aber auch solche, bei denen Sie darüber nachdenken müssen, was als Nächstes wichtig sein wird. Vielleicht bedienen Sie sich der Kano-Methode, vielleicht nutzen Sie die Relative-Weight-Methode oder eine andere, um das Abteilungs-Backlog zu priorisieren. Ist es priorisiert, sprechen Sie es mit Ihren Teams durch und lassen es von Ihren Mitarbeitern nach der Größe schätzen. Sollten Sie in Ihrem Backlog Aufgaben stehen haben, dann ist es vollkommen in Ordnung, diese nach Aufwand, zum Beispiel in „Tagen" schätzen zu lassen. Erst wenn das Backlog nach einiger Zeit Lieferungen enthält, ist es auch für die Teammitglieder einsichtig, in Größen zu schätzen. Basierend auf diesen Informationen, können wir als Nächstes die Geschwindigkeit jedes einzelnen Teams schätzen und das nächste Sprint Planning 1 vorbereiten.

Transparenz führt zu wertvollen Überlegungen

Diese Informationen, die nun vorliegende Transparenz über alle Aufgaben und die ersten Schätzungen, wie viel Ihre Teams bis wann schaffen können, führen wie in den bereits besprochenen Fällen zu Problemen mit Ihrer übergeordneten Organisation. Diese Transparenz hilft Ihnen, zu verdeutlichen, was derzeit alles getan werden muss. Das birgt aber auch das Problem, dass nun plötzlich alle erkennen können, was alles nicht klappen wird. Dabei ist es unerheblich, ob es anders vielleicht auch nicht geklappt hätte, diese Erkenntnis ist nun wie ein Schlag ins Gesicht. Sie ahnten immer, dass sie viel zu viel zu tun haben, aber nun sprechen es Ihre Teams auch noch aus. Das Jammern Ihrer Teams in der Kaffeeküche, der Ruf nach Ressourcen wird nun spürbar dringlicher.

Sie werden viel Überzeugungs- und Aufklärungsarbeit leisten müssen, um nicht den Anschein zu erwecken, Sie führten Scrum ein, um sich vor der Arbeit zu drücken. Der Standardspruch, den Sie hören werden: „Ja, führen Sie Scrum ein, aber wir müssen schon realistisch sein, Scrum kann man hier bei uns nur angepasst einführen. Scrum als reine Lehre kann für uns nicht funktionieren." Sie wissen es besser, aber gegen diese Haltung anzureden, ist meiner Erfahrung nach nicht sinnvoll. Sagen Sie ja, führen Sie Scrum vorerst verdeckt ein, und Sie beweisen damit, dass Sie sogar schneller werden können. Sie brauchen drei Monate, dann werden Sie Ergebnisse zeigen können, die Ihnen dann die Basis bieten, Ihre Vorgesetzten und Ihre internen Kunden zu überzeugen.[7]

Eine Ursache dafür, dass Sie Widerständen begegnen werden, liegt darin, dass der reale Zustand in Firmen oft nicht transparent ist. Die Mitarbeiter, ob Teammitglieder oder Projektmanager – sie alle kennen in der Regel den Status von Projekten und die Situation in den Abteilungen nur zu gut. Sie deckt sich aber in der Regel nicht mit dem, was an die nächsthöhere Instanz in der Linie berichtet wird. Diese Situation zu verändern, erfordert viel Zeit und Einfühlungsvermögen. Erst wenn die Mitarbeiter erkennen, dass das Berichten der Ist-Situation an das Management für sie selbst Vorteile hat, wird die Erhebung der korrekten Daten möglich und erscheint nicht mehr als Bedrohung.

---

[7] Sehr schön beschrieben findet man das in der Präsentation "A Year of Living Dangerously" von Steve Green, Salesforce.com, anzusehen bei www.slideshare.net.

Voraussetzungen – Impediment Backlog

So wie jeder ScrumMaster überlegt, was alles getan werden muss und jede Abweichung vom Soll-Zustand in das Impediment Backlog aufnimmt, so erstellt auch der Abteilungsleiter ein Impediment Backlog über die derzeitigen Abweichungen vom Soll-Zustand. Ich meine nicht die Abweichungen vom Scrum-Zustand, sondern alle Abweichungen davon, wie die Abteilung sein sollte. Die Bestandsaufnahme vor Einführung von Scrum ist wesentlich, denn mit ihrer Hilfe lässt sich verhindern, dass die durch Scrum offensichtlich werdenden Probleme Scrum angelastet werden. Mit dieser Bestandsaufnahme kann man zeigen, dass die Probleme durch Scrum nur sichtbar werden und nun gelöst werden können. Dieses initiale Impediment Backlog sollte gemeinsam mit den Teams und ihren Teamleitern erstellt werden. Die Mitarbeiter wissen selbst am besten, was alles verbessert werden sollte. Das initiale Impediment-Backlog lässt sich gut in einer Retrospektive erstellen. Meine Empfehlung dazu: Engagieren Sie einen professionellen Workshop-Moderator, geben Sie ihm das Buch von Norman Kerth [Kerth 2001], und lassen Sie ihn eine Ein-Tages-Retrospektive nach dessen Ideen, aber mit den Methoden der Moderationstechnik durchführen.[8] Dieser Workshop wird Ihnen so viel Informationen liefern, dass Sie genau wissen, wo Sie ansetzen können, um Ihre Abteilung erfolgreich auf Scrum umzustellen.

Arbeiten Sie proaktiv mit dem Impediment Backlog. Erklären Sie Ihren Teams, was Sie vorhaben, wieso Sie dieses Backlog auf diese Weise erheben. Verdeutlichen Sie, nicht nur einmal, sondern immer wieder, dass es nicht darum geht, Fehler oder Unzulänglichkeiten beim Einzelnen zu finden, sondern dass Sie strukturelle Probleme der Organisation und in Ihrer Abteilung finden wollen. Bitten Sie Ihre Mitarbeiter um Hilfe und gleichzeitig um Geduld. Probleme aufzuzeigen bedeutet nicht, sie sofort lösen zu können, aber Sie machen Ihren Mitarbeitern klar, dass Sie die Probleme angehen wollen und nun den ersten Schritt mit Ihren Mitarbeitern gemeinsam gehen.

Bevor Sie diese Befragung mit oder ohne Retrospektive durchführen, stellen Sie Ihr eigenes Impediment Backlog auf. Fragen Sie sich, ob die Hauptprobleme bei der Einführung von Scrum möglicherweise auch bei Ihnen gegeben sind (siehe Kapitel 12). Sie können mit diesen Problemen starten und Ihre Mitarbeiter befragen, ob sie diese Punkte auch so sehen. Das verleiht Glaubwürdigkeit.

Wenn Sie das Impediment Backlog aufgestellt haben, beginnen Sie es abzuarbeiten. Nachfolgend einige Hinweise, welche Aspekte zu lösen sind und wie man sie lösen könnte.

9.6.2 Führung auf Abteilungsebene

Gibt es in Scrum überhaupt noch eine Führungslinie? Ist nicht jedes Team selbst-organisiert und müssen wir nicht als Leitung einer Firma hinnehmen, was die Teams wollen?

---

[8] Die Grundideen von Norman Kerth sind einzigartig. Retrospektiven durchführen kann jeder, der eine Moderationsausbildung bei Neuland oder bei Herbert Namokel, Contrain, gemacht hat. Die Tradition in Deutschland zur Moderation von Gruppen ist der amerikanischen Facilitation überlegen, sie ist fundierter und hat einen europäischen Zuschnitt.

Wie kann Führungsarbeit aussehen, wenn wir selbstorganisierte Teams fördern wollen, wenn wir als Führungskraft keine Anweisungen mehr geben dürfen? Dürfen wir noch zu Mitteln wie Abmahnungen, Kündigungen, Zielvereinbarungsgesprächen oder Ähnlichem greifen? Darf ich als Führungskraft einem Mitarbeiter noch sagen, dass ich unzufrieden bin?

Diese Fragen werden in der Scrum Community tatsächlich diskutiert. Der beste Weg, mit diesen Fragen umzugehen: Hören Sie nicht hin! (Jetzt wundern Sie sich aber, nicht?) Diese Fragen werden vor dem Hintergrund eines falschen Bildes von Selbstorganisation gestellt, das von quasi absoluter Freiheit und der Glorifizierung des Teams als allmächtiger Organisationseinheit ausgeht.

Es gibt keine Teams ohne jemanden, der sie zusammenstellt, und keine Selbstorganisation ohne Rahmenbedingungen, die außerhalb des Teams entstehen. Es muss jemanden geben, der den Teams ein Umfeld verschafft, in dem sie leben und handeln können. Für dieses Ökosystem ist das Management zuständig, nicht der ScrumMaster oder der Product Owner und auch nicht das Team selbst.

In den Anfängen der agilen Bewegung hatten die Begründer von Scrum, XP, FDD, DSDM oder Crystal nicht die Wahnvorstellung, kein Management mehr zu brauchen. Es gab Überlegungen, dem Management zu verdeutlichen, was seine Aufgabe sein sollte, aber die Manager und Führungskräfte sollten nicht abgeschafft werden. Heute treffe ich Teams und Teilnehmer in den Trainings, die mir allen Ernstes mitteilen, sie wollten jetzt alles tun dürfen, wozu sie Lust hätten, weil sie selbstorganisiert seien. Das klingt nach pubertierenden Teenagern, die sich gegen Papas Regeln auflehnen.

Ich will jetzt nicht die Manager in Schutz nehmen. Viele sind für ihren Job nicht geeignet. Wir in der Software-Entwicklungsindustrie sind Jahre hinter anderen Branchen zurück. Management-Entwicklungsprogramme, wie sie andere Branchen schon seit Jahrzehnten durchführen, werden in den vielen Tausend Software-Entwicklungsfirmen, die nicht die Größe von Microsoft, Siemens, Google oder SAP haben, sträflich vernachlässigt. Ich habe Teams gesehen, die einfach machten, was sie wollten, weil ihre Teamleiter 90 Prozent ihrer Zeit mit Meetings verbringen, anstatt sich um die Teams zu kümmern. Ich habe Software-Entwickler erlebt, die Tage damit zubrachten, nichts zu tun, weil sich niemand dafür interessierte, was sie lieferten oder nicht lieferten.

Wir brauchen eine Transformation des Managements und der Führungskräfte. Wir brauchen Führungskräfte, die Verantwortung übernehmen und sie nicht abschieben. Wir brauchen Führungskräfte, die Risiken eingehen und Mut zeigen, die ungeduldig sind und die Zustände verbessern wollen. Wir brauchen Führungskräfte, die eine Vision von einem besseren Zustand haben, die ihren Mitarbeitern zeigen, dass ihr Tun einen Sinn hat. Wir brauchen Führungskräfte, die ihre Mitarbeiter in Schutz nehmen und sie nicht an den nächsten in der Linie ausliefern; Führungskräfte, die sich für ihre Ideale einsetzen und Wege finden, die Entscheidungen, die auf die Teamebene gehören, dort zu belassen.

Wieso haben wir in der Scrum Community solche Probleme, zu erklären, was ein Manager tut und wie er seine Abteilung managen soll? Wieso fällt den Gurus aus den USA nicht mehr zu dem Thema ein als die abgedroschene Phrase vom *Servant Leader*? Meine Antwort – und die wird von vielen nicht geteilt, weil sie kontrovers, unbequem und politisch nicht korrekt ist – : *Sie haben keine Ahnung, denn sie führen und managen Menschen nach dem alten und simplen Modell, das sie selbst erfahren haben: dem Führungsmodell der letzten 40 Jahre: Command und Control.* Wir haben in der Software-Industrie keine innovativen Führungsmodelle, weil es dafür fast keine Erfahrungswerte gibt. Doch wir benötigen dringend neue. Die Software-Entwicklung ist ein anderes Business als traditionelle Geschäftsfelder, schneller, innovativer und weniger fassbar.

Es ist die nicht offensichtliche Aufgabe von Scrum, die Managementkultur und die Führungsarbeit zu verändern, und zwar so, dass autonome Teams eigenverantwortliche Entscheidungen treffen können; das einzelne Teammitglied dennoch seinen Karrierepfad einschlagen kann und die Führung ihre Aufgabe darin sieht, die entsprechenden Rahmenbedingungen für ihre Mitarbeiter zu schaffen.

Anders gesagt: Führung muss heute *strategische Führung* sein. Sie darf sich nicht damit aufhalten, taktische motivierte Lösungen zu suchen, denn die Bewältigung der eigentlichen Aufgabenstellung ist die Aufgabe des Teams. Strategische Führung heißt, zu wissen, wohin wir gehen, dafür zu sorgen, dass das Team in Sicherheit ist, und die richtigen Aufgaben für die richtigen Personen auszuwählen [Buckingham 2005].

Sehen wir uns an, wie die Aufgaben eines Abteilungsleiters mit Scrum einerseits klarer, andererseits einfacher werden. Dazu wähle ich exemplarisch die Bereiche:

- Mitarbeiterführung
- Kundenmanagement
- Das Implementieren von Scrum

9.6.3 Mitarbeiterführung

Einstellungsgespräche

Google zieht die besten und fähigsten Menschen aus der Industrie an, und doch nehmen sich die Mitarbeiter von Google viel Zeit bei der Auswahl neuer Mitarbeiter. Der Cirque du Soleil führt tagelang Auditions durch, um geeignete Mitarbeiter für seine Shows zu finden. Die Big Five der Consulting-Unternehmen führen harte Assessment Center durch, um ihre neuen Mitarbeiter zu rekrutieren. Diese Firmen haben verstanden, dass nur Leute, die ihre Anforderungen erfüllen, in der Lage sind, Leistungen zu erbringen, die sie benötigen.

Aufgabe der Führung einer Firma ist es, die richtigen Mitarbeiter für das Unternehmen zu finden. Aufgabe des Linienmanagements ist es, diese Mitarbeiter auszubilden und ihnen die Werte und Kenntnisse zu vermitteln, die sie benötigen, um ihre Aufgaben in den Teams zu erledigen. Wir erinnern uns: Drucker schreibt, dass das Management einer Organisation das Festlegen der Richtlinien und die Ausbildung der Mitarbeiter zu übernehmen habe [Drucker 2007]. Er verdeutlicht damit, dass das Management über die Ausbildung der Mitarbeiter sicherstellen muss, dass die Standards der Organisation eingehalten werden. Scrum-Teams haben nicht die Zeit, ihren Teammitgliedern die grundlegenden Skills beizubringen.

Je besser die Teammitglieder vorbereitet sind, desto schneller können sie in den Teams produktiv arbeiten.

Viele Manager haben aber entweder nicht die Zeit, die richtigen Leute zu finden, oder nicht die Zeit, ihre Mitarbeiter entsprechend auszubilden. Sie sehen nicht die Mitarbeiter, die ausgebildet werden müssen, sondern nur Ressourcen, die sie vorhalten müssen. Wie aber kann ein Manager dafür sorgen, dass er Leute in der Organisation beschäftigt, die für die anstehenden Projekte geeignet sind? Die Antwort: er kann es nicht alleine. Er muss es seinen Teams überlassen, die Mitarbeiter zu finden, die sie benötigen. Der Manager kann aber dafür sorgen, dass die ausgewählten Mitarbeiter gewissen Standards entsprechen und sie entsprechend für die Zukunft weiter ausbilden. Dazu muss er sich wieder auf die Teams verlassen, die im Laufe der Zeit die entsprechenden Standards schaffen.

Aber wie kann aus dem Wissen des Teams ein Standard entstehen, der dann wieder für neue Teammitglieder in Form einer Schulung als Wissen zur Verfügung steht? Nonaka und Takeuchi schreiben, dass es lange Zeit dauern kann, bis ein Spezialist eine entsprechende Vorgehensweise oder einen Standard gefunden hat. Aber hat er diese Vorgehensweise einmal gefunden, kann man sie anderen Teammitgliedern beibringen und entsprechend trainieren.

Entscheidend ist: Scrum-Teams benötigen keine Ressourcen, sondern kreative, außergewöhnliche Mitarbeiter, die sich innovative Dinge vorstellen und diese umsetzen können: Talente. Das ist das Wort, das Tom Peters für den Mitarbeiter in Teams geprägt hat, den schon Drucker und Nonaka Jahre zuvor in ihren Aufsätzen beschrieben hatten [Peters 2005b]. Peters Argument: Wieso suchen Symphonieorchester, Filmproduzenten, Sportmannschaften Talente und nicht Mitarbeiter? Diese Fragen müssen wir uns in der Software-Entwicklungsindustrie ebenfalls stellen. Gerade in dieser innovativen Branche ist es notwendig, dass Teams ständig neue Produkte entwickeln und neue Ideen haben.

Dieses Denken schränkt unweigerlich die Zahl der potenziellen Teammitglieder ein, die in der Lage sind, Scrum-Projekte durchzuführen. Jeder Product Owner, der ein wichtiges Projekt durchführen will, weiß, auf wen er sich verlassen kann. Er wird immer mit diesen Personen arbeiten wollen. Eine Vorgehensweise, die in der Filmindustrie völlig normal ist. Man arbeitet dort mit den Personen, die sich bewährt haben. In Talenten zu denken, würde dazu führen, dass Organisationen möglicherweise weniger gleichzeitig laufende Projekte haben. Sie würden erkennen, dass bei großen Projekten auch die Qualität und nicht die Quantität wichtig ist. Organisationen, die Scrum erfolgreich auf der organisationalen Ebene einführen wollen, müssen einen Weg finden, „Talente" zu finden und Mitarbeiter zu „Talenten" auszubilden. Scrum selbst sagt dazu nichts, aber es ist offenkundig.

Ziele und Zielvereinbarungen

Ein beliebtes Führungsinstrument der klassischen Personalführung ist das Zielvereinbarungsgespräch. Wie passen diese Gespräche, wie passt individuelle Führungsarbeit zu Scrum? Brauchen wir sie überhaupt noch? Wieso sollte ich als Führungskraft überhaupt eine Bewertung abgeben, und wie kann ich diese Bewertung durchführen, wenn doch das Teammitglied Teil des Scrum-Teams ist und dort alle seine Arbeiten verrichtet?

Als ich mit dieser Frage konfrontiert wurde, stellte ich die Tatsache, dass es ein Zielvereinbarungsgespräch geben sollte, nicht in Frage. Ich war sogar der Meinung, dass diese Gespräche sinnvoll sind, denn wie sollte ich als Head of Development in 12 Monaten entscheiden können, ob einer meiner Mitarbeiter eine Gehaltserhöhung verdienen würde. Gleichzeitig fragte ich mich, wie ich die Anforderungen an ein sinnvolles Zielvereinbarungsgespräch mit den Prinzipien von Scrum in Einklang bringen konnte. In meinen Augen war und ist das Vereinbaren von Zielen aus der Position des Chefs mit Scrum nicht vereinbar, denn es werden folgende Prinzipien verletzt:

■ **Das Pull-Prinzip**

In Scrum bestimmen die Teammitglieder, wie viel Arbeit sie in ihren Sprint aufnehmen. Wenn das Pull-Prinzip für den Input in das System gilt, muss es auch bei der Vereinbarung von Zielen gelten.

■ **Selbst-Organisation**

Dass das Vereinbaren individueller Ziele die Erreichung der Ziele des Teams gefährden könnte, war mir sofort klar. Wenn die Ziele des Einzelnen nicht an den Erfolg des Teams gekoppelt sind, dann wird der Einzelne seine eigene Zielerreichung auf Kosten der Ziele des Teams optimieren. Damit würde die Selbstorganisation des Teams zwar immer noch funktionieren, es entstehen aber eine Reihe nicht-ausgesprochener Konflikte, die zu Problemen führen können.

■ **Timebox**

Wie lassen sich die Ziele so definieren, dass es messbare Ergebnisse nach jedem Sprint gibt?

Die Lösung: Ziele kann nur der Mitarbeiter definieren. Er muss sagen, was er für sich und sein Team erreichen will. Letzteres ist entscheidend. Wenn die Annahme zutrifft, dass jedes Teammitglied den Erfolg seines Team will, weil alle gemeinsam eine Applikation erstellen wollen, dann kann die Frage nur lauten: „Was kannst du tun, damit dein Team erfolgreicher sein wird?" Die individuellen Ziele richten sich also nach den Projekt- oder Teamzielen.

Der Mitarbeiter selbst bestimmt seine Ziele in Absprache mit seinem Vorgesetzten.

Als Manager muss man dann nur noch mit dem Mitarbeiter eine Messgröße vereinbaren, und schon hat man sich auf ein Ziel geeinigt. Auf diese Weise ist es möglich, die Teamziele und die individuellen Ziele aneinander anzupassen. So lässt sich bestimmen, wo wir stehen, wo der Mitarbeiter sich selbst sieht, und man kann ihn, ohne ihn von außen zu bewerten, immer nach seiner Selbsteinschätzung fragen.

Die so gefundenen Ziele lassen sich durch individuelle erweitern, z.B. wenn ein Mitarbeiter eine Schulung in einem bestimmten Gebiet wünscht, das nichts mit dem gegenwärtigen Produkt zu tun hat, weil er vielleicht seine Karriere in eine andere Richtung entwickeln möchte. Oder er will aus privaten Gründen den Standort wechseln. All diese Dinge sind auch in Zielvereinbarungsgesprächen zu bedenken und werden immer in Verbindung mit den gegenwärtigen Teamzielen gesehen. Die Frage, die sich immer stellt: Wie kann man die Anforderungen des Teams und der Abteilung an den Mitarbeiter mit dem

Interesse des Mitarbeiters koppeln? Wenn diese Frage so beantwortet wird, dass der Mitarbeiter die Richtung bestimmen kann, dann sind die Prinzipien Scrums erfüllt, und es gibt meiner Meinung nach keinen Widerspruch zwischen Scrum und Zielvereinbarungen.

Teams und Ressourcenmanagement

Wenn sich in einem skalierten Umfeld die Teams die Mitarbeiter selbst aussuchen sollen oder, anders gesagt, wenn sich die Teams nach den Anforderungen des Projektes selbst finden sollen, wie kann ich als Leiter einer Abteilung verhindern, dass ich vielleicht jemanden habe, der nicht von einem Team ausgewählt wird? Hinter dieser Frage steckt eine Annahme aus dem Ressourcenmanagement (allein das Wort sagt uns schon, woher dieses Denken stammt: aus Fords Scientific Management): Alle Mitarbeiter müssen ständig ausgelastet sein.

Als ich eine Architektin fragte, was die Teams in einem großen Architekturbüro machen, wenn es gerade keinen Auftrag für ein solches Team gibt, sah sie mich nur verständnislos an. „Dann bereiten sie sich auf eine Ausschreibung vor oder nehmen an einem Wettbewerb teil", war die Antwort. Kein Architekt würde seine Teams auseinanderreißen, nur weil ein anderes Projekt mal eben Leute braucht. Wenn ein SWAT-Team keinen Einsatz hat, dann übt und trainiert es, es wird nicht auseinandergerissen, weil gerade nichts zu tun ist. Wenn eine Fußballmannschaft gerade nicht spielt, dann trainieren sie, wenn ein Orchester keinen Auftritt hat, dann übt es oder kleinere Einheiten spielen in kleineren Konzerten. Das Orchester selbst wird aber nicht auseinandergerissen und neu gruppiert.

Warum machen wir das dann in der Software-Industrie? Wieso lassen wir Teams nicht zusammen, geben ihnen klare Entwicklungsziele und lassen sie auf ein Projekt warten oder sich auf Projekte vorbereiten? Wenn es wirklich so ist, wie ich es in vielen Unternehmen erlebe, dann haben die meisten Unternehmen so viele Projekte zu erledigen, dass eine ungenügende Auslastung ihrer Teams gar nicht möglich ist. Die Befürchtung, man könnte sein Team nicht auslasten, ist also mit großer Wahrscheinlichkeit unbegründet.

Die Lösung für den Abteilungsleiter könnte sein, Teams aufzubauen, die in der Lage sind, die Art der Projekte, mit denen sich diese Abteilung auseinandersetzt, zu bewältigen. Wenn ein Team tatsächlich einmal kein Projekt hat, würde es dennoch zusammenbleiben und trainieren, sich weiterbilden oder gemeinsam eine Konferenz besuchen. Der Vorteil dieser Vorgehensweise: Man bekommt eingespielte Teams, die gewisse Basisfertigkeiten haben, die sie dafür qualifizieren, bestimmte Aufgaben zu erfüllen.

Der Nachteil: Es könnte sein, dass ein Team nicht hundertprozentig für eine Aufgabe passt und daher längere Zeit für die Einarbeitung benötigt.

Die zweite Lösung, die sich anbietet, ist die „Bank". Diese Idee, die mit der klassischen Matrix-Organisation nahe verwandt ist, findet man auch bei Ken Schwaber [Schwaber 2007]. Die Teams bedienen sich einer Ersatzbank. Auf der Ersatzbank sitzen alle jene, die derzeit in keinem Team mitarbeiten. Dieses System ist erschreckend transparent – ein Mitarbeiter, der längere Zeit auf der Ersatzbank sitzt, muss sich fragen: Was stimmt nicht? Wieso findet er kein Team, das seine speziellen Fähigkeiten benötigt? Hat er sich die falschen Kenntnisse angeeignet? Kann er sich nicht in die Teams integrieren? Oder gibt es derzeit einfach nicht genügend Arbeit für alle? In jedem dieser Fälle ist es Aufgabe des Abteilungsleiters, dieses Problem zu lösen.

Die Aufgabe des Abteilungsleiter ist in den oben genannten Beispielen klar und deutlich. Er sorgt dafür, dass diese Teams entstehen können, dass sie die notwendigen Fähigkeiten haben, dass Schwachstellen entdeckt und verbessert werden. Er wird aber auch seine Teams besser kennenlernen. Er wird wissen, für welche Aufgaben seine Teams geeignet sind und für welche nicht.

Das alles setzt voraus, dass der Leiter einer Abteilung von seinen Vorgesetzten in die Lage versetzt wird, zu erkennen, welche Art von Projekten in Zukunft auf ihn zukommen. Wieder sind wir beim strategischen Führen einer Abteilung. Der Abteilungsleiter muss sich auf die laufenden und kommenden Projekte vorbereiten können und seine Teams entsprechend „trainieren" lassen.

9.6.4 Kundenmanagement

Eine Führungskraft, ein Bereichsleiter, ein Abteilungsleiter oder ein Teamleiter, sie alle haben Kunden zu bedienen. Aus dem Total Quality Management kommt die Idee zu identifizieren, welche Kunden und welche Lieferanten eine bestimmte Position hat. Wenn es weder Kunden noch Lieferanten gibt, dann ist diese Position nicht mehr notwendig und kann gestrichen werden.

Um ein Scrum-Team herum gibt es Rahmenprozesse, die nicht von den Teams selbst aufgesetzt und gestaltet werden müssen, sondern vom Management einer Organisation. Dazu gehören zum Beispiel das Vertragsmanagement, das Service Level Agreement und alle Prozesse des Verkaufs und Einkaufs.

Eine häufige Frage in Scrum-Schulungen ist dennoch: Wie organisiert Scrum Verträge mit Kunden, und wie steuert Scrum den Verkaufsprozess? Die Frage dahinter: Wie kann eine Organisation das Problem lösen, dass ihre Kunden einen Fest-Preis-Vertrag haben wollen, obwohl sie nicht genügend Informationen hat? Man hofft nun, dass Scrum möglicherweise eine Antwort hat. Scrum selbst enthält keine Vertrags- oder Verkaufsprozesse, Scrum ist eine Art und Weise, Funktionalitäten, Projekte und Applikationen jeder Art zu liefern. Viele Teilnehmer und Manager reagieren auf diese Aussage mit der Ablehnung agiler Entwicklungsprozesse, weil sie keine Antwort auf die Probleme von Verkauf und Vertrag bieten. In ihrem Geschäft müsse man zu Beginn des Projektes klar wissen, was zu tun sei, denn der Kunde verlange eine klare Aussage darüber, was es koste.

Wer so reagiert, verkennt, dass die Vertragsgestaltung eine Aufgabe von zwei Parteien ist. Beide Parteien wollen sich auf etwas einigen und dies im Vertrag festhalten. Verträge sollten das Ergebnis eines Dialogs sein. Natürlich entstehen solche Vereinbarungen zwischen zwei Parteien immer vor dem Hintergrund der Erfahrungen und der Geschichte von Individuen und Organisationen. Wenn eine Software-Entwicklungsabteilung mit einem externen Lieferanten gute Erfahrungen gemacht hat, wird sie zu mehr Zugeständnissen bereit sein als nach schlechten.

Verträge – die Lieferantenposition

Scrum ist so gestaltet, dass man schnell Resultate sieht. Wie kann man das nutzen, um Verträge aus Sicht des Lieferanten besser zu erfüllen? Denn darum geht es doch. Es ist vollkommen gleichgültig, welche Art von Vertrag mit dem Kunden geschlossen wurde, ob Fest-Preis-Vertrag mit gesetztem End-Datum, Werksvertrag, Dienstvertrag oder Ziel-Kosten-Vertrag. Scrum soll den Lieferanten dabei unterstützen, Vereinbarungen qualitativ besser und ökonomischer zu erfüllen.

Am Anfang steht also nicht die Frage „Wie müssen agile Verträge gestaltet sein?" im Vordergrund, sondern zunächst die eigene Leistung, die eigene Verpflichtung und somit die Lieferung.

Scrum hilft Organisationen, den Vertrag zu erfüllen, da wir mit Scrum als Lieferande erst für uns selbst und dann auch für den Kunden einen Feedback-Mechanismus in unserem Lieferprozess eingebaut haben. Das führt zu mehr Sicherheit im Lieferprozess und schließlich zu mehr Vertrauen auf der Seite des Kunden. Der Lieferande kann versuchen, mit dem Kunden geeignetere Wege zu finden, Verträge zu gestalten. Die Frage, die sich nun stellt: Wieso sollte der Kunde darauf eingehen? Welchen Vorteil bringt es ihm? Wie soll er verstehen, dass inkrementelles Liefern dazu führt, dass er als Kunde viel eher das bekommt, was er will (siehe Abschnitt 5.7)?

Ken Schwaber hat vorgeschlagen (und viele haben es ausprobiert), Scrum bei Kunden einzuführen, indem man einen Werksvertrag schließt und dann Stück für Stück, Sprint für Sprint Produktteile ausliefert. Damit zeigt man dem Kunden, dass auf neue Anforderungen und Veränderungen im Projekt sehr rasch reagiert werden kann und dass man das Projekt, wenn die notwendige Funktionalität vorhanden ist, einstellen kann. Scrum-Teams wissen, dass dieses Vorgehen für alle Beteiligten wirtschaftlich sinnvoll ist, weil es den Return On Investment erhöht. Auch für den Lieferanten, denn er bekommt seine Entwicklungsmannschaft früher zurück und kann ihr das nächste Projekt liefern.

Dieses Vorgehen muss vom Management einer Firma auf allen Ebenen verstanden, gelebt und eingeführt werden. Leider werden Scrum-Teams häufig nicht rechtzeitig informiert und einbezogen. Wenn der Verkauf einen Vertrag mit einem Kunden schließt und Bedingungen aushandelt, die nicht mit den Teams, die liefern sollen, abgestimmt sind, dann ist der erste systematische Fehler bereits geschehen. Dann kann ein Scrum-geführtes Projekt nur viel eher zeigen, dass die Annahmen vom Beginn des Projektes an nicht zu halten sind. Das Scrum-Team informiert auf diese Weise die verantwortlichen Stellen in der Organisation. Der ScrumMaster muss dann verhindern, dass die Verantwortung für die Erfüllung des Vertrages dem Team übertragen wird. Oft übt das Management Druck aus, dass Entwicklungsteams zu den Konditionen liefern sollen, die bereits mit dem Kunden vereinbart sind. Selbst wenn diese Konditionen auf den ursprünglichen Schätzungen des Teams beruhen, ist das zu diesem Zeitpunkt vollkommen unrealistisch. In Wirklichkeit können die ursprünglich geschätzten Kosten nicht gehalten werden. Scrum hilft dem Management und allen anderen Beteiligten, diese Realität zu sehen. Aufgabe des Managements ist es, Lösungen zu finden.

Service Level Agreements

Wie passen ein Sprint, der nicht verändert werden darf, und die Tatsache, dass ein Scrum-Team ein bestimmtes Service Level Agreement zu erfüllen hat, zusammen?

Diese Frage lässt sich schlüssig und korrekt nur im Kontext der jeweiligen Organisation, des jeweiligen Teams und des jeweiligen Produktes beantworten. Jedes Service Level Agreement, jedes Team und jede Applikation, die gewartet wird, ist anders. Dennoch ist es möglich, zumindest eine Richtung anzuzeigen, in die Führungskräfte ihre Prozesse entwickeln könnten, damit sich Scrum und Service Level Agreements nicht ausschließen, sondern die Verbindung von Scrum und Service Level Agreements als weitere Form des Arbeitens gesehen werden kann. Anhand zweier Fälle und Lösungen möchte ich das zeigen.

- **Der erste Fall:**

  Ein und dasselbe Team ist sowohl für die Wartung als auch für die Weiterentwicklung einer Applikation zuständig. Dieser nicht ungewöhnliche Fall bringt einem Team, das in Scrum eine neue Arbeitsweise sucht, auf den ersten Blick Probleme. Die Regeln von Scrum besagen, dass ein Team im Sprint nur an etwas arbeiten darf, das im Sprint Backlog steht, das mit dem Product Owner vereinbart ist und mit dem Ziel in Zusammenhang steht. Die Befürchtung ist nun: Wenn das Team die Probleme des Kunden behebt, also das Service Level Agreement erfüllen muss, könnte es möglicherweise das Sprint-Ziel nicht erreichen. Wie soll sich das Team dann noch auf ein Sprint-Ziel verpflichten können?

  Zunächst ein Blick in den Alltag eines Nicht-Scrum-geführten Teams. Dort schlägt ein Bug ein, und das Team muss ihn beheben. Der einzige Entwickler, der diesen Fehler beheben kann, ist oft auch der einzige Entwickler, der die Entwicklung der gesamten Applikation vorantreibt. Die Konsequenz: Das gerade durchgeführte Projekt leidet. Aber das ist nicht offensichtlich – erst am Ende der Laufzeit des Projektes (wenn der Liefertermin sich nicht mehr halten lässt) kommt die Klage des Teams darüber, dass man etliche Probleme mit der Applikation und der Kunde viele wichtige Fehler während der Projektlaufzeit gemeldet hatte.

  Ein Scrum-geführtes Team würde dieses Problem schon nach spätestens 30 Tagen melden. Wenn die Teammitglieder es nicht explizit sagen, wird es doch offensichtlich, da sie ihren Sprint nicht liefern können oder die Teammitglieder extrem viele Überstunden machen, um das Sprint-Ziel zu liefern. Diese Transparenz ist auf den ersten Blick ernüchternd: Die Annahme, das Team könnte sowohl die Wartung des Systems als auch die neuen Funktionalitäten liefern und dennoch den Termin halten, ist als Illusion entlarvt, und Team und Management können die Realität klar und deutlich erkennen. Das Management muss reagieren. Nein, es ist nicht der Product Owner, der nun akzeptieren muss, dass seine neue Applikation langsamer entwickelt werden soll. Er kann von der Organisation eine Lösung verlangen. Das Schaffen der Lösung ist Aufgabe des Managements. Es kann ein zweites Team beauftragen, es kann mit dem Product Owner oder Kunden eine Veränderung des Vertrages vereinbaren oder irgend eine andere sinnvolle Lösung für diese Situation finden. Aber es ist nicht Aufgabe des Teams, diese Lösung zu finden. Ihre Aufgabe ist es, die vereinbarten Sprint Goals zu erreichen.

Das Team kann auf die beschriebene Problematik auch reagieren, indem es den Aufwand schätzt, der monatlich für das Beheben von Problemen vermutlich auftreten wird, und diese Zeit von seiner Leistungsfähigkeit abzieht, entweder in Form von tatsächlicher Entwicklungszeit oder durch die Reduzierung der Kapazität, der Velocity. Das führt zu realistischeren Lieferzeiträumen. Aber diese Lösung ist nur dann sinnvoll, wenn erkannt wird, dass das Team sich damit keine Puffer einbauen will, sondern die Realität so darstellt, wie sie wirklich ist. Oft akzeptieren Management oder Product Owner diese Lösung nicht, denn sie zeigt drastisch und offensichtlich, dass ein Team mit Problemen zu kämpfen hat, die gerne verdrängt werden. Doch das ist nicht etwa ein Problem, mit dem das Team leben muss oder das das Team zu verantworten hat. Wenn das Management mit dieser Tatsache nicht einverstanden ist, dann ist es Aufgabe des Managements, zu reagieren und andere Lösungen zu finden.

■ **Der zweite Fall:**
Service Level Agreements schreiben oftmals vor, innerhalb welcher Antwortzeiten die Behebung eines Fehlers zu erfolgen hat. Oft nimmt diese Vereinbarung keine Rücksicht darauf, dass es schwerwiegende und weniger schwerwiegende Fehler gibt. Hier gilt das oben Beschriebene ebenfalls. Außerdem muss ein Scrum-Team in diesem Fall einen Indikator einführen, wie oft schwerwiegende Fehler auftreten. Denn in diesen Fällen müssen sie tatsächlich alles stehen und liegen lassen, um den Fehler zu beheben. Hier ist die bereits beschriebene Idee der Snake (siehe Abschnitt 7.4) ein geeignetes Instrument.

Auch jetzt ist ein Blick in die gegenwärtige Realität von Teams sehr hilfreich: Wie sehen die Fehlerlisten in den Bugtracking-Systemen vieler Teams aus? Ich habe von Teilnehmern meiner Seminare gehört, dass es teilweise Listen mit mehreren Hundert oder sogar Tausend Fehlern gibt. Die Realität zeigt auch hier, dass die gegenwärtige Praxis weit hinter dem angestrebten Ideal zurück ist. Scrum würde das noch deutlicher machen.

Verträge – Die Sicht des Kunden

Für Kunden ist Scrum eine wahre Freude. Vollkommene Transparenz, frühzeitiges Feedback, geordnete Einflussmöglichkeiten auf den Prozess, überprüfbare Resultate, schnellere Lieferungen und Offenheit auf der Lieferantenseite. Das sind keine Versprechen, sondern Realität in einem Scrum-geführten Projekt. Aber der Kunde bekommt all das nicht geschenkt. Scrum-geführte Projeke haben für den Kunden einen entscheidenden Nachteil. Er muss sich einbringen – während des gesamten Projekts.

> ■ In einem meiner ersten Aufträge, in Tschechien, erzählte mir der Leiter der Abteilung, für die wir arbeiteten, dass seine Anforderer mit Scrum nicht glücklich seien. Sie würden bei ihm gerne ein Projekt in Auftrag geben und dann sechs Monate warten, Zeitung lesen und sonst nicht viel tun. Scrum würde diese Personen zwingen, sich in dieser Zeit mit dem Projekt zu beschäftigen, das wollten sie aber nicht. ■

Das hört sich verrückt an, kommt aber viel häufiger vor, als man vermutet. Das gleiche Argument gegen Scrum höre ich in fast jedem Scrum-Training und in den meisten Coaching-Einsätzen. Die Kunden oder Anforderer wollen sich mit dem Produkt, das sie selbst in Auftrag geben, während der Entwicklungszeit nicht auseinandersetzen.

> ▪ Ein anderer Seminarteilnehmer erzählte mir, dass sein Team gerne mit dem Kunden reden würde. Es sei aber nicht gestattet. Die eigene Organisation würde das verhindern. Da sie mehr als einen Kunden mit dem gleichen Produkt beliefern, könnten sich die anderen Kunden benachteiligt fühlen. Also redet man lieber mit niemandem. ▪

Diese Erfahrungen widersprechen den Darstellungen, die wir in Büchern und Zeitschriftenaufsätzen lesen können: Der Kunde sei wichtig, er bestimme die Produktgestaltung, und moderne Produktentwicklung müsse auf die Kunden und deren Bedürfnisse eingehen. Die Realität sind Desinteresse auf der Kundenseite und Arroganz auf der Lieferantenseite:

> ▪ Eine Projektmanagerin erzählt mir, es sei nicht notwendig, während der Laufzeit des Projektes immer wieder auf die Projektergebnisse zu schauen. Die Anforderungen seien von den besten Spezialisten geschrieben worden, alles sei vollkommen klar. Es sei erst wieder nach Lieferung des Produktes, das selbstverständlich in der Laufzeit fertig zu stellen sei, notwendig, auf das Ergebnis zu schauen. Zwei Jahre später wurde das Projekt erneut begonnen. Das so entstandene Produkt war nicht nutzbar. ▪

Scrum und alle agilen Software-Entwicklungsmethoden basieren auf der Idee, dem Anforderer so schnell wie möglich Ergebnisse zu zeigen. Basierend auf diesen Ergebnissen werden dann Kurskorrekturen durchgeführt. Dieser Feedback-Kreislauf ist wesentlich, und er ist es, der den Erfolg des Projektes garantiert. Kunden und Anforderer sind daher unabdingbarer Bestandteil des Entwicklungszyklus. Wenn Kunden die Vorteile von Scrum nutzen wollen, müssen sie sich in die Entwicklung durch ihr Feedback einbringen, und die Software-Entwicklungsabteilungen müssen sich mit ihren Kunden ständig auseinandersetzen.

Das Management einer Software-Entwicklungsabteilung hat die Aufgabe, dies zu ermöglichen. Es ist gefordert, die notwendigen finanziellen und organisatorischen Mittel bereitzustellen, damit die Zusammenarbeit funktioniert. Die Verträge sollten diese Aufwendungen berücksichtigen. Es gibt Software-Entwicklungsorganisationen, die ihre gesamte Entwicklungsmannschaft für einige Wochen zum Kunden senden, damit sie dort gemeinsam arbeiten. Erst wenn sich alle Beteiligten kennen, gehen die Teams zurück an ihren Heimatstandort und entwickeln dort die einzelnen Komponenten. Sowohl dem Kunden als auch dem Lieferanten müssen diese Aufwände klar sein. Die Aufwände sind vor allem auf Kundenseite sehr hoch. Es kostet Zeit und Geld, die Teams bei ihrer Arbeit zu unterstützen.

Allerdings gibt es auch den anderen Fall. Immer mehr Firmen wollen nur mit Software-Entwicklungsorganisationen arbeiten, die ihre Projekte nach Scrum abwickeln. Wie sollte in diesem Fall der Vertrag aussehen? Als einziges Mittel hat sich bewährt, in kleinen Schritten vorzugehen. Kunden geben ihrem Lieferanten ein kleines Projekt, das so beschaffen ist, dass Lieferverzögerungen, Probleme und sogar ein Totalfehlschlag nicht ins Gewicht fallen. Erst wenn sich über Monate und Jahre langsam eine fundierte und auf Vertrauen basierende Beziehung entwickelt hat, werden die Projekte größer und bedeutender.

Auf diese Weise können beide Organisationen das Miteinanderarbeiten lernen und die Prozesse so gestalten, dass Scrum für beide Seiten funktioniert. Dieses Vorgehen nutzen Firmen wie Toyota seit Jahren erfolgreich, wenn sie mit neuen Lieferanten arbeiten, und wir sollten von diesen Vorgehensweisen lernen [Liker 2003].

Sollte es schon eine bestehende und funktionierende Beziehung zu einem Lieferanten geben und wollen wir nun auf Scrum umstellen, so besteht die einfachste Variante darin, jeweils nur einen Sprint zu beauftragen. Das zwingt beide Seiten, zu vereinbarten Zeitpunkten zu liefern und Entscheidungen zu treffen. Nach jedem Sprint kann dann entschieden werden, ob die Zusammenarbeit in die richtige Richtung läuft.

9.6.5 Scrum in der Abteilung implementieren

Die Einführung von neuen Arbeitsweisen ist immer ein großer Eingriff. Scrum von oben, also durch Anordnung einzuführen, ist meiner Erfahrung nach sehr schwierig. Wie jeder Veränderungsprozess muss er professionell gemanagt werden und erfordert Zeit und Energie. Wenn ein Abteilungsleiter beschließt, Scrum sei das Richtige für seine Abteilung, dann muss er drei Seiten gleichzeitig im Blick haben: die der Anforderer, die seiner Vorgesetzten und die der eigenen Teams. Wie geht ein Abteilungsleiter vor, wenn er Scrum in seinem Bereich einzusetzen beabsichtigt?

Der erste Schritt ist die Identifizierung eines Teams, das die neue Arbeitsweise ausprobieren möchte (1). Der zweite Schritt, dieses Team in Scrum auszubilden (2), und der dritte, ein Pilotprojekt durchzuführen (3). Daraus zu lernen (4) und die Erfahrungen zu nutzen (5), um das nächste Team auf die Scrum-Reise zu schicken (6), gehört ebenso dazu.

Das Pilot-Team finden – Freiwilligkeit (1)

Veränderungen sollten immer mit den Betroffenen gemeinsam erfolgen. Teams neue Arbeitsweisen aufzuzwingen, führt zu Widerstand und Desinteresse. Die einfachste Methode, Scrum einzuführen, besteht darin, ein Team zu finden, das Scrum nutzen will. Sie können ein Meeting durchführen und dabei Ihren Teamleitern von Scrum erzählen, ihnen unser Buch in die Hand drücken und sie bitten, darüber nachzudenken, ob sie Scrum ausprobieren möchten. Eine andere Möglichkeit wäre, die aktuellen Probleme aufzuzeigen: die Fehlerzahl, die offensichtlichen Lieferverzögerungen, die Qualitätsprobleme, die Überstundensituation, die Tatsache, dass einige Entwickler zu Engpässen geworden sind, oder die fehlende Motivation. Dann erklären Sie, dass es an der Zeit sei, dies zu ändern, und fragen die Teams, wie sie vorzugehen gedächten. Beginnen Sie so – indem Sie den Teams die Verantwortung überlassen. Dort muss die Veränderung erfolgen. Nach einiger Zeit wird sich ein Team melden, das Scrum gerne ausprobieren möchte.

Training des Teams und des ScrumMasters (2)

An diesem Punkt beginnt das Training des ersten Teams. Der Scrum-Prozess ist schnell erlernt, die notwendigen Informationen sind einfach zu vermitteln. Der ScrumMaster, vielleicht ist es der Teamleiter, sollte sich mit seiner Rolle anfreunden können, bevor das

Team beginnt, mit Scrum zu arbeiten. Er sollte die Bücher von Ken Schwaber und Jeff Sutherland gelesen haben[9] und dann beginnen, zusammen mit dem derzeitigen Projekt-manager ein Backlog aufzustellen. Nehmen Sie sich für diese Phase nicht zu viel Zeit. Wir haben Scrum in wenigen Tagen eingeführt und die gleichen Ergebnisse erzielt, wie bei Implementierungen, die wochenlang vorbereitet wurden. Die Probleme, Widerstände, Un-klarheiten und Lösungen, die für dieses Team funktionierten, werden nur klar, wenn man sie on the fly identifiziert und löst. Wieder gilt, was für alle Scrum-Projekte gilt: Wir brau-chen Daten. Was funktioniert, wie müssen wir den nächsten Schritt verbessern, damit der für uns besser funktioniert?

Die Erfahrung zeigt, dass es eine gute Idee ist, einen erfahrenen Interims-ScrumMaster hin-zuzuziehen. Er kennt die Probleme bereits, die auftreten werden, und hat Lösungen in ande-ren Organisationen gesehen. Er weiß, welche Fehler beim Daily Scrum, beim Planning und beim täglichen Arbeiten passieren können. Die Sicherheit steigt, dass Ihre Scrum-Imple-mentierung in diesem ersten Team erfolgreich sein wird. Entscheidend ist jedoch, dass Sie auf jeden Fall einen internen Mitarbeiter mit diesem ScrumMaster zusammenarbeiten las-sen. Diese Form des Coachings Ihres Mitarbeiters scheint auf den ersten Blick sehr kost-spielig, bei genauerem Hinsehen zeigt sich aber, dass die Produktivität Ihres Teams nach drei Spints so dramatisch gestiegen ist, dass sich diese Investition vielfach auszahlt.

Das Pilotprojekt (3)

Sie brauchen einen Quick-Win. Der erste Sprint sollte auf jeden Fall erfolgreich sein. Der ScrumMaster Ihres Pilotprojektes sollte sich seiner Verantwortung bewusst sein, und der Leiter der Abteilung sollte ihn so gut es nur geht unterstützen. Wenn das erste Team nicht nur zeigen soll, wo die Probleme liegen, sondern auch erfolgreich liefern soll, dann kann ich nur empfehlen, es so gut wie möglich zu unterstützen.

Dieses Pilotprojekt wird Dinge zeigen, die sie so nicht erwartet haben. Teammitglieder werden in den Daily Scrums nicht proaktiv mitarbeiten. Sie werden sehen, dass Störungen von außen auf das Team einprasseln, Teammitglieder werden plötzlich an Dingen arbeiten, die nirgends dokumentiert sind, und alle anderen Probleme, die ich in diesem Buch er-wähnt habe, werden mehr oder weniger deutlich auftreten. Löst das Team gemeinsam mit dem ScrumMaster und dem Management die auftretenden Probleme, dann ist der Erfolg garantiert. Das zeigen alle Scrum-Projekte, bei denen ScrumMaster und Teams die ersten Hürden erfolgreich überwunden haben.

Lernen und die nächsten Schritte – (4) bis (6)

Manchmal fragen Teams, die gesehen haben, dass Scrum funktioniert, und die vom Pilot-team „infiziert" wurden, ihr Management, ob sie nun selbst scrummen dürften. Leider ist das die Ausnahme – zumindest in deutschsprachigen Ländern. Allzu oft werden erfolg-reiche Scrum-Teams von ihren Schwesterteams nicht etwa beglückwünscht und kopiert,

---

[9] Und dieses hier natürlich auch, da es die neuesten Ideen und Erfahrungen der Scrum Community enthält.

sondern man argumentiert, der Erfolg des Teams bestünde nicht in der neuen Arbeitsweise, sondern darin, dass es begünstigt worden sei; es hätte mehr Aufmerksamkeit erhalten, und die Probleme des anderen Teams seien nicht die des Scrum-Teams. Richtig, waren sie nicht, denn sie wurden (noch) nicht gelöst.

Hier steckt die Chance – das Management, das Scrum einführen will, muss jedes Problem und jedes Impediment als Indikator sehen. Diese Indikatoren zeigen an, wo die Ursachen für Produktivitätsverluste liegen. In der Indikation der Probleme liegt die eigentliche Aufgabe des Scrum-Pilot-Teams. Daher sollte dieses Team nicht nur während der Sprints die Probleme lösen, so dass es selbst vorankommt, sondern das Management sollte schauen, ob die identifizierten Impediments in den übrigen Teams ebenfalls anzutreffen sind. Werden sie auch dort systematisch angegangen, kann das zu einem wahren Produktivitätsschub führen. Aus den Erfahrungen des Pilot-Teams zu lernen (4), während der Sprints durch die Analyse der Impediments und nach den Sprints durch die Retrospektive, ist der eine wichtige erste Schritt. Diese Erfahrungen zu nutzen (5), ist allerdings tatsächlich entscheidend. Ohne die Aktion, die in der Regel nur durch das Management erfolgen kann, passiert, was zu oft bei Prozess-Veränderungen in Organisationen eintritt: Die Versprechen werden nicht eingelöst und es entsteht Frustration, die in Gleichgültigkeit mündet.

Ist es zu Verbesserungen gekommen und hat der Leiter der Abteilung erkannt, dass Scrum tatsächlich wirksam ist, folgt der nächste Schritt (6). Die nächsten Teams – wieder jene, die sich melden – werden trainiert und auf die Reise geschickt. Diesmal wird es andere Probleme geben, die neue Lösungen verlangen.

9.7 Organisationsweites Scrum

Scrum dient zur Steuerung von Scrum-Teams, Scrum kann große Teams managen, und ein Multi-Projekt- oder Multi-Team-Umfeld lässt sich ebenfalls damit managen. Wir haben gesehen, dass auch auf Abteilungsebene Scrum zum Einsatz kommen kann, wenn sich das Management der Abteilung der Probleme, die es dort zu lösen gilt, bewusst wird. Was aber muss man tun, um Scrum auf der Ebene der gesamten Organisation einzuführen?

Stopp! Scrum wird nicht auf Organisationsebene eingeführt, nur um Scrum einzuführen. Wir wollen Scrum nicht einführen, um eine Organisation zu verändern. Scrum soll dazu dienen, Produkte effektiver zu erzeugen. Scrum organisationsweit einführen, heißt also, Produkte effektiver auszuliefern. Dass die Organisation dabei umgestaltet wird, ist ein Sekundäreffekt, der sich nicht vermeiden lässt und der zu Kollateralschäden führen kann, wenn die Veränderung nicht professionell unterstützt wird.

Scrum organisationsweit einzuführen, funktioniert nur, wenn die Geschäftsführung, das Top-Management, hinter dieser Veränderung steht (Top-down), und gleichzeitig die Veränderung von unten, also von den Teams gesteuert, durchgeführt wird (Bottom-up). Dieses Prinzip erfolgreicher Organisationsentwicklung gilt natürlich auch für das organisationsweite Einführen von Scrum. Es gibt mittlerweile strategische Initiativen von Firmen wie Nokia, Yahoo, Microsoft und vielen anderen, in denen klar ausgesprochen wird, dass Scrum als Entwicklungsmethode eingesetzt werden soll. In diesen Organisationen hat sich allerdings auch gezeigt, dass die Scrum-Implementierer nur mit Teams arbeiten, die Scrum nutzen wollten. Gabrielle Benefield sagte in einem Vortrag auf der JAOO '07, sie arbeite bei Yahoo nur mit den Teams, die an sie herantreten und Scrum von sich aus nutzen wollen. Bas Voode, Nokia, berichtete das Gleiche.

Ich habe am Anfang oft den Fehler begangen, Scrum als Methode bei Teams einzuführen, die Scrum nicht wollten – und scheiterte immer. Sie glauben gar nicht, wie viele Argumente sich finden lassen, nicht richtig scrummen zu können, wenn man nur welche finden will. Es ist unfassbar, man reibt sich auf, und der Aufwand bringt niemandem etwas.

Wenn Sie sich bewusst sind, dass Sie nur mit Teams arbeiten sollten, die Scrum wollen, dann gibt es nur einen Weg, Scrum organisationsweit einzuführen: Nutzen Sie Scrum, um Scrum einzuführen. Prozessveränderungen sollten und müssen (nach dem CMMi) mit dem Prozessmodell durchgeführt werden, das Sie einführen wollen. Nehmen wir diese Forderung ernst, dann wissen wir, welche Elemente und Voraussetzungen wir schaffen müssen, um Scrum in der Organisation umzusetzen:[10]

- **Vision**
  Der Product Owner der Transition zu Scrum, möglicherweise ein Chief Technology Officer, muss sich klarmachen, welche Vision er für sein Projekt hat.
- **Enterprise Transition Backlog**
  In Scrum wird auch die Transition über ein Backlog gesteuert. Das Enterprise Transition Backlog ist eine Kombination aus Impediments, Pilotprojekten und Maßnahmen.
- **Enterprise Transition Team**
  Team, das organisationsweit die Priorisierung und die Transition durchführt.
- **Scrum-Roll-Out-Teams**
  Transition-Project-Teams – Teams, die die eigentliche Transition durchführen, trainieren Teams, coachen oder stellen die Mittel zur Verfügung.
- **Scrum-Teams**
  Scrum-Teams, die Produkte liefern.

9.7.1 Organisation der Implementierung

Die Vision für die Implementierung

Bob Schatz, damals Entwicklungschef bei Primavera, stellte sich nach einem völlig erfolglosen Sprint seiner Entwicklungsmannschaft vor alle Beteiligten und erklärte, dass er diesen Zustand unhaltbar finde. Er stellte die Frage, was sie gemeinsam unternehmen könnten, um ein weiteres Scheitern zu verhindern. Bob hatte damit begonnen, seiner Vision einer effektiveren Entwicklungsorganisation, die effektiver Produkte entwickelt, Raum zu geben. Eine Organisation, die Scrum implementieren will, benötigt mindestens eine Person

---

[10] Ich folge der Nomenklatur, die Ken Schwaber in [Schwaber 2007] einführte, damit Sie Ähnlichkeiten mit Schwabers Ansatz leichter identifizieren können.

im Top-Management, die diese Vision Wirklichkeit werden lassen will. Sie braucht einen Product Owner. Dieser Product Owner hat wie alle Product Owner die Aufgabe, die Vision zu kreieren und sie ständig mit allen Beteiligten zu diskutieren, zu verfeinern und zu vertreten. Oft ist dieser Product Owner nicht allein, und es existiert eine Art Product Owner Team. Ken Schwaber nennt dieses Team das *Enterprise Transition Team*, das das *Enterprise Transition Backlog* erstellt [Schwaber 2007].

Im Folgenden beschreibe ich das Enterprise Transition Team für den Fall, dass der Chief Technology Officer der Product Owner ist und die Abteilungsleiter das Enterprise-Transition-Team bilden.

Das Enterprise Transition Team

Der Chief Technology Officer (CTO) hat die Vision entwickelt, mit Hilfe von Scrum seine Organisation effektiver zu gestalten und Produkte schneller auszuliefern. Als Nächstes wird er ein Team bilden, das im besten Fall aus den Managern der nächsten Ebene besteht. Diese haben in den nächsten Monaten, neben ihrem Tagesgeschäft, die Veränderung der Organisation durchzuführen. Dieses Team kann die eigentliche Arbeit selbstverständlich nicht durchführen. Sie können nicht die Teams schulen, coachen und alle Entscheidungen treffen, aber sie können gemeinsam mit dem CTO das Enterprise Transition Backlog aufstellen und beschließen, welche Aktionen als Nächstes durchgeführt werden sollen.

Das Enterprise Transition Team ist mit dem Product Owner Team vergleichbar. Es steuert die Aktivitäten, indem es das Enterprise Transition Backlog priorisiert und gleichzeitig die Scrum-Roll-Out-Teams als Product Owner führt. Jedes Mitglied des Enterprise Transition Teams führt ein oder mehrere Roll-Out-Teams. Entscheidend ist, dass sich die Abteilungsleiter im Enterprise Transition Team auf die Reihenfolge der Maßnahmen im Backlog einigen, diese Maßnahmen dann systematisch gemeinsam angegangen werden und alle 30 Tage Ergebnisse vorgewiesen werden.

Das Enterprise Transition Team trifft sich einmal die Woche, um Impediments zu besprechen und sofort Gegenmaßnahmen einleiten zu können. Je effektiver dieses Team die Transition durch wöchentliche Meetings und Durchführung von Maßnahmen unterstützt, desto einfacher und schneller lassen sich Erfolge vorweisen.

Das von Ken Schwaber für die Transition zu Scrum eingeführte Enterprise Transition Team kann auch als ständige Organisationsform genutzt werden, um eine Organisation zu steuern. Brent Barton und Evan Campbell haben in ihrem Aufsatz einen ähnlichen Ansatz beschrieben, um eine Professional-Services-Organisation zu steuern [Met 2007].

Das Transition Backlog

Das Enterprise Transition Backlog beinhaltet die Ziele, Aktivitäten und Probleme, die auftreten werden. Es beinhaltet die Pilotimplementierungen, die Scrum-Trainings, die Einstellung von ScrumMastern, das Aufstellen der Abteilungs-Backlogs, die Durchführung von Retrospektiven, die wichtigen Lieferungen der einzelnen Roll-Out-Teams und alles, was sonst noch notwendig ist, um Scrum organisationsweit einzuführen (Abbildung 9.10).

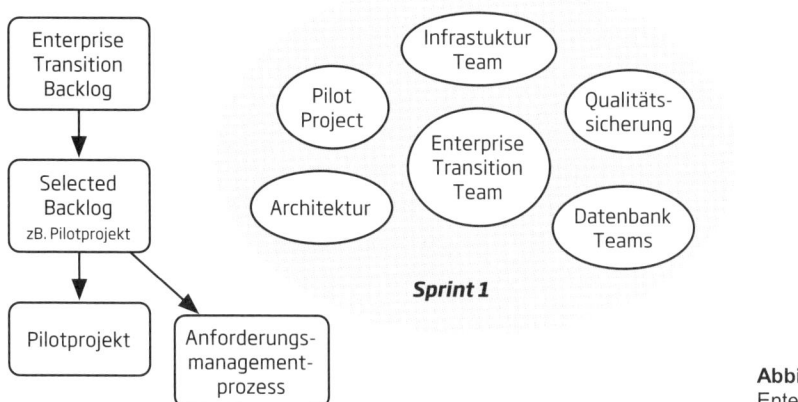

Abbildung 9.10:
Enterprise Transition

Auch bei diesem Backlog gilt: Das Enterprise Transition Team nimmt sich ein oder zwei Tage Zeit, um dieses Backlog aufzustellen, priorisiert es dann und beginnt mit der Arbeit. Dieses Team wird gemeinsam mit seinen Scrum-Roll-Out-Teams (jedes Pilotprojekt-Team stellt gleichzeitig ein Scrum-Roll-Out-Team dar) die Sprints für die Transition planen und liefern. Es ist für die Implementierung von Scrum in der gesamten Organisation entscheidend, jedes einzelne Teammitglied ist wichtig und muss am Ende einer Iteration liefern. Das Enterprise Transition Team ist wie jedes andere Product Owner Team dafür verantwortlich, dass das vereinbarte Produkt geliefert wird. Es wird sich dabei zeigen, welches Teammitglied mit seinen Teams die Scrum-Implementierung voranbringt und welches Team nicht. Sollte sich herausstellen, dass ein Teammitglied die Lieferungen nicht erfüllt, sollte es ausgetauscht werden [Schwaber 2007].

Der erste Eintrag im Enterprise Transition Backlog sollte immer ein Pilotprojekt sein. Wir haben gesehen, wie man ein solches Pilotprojekt beginnt (Kapitel 9.6.5). Alle Mitglieder des Enterprise Transition Teams sollten nun an diesem Pilotprojekt mitarbeiten. Die Software-Entwicklungsabteilung, die Qualitätssicherungsabteilung, die Tester, die Designer, die Architekten und alle anderen, die das Projekt benötigt. Auf diese Weise sollten die vom Scrum-Pilotteam gemeldeten Impediments spätestens in den wöchentlichen Meetings des Enterprise Transition Teams besprochen und einer Lösung zugeführt werden. Dieses Pilotprojekt wird der Organisation zeigen, welche Probleme es zu bewältigen gilt. Werden die auftretenden Impediments nicht ad hoc durch die Scrum-Roll-Out-Teams gelöst, bewirken sie neue Einträge im Enterprise Transition Backlog des Enterprise Transition Teams.

Scrum-Roll-Out-Teams

Die Scrum-Roll-Out-Teams sind die eigentlichen Scrum Implementation Teams. Jedes Team, das an der Einführung von Scrum in der Organisation mitarbeitet, gehört meiner Meinung nach in den Kreis der Scrum-Roll-Out-Teams.

Diese Teams haben die Aufgabe, die notwendigen Schritte durchzuführen, um auf der Ebene der Teams, der Projekte, Scrum möglich zu machen. Die Pilotteams entwickeln die Applikationen mit Scrum, doch benötigen diese Teams die Unterstützung des Gebäudemanagements, weil sie einen weiteren Raum brauchen; sie benötigen die Unterstützung der Testabteilung, weil das Scrum-Team die Tester gerne als Teil der Teams integrieren möchte; sie benötigen die Unterstützung der Interaction Designer, denn auch Letztere sollen mit dem Team gemeinsam an der Applikation arbeiten. All diese Teams werden die Bereitschaft zur Handlung durch die Anordnungen ihrer Abteilungsleiter erhalten, die Teil des Enterprise Transition Teams sind.

Auf diese Weise ist es möglich, den Fokus der gesamten Organisation auf dieses eine Projekt zu richten und den oben beschriebenen Quick-Win zu erzielen.

Die Roll-Out-Teams werden von mindestens einem Team unterstützt, das sich nur damit beschäftigt, die Implementierung von Scrum durch Schulungen und Coaching voranzubringen. Dieses Scrum-Implementierungsteam hat die Aufgabe, die einzelnen Teams, die Scrum nutzen wollen, zu coachen und die Ressourcen Scrum-Coaches, Certified Scrum Trainings und andere wichtige Maßnahmen zur Verfügung zu stellen. Das Scrum-Implementierungsteam unterstützt die Scrum-Teams reaktiv immer dann, wenn die Scrum-Teams nach einem Coach oder einer Schulung rufen. Es unterstützt die Scrum-Implementierung aber ebenso proaktiv, indem es Schulungen anbietet, die für die Weiterentwicklung der Teams zwingend notwendig sind. Hier sind vor allem die Schulung in Test-Driven Development, in agiler Architektur oder in Planen und Schätzen zu erwähnen.

Das Scrum-Implementierungsteam verantwortet die Implementierung nicht. Es unterstützt die Implementierung, so gut es seine Ressourcen zulassen. Die Verantwortung bleibt beim Enterprise Transition Team. Das Scrum-Implementierungsteam ist von den anderen Roll-Out-Teams insofern zu unterscheiden, als es sich an der Zukunft orientiert. Es hilft dem Enterprise Transition Team, die nächsten Schritte für die Implementierung von Scrum zu erkennen und zu planen. Das Scrum-Implementierungsteam kann von der ScrumMaster Group, die diverse ScrumMaster umfasst, unterstützt werden. Die ScrumMaster Group berichtet die Impediments, die nicht auf der Teamebene lösbar sind, an das Scrum-Implementierungsteam, das einen Sprecher im Enterprise Transition Team hat. Auf diese Weise ist sichergestellt, dass die Informationen von der Basis bis zur Firmenleitung, also letztendlich dem CTO gelangen, der basierend auf diesen Informationen die nächsten Schritte einleiten kann.

Das Scrum-Team

Beim Implementieren von Scrum ist aber eines nie zu vergessen: Die Transition zu Scrum geschieht auf der Ebene der Teams. Hier werden die Projekte abgewickelt und die Produkte entwickelt. Hier werden die Erfahrungen gemacht. Scrum ist und bleibt eine Methode, die empirisch vorgeht. Das Scrum-Team selbst muss funktionieren. Die ausgeklügeltsten Schulungen, die tollsten Theorien, die besten Ratschläge von Beratern, meine eingeschlossen, sind nur im Licht der Realität gültig. Regelmäßig müssen wir prüfen: Bringen die Ideen und Ratschläge die Teams weiter, können die Teams effektiver entwickeln, steigt ihre Velocity? Sind die Kunden, für die wir arbeiten, zufriedener? Steigt die Motivation der Teammitglieder? Haben wir von Sprint zu Sprint weniger Fehler in den Applikationen, bei denen wir Scrum einsetzen? Wenn das zutrifft, befinden wir uns auf dem richtigen Weg. Andernfalls gibt es hoffentlich klare Anzeichen, die dem Enterprise Transition Team zeigen, was zu tun ist.

9.7.2 Über Schulungen und Coaching

Eine Warnung zum Schluss. Tragen Sie die Implementierung nicht auf dem Rücken der ScrumMaster aus. Es genügt nicht, ScrumMaster auszubilden oder einen internen Scrum-Master-Zertifizierungskurs zu besuchen und zu glauben, dass sich der Übergang zu Scrum quasi selbstverständlich vollzieht. Wir Scrum Caoches haben mit Organisationen gearbeitet, in denen sehr viele Leute in Scrum ausgebildet worden sind. Oft hatte sich nichts geändert. Die ausgebildeten ScrumMaster zeigten sich frustrierter als zuvor und stellten sich darauf ein, ihre Firma, die viel Geld in ihre Ausbildung gesteckt hatte, zu verlassen.

In diesen Firmen hat man nicht verstanden, dass zunächst das Management die Probleme lösen muss. Man realisierte nicht, dass man sich mit Scrum eine Philosophie ins Haus holte, die auf Ehrlichkeit und Transparenz setzt. Anstatt Entscheidungen zu treffen, hoffte man, die Probleme würden sich von selbst lösen. Leider ist dem nicht so.

Scrum ist extrem einfach, doch es ist extrem hart, es wirklich anzuwenden, vor allem auf der Ebene der Organisation. Sie begeben sich auf einen langen und steinigen Weg. Firmen, die ihn durchhalten, die den Paradigmenwechsel verstanden haben und ihre Organisation Stück für Stück verändern, werden belohnt. Das hat die Vergangenheit mehrfach gezeigt. PatientKeeper, BMC und Ping sind die leuchtenden Beispiele und zeigen, was möglich ist [Leffingwell 2007]. Nokia[11] ist auf dem Weg, die British Telekom[12] und die BBC setzen auf Scrum, Yahoo hat 170 Scrum-Teams,[13] und auch Siemens und SAP sind seit Jahren dabei, den Weg mit Scrum zu beschreiten.[14] Sogar Google kam zu der Erkenntnis, andere Prozesse zu benötigen, und setzt auf Scrum, wie man am Beispiel der Google TechTalks mit Ken Schwaber und Jeff Sutherland sieht.[15]

---

[11] Bas Voode, JAOO'07

[12] Geoff Watts, JAOO'07

[13] Gabrielle Benefield, JAOO'07

[14] Quelle: Vertreter der SAP und Siemens sprechen auf Tagungen (z.B. XP Days 2007, dem Scrum Gathering in London 2007) über Scrum und ihre Art, Scrum zu implementieren.

[15] Es gibt keine offizielle Liste von Firmen, die Scrum einsetzen. Ich kann an dieser Stelle nur behaupten, dass es viele sind, mittlerweile auch in Deutschland. Zu meinen Kunden zählen Banken, Versicherungen, Telekommunikationsunternehmen, Web-Portale, ERP-System-Anbieter und viele andere mehr.

Fragen an den Certified ScrumMaster

■ Welche Prinzipien dürfen beim Skalieren nicht verletzt werden?

■ Was ist der Unterschied zwischen organischem Wachstum und sprunghaftem Skalieren?

■ Wie heißen die drei Meetings, die beim sprunghaften Skalieren hinzukommen?

■ Was ist die Funktion des Product Owner Teams? Wer leitet das Product Owner Team?

■ Welche Level sind beim Lernen großer Projekte zu unterscheiden?

■ Wie wird der Widerspruch aufgelöst, wonach die Retrospektive eine Lernerfahrung für die Gruppe darstellt und dennoch die Informationen in die Organisation hineingetragen werden müssen?

■ Welche Gefahren verbergen sich hinter quantitativen Messungen, die sich auf die Leistung von Menschen beziehen?

■ Welche Aspekte müssen beim Arbeiten mit verteilten Teams besonders berücksichtigt werden?

■ Welche Kommunikationshilfsmittel finden beim Arbeiten mit verteilten Teams Anwendung?

■ Beschreiben Sie die vier möglichen Team-Set-Up-Szenarios. Welche anderen Szenarios fallen Ihnen ein, oder welche anderen Szenarios haben für Sie in der Vergangenheit funktioniert?

■ Arbeiten Sie in einem Projekt mit verteilten, outgesourcten Teams? Welche Probleme treten dabei auf? Wie würden Sie diese Probleme lösen? Welche der vorgestellten Ideen helfen Ihnen dabei?

■ Wie behalten Sie den Überblick über alle Aktivitäten Ihrer Abteilung? Was müssen Sie zuerst aufstellen?

■ Wie führt man in einem Scrum-Umfeld Zielvereinbarungsgespräche durch?

■ Was ist ein Vertrag, und wer ist für das Vertragsmanagement zuständig?

■ Wie lauten die sechs Schritte zur Einführung von Scrum in einer Abteilung?

■ Welche Bedeutung sprechen Sie dem Leiter einer Abteilung beim Implementieren von Scrum zu?

10

10 Scrum – Leadership, Emotion, Kreativität

10.1 Leadership – Verändere!

> *Was sich der Geist vorstellen kann, kann er auch schaffen.*
>
> – *Clement Stone*

„Wie erfolgreich willst du sein?"[1] Viele suchen, wenn sie das Certified ScrumMaster Training besuchen, ein Rezept, eine Anleitung. Sie wollen, dass Scrum sie erfolgreich macht. Aber: ein Rezept, die Anleitung zum Erfolg, gibt es nicht. „Du kannst nur aus den eigenen Fehlern lernen und Erfahrungen sammeln." Scrum ist der Inbegriff des Versuchens, des Scheiterns, des Wiederaufstehens und des Erfolgreichseins.

> *Es gibt keine Abkürzung zu einem lohnenswerten Ziel.*
>
> – *Beverly Sills*

In diesem Sinne ist Scrum der Weg des „Versuchers", der Weg eines Menschen, der ständig auf der Suche nach neuen Möglichkeiten ist. Der Versuchende, der die Realität anerkennt, aber nicht sagt, er könne nichts daran ändern, sondern der versucht, die Gegebenheiten zu verändern. Ein Versuchender, der gemeinsam mit seinem Team Neues ausprobiert, um bessere und kreativere Wege des Arbeitens zu finden. Dabei ist er mit seinem Team den Widrigkeiten der Organisationen ausgesetzt, muss sich ihnen stellen, und oft genug scheitert er. Glücklicherweise sind die Folgen nicht so fatal wie für Sokrates, der den Schierlingsbecher austrinken musste. Es kann nichts passieren – zumal Scrum eine anerkannte Methode in der Software-Entwicklung geworden ist.

Der ScrumMaster sieht seine Aufgabe darin, „undurchschaute Verhältnisse" in Teams und Unternehmen transparent zu machen, um aufklärerisch den gesunden Menschenverstand walten zu lassen. Das erzeugt die Grundlage für fundierte Urteile: Am Ende eines Sprints,

---

[1] Einige Sätze in diesem Kapitel sind Zitate aus dem Buch von Paul Arden „Es kommt nicht darauf an, wer du bist, sondern wer du sein willst", [Arden 2005].

nach jedem Daily Scrum und nach jedem Release wird vollständig transparent, wo das Team und die Organisation tatsächlich stehen. Scrum ist eine empirische, wissenschaftliche Geisteshaltung, in der nur das Nachprüfbare, das Faktische standhält. Gleichzeitig muss der ScrumMaster in der Lage sein, in „Widersprüchen zu denken und sie auszuhalten". Er darf sie nicht „einseitig und vorschnell auflösen, nur weil sie unbequem sind".

Ein ScrumMaster hält sein Team ständig in einem bewusst gewählten Spannungsfeld. Sind die Zustände chaotisch, fragt er sich: „Sind wir organisiert genug?" Hat er das Gefühl, alles läuft organisiert, fragt er, ob die Zustände chaotischer sein müssten. Anders ausgedrückt – ein ScrumMaster bewegt sich zwischen den Extremen „zu viel Kontrolle" und „zu wenig Kontrolle". Es gibt kein Rezept für diese Art der Führung, denn sie ist keine Managementpraxis, die man einstudieren kann. Es gibt nur die Wahl der richtigen Mittel für die jeweilige Situation: Das eine Team benötigt harte Ansagen vom ScrumMaster, das andere braucht die berühmte lange Leine. Ein ScrumMaster muss sich bewusst sein, dass er diesen Freiraum hat und ihn nutzen muss.

Der ScrumMaster erschafft sein Umfeld – er erschafft den Raum, in dem sein Team arbeiten und leben kann. *Scrum ist der Weg des autonomen, sich selbst erschaffenden Menschen.* „Du wirst genau der werden, der du sein willst." Alles ist möglich und nichts ausgeschlossen.

Der ScrumMaster geht Probleme und Möglichkeiten mit wachem Verstand und wilder Entschlossenheit an und kämpft dabei häufig gegen die Mühlen der Organisation. Er entwickelt dabei ein völliges Desinteresse für die Grenzen seiner Fähigkeiten und *tut* die Dinge, die er glaubt, nicht tun zu können. Der ScrumMaster erschafft sich und sein Team beständig neu. Jeden Tag sieht er die Chancen zur Veränderung und ruft: „Carpe diem!"[2]

Aber um sich neu zu erschaffen, muss man zuerst schonungslos mit sich selbst umgehen: „Erkenne dich selbst!"[3] Gehen Sie auf die Reise. Gestehen Sie sich zuerst *Ihre* Grenzen, Ängste und Schwächen ein, und dann überwinden Sie diese Grenzen. Diese Reise ist erschreckend und wird Sie überfordern. Ich habe den Coaches, die für mich arbeiten, immer wieder gesagt, dass die Position eines ScrumMasters die der ständigen Überforderung ist. Sie führt den ScrumMaster an die Grenzen seines Seins und seiner Führungsqualitäten, denn sie erfordert sein ganzes Wesen. Führen Sie Ihr Team, geben Sie ihm Grenzen und Regeln, und finden Sie dann die Gelassenheit, zuzusehen, wie es seine eigenen Erfahrungen macht.

> *„Habe die Gelassenheit hinzunehmen, was du nicht ändern kannst,*
> *den Mut, die Dinge anzugehen, die du ändern kannst,*
> *und die Weisheit, beides voneinander zu unterscheiden."*

ScrumMaster verändern ihre Organisation hin zu einem besser geeigneten Umfeld, indem sie jeden Einzelnen und die Organisation beständig Stress aussetzen. Ein ScrumMaster ist dabei selbst ständig überfordert, er sprengt permanent die Grenzen seiner Möglichkeiten,

---

[2] Nutze den Tag!
[3] Spruch des Orakels in Delphi

und wenn er glaubt, eine Grenze nicht überwinden zu können, dann wiederholt er für sich den Satz Paul Ardens: *Trau Dir mehr zu!*

Der Weg des ScrumMasters ist hart. Ken Schwaber sagt immer wieder: „Scrum is simple, but very hard." Dabei werden viele Umwege gegangen, viele Sackgassen aufgesucht, und man scheitert immer wieder. Diesen Weg wird man nur gehen, wenn die Vision dessen, was man erreichen will, trägt. „ ‚Vision' is about ... wild, intemperate ... LOVE" [Peters 2005a, S. 59]. Diese Leidenschaft erzeugt die Kraft, die eine Führungskraft braucht, um die nötigen Veränderungen herbeizuführen. Führungspersönlichkeiten sind von ihren Ideen überzeugt.

Oft weiß man als ScrumMaster nicht, ob man sich noch auf dem richtigen Weg befindet. Im Unterschied zum Träumer übernimmt die Führungspersönlichkeit aber Verantwortung für ihre Ideen. Sie zweifelt nicht an ihnen oder gar an sich selbst, das ist ihre Stärke. Sie akzeptiert die Konsequenz: Ganz gleich, was die anderen falsch machen, sie trägt die Verantwortung. „Es gibt keine Entschuldigung. Übernimm endlich Verantwortung! Dann kannst Du handeln. Lerne aus der Vergangenheit, und hör auf zu jammern." Immerhin sind Sie an dem Ort, an dem Sie sein wollen. Jeder hat immer die Wahl, jeden Tag aufs Neue.[4]

Analysieren Sie die Vergangenheit, gehen Sie mit Ihrem Team in die Retrospektive ... nur kurz ... dann schreiten Sie voran ... schneller! Die Analyse der Informationen aus der Vergangenheit hilft, den Kurs zu bestimmen und die nächsten Aktionen auf dem Weg zu Ihrem Ziel durchzuführen. In der Analyse zu verharren, bremst Sie aus. Daher halten Sie sich nicht mit der Analyse auf, sondern nutzen sie diese, um voranzuschreiten.

> *Wenn Sie alles unter Kontrolle haben, sind Sie nicht schnell genug.*
>
> – Mario Andretti

„Wenn ein Problem nicht lösbar erscheint, liegt es daran, dass Du Dich noch immer an die Regeln hältst." Finden Sie Ihre Vision, und dann legen Sie los. Erzählen Sie von Ihren Ideen, teilen Sie sie mit jedem. ScrumMaster sind Enthusiasten: blind für die Schwierigkeiten und mit einem Hang zum Untergrundkampf.

> *Erfolg heißt, von Niederlage zu Niederlage zu scheitern,*
> *ohne seinen Enthusiasmus zu verlieren.*
>
> – Winston Churchill

Führungspersönlichkeiten finden Verbündete und Anhänger. Ein ScrumMaster, der für sein Team da ist, der für die Organisation Gutes bewirkt und vorangeht, wird sehen, dass man ihm folgt.

Uups – wieder keine Rezepte.

---

[4] Jens Corsson macht das in seinem Buch „Der Selbst-Entwickler" wunderbar deutlich [Corrson 2004].

10.2 Mit Emotionen führen

Buckingham schreibt, dass ein Visionär, eine Führungskraft, Menschen, die er führt, das Gefühl vermitteln muss, er verstehe sie [Buckingham 2005]. Dieses Element der Empathie, also des Sicheinfühlens, machen Daniel Goleman, Annie McKee und Richard Boyzatis zu ihrer zentralen These: Führungspersönlichkeiten erfüllen ihre Aufgabe dann am besten, wenn sie emotional mit den Menschen verbunden sind [Goleman et al. 2003, Goleman 2005]. Eine Gruppe zu führen, funktioniert ihrer Meinung nach nur dann, wenn es gelingt, deren Emotionen in die richtige Richtung zu lenken. Mit anderen Worten: Die Führungskraft führt nicht über die Inhalte, sondern sie führt die Emotionen der Gruppe.

Basierend auf dieser Kernidee haben Goleman und seine Koautoren einen Weg beschrieben, wie man die emotional intelligente Organisation erzeugen kann. Zunächst muss die Führungspersönlichkeit die Rahmenbedingungen darlegen und ihre Vision formulieren. Als Nächstes muss sie die Realität erkennen und transparent machen. Wie sieht die emotionale Lage der Organisation tatsächlich aus? Im Anschluss daran visualisiert die Führungspersönlichkeit das Idealbild und stimmt die Hoffnungen, Überzeugungen und Werte der Menschen mit diesem Bild ab. Schließlich lässt sie ihre Vision Wirklichkeit werden. Sie arbeitet mit den Menschen und führt sie emotional.

Die drei Autoren argumentieren, dass diese Tätigkeiten nur durchgeführt werden können, wenn die Führungspersönlichkeit tatsächlich anwesend ist, also in der Lage ist, Resonanz zu erzeugen.

Augenblick – soll der ScrumMaster jetzt doch die *Führungskraft* seines Teams werden? Vorsicht! Ich sprach die ganze Zeit von emotionaler Führung und einer Führungspersönlichkeit. Das trifft alles auf den ScrumMaster zu, doch ist er **nicht** die *disziplinarische Führungskraft* des Teams. Der ScrumMaster bestimmt tatsächlich den Ton in einem Team. Ist er gut gelaunt, dann ist auch das Team gut gelaunt. Die Aufgabe eines ScrumMasters besteht nicht darin, das Team durch Entscheidungen zu führen, sie besteht aber darin, entsprechende Rahmenbedingungen mit Hilfe von Scrum-Elementen zu schaffen und dem Team emotionalen Halt zu geben, damit es alle Probleme meistert. Die Organisation, von der Golemann, McKee und Boyzatis sprechen, ist im Fall des ScrumMasters das Team.

Zunächst muss sich der ScrumMaster seiner eigenen emotionalen Lage bewusst sein. Wie geht es ihm? Welche Ausstrahlung hat er? Wie geht er mit seinen eigenen Emotionen gerade um? Redet er darüber? Als Nächstes sollte er herausfinden, in welcher emotionalen Lage sich sein Team befindet. Wie geht es den Teammitgliedern? Lachen sie? Sind sie zerstritten? Kurz: Was passiert hier gerade wirklich?

Führung funktioniert nur, wenn sie dort anfängt, wo die zu führende Person gerade steht. Dazu muss man zu dieser Person hinübergehen. Nur wenn ich weiß, wo sich das Team emotional gerade befindet, kann ich diese Tatsache nutzen und es wieder ausrichten. Dafür sind Offenheit und Transparenz notwendig.

In diesem Buch war oft die Rede davon, dass die Arbeit des ScrumMasters häufig mit Brandbekämpfung vergleichbar ist. Da ist auf den ersten Blick wenig Platz für Emotionen.

Doch das stimmt nicht. Gerade in schwierigen Situationen ist es wichtig, die Gefühlslage der Menschen um sich herum zu erkennen und diese als Ausgangsbasis zu nutzen. Brände ohne Rücksicht auf Verluste zu bekämpfen, hinterlässt nur verbrannte Erde. Wenn der Brand bekämpft wurde, die neue Situation aber als Chance begriffen werden kann, weil die Führung emotional stützt, dann war der Brand nicht das vernichtende, sondern das reinigende Feuer. Verfliegt der Rauch, können wir die Dinge richtig sehen.

10.3 Flow + Kreativität = Glück

> ■ Ein großer Raum, 40 Leute, zehn Tennisbälle, ein Spielleiter – Rufe ertönen, man steht in Gruppen beisammen, ist unter Druck. In 20 Sekunden spielen wir die nächste Iteration des Ball-Point-Games, und das Team muss einen besseren Weg finden, Bälle von einer Person zur nächsten zu werfen. Alle sind engagiert, einige schauen vom Rand aus zu, andere beteiligen sich lebhaft und versuchen, ihre Idee durchzubringen. Die Gruppe entscheidet sich: Maria, eine junge Frau, setzt sich mit ihrer Idee durch. Alle stellen sich in zwei Kreisen auf, der äußere Kreis mit dem Gesicht nach innen, der innere Kreis mit dem Gesicht nach außen. Es geht los. Die Bälle werden von außen nach innen, von innen nach außen, von Person zu Person geworfen. Man erhöht die Geschwindigkeit, ein Rhythmus entsteht, es wird leiser, die Konzentration steigt ... die Zeit ist um, 44 Bälle wurden geliefert, die Gruppe jubelt und geht sofort in die Verbesserungsphase. ■

Diese Situation, die ich mit meinen Teams im Training und beim Coaching mit einer Handvoll Bällen erzeuge, bringt eine ganze Gruppe innerhalb kürzester Zeit in den *Flow*. Beim Flow, dem optimalen Zustand innerer Erfahrung, herrscht Ordnung im Bewusstsein. Die Gruppenteilnehmer berichten nach diesem Ereignis immer, dass sie fokussiert waren, keine Anstrengung verspürten, an nichts anderes dachten, die Gruppe wahrnahmen, sich nur auf diese eine Sache konzentrierten – und dass es Spaß machte. Die Voraussetzungen für die Erreichung dieses Zustandes waren gegeben, die Ziele realistisch, und sie entsprachen den Handlungsmöglichkeiten. Die Teilnehmer bestätigen mit diesem einfachen Experiment die Ausführungen von Csikszentmihalyi, der mit Flow den Prozess beschreibt, wie man durch die Kontrolle über das eigene Innenleben Glück gewinnt [Csikszentmihalyi 2005, S. 19]. „*Flow*-Erfahrungen erscheinen einem zwar mühelos, aber das trifft keineswegs zu. (...) Sie sind ohne Geschicklichkeit und Leistung nicht möglich" [Csikszentmihalyi 2005, S. 81]. Während des Spiels mit den Bällen strengen sich die Teilnehmer an. Sie schwitzen, sind engagiert, sind mit Leidenschaft dabei und tun fast alles, um sich zu verbessern. Dabei sind ein realistisches Ziel und eine unmittelbare Rückmeldung über den Ist-Zustand für das Flow-Erlebnis wesentlich.

Den Zustand des Flow kann man nicht erkämpfen. Nur durch Geduld und Vertrauen in die eigenen Fähigkeiten, durch das Arbeiten miteinander und das Akzeptieren der Situation, wie sie gerade ist, lässt sich das Erlebnis des *Flow* erreichen [Heward and Bacon 2006, S. 94]. Wenn die Spieler beim Ball-Point-Game zu verbissen an die Sache herangehen, wenn zum Beispiel eine zu hohe Vorgabe gemacht wird oder ein Teil der Gruppe unbedingt Leis-

Abbildung 10.1: Ball-Point-Game beim ScrumMaster-Training

tungssteigerungen erreichen will, dann fühlen sich die anderen Teilnehmer gehetzt statt motiviert, und die Leistung der Gruppe wird messbar schlechter.

Ein weiteres Element kommt in Teams dazu: Kreativität. Kreativität bedeutet so viel wie die „Kraft, etwas zu erschaffen". Teams wollen etwas erschaffen, deshalb sind sie zusammengekommen. Jeder Mensch ist kreativ, denn diese Kraft ist es, die uns immer wieder neue Dinge erfinden, immer wieder Lösungen für die großen und kleinen Probleme des Alltags finden lässt. ScrumMaster haben die Aufgabe, ihren Teams dabei zu helfen, kreativ zu sein. Scrum selbst ist vergleichbar mit der Walt-Disney-Strategie.[5] Der kreative Schaffensprozess läuft in klaren Phasen ab. Diese sauber zu durchlaufen, erzeugt Druck, ermöglicht aber auch eine hohe Produktivität. Für jede dieser Phasen in Scrum: Strategic Planning, Sprint Planning, Sprint, Sprint Review, Sprint-Retrospektive benötigt der Scrum-Master die geeigneten Hilfsmittel, um den Prozess möglichst gut und sinnvoll durchzuführen. Einige Kreativitätstechniken, die der ScrumMaster für die Ideenfindung einsetzen könnte, sind:

- Mind Mapping
- Brainstorming, -writing, Freewriting
- Morphologischer Kasten
- Die 6 Hüte-DeBonos

und viele andere mehr.[6]

---

[5] Siehe dazu u.a. http://www.dianabeaver.co.uk/acatalog/Walt_disneys_strategy.html, http://de.wikipedia.org/wiki/Walt-Disney-Methode

[6] Eine sehr gute Übersicht über Kreativitätstechniken und Erläuterungen zu jeder Einzelnen finden Sie in Wikipedia. (http://de.wikipedia.org/wiki/Ideenfindung)

Der ScrumMaster ist für den Ideenfindungsprozess und die Umsetzung entscheidend, obwohl er inhaltlich nichts zum Produkt beiträgt. Einerseits kann er dem Team dabei helfen, kreativ zu sein, indem er zum Beispiel mit den oben genannten Techniken arbeitet. Andererseits hilft er dem Team aber auch in der Phase der Mutlosigkeit, die es in fast jedem kreativen Schaffensprozess gibt. Wenn die Aufgaben zu schwer oder Ideen undurchführbar scheinen und die Widerstände von außen überwältigend sind, muss der ScrumMaster Mut machen und zeigen, wie der nächste Schritt aussehen könnte. Denken Sie immer daran: Ein komplexes System benötigt die Grenzen, um sich selbst organisieren zu können. So auch der kreative Prozess – er braucht die Widerstände, damit sich der kreative Funke (Spark) entzünden kann. Die Bedeutung dieser Widerstände für die Kreativität kann man sehr schön nachlesen in „The Spark" [Heward and Bacon 2006]. Im Cirque du Soleil sind hochkreative und schöpferische Menschen am Werk. Doch die Grenzen, Zeit und Budgetvorgaben, Sicherheitsaspekte und physikalischen Gesetze sind sehr real und lassen sich nicht verändern.

Es ist Aufgabe des ScrumMasters, diese Grenzen zu sehen und dem Team zu zeigen, wie diese Grenzen genutzt werden können, um die Ziele zu erreichen. Es ist sogar seine Aufgabe, die Grenzen bewusst zu setzen, denn mit dem ständigen Timeboxing und der klaren Ausrichtung darauf, am Ende des Sprints etwas „Fertiges" zu liefern, tut er nichts anderes.

Gelingt ihm das Setzen der Grenzen, dann entsteht aus dem Funken das Produkt, und die Herausforderungen der Aufgaben, wenn sie zu bewältigen sind, führen zum Flow-Erlebnis. Beide zusammen machen Menschen glücklich.

11

11 Scrum-Tools – In aller Kürze

11.1 Flipchart & Co

Taiichi Ohno nutzte ein sehr simples Instrument, um seine Produktionslinien zu steuern, das Kanban, ein Sichtbrett (heute würde man Pinnwand oder Whiteboard dazu sagen).[1] Mit diesem wirklich einfachen Werkzeug revolutionierte er die Weise, Produktionsabläufe zu steuern. Gastronomieküchen haben ebenfalls ein Anschlagbrett, an das alle Bestellungen geheftet werden. Eine Notaufnahme nutzt das gleiche System, ein Sonderkommando der Polizei ebenfalls. Wenn das in diesen Fällen funktioniert, warum nicht auch für uns in der Software-Entwicklung? Das Taskboard setzt tatsächlich fort, was in anderen Industriezweigen sehr gut funktioniert.

Die Pinnwand, das Whiteboard oder die Magnettafel ist das Mittel der Wahl für die Verwaltung der Backlog Items von Teams. Es gibt nichts Besseres! Kein elektronisches Tool ist so haptisch, wandelbar und robust. Es hat keine Ausfälle, die Server stehen nicht, es gibt keine Lizenzprobleme, es lässt sich modifizieren und es kostet fast nichts. Henrik Kniberg hat für die, die sich eine Pinnwand oder Whiteboard nicht leisten können, ein noch günstigeres Taskboard entwickelt: Er nutzt einen großen Bogen Packpapier [Kniberg 2007]. Zusätzlich zum Taskboard benötigt ein Team noch zwei Bögen Flipchart-Papier: Für das Sprint Burn Down Chart und für das Impediment-Backlog.

Sofort steht die Frage im Raum: „Wie soll das mit verteilten oder großen Teams funktionieren?" Die Antwort: nicht sehr gut. Sie können mit WebCams arbeiten oder nach jedem Daily Scrum ein Foto herumschicken. Das ändert jedoch nichts daran, dass es nicht so gut funktioniert wie bei einem einzelnen Team. Für zwei oder drei Teams, auch wenn sie verteilt sind, würde ich es dennoch nur so organisieren.

---

[1] http://www.toyota.co.jp/en/vision/traditions/mar_apr_04.html

11.2　Elektronische Scrum-Tools

Der Ruf nach elektronischen Tools kommt leider immer viel zu früh. Vor allem die Führungsebenen fordern reflexartig elektronische Tools. Meistens liegt es daran, dass die Führungsebene „kontrollieren" und nicht steuern will. Doch Vorsicht: Automatisch generierte Reports erzeugen zwar ein Gefühl von Kontrolle und Sicherheit (das oft genug täuscht), aber keine Transparenz. Dabei geht es darum, das tägliche Tun sichtbar zu machen und dadurch die Organisation des Teams zu unterstützen. Wir nutzen Taskboards und handgezeichnete Burn-Down-Charts, um Projekte mit bis zu 130 Personen dabei zu unterstützen, sich selbst zu organisieren. Größe ist also kein Grund, es nicht mit dem Papier zu versuchen. Aber wieso dann doch elektronische Tools?

Wenn es darum geht, eine ganze Firma oder Projekt mit mehr als fünf Teams verteilt über zwei Kontinente zu steuern, brauchen wir elektronische Unterstützung. Einige Firmen nutzen das gute alte Spreadsheet und verteilen es täglich, andere setzen auf Wikis. Die meisten Wikis ermöglichen mittlerweile irgendeine Form des Verwaltens von Listen.[2]

Reicht dies für Ihre Anforderungen nicht aus, kann man es zunächst mit Open-Source-Tools für das Verwalten von Backlog Items versuchen. Eine gute Übersicht über die vorhandenen Tools bietet Ron Jeffries schon seit Jahren auf seiner Website an.[3] Eine Übersicht mit mit Kommentaren zu den Tools findet sich auf meiner Website (Scrum4You).[4]

Meiner Erfahrung nach gibt es bis jetzt nur vier Scrum-Tools, die sich auf Unternehmensebene bewährt haben:

- Rally von Rally Software[5]
- Version One von Version One Inc.[6]
- ScrumWorks von Danube Technologies[7]
- Mingle von ThoughtWorks Studios[8]

Jedes dieser Tools hat einen anderen Zugang zur Steuerung von Scrum-Teams. Die Entscheidung, welches Tool für Sie passt, hängt von den Bedürfnissen Ihrer Organisation ab. Die Anbieter dieser Tools veröffentlichen Kunden-Referenzlisten auf ihren Websites. Das verschafft einen ersten Eindruck.

Mein Rat: Ausprobieren! Laden Sie sich die jeweiligen Test- oder Teamversionen herunter. Diese sind in der Regel kostenfrei. Lassen Sie ein Team die Tools mehrere Sprints lang ausprobieren. Nein, bitte führen Sie keine klassische Evaluierung durch. Das dauert

---

[2] Siehe zum Beispiel TRAC, http://trac.edgewall.org/

[3] http://xprogramming.com/software.htm

[4] http://www.borisgloger.com

[5] http://www.rallydev.com/

[6] http://www.versionone.com

[7] http://www.danube.com/

[8] http://studios.thoughtworks.com/mingle-project-intelligence

viel zu lange und Sie gewinnen keine Informationen, mit denen Sie etwas anfangen können. Nur durch das Arbeiten mit dem Tool machen Sie die notwendigen Erfahrungen.

Generell sollte bei der Auswahl des Tools gelten: Die Teams, die damit arbeiten sollen, suchen sich ihr Tool selbst aus. Das ist entscheidend. Viele Scrum-Teams büßten 50 % ihrer Velocity ein, weil die neuen Tools von oben bestimmt wurden. Später kann man über die ScrumMaster Group (Kapitel 9.2.5) beginnen, dieses Tool als Standard zu definieren und in den einzelnen Teams zu implementieren. Abbildung 11.1 zeigt eine Übersicht über die derzeit am Markt befindlichen Scrum-Tools.

Abbildung 11.1: Scrum-Tools – eine Auswahl (Veröffentlichung der Logos mit freundlicher Genehmigung der jeweiligen Hersteller)

12 Schlusswort

Weltweit ist Scrum dabei, die Menschen zu begeistern und ihnen zu zeigen, wie miteinander gearbeitet werden kann. Projektteams berichten mir überall auf der Welt, dass sie mehr Freude am Arbeiten haben, dass ihre Projekte mehr Spaß machen, dass jeder das Gefühl hat, man sei viel effektiver und produktiver. Wenn nach eineinhalb Tagen im Training das Thema „Skalieren" den Bogen darüber schließt, wie Scrum großen Organisationen und Projektteams helfen kann, die dringenden Probleme zu lösen, beginnen die Augen zu leuchten, und überwältigende Probleme werden zu Herausforderungen, die plötzlich lösbar erscheinen.

Scrum stellt immer wieder die Frage: Was können wir tun, damit unser Entwicklungsprozess, unsere Arbeit, für uns besser wird? Scrum stellt aber nur die Frage. Die Antwort, die für Sie und für Ihr Team passt, können nur Sie gemeinsam mit Ihrem Team finden.

Scrum wird uns vor immer neue Herausforderungen stellen. Es ist unsere Aufgabe, diese Herausforderungen zu meistern. Scrum zeigt uns ein Modell, wie das gelingen kann. Es liegt jedoch an uns, den Weg zu gehen. Er ist wie jeder steile Weg steinig und beschwerlich. Die Belohnung für all die Anstrengung ist das Gefühl, etwas geleistet zu haben.

Dieses Buch wurde „draußen im Feld" geschrieben – in Wien, Roeschwoog, Baden-Baden, Sevilla, München, Arhuus, Rio de Janeiro, São Paulo, Recife, Bilund, Mechelen, Malta, Buenos Aires und Cape Town, in U-Bahnen, Flugzeugen, Zügen, Hotels, Cafés und am Küchentisch. Es entstand als Ergebnis vieler Gespräche, Ausprobieren vor Ort, der Erfahrung begangener Fehler, Fragen von Teilnehmern und Kunden sowie als Konsequenz kritischer Anmerkungen meiner Mitarbeiter und einer ständigen Auseinandersetzung mit dem Thema Scrum.

Das Schreiben hat mich bereichert. Mein Wunsch und meine Hoffnung sind, dass auch Sie die Lektüre unseres Buches bereichert und verändert und dass Sie die beschriebenen Ideen in die Tat umsetzen, Schritt für Schritt. Denken Sie daran: Scrum ist handelndes Denken: Doing is a way of thinking,

Schauen wir noch, wie es Niko geht:

▨ INNEN/TAG

AUFBLENDE. Ein Fotofachgeschäft, Vitrinen mit Kameras und allem erdenklichen Zubehör.
NIKO kommt durch die Tür. Er geht auf den VERKÄUFER hinter dem Counter zu.

NIKO: Guten Tag! Ich suche eine neue digitale Spiegelreflexkamera. Ich habe gehört, es soll etwas ganz Neues geben.

VERKÄUFER: Ah, Sie meinen sicher das neue Modell *Scrum One*. Irre, sag ich Ihnen. Das ist keine klassische Kamera mehr. Die Menüführung ist so einfach, dass sie mein kleiner Junge sofort verstanden hat, und sie liegt so gut in der Hand wie keine andere ... und Bilder macht sie – das neue optische System ist einfach toll!

NIKO: Gut, das sagen Sie jetzt als Verkäufer!

VERKÄUFER: Nein – glauben Sie mir, ich habe noch nie eine neue Kamera so gut verkauft wie die Scrum One. Die Leute lieben sie. Ich weigere mich zusehends, alte Kameras in Zahlung zu nehmen. Ich habe Angst, die will keiner mehr.

Die Kamera zoomt auf NIKOs Gesicht, auf dem ein breites Grinsen erscheint.
ABBLENDE ▨

ENDE

Literatur

[Abzug and Larrabee 2002]   Malcom J. Abzug and E. Eugene Larrabee. *Airplane Stability and Control – A History of the Technologies That Made Aviation Possible*. Cambridge University Press, 2002.

[Allen 1984]   Thomas J. Allen. *Managing the Flow of Technology Transfer and the Dissemination of Technological Information Within the R&D Organization*. MIT Press, 1984.

[Arden 2005]   Paul Arden. *Es kommt nicht darauf an, wer du bist, sondern wer du sein willst*. Phaidon, 2005.

[Argyris 1998]   Chris Argyris. *Teaching Smart People How to Learn*. In: Harvard Business Review on Knowledge Management. HBS Press Book, 1998.

[Austin and Devin 2003]   Robert Austin and Lee Devin. *Artful Making: What Managers Need to Know About How Artists Work*. Pearson Education, 2003.

[Bach 1996]   James Bach. *The Challenges of Good Enough Software*. Software Test Labs, 1996.

[Beck 2002]   Kent Beck. *Test Driven Development*. The Addison-Wesley Signature Series. Addison-Wesley Professional, 2002.

[BerliOS]   BerliOS. *Open-Source-Software – ein Leitfaden für kleine und mittlere Unternehmen*. 2001.

[Blanchard and Miller 2004]   Ken Blanchard and Mark Miller. *The Secret: What Great Leaders Know and Do*. Berrett-Koehler Publishers, 2004.

[Brandes 1991]   Holger Brandes. *Individuum und Gemeinschaft in der sozialen Gruppenarbeit: Der gruppenanalytische Ansatz*. Soziale Arbeit und Gemeinschaft, 1991.

[Brooks 1975, 1995]   Fred Brooks. *The mythical Man-Month*. Addison-Wesley, 1975, 1995.

[Buckingham 2005]   Marcus Buckingham. *The One Thing You Need to Know ...* Free Press, 2005.

[Campbell 1993]   Joseph Campbell. *The Hero with a Thousand Faces (Paladin Books)*. Fontana Press, 1993.

[Chrissis et al. 2006]   Mary Beth Chrissis, Mike Konrad, and Sandy Shrum. *CMMI(R): Guidelines for Process Integration and Product Improvement*. The SEI Series in Software Engineering. Addison-Wesley Professional, 2nd edition, 2006.

[Cohn 2004]   Mike Cohn. *User Stories Applied: For Agile Software Development (The Addison-Wesley Signature Series)*. Addison-Wesley Professional, 2004.

[Cohn 2005]   Mike Cohn. *Agile Estimating and Planning (Robert C. Martin Series)*. Prentice Hall PTR, 2005.

[Coplien 1994] James O. Coplien. *Borland Software Craftsmanship: A New Look at Process, Quality and Productivity*. Software Production Research Department AT&T Bell Laboratories. Orlando, Florida, 1994.

[Corrson 2004] Jens Corrson. *Der Selbst-Entwickler*. Beust Verlag, Wiesbaden, 2004.

[Csikszentmihalyi 2005] Mihaly Csikszentmihalyi. *Flow – Das Geheimnis des Glücks*. Klett-Cotta, 2005.

[DeMarco 2001] Tom DeMarco. *Spielräume – Projektmanagement jenseits von Burn-out, Stress und Effizienzwahn*. Hanser, 2001.

[DeMarco und Lister 1999a] Tom DeMarco and Timothy Lister. *Wien wartet auf dich!* Hanser, 1999.

[DeMarco und Lister 1999b] Tom DeMarco and Timothy Lister. *Peopleware: Productive Projects and Teams*. Dorset House Publishing Company, Incorporated, 1999.

[Drucker 1988] Peter Drucker. *The Coming of the New Organization*. Harvard Business Review, 1988.

[Drucker 2007] Peter Drucker. *The Coming of the New Organization*. In *Harvard Business Review on Knowledge Management*, pp. 1-19. Harvard Business Review, 2007.

[Eckfeldt et al. 2005] Bruce Eckfeldt, Rex Madden, John Horowitz, and Esq. Grotta. *Selling agile: Target-cost contract*. adc, 0:0160-166, 2005. doi: http://doi.ieeecomputersociety.org/10.1109/ADC.2005.39.

[Elbow 1973]   Peter Elbow. *Writing without Teachers*. Oxford University Press, 1973.

[Frenzel et al. 2006] Karolina Frenzel, Michael Müller, and Hermann J. Sottong. *Storytelling. Die Kraft des Erzählens fürs Unternehmen nutzen*. DTV, 2006.

[Glasersfeld 1997] Ernst von Glasersfeld. *Radikaler Konstruktivismus. Ideen, Ergebnisse, Probleme*. Suhrkamp, 1997.

[Gloger 2006]   Boris Gloger. *Scrum delivers*. http://www.scrumalliance.org/articles/22-scrum-delivers, 2006.

[Goldratt 1997] Eliyahu M. Goldratt. *Critical Chain*. Gower Publishing, 1997.

[Goldratt and Cox 2004] Eliyahu M. Goldratt and Jeff Cox. *The Goal*. North River Press, 2004.

[Goleman 2005] Daniel Goleman. *Emotional Intelligence*. Bantam Books, 10th edition, 2005.

[Goleman et al. 2003] Daniel Goleman, Richard E. Boyatzis, and Annie McKee. *The New Leaders: Transforming the Art of Leadership*. Time Warner Paperbacks, 2003.

[Grace and Stahl 1990] Peter De Grace and Leslie Hulet Stahl. *Wicked Problems, Righteous Solutions – A Catalogue of Modern Software Engineering Paradigms*. Yourdon Press, 1990.

[Greenleaf 2003] Robert K. Greenleaf. *The Servant-Leader Within: A Transformative Path*. Paulist Press, 2003.

[Grenning 2002]   James Grenning. *Planning Poker or How to Avoid Analysis Paralysis While Release Planning*. 2002.

[Group 1995]   Standish Group. *The Standish Group Report – CHAOS*. Standish Group, 1995.

[Hartmann and Dymond 2005]   Deborah Hartmann and Robin Dymond. *Appropriate Agile Measurements*, Denver, 2005.

[Heward and Bacon 2006]   Lyn Heward and John U. Bacon. *Cirque du Soleil – The Spark: Igniting the Creative Fire That Lives Within Us All*. Doubleday, New York, London, Toronto, Sydney, Auckland, 2006.

[Kerth 2001]   Norman L. Kerth. *Project Retrospectives: A Handbook for Team Reviews*. Dorset House Publishing Company, Inc., 2001.

[Kniberg 2007]   Henrik Kniberg. *Scrum and XP from the Trenches*. InfoQ Enterprise Software Development series of books. InfoQ Enterprise Software Development series. C4Media, 2007.

[Kuhn 1962]   Thomas S. Kuhn. *The Structure of Scientific Revolutions*. University of Chicago Press, 1962.

[Leffingwell 2007]   Dean Leffingwell. *Scaling Software Agility*. Addison-Wesley, 2007.

[Liker 2003]   Jeffrey Liker. *The Toyota Way*. McGraw-Hill, 2003.

[Luhmann 2006]   Niklas Luhmann. *Soziale Systeme. Grundriss einer allgemeinen Theorie*. Suhrkamp, 2006.

[Maturana and Varela]   H.R. Maturana and F.J. Varela. *Autopoiesis and Cognition: The Realization of the Living (Boston Studies in the Philosophy of Science)*. Springer, 1991.

[McClelland 1967]   David C. McClelland. *The Achieving Society*. Free Press, 1967.

[McConnel 2006]   Steve McConnel. *Software Estimation: Demystifying the Black Art*. Microsoft, Frankfurt, 2006.

[mes]   *Qualitative und Quantitative Sozialforschung*. Wikipedia, 2007.

[Met]   *Implementing a Professional Services Organization Using Type C Scrum*. 2007 IEEE

[Murphy 2006]   James D. Murphy. *Flawless Execution: Use the Techniques and Systems of America's Fighter Pilots to Perform at Your Peak and Win the Battles of the Business World*. Collins, 2006.

[Nonaka 1998]   Ikujiro Nonaka. *The Knowledge-Creating Company*. In *Harvard Business Review on Knowledgemanagement*, pages 21–45. Harvard Business Review, 1998.

[Nonaka and Takeuchi 1986]   Ikujiro Nonaka and Hirotaka Takeuchi. *The New New Product Development Game*. Harvard Business Review, Jan-Feb, 1986.

[Randell and Naur 1969]   Brian Randell, Peter Naur, editors. *Software Engineering – Report on a conference sponsored by the NATO Science Committee, Garmisch, Germany*. Brüssel 1969.

[Peters 1987]   Tom Peters. *Thriving on Chaos – Handbook for a Management Revolution*. Pan Books, 1987.

[Peters 2005a]   Tom Peters. *Tom Peters Essentials – Leadership*. Tom Peters Essentials. Dorling Kindersley, 2005a.

[Peters 2005b]   Tom Peters. *Tom Peters Essentials – Talent*. Tom Peters Essentials. Dorling Kindersley, 2005b.

[Pichler 2007]   Roman Pichler. *Scrum. Agiles Projektmanagement erfolgreich einsetzen*. dpunkt.verlag, 2007.

[Press 1998, 2006 2007]   Oxford University Press. *The Oxford Dictionary of Sports Science*. Oxford University Press, 1998, 2006, 2007.

[Röder 2007]   Holger Röder. *Die Ausbildung der Software Ingenieure in Indien und Deutschland – ein Vergleich*. 2007.

[Rosenberg 2007]   Scott Rosenberg. *Dreaming in Code*. Crown, 2007.

[Royce 1987]   Winston W. Royce. *Managing the Development of Large Software Systems: Concepts and Techniques*. Monterey, California, United States, 1987.

[Satir et al. 1991]   Virginia Satir, John Banmen, Jane Gerber, and Maria Gomori. *The Satir Model*. Science and Behavior Books, Palo Alto, 1991.

[Schwaber 2003]   Ken Schwaber. *Agile Projekt Management with Scrum*. Microsoft Press, 2003.

[Schwaber 2007]   Ken Schwaber. *The Enterprise and Scrum*. Microsoft Press, 2007.

[Schwaber 1996]   Ken Schwaber. *Controlled Chaos – Living on the Edge*. 1996.

[Schwaber et al. 2001]   Ken Schwaber. Jeff Sutherland, and Mike Beedle. *Agile Software Development with Scrum*. Alan R. Apt, 1st edition, 2001.

[Sehlhorst 2006] Scott Sehlhorst. *Prioritizing Software Requirements with KANO Analysis*. Pragmatic Marketer.com, Vol. 4 Issue 3:0 24–27, 2006.

[Semler 2004]   Ricardo Semler. *The Seven Day Weekend: Changing the Way Work Works*. Portfolio Hardcover, 2004.

[Semler 1995]   Ricardo Semler. *Maverick: The Success Story Behind the World's Most Unusual Workplace*. Grand Central Publishing, 1995.

[Senge 1998]   Peter Senge. *Die Fünfte Disziplin*. Klett-Cotta, 1998.

[Sta 2007]   *Stability Augmentatio.* Dezember 2007. http://www.answers.com/topic/stability-augmentation.

[Stephenson 2003]   Neal Stephenson. *Snow Crash*. N.N, 2003.

[Strübing 1991] Jörg Strübing. *Designing the Working Process – What Programmers do beside Programming*. Nato Advanced Research Workshop on User-Centred Requirements for Software Engineering, 1991.

[Strübing 1992] Jörg Strübing. *Negotiation – A central Aspect of Collaborative Work in Software Design*. Institut National de Recherche en Informatique et en Automatique, pages 31–39, 1992.

[Sutherland 2005]   Jeff Sutherland. *Future of Scrum 2005 - Support for Parallel Pipelining of Sprints in Complex Projects*. 2005.

[Tabaka 2006]   Jean Tabaka. *Collaboration Explained: Facilitation Skills for Software Project Leaders (The Agile Software Development Series)*. Addison-Wesley Professional, 2006.

[Amabile et al. 2002]   Teresa M. Amabile, Constance N. Hadley, and Steven J. Kramer. *Creativity under the gun*. Harvard Business OnPoint, page 12, 2002.

[Tuckman 1965]   Bruce Tuckman. *Developmental sequence in small groups*, 1965.

[Watzlawick 2000]   Paul Watzlawick. *Anleitung zum Unglücklichsein*. Piper, München, 2000.

[Weinberg 1997]   Gerald M. Weinberg. *Quality Software Management Volume 4: Anticipating Change*. Dorset House Publishing, New York, 1997.

[Whitworth and Biddle 2007]   Elizabeth Whitworth and Robert Biddle. *Motivation and Cohesion in Agile Teams*. In Proceedings of the 8th International Conference on eXtreme Programming and Agile Processes in Software Engineering. Lecture Notes in Computer Science. Springer, 2007.

[Wiegers 1999]   Karl E. Wiegers. *First things first: Prioritizing requirements*. Software Development, September, 1999.

[Wittgenstein 2001]   Ludwig Wittgenstein. *Philosophische Untersuchungen*. Wissenschaftliche Buchgesellschaft, Frankfurt, kritisch-genetische edition, 2001.

[Womack et al. 1991]   James P Womack, Daniel T Jones, and Daniel Roos. *The Machine That Changed the World : How Japan's Secret Weapon in the Global Auto Wars Will Revolutionize Western Industry*. HarperPerennial, New York, NY, 1st harperperennial edition, 1991.
http://www.loc.gov/catdir/description/hc044/91055106.html.

Register

GUT AUFGELEGT

ICH BLEIBE OFFEN LIEGEN ;-) DANK SPEZIAL-
FORMAT UND PATENTIERTER BINDUNG

Kösel FD 351 · Patent-No. 0748702